E. I. KOURI

DER DEUTSCHE PROTESTANTISMUS
UND DIE SOZIALE FRAGE 1870–1919

ARBEITEN ZUR KIRCHENGESCHICHTE

Begründet von Karl Holl† und Hans Lietzmann†
Herausgegeben von Kurt Aland, Carl Andresen und Gerhard Müller

55

DER DEUTSCHE PROTESTANTISMUS UND DIE SOZIALE FRAGE 1870–1919

ZUR SOZIALPOLITIK IM BILDUNGSBÜRGERTUM

VON

E. I. KOURI

WALTER DE GRUYTER · BERLIN · NEW YORK

1984

Gedruckt mit Unterstützung der Alexander von Humboldt-Stiftung

CIP-Kurztitelaufnahme der Deutschen Bibliothek

Kouri, E. I.:
Der deutsche Protestantismus und die soziale
Frage 1870 – 1919 : zur Sozialpolitik im Bildungs-
bürgertum / von E. I. Kouri. – Berlin ; New York :
de Gruyter, 1984.
  (Arbeiten zur Kirchengeschichte ; 55)
  ISBN 3-11-009577-7

NE: GT

© 1983
by Walter de Gruyter & Co., Berlin 30
Printed in Germany
Satz und Druck: Saladruck, Berlin 36
Buchbinder: Lüderitz & Bauer, Berlin 61

VORWORT

Die Literatur über das deutsche Kaiserreich von 1870/71 bis 1918, insbesondere zu seiner späten Phase, der sogenannten »Wilhelminischen« Zeit, hat in den letzten beiden Jahrzehnten einen fast beängstigenden Umfang angenommen. Im Vordergrund standen dabei Fragen nach »Schuld« und »Versagen« des Kaiserreichs, nach seinen inneren Verhärtungen und Unterdrückungsmechanismen, die zur Erklärung des Kriegsausbruchs, der Revolution von 1918/19, der gescheiterten Republik bis hin zum Aufstieg des Nationalsozialismus herangezogen wurden. Auf der anderen Seite verstärkte sich in den letzten Jahren das Interesse an den vorwärtsweisenden, »modernen« Elementen dieses kaiserlichen Deutschlands, das den Sprung von einer weitgehend mittelständisch-agrarischen zu einer hochindustrialisierten und reich differenzierten Industriegesellschaft vollzog, in dem sich die weithin nachwirkenden Grundlagen des modernen Sozial- und Wohlfahrtsstaats ausformten. Immer wieder wurde die Frage nach der Fähigkeit oder Unfähigkeit dieses konstitutionell-monarchischen Regierungssystems zur Lösung der sogenannten »sozialen Frage« gestellt, also der materiellen Besserstellung, rechtlichen und politischen Gleichberechtigung und sozialen Integration der unteren Volksschichten unter besonderer Betonung der seit den 1860er Jahren anschwellenden Industriearbeiterschaft.

Neben den Organisationen der Arbeiterschaft selbst, neben dem staatlichen Handeln wurde hierbei sozialreformerischen Kräften besondere Aufmerksamkeit zuteil, unter denen die beiden großen Kirchen vornehmlich herausragen. Historiker sind diesem Komplex immer wieder nachgegangen. Gleichwohl bestehen noch viele Lücken, mangelt es zum anderen an einer modernen Zusammenfassung. Seit Günter Brakelmanns für die Praxis gedachten kleinem Büchlein über die soziale Frage des 19. Jahrhunderts, das vor zwanzig Jahren die evangelische und katholische soziale Bewegung vorstellte, fehlt es an einem solchen Überblick, auch wenn an teilweise ausgreifenden Spezialstudien kein Mangel besteht. Kurz vor Brakelmann konnte noch William O. Shanahan den deutschen Protestantismus *vor* der sozialen Frage (bis 1871) geschlossen behandeln. Die seither erschienene ausufernde Literatur scheint vor einer Fortführung in die Zeit des Kaiserreichs zurückgeschreckt zu sein.

Hier versucht die vorliegende Arbeit eine Orientierung zu geben. Soweit wie möglich wird die einschlägige Literatur kritisch ausgewertet. Entsprechend dem jetzigen Forschungsstand schälen sich dabei einige Kernprobleme heraus. Gegenüber manchen allzu isoliert verfahrenden Einzelstudien zur christlich-sozialen Bewegung scheint es unerläßlich, eine knappe Bestandsaufnahme der wirtschaftlichen und politischen Hauptentwicklungsstränge aufzuzeigen, die zum Verständnis des Komplexes Protestantismus und soziale Frage unerläßlich sind. Nur so lassen sich die aufeinander folgenden, sich teilweise überlappenden Phasen und Etappen der christlich-sozialen bzw. evangelisch-sozialen Bewegung einordnen, läßt sich ihr Charakter präziser bestimmen. Zweitens muß der Charakter dieses Staates selbst näher bestimmt werden und muß hiermit die Problematik des landesherrlichen Kirchenregiments verzahnt werden, das sich seinerseits in einer ständigen konfliktträchtigen Beziehung zu den christlich-sozialen, evangelisch-sozialen Strömungen befand. Kirche und Staat, Kirchenleitung und religiöse Sozialreform, diese Spannungs- und Beziehungspole gilt es zu beachten. Zum dritten sind die Teilströmungen innerhalb jener Bewegung näher zu bestimmen. Als heuristisches Modell dient hierbei in einer übergreifenden Fragestellung die These vom Sozialkonservatismus der bürgerlichen wie der konfessionellen Sozialreform; die evangelisch-soziale Bewegung von Wichern bis Naumann kann nur in Verbindung mit vergleichbaren akademisch-wissenschaftlichen, konkurrierenden katholischen Bestrebungen verstanden und gewürdigt werden. Damit treten die sozialen Trägerschichten in den Vordergrund, wird der geistesgeschichtliche Begriff des »Kulturprotestantismus« auf die sozialgeschichtliche Dimension des protestantischen Bildungsbürgertums hin erweitert. Weil unter den genannten Aspekten der Wilhelminischen Zeit dabei besonderes Interesse zukommt, konzentrieren sich die in diese Untersuchung eingebrachten Quellenstudien überwiegend auf jene Epoche. Der bisherige Kenntnisstand soll durch Heranziehen von Archivalien und Auswertung zeitgenössischer Publikationen um zahlreiche Aspekte erweitert und im einzelnen modifiziert werden.

Da in dieser Arbeit die evangelischen Antworten auf die soziale Frage eng mit der politisch-sozialen Realität verzahnt, in das preußisch-deutsche Herrschaftssystem des Kaiserreichs eingebettet werden und der deutsche Protestantismus stärker als der Katholizismus in Unterordnung und Gegnerschaft auf das engste mit diesem System verbunden war, rechtfertigt sich die weitgehende zeitliche Beschränkung auf dieses Kaiserreich. In einem knappen Ausblick im Schlußkapitel werden die während der Revolution und in der frühen Weimarer Republik erfolgten Veränderungen aufgezeigt, die dem bisherigen Verhältnis von evangelischer Kirche, Protestantismus und staatlich-gesellschaftlicher Ordnung seine eigentliche Geschäftsgrundlage entzogen. Gerade in diesen Veränderungen werden die Eigentümlichkeiten des vorangegangenen halben Jahrhunderts greifbar.

Wiederholte längere Forschungsaufenthalte in München haben es mir ermöglicht, mich eingehend mit den Problemen des deutschen Kaiserreichs zu beschäftigen. Während dieser Zeit hat mir das Münchener Institut für Neuere Geschichte einen Arbeitsplatz zur Verfügung gestellt; die Atmosphäre dort hat viel zum Entstehen dieser Untersuchung beigetragen. Nach Abschluß der Arbeit gilt mein Dank all denjenigen, die ihr Zustandekommen ermöglicht haben: Ganz herzlich Herrn Prof. Dr. Gerhard A. Ritter, Herrn Prof. Dr. Thomas Nipperdey und Herrn Prof. Dr. Eberhard Weis für fördernde Unterstützung. Von den Mitarbeitern des Instituts möchte ich namentlich Herrn Privatdozent Dr. Klaus Tenfelde und vor allem Herrn Dr. Rüdiger vom Bruch nennen. Ferner danke ich den Herausgebern der »Arbeiten zur Kirchengeschichte«, besonders Herrn Landesbischof Prof. Dr. Gerhard Müller, für die Aufnahme meines Buches in diese Reihe. Schließlich möchte ich Herrn Geoffrey Elton, Regius Professor of History, für sein Verständnis dafür danken, daß ich hiermit einen Ausflug in die deutsche Geschichte des 19. und 20. Jahrhunderts unternommen habe. Der Alexander von Humboldt-Stiftung bin ich für ein zweijähriges Forschungsstipendium und eine Druckbeihilfe sehr verbunden.

Cambridge, im Oktober 1982 E. I. K.

INHALTSVERZEICHNIS

EINLEITUNG

Auf dem vierten Evangelisch-Sozialen Kongreß in Berlin 1893 meldete sich im Anschluß an das Hauptreferat von Prof. Kaftan über »Christentum und Wirtschaftsordnung« der dreiundreißigjährige Pfarrer Friedrich Naumann zu Wort, der nach zweijährigem Aufenthalt 1883–1885 im »Rauhen Haus« Johann Hinrich Wicherns zunächst als Pfarrer in Sachsen gewirkt hatte und 1890 als Vereinsgeistlicher nach Frankfurt am Main übergesiedelt war, um über individuelle Fürsorge hinaus an der Lösung der »sozialen Frage« mitzuwirken, was in dieser Zeit fast durchweg die »Arbeiterfrage« meinte[1]. Bereits 1849 hatte Wichern in einer nicht nur für die Innere Mission, sondern für die frühe Phase evangelischer Sozialpolitik insgesamt zentralen Denkschrift die Bildung von »Assoziationen der Hilfsbedürftigen selbst für ihre sozialen Zwecke« angeregt. Nur so könne der Arbeiter vom Objekt der Fürsorge zum selbsttätigen Subjekt werden, ließe sich eine Lösung vieler sozialer Probleme aus eigener Kraft der Betroffenen erhoffen unter beratender und fördernder Mitwirkung der Kirche selbst[2].

In einer konsequenten Fortführung dieses Ansatzes seines früheren Lehrers erblickte Naumann den richtigen Weg, den es, den modernen Zeitbedürfnissen entsprechend, weiter zu beschreiten und inhaltlich neu zu füllen gelte und der mit den Anforderungen der modernen Kulturentwick-

---

[1] Zeitgenössische wissenschaftliche Schriften zur sozialen Frage des späten 19. Jahrhunderts beschränken sich zumeist auf Probleme der noch jungen Industriearbeiterschaft, seltener unter Einbeziehung der Landarbeiterschaft, des alten, vor allem des handwerklichen Mittelstandes. Erst nach der Jahrhundertwende wird der sogenannte »neue« Mittelstand in Verbindung mit der Angestellenfrage mitbehandelt. Typische Beispiele sind *Heinrich Herkner*, Die Arbeiterfrage, Berlin 1894, 8. Aufl. in 2 Bdn. Berlin u. Leipzig 1922; *Gustav Schmoller*, Die soziale Frage, München u. Leipzig 1918. Aus der Literatur zu diesem Komplex seien vorrangig genannt *Dieter Lindenlaub*, Richtungskämpfe im Verein für Sozialpolitik. Wissenschaft und Sozialpolitik im Kaiserreich vornehmlich vom Beginn des »Neuen Kurses« bis zum Ausbruch des Ersten Weltkrieges (1890–1914), Wiesbaden 1967 (= Vierteljahrsschrift für Sozial- und Wirtschaftsgeschichte, Beih. 52/53), und neuerdings *Rüdiger vom Bruch*, Wissenschaft, Politik und öffentliche Meinung. Gelehrtenpolitik im Wilhelminischen Deutschland (1890–1914), Husum 1980 (= Historische Studien 435).

[2] Die Innere Mission der deutschen evangelischen Kirche, eine Denkschrift an die deutsche Kirche, im Auftrage des Centralausschusses für die Innere Mission verfaßt von *J. H. Wichern* (1849), Neudruck Hamburg 1948, hrsg. v. *M. Gerhardt*.

lung, dem gegenwärtigen Stand der sozialen Frage sowie deren wissenschaftlicher Aufbereitung insbesondere durch die Nationalökonomie als auch mit den Geboten des Evangeliums in Einklang zu bringen sei. Er betrachtete es als einen Prozeß der Zersetzung, daß die zeitgenössische Wirtschaftsordnung nicht das Eigentum bewahre, sondern die Aufsaugung des Eigentums in wenige Hände fördere. Man müsse der Gesellschaft die trügerische Firma mit der Inschrift »Heiliges Eigentum« über ihren Toren entreißen, da hinter den Toren das »Eigentum vermöbelt« werde[3].

Die entscheidende Frage der Gegenwart sei neben der Eigentumsfrage, von Naumann auch als »Kapitalfrage« bezeichnet, die Unzulänglichkeit der bestehenden Gesellschaftsordnung. Insoweit müsse man sich in der Analyse der Sozialdemokratie anschließen, ohne dieser jedoch auch praktisch politisch zu folgen. Eine Identifizierung mit sozialdemokratischen Gedanken sei nicht möglich, dagegen stehe der »Grundsatz der Vermeidung der Utopien« und der des »Festhaltens des berechtigten Individualismus jeder Einzelperson«, entsprungen aus dem »ewigen Wert der einzelnen Person«. Mit christlichen Gedanken als Ausgangspunkt, ohne als Partei aufzutreten, müsse der christlich-soziale Gedanke als selbständige Größe im deutschen Vaterlande entstehen und Menschen bilden, die in die wirtschaftliche Welt von dem Gedanken jenes Enthusiasmus der alten Kirche aus hineintreten[4]. Abschließend faßte Naumann seinen Beitrag in drei Punkten zusammen: »So finden wir aus kirchlichem Bestand heraus drei große Aufgaben: 1. Die Kapitalfrage, 2. die Versorgung der Notleidenden, 3. die Gemeinschaftsordnung[5].«

Diese Thesen Naumanns blieben nicht unwidersprochen. Für viele Besucher des Kongresses wurde hier ein gefährlicher Weg beschritten, der bei allen Abgrenzungsbemühungen letztlich die Differenz zur Sozialdemokratie verwische und nur deren Geschäft besorge[6]. Mit noch größerem Unbe-

---

[3] *Friedrich Naumann*, Debattenrede auf dem 4. Evangelisch-Sozialen Kongreß in Berlin 1893. Bericht über die Verhandlungen des 4. Ev.-Soz. Kongresses, Berlin 1893, S. 34–39, zitiert nach dem Wiederabdruck in: *Friedrich Naumann*, Ausgewählte Schriften, eingel. u. mit Anmerkungen versehen v. *Hannah Vogt*, Frankfurt a. M. 1949, S. 61–68.

[4] Ebd., S. 67.

[5] Ebd., S. 68.

[6] Vgl. hierzu *Dieter Düding*, Der Nationalsoziale Verein 1896–1903. Der gescheiterte Versuch einer parteipolitischen Synthese von Nationalismus, Sozialismus und Liberalismus, München u. Wien 1972, bes. S. 22–30; ferner zur personellen und politischen Konstellation des Evangelisch-Sozialen Kongresses: *Johannes Herz*, Hrsg., Adolf von Harnack und der Evangelisch-Soziale Kongreß, Göttingen 1930; *ders.*, Hrsg., Evangelisches Ringen um soziale Gemeinschaft. Fünfzig Jahre Evangelisch-Sozialer Kongreß 1890–1940, Leipzig 1940; *Hans Eger*, Der Evangelisch-Soziale Kongreß, Heidelberg 1930; *Theodor Strohm*,

hagen beobachteten Staat und Kirchenleitung solche Bekundungen, die in eine Zeit fielen, als die kurzfristige sozialpolitische Aufbruchsstimmung des »Neuen Kurses« Wilhelms II. bereits wieder eingedämmt wurde, als staatliche Behörden und Evangelischer Oberkirchenrat ihre Beamten und Pfarrer zu größter Zurückhaltung in der sozialen Agitation aufforderten, als zudem eine neue Repressionspolitik um sich griff; diese war vor allem veranlaßt durch den sozialdemokratischen Erfolg in der Reichstagswahl von 1893, durch die Ausbreitung der sozialdemokratisch beeinflußten freien Gewerkschaften, aber auch durch ein grassierendes sozialpolitisches, gelegentlich sozialistisches Fieber in Teilen des deutschen (Bildungs-)Bürgertums, verstärkt unter Jungakademikern[7].

Wie sich von Wichern 1848/49 ein Bogen schlagen läßt zum Naumann der 1890er Jahre in dem Versuch, aus dem Evangelium heraus eine Antwort auf die drängendsten Zeitprobleme zu finden unter Berücksichtigung der gegenwärtigen politischen, sozialen und kulturellen Bedingungen und der modernen wissenschaftlichen Erkenntnisse und Hilfestellungen, so läßt sich gleichfalls eine Brücke herstellen in dem Verhalten der evangelischen Kirchenleitung, das weniger als vorwärtsweisende Antwort auf die sozialen Nöte der Zeit denn als Reaktion auf Tendenzen innerhalb der Pfarrerschaft selbst zu eigenständigen Lösungsversuchen zu bezeichnen wäre. Wie sein Großvater in zwei Botschaften zur sozialen Frage 1881 und 1883 auf eine behutsame Behandlung einiger sozialer Probleme im Sinne staatsbejahender und systemsichernder Reform hingesteuert hatte, ohne irgendeinen Zweifel

---

Kirche und demokratischer Sozialismus, München 1968; *Heinz Herz*, Evangelisch-Sozialer Kongreß 1890–1945, in *D. Fricke*, Hrsg., Die bürgerlichen Parteien in Deutschland, Bd. 1, Berlin 1968, S. 792–797; *Gottfried Kretschmar*, Der Evangelisch-Soziale Kongreß. Der Protestantismus und die soziale Frage, Stuttgart 1972; sowie *Horst Gründer*, Walter Simons, die Ökumene und der Evangelisch-Soziale Kongreß. Ein Beitrag zur Geschichte des politischen Protestantismus im 20. Jahrhundert, Soest 1974 (= Ökumenische Schriften des Archivs der EKD 8).

[7] Vgl. zu den angesprochenen Problemkreisen vorrangig *Gerhard A. Ritter*, Die Arbeiterbewegung im Wilhelminischen Reich. Die Sozialdemokratische Partei und die Freien Gewerkschaften 1890–1900, Berlin ²1963; siehe ferner *Hans Rothfels*, Theodor Lohmann und die Kampfjahre der staatlichen Sozialpolitik Berlin 1927 u. *W. Vogel*, Bismarcks Arbeiterversicherung, Braunschweig 1951; *Peter Rassow* u. *Karl Erich Born*, Hrsg., Akten zur staatlichen Sozialpolitik in Deutschland 1890–1914, Wiesbaden 1959 (= Historische Forschungen im Auftrag der Historischen Kommission der Akademie der Wissenschaften und der Literatur, Mainz 3); *Karl Erich Born* u.a., Einführungsband zur Quellensammlung zur Geschichte der deutschen Sozialpolitik 1867–1914, Wiesbaden 1966; *K. E. Pollmann*, Landesherrliches Kirchenregiment und soziale Frage. Der evangelische Oberkirchenrat der altpreußischen Landeskirche und die sozialpolitische Bewegung der Geistlichen nach 1890, Berlin 1973.

an seinen konservativen Grundüberzeugungen und seinem Mißtrauen
gegenüber Unbotmäßigkeiten bei den als Stützen von Thron und Altar
bezeichneten sozialen Trägerschichten zu lassen, so suchte auch Wilhelm
II. im Frühjahr 1890 durch mehrere Erlasse die stagnierende Sozialreform
durch eine Erweiterung der bisherigen Sozialversicherung auf Fragen des
Arbeitsschutzes und des Arbeitsmarktes hin voranzutreiben, ohne indes
eine stärkere politische Partizipation der Arbeiterschaft zu beabsichtigen
oder eine Infizierung bürgerlicher Schichten zu billigen. Am 28. Februar
1896 schickte er seinem früheren Erzieher Hinzpeter ein Telegramm, das
sich gegen den christlich-sozialen Hofprediger und Parteipolitiker Adolf
Stöcker wandte:

> »Stöcker hat geendigt, wie ich es vor Jahren vorausgesagt habe. Politische Pastoren sind ein
> Unding. Wer Christ ist, der ist auch sozial; christlich-sozial ist Unsinn und führt zur
> Selbstüberhebung und Unduldsamkeit, beides dem Christentum schnurstracks zuwiderlau-
> fend. Die Herren Pastoren sollen sich um die Seelen ihrer Gemeinden kümmern, die
> Nächstenliebe pflegen, aber die Politik aus dem Spiel lassen, dieweil sie das gar nichts
> angeht[8].«

Bereits im Vorjahr hatte der Evangelische Oberkirchenrat in einem
Zirkularerlaß unmißverständlich seine Sorge vor einer anschwellenden
sozialen Reformstimmung und Agitationsbereitschaft in der Pfarrerschaft
zum Ausdruck gebracht. Die Konsistorialpräsidenten und Generalsuperintendenten bestätigten einstimmig die von der allgemeinen sozialpolitischen
Reformbewegung ausgelöste Teilnahme auch in Kreisen der Geistlichen
und den »gewissermaßen symptomatischen Charakter« einzelner Aus-
schreitungen. Alles was auf eine wachsende Neigung geistlicher Kreise
hindeutete, sich an über die Zwecksphäre der Kirche hinausgehenden
sozialen Bestrebungen zu beteiligen (genannt wurden: die Erörterung
volkswirtschaftlicher und sozialpolitischer Probleme, die Reisen zu Ver-
sammlungen, Kongressen, Kursen etc.), ließ eine Gefährdung der Vertrauensstellung der Geistlichen in ihren Gemeinden, verminderte Zeit für
seelsorgerische und sonstige Amtspflichten befürchten, aber auch, daß »die
innerliche Sammlung gehindert werde«. Daraus ergebe sich für die Organe
des Kirchenregiments auf allen Stufen die Pflicht, mit den ihnen zu Gebote

---

[8] Abdruck in *Günter Brakelmann*, Hrsg., Quellensammlung Kirche, soziale Frage und
Sozialismus. Bd. 1. Kirchenleitungen und Synoden über soziale Frage und Sozialismus
1871–1914, Gütersloh 1977, S. 193. Zu Wilhelm II. vgl. auch *Peter Domann*, Sozialdemokratie und Kaisertum unter Wilhelm II. Die Auseinandersetzung der Partei mit dem
monarchischen System, seinen gesellschafts- und verfassungspolitischen Voraussetzungen,
Wiesbaden 1974, S. 115.

stehenden Mitteln den hervortretenden bedenklichen Erscheinungen nachdrücklich entgegenzuwirken[9].

In einer unübersehbaren Parallele zur staatlichen Politik wurde der Kurs
gedrosselt, das Steuer teilweise wieder herumgeworfen, nachdem die gleiche Instanz vier Jahre zuvor ihrer Besorgnis über das materielle Elend und
die aufbrechenden Klassengegensätze – beide hervorgerufen durch die
Umwälzungen auf wirtschaftlichem Gebiet – Ausdruck gegeben hatte.
Damals sollten sich alle um das geistige und materielle Wohl des Volkes
Besorgten und Verantwortlichen zur Mitarbeit an der Beseitigung dieser
Mißstände aufgerufen fühlen. Nach einem Überblick über die bereits,
vornehmlich im Bereich der Inneren Mission geleistete Arbeit hieß es
weiter, es bleibe noch vieles zu tun übrig[10]. Doch gelte besonderer Dank
dem bisherigen vertrauensvollen und heilsamen Zusammenwirken der amtlichen Organe der Kirche und der freien Vereinstätigkeit bei allen Arbeiten
der Inneren Mission auf sozialem Gebiet. Nicht leitendes Eingreifen,
sondern förderndes Mitwirken sah man als Aufgabe des Kirchenregiments
und registrierte mit Genugtuung den Erfolg der von der Staatsregierung
finanzierten, für die Innere Mission veranstalteten jährlichen Kurse zur
Orientierung und Anleitung von Geistlichen in den Arbeiten der christlichen inneren Liebestätigkeit. Insbesondere verwies man auf die Generalsynode, von der man als »anregende[s] und ermunternde[s] Zeugnis« einen
wesentlichen Beitrag zur Bewältigung der wichtigen Aufgaben der evangelischen Kirche auf sozialem Gebiet erwartete[11]. Freilich sah man sich bald
gezwungen, die angekündigte Zurückhaltung gegenüber den aus der Pfarrerschaft heraus erwachsenden Initiativen mit ihrer zunehmend unkontrol-
lierbaren Eigendynamik wieder aufzugeben und scharf reglementierend
einzugreifen. Auch hier blieb die Kirchenleitung ihrer früheren Generalli-
nie treu.

Bereits in den auf die Reichsgründung von 1870/71 folgenden Jahren
hatten die sprunghaft beschleunigte Industrialisierung und Modernisierung
Deutschlands kirchliche Äußerungen zu den unübersehbaren Verschärfungen von sozialen Mißständen erforderlich gemacht und 1878/79 zu verbind-

---

[9] Zirkularerlaß des Evangelischen Oberkirchenrats, betreffs Beteiligung der Geistlichen der
evangelischen Landeskirche an sozialpolitischen Agitationen vom 16. Dezember 1895,
Abdruck bei *Brakelmann*, S. 190.
[10] Mitteilung des Evangelischen Oberkirchenrats an die Generalsynode der evangelischen
Landeskirche von 1891 betreffs der Aufgaben der evangelischen Kirche auf sozialem Gebiete
vom 9. November 1891, Abdruck ebd., S. 179–180.
[11] Ebd., S. 181–182.

lichen Stellungnahmen genötigt. Bezeichnenderweise erfolgten sie zu dem
Zeitpunkt, als das junge Reich mit dem wirtschaftspolitischen Kurswechsel
vom Freihandel zum solidarprotektionistischen Schutzzollverbund von
Großlandwirtschaft und Schwerindustrie, mit der Verabschiedung des
Sozialistengesetzes und der Beendigung des Kulturkampfes an einen Wen-
depunkt gelangt war, an dem die bis zum Ende des Kaiserreichs wirksame
Koalition von ostelbischen Junkern und rheinisch-westfälischer Montanin-
dustrie, die »Block«- oder »Kartell«-Konstellation von Konservativen und
Rechtsliberalen ausgebildet wurde, in der mehrere Historiker eine »innere«
oder »zweite« Reichsgründung erblicken[12].

Zu Beginn des Jahres 1879 erklärte der Evangelische Oberkirchenrat in
einer Ansprache an die Geistlichen und Gemeindekirchenräte der evangelischen Landeskirche, daß die materielle Not eine wesentlich geringere
Belastung für die Betroffenen darstelle als das Gefühl der Unsicherheit,
dem sie ausgesetzt seien, und das die gesamte sittlich-rechtliche Lebensord-
nung bedrohe. Das verleihe den unheilvollen Versuchen, durch Umsturz
der staatlichen und gesellschaftlichen Ordnungen bessere Zustände herbeizuführen, eine gefährliche Macht und wecke die ernsten Gemüter auf, nicht
allein in den Mitteln staatlicher Gewalt, sondern vor allem in der religiösen
und sittlichen Erneuerung des Volkes die Kraft zur Abwehr und Heilung
zu suchen[13]. Nach anschließenden längeren Ausführungen über die Verwilderung der Sitten, die sittliche Bedrohung der Jugend und Klagen über
zunehmenden Abfall vom Glauben in breiteren Schichten rief der Oberkirchenrat zu »warmem Mitgefühl der christlichen Liebe mit den Notleidenden« auf. Angesichts des umfassenden und tiefgehenden Notstandes könnten die Geistlichen es sich nicht nehmen lassen, ihre persönlichen Erfahrungen und Gaben geltend zu machen bei der Organisation wechselseitiger
Unterstützung, bei der Einrichtung von Altersversorgungs- und Sparkas-
sen, bei der Fürsorge für die Frauen, die Kinder, die Kranken, für gesunde
Wohnungen und angemessene Erholungsstätten der Arbeiter oder bei
anderen gemeinnützigen Bestrebungen zum Besten der arbeitenden Klassen. Auch seien sie vor anderen berufen, versöhnend zwischen die durch

---

[12] Vgl. *Helmut Böhme*, Hrsg., Probleme der Reichsgründungszeit 1848–1879, Köln u. Berlin
²1972, darin besonders die Beiträge von *Wolfgang Zorn*, S.296–316; *Ivo N. Lambi*,
S.317–327; *Helmut Böhme*, S.328–351; *Wolfgang Sauer*, S.448–478.
[13] Ansprache des Evangelischen Oberkirchenrats an die Geistlichen und Gemeindekirchenräte
der evangelischen Landeskirche, betr. ihre Aufgaben gegenüber den aus der sozialistischen
Bewegung entstandenen Gefahren vom 20. Februar 1879, Abdruck bei *Brakelmann*, S.72.

grelle Gegensätze des Besitzes und gegenseitiges Mißtrauen getrennten Kreise des Volkes zu treten[14].

Mit diesem Programm schien man die Tradition der Denkschrift Wicherns von 1849 fortzuführen, bewegte man sich im Kern – Linderung von Notständen, Aufgabe sozialer »Versöhnung« – im Umkreis bürgerlicher Sozialreform, wie sie durch den vom Vormärz bis zur Reichsgründung maßgeblichen »Centralverein für das Wohl der arbeitenden Klassen« repräsentativ vertreten wurde[15]. Allerdings ging man hierüber nicht hinaus, ignorierte man in der Kirchenleitung bürgerliche sozial-reformerische Vorstöße, die seit der Reichsgründung mit dem Auftreten der »Kathedersozialisten« und deren Organisation, dem 1872/73 gegründeten »Verein für Socialpolitik«, ein qualitativ neues Gepräge erhalten und sich von den bisherigen karitativen Tendenzen abgelöst hatte[16]. In ihrer Mehrheit waren es keineswegs Männer von links, die mit Hilfe wissenschaftlicher Erkenntnisse und einer wissenschaftlich begründeten Wertorientierung nun der »sozialen Frage« zu begegnen suchten. Einer der prominentesten »Kathedersozialisten«, Adolf Wagner, gehörte gar dem dezidiert konservativen Flügel des Vereins an, seine staatssozialistischen Neigungen verbanden ihn eher mit der Tradition preußisch-gutsherrschaftlicher Patronage als mit den linksliberal-freihändlerischen Vorstellungen seines Vereinskollegen Lujo Brentano. Zudem verstand er sich vorwiegend als evangelischer Christ und nationaler Politiker mit engen Verbindungen zu der späteren konservativen

---

[14] Ebd., S. 77–78.
[15] Zum Centralverein vgl. *Jürgen Reulecke*, Der Centralverein für das Wohl der arbeitenden Klassen. Zur Entstehung und frühen Entwicklung der Sozialreform in Preußen/Deutschland, Einleitungsbeitrag zum Reprint der »Mittheilungen des Centralvereins für das Wohl der arbeitenden Klassen« (1848–1858), 5 Bde., neu hrsg. v. *Wolfgang Köllmann* u. *Jürgen Reulecke*, Hagen 1980, S. 23*–24*.
[16] Zur Tätigkeit des Vereins vgl. *Marie-Louise Plessen*, Die Wirksamkeit des Vereins für Socialpolitik von 1873–1890, Studien zum Katheder- und Staatssozialismus, Berlin 1975; ferner zur begrifflichen und zeitlichen Eingrenzung bürgerlicher Sozialreform im Kaiserreich *Rüdiger vom Bruch*, Bürgerliche Sozialreform und Gewerkschaften im späten deutschen Kaiserreich. Die Gesellschaft für Soziale Reform 1901–1914, in: Internationale Wissenschaftliche Korrespondenz zur Geschichte der deutschen Arbeiterbewegung, 15 (1979) S. 580–610, bes. S. 582–593; ders., Streiks und Konfliktregelung im Urteil bürgerlicher Sozialreformer 1872–1914, in: *Klaus Tenfelde* u. *Heinrich Volkmann*, Hrsg., Streik. Zur Geschichte des Arbeitskampfes in Deutschland während der Industrialisierung, München 1981, S. 253–270. Zu den Kathedersozialisten vgl. *Fritz Völkerling*, Der deutsche Kathedersozialismus, Berlin 1959.

christlich-sozialen Bewegung[17]. Gleichwohl erschien ihm eine grundlegende Überprüfung der Staats-, Sozial- und Wirtschaftsordnung unerläßlich, wollte man nicht nur an einzelnen Symptomen der bestehenden
sozialen Mißstände herumdoktern. In einer Rede über die soziale Frage vor
der freien kirchlichen Versammlung evangelischer Männer im Oktober
1871 in Berlin mahnte Wagner eindringlich die höheren Klassen, dem Staat
das rechtzeitige Betreten der Bahn der Reformen zu ermöglichen durch ihr
»freies sittliches Wollen«. Eine solche Entwicklung läge auch in ihrem
eigenen Interesse wie dem der Gesamtheit. Nach seiner Auffassung seien in
der Geschichte genügend Beweise dafür zu finden, daß manche Krisen, die
zu einer schweren Erschütterung des Staatsgefüges geführt hätten, sich
hätten vermeiden lassen, wenn berechtigte Forderungen unterprivilegierter
Schichten rechtzeitig erfüllt worden wären[18].

Mit Wohltaten allein seien diese Forderungen nicht zu befriedigen,
vielmehr müßten die Erkenntnisse der Volkswirtschaftslehre herangezogen,
müßten insbesondere die derzeitigen sozialwissenschaftlichen Theorien auf
ihre Brauchbarkeit hin überprüft werden. Er war sich dessen bewußt, daß
er Gefahr lief, von seinen Gegnern als »verschämter Sozialist« bezeichnet zu
werden, aber er verlangte eine ernsthafte Auseinandersetzung mit dem
sozialistischen Gedankengut und eine Anerkennung sowohl der darin
enthaltenen richtigen Erkenntnisse als auch berechtigter sozialistischer
Forderungen. Beides sei Pflicht der führenden Klassen und des Staates
selbst[19].

Von dieser Position aus führte in konsequenter Weiterentwicklung ein
direkter Strang zu den oben skizzierten Vorstellungen Friedrich Naumanns

---

[17] Vgl. *Heinrich Rubner*, Hrsg., Adolph Wagner. Briefe, Dokumente, Augenzeugenberichte
1851–1917, Berlin 1978; ferner *Martin Heilmann*, Adolph Wagner – ein deutscher
Nationalökonom im Urteil der Zeit. Probleme seiner biographischen und theoriegeschichtlichen Würdigung im Lichte neuer Quellen, Frankfurt a. M. u. New York 1980 (= Campus
Forschung 160). Zu Brentano vgl. *James Sheehan*, The Career of Lujo Brentano. A Study of
Liberalism and Social Reform in Imperial Germany, Chicago 1966. Eine bequeme Zusam-
menstellung von Brentanos Ideen findet sich bei *Otto Tiefelstorf*, Die sozialpolitischen
Vorstellungen Lujo Brentanos, Köln 1973.
[18] *Adolf Wagner*, Rede über die soziale Frage. Gehalten auf der freien kirchlichen Versammlung evangelischer Männer ... zu Berlin am 12. Oktober 1871, Wiederabdruck in *Hans
Fenske*, Hrsg., Im Bismarckschen Reich 1871–1890, Darmstadt 1978 (= Quellen zum
politischen Denken der Deutschen im 19. und 20. Jahrhundert 6), S. 57.
[19] Ebd., S. 59.

und dem »Sozialismus der gebildeten Stände«[20], insbesondere der jüngeren Pfarrerschaft in den 1890er Jahren, auch wenn Wagners christlich-sozial-konservative Überzeugungen ihm ein Mitgehen verwehrten. Der Weg jedoch war durch diese frühe Stellungnahme vorgezeichnet, der auf die zahlreichen, von der Kirchenleitung abgehobenen evangelischen sozialpoli-tischen Initiativen der frühen Wilhelminischen Zeit verwies und eine seit der Reichsgründung folgenreiche Trennung im deutschen Protestantismus zwischen Kirchenleitung und vielfältigen individuellen und institutionali-sierten Vorstößen zur Lösung der sozialen Frage einleitete. In der bereits angeführten Ansprache des Oberkirchenrats aus dem Jahre 1879 wurden gegen Ende über die bisherigen Maßnahmen und Grundlinien hinausrei-chende Einbindungen der Kirche strikt abgelehnt, wurde die individuelle Liebestat in Stille und Demut gefordert. Bedauert wurden die vielen schroffen Übergänge und die Erschütterungen gewohnter Verhältnisse in der Entwicklung der letzten Jahrzehnte. Diese hätten mancherlei sittliche und wirtschaftliche Schäden teils aufgedeckt, teils hervorgerufen. Nach Ansicht des Kirchenrates war eine Heilung dieser Übelstände nur in einem längeren geschichtlichen Prozeß denkbar. Daher setzte er übereilten Reformversuchen seine Forderung nach Geduld, Vertrauen zu Gott und Abwendung sittlicher Gefahren entgegen. Außerhalb sozialpolitischer Agitation wolle man Vertrauensstellung und Ansehen der Kirche intakt erhalten, unter Hervorhebung ihres grundverschiedenen Anliegens habe man sich um Distanz zum »Krieg irdischer Parteileidenschaften« zu bemü-hen. Hinzu kam das Argument, es handele sich um »teils wissenschaftlich, teils technisch zu erledigende Fragen«, für die es den Geistlichen meist an umfassender Kenntnis und gereiftem Urteil fehle. Von hier aus mündete die amtliche Verlautbarung in eine eindringliche Warnung vor der Gefahr, in guter Absicht, aber in unzulässiger Weise und letztlich mit schlimmem Ausgang die Kirche zur Durchsetzung außerkirchlicher Ziele zu benutzen. Das könne nur ihrem Einfluß schaden[21].

Um eben diese Vorbildung und eine gesichertere Urteilsbildung war es Wagner wie Naumann zu tun, wenn die Kirche nicht in den zentralen Problemen der Gegenwart versagen, wenn sie sich nicht auf individuelle Seelsorge oder auf gutgemeinte, gefühlsgeleitete, jedoch letztlich unwirk-same Stellungnahmen zur sozialen Frage beschränken wollte. Die Kirchen-

---

[20] Zum »Sozialismus der gebildeten Stände« vgl. zeitgenössische Äußerungen bei *vom Bruch*, Wissenschaft, S. 157–175.
[21] *Brakelmann*, S. 79.

leitung hinwiederum hatte auseinanderdriftende theologische und politische Strömungen innerhalb des deutschen Protestantismus im Auge zu behalten und suchte sich vor Spaltungstendenzen durch überbrückende Integrationsformeln zu schützen. Zugleich war sie durch ihre staatskirchliche Verfassung auf das engste mit dem Regierungskurs verbunden, allenfalls auf Reformen »von oben« beschränkt. Die erstaunliche Affinität zur Politik des preußisch-deutschen Staates vor 1880 und nach 1890 entsprach denn auch in voller Schärfe der politisch-rechtlichen Situation der evangelischen Kirche.

I. STAATSKIRCHENTUM IM INDUSTRIEZEITALTER

A. Der soziale und ökonomische Strukturwandel des deutschen Reiches im ausgehenden 19. Jahrhundert

1. Deutschland auf dem Weg zur Großmacht und das Problem des deutschen Nationalstaates

In seiner ausgewogenen Studie »Das Kaiserreich von 1871 als gegenwärtige Vergangenheit im Generationswandel der deutschen Geschichtsschreibung«[1] betont der Historiker Werner Conze die Kontinuität in der deutschen Geschichte von 1871 bis heute über die einschneidenden Veränderungen von Revolution, totalitärem Staat und Teilung hinweg. Von daher erklärt er die politische Relevanz, aber auch die politischen Komponenten einer jeden Interpretation der Reichsgründung, und unter diesem Aspekt analysiert er das immer wieder neu gewendete Interesse am deutschen Kaiserreich mit seiner Vielfalt einander ablösender bzw. scharf gegenüberstehender politischer und methodischer Richtungen und Schulen. Hatte dieser »von oben« gegründete Nationalstaat ursprünglich den deutschen Historikern in ihrer überwiegenden Mehrheit als die Erfüllung der nationalpolitischen Wünsche insbesondere des liberal-protestantischen Bürgertums gegolten, von der aus es weiter zu schreiten gelte – »Von Preußens Aufgabe in Deutschland zu Deutschlands Aufgabe in der Welt« charakterisierte kürzlich Wolfgang Hardtwig die Haltung der historischen ›Zunft‹[2] –, so trat zu Beginn der 1960er Jahre ein grundlegender Umschlag ein. Bislang war der Nationalstaat bei allen Korrekturen und kritischen Einwendungen

---

[1] *Werner Conze*, Das Kaiserreich von 1871 als gegenwärtige Vergangenheit im Generationswandel der deutschen Geschichtsschreibung, in: *Werner Pöls*, Hrsg., Staat und Gesellschaft im politischen Wandel. Festschrift Walter Bußmann, Stuttgart 1979, S. 383–405, S. 383.

[2] *Wolfgang Hardtwig*, Von Preußens Aufgabe in Deutschland zu Deutschlands Aufgabe in der Welt. Liberalismus und borussisches Geschichtsbild zwischen Revolution und Imperialismus, in: Historische Zeitschrift 231 (1980), S. 265–324.

noch als Wert für sich akzeptiert worden, viele seiner inneren Belastungen
wurden mit der gefährdeten politischen Lage im Herzen Europas, mit den
jahrhundertealten inneren und äußeren Vorbelastungen erklärt und wohl
auch abgemildert. Nun aber trat unter dem verspäteten Einfluß der um
1930 verfaßten Arbeiten Eckart Kehrs bei einer jüngeren Generation von
Historikern um Hans-Ulrich Wehler an die Stelle des »Primats der Außenpolitik« der »Primat der Innenpolitik«. Statt der zuvor überwiegend heran-
gezogenen politischen Ereignisgeschichte unter starker Bevorzugung der
führenden Persönlichkeiten wurde nun eine strukturanalytische »moderne
Sozialgeschichte« gefordert. Trotz aller unübersehbaren Leistungen dieser
neuen Schule waren bei einem solchen Trendwechsel Überspitzungen und
einseitige Verzerrungen wohl kaum zu vermeiden, die vor einigen Jahren
eine stark beachtete Kontroverse über Charakter und Interpretation dieses
Kaiserreichs hervorriefen. Der Münchener Historiker Thomas Nipperdey
warf Wehler vor, mit seinem Buch »Das deutsche Kaiserreich«[3] in einseitiger Staatsanwaltsattitüde *ex post* zu richten, die für die Folgezeit verhäng-
nisvollen Belastungen überzubewerten, gleichsam als ein »Treitschke redi-
vivus« mit umgekehrten Vorzeichen einseitig parteiliche Geschichtsschreibung zu betreiben und darüber die Offenheit und möglichen Alternativen
wie auch die weiterführenden, die Ausformung der modernen Industriegesellschaft prägenden Elemente zu vernachlässigen[4]. Inzwischen zeichnet
sich eine gewisse Klärung ab, löst sich der Blick von der einseitig richtenden
Verengung auf Deutschland, werden intensiver die übergreifenden Probleme der modernen europäischen Industriegesellschaften betont. Dementsprechend konnte Conze seine Analyse mit dem Hinweis schließen, daß
eine weitergehende Berücksichtigung geistesgeschichtlicher und gesellschaftsdynamischer Entwicklungen sowie gleichzeitig ablaufender ähnlicher Prozesse im europäischen Zusammenhang erforderlich sei. Damit
ließen sich präzisere Aussagen machen und würden die gewonnenen

---

[3] *Hans-Ulrich Wehler*, Das deutsche Kaiserreich 1871–1918, Göttingen 1973, zahlreiche
Neuauflagen.
[4] *Thomas Nipperdey*, Wehlers »Kaiserreich«, in *ders.*, Gesellschaft, Kultur, Theorie. Gesammelte Aufsätze zur neueren Geschichte. Göttingen 1976, S. 360–389. Vgl. neuerdings auch
aus kirchenhistorischer Perspektive die kritischen Einwände von *Reinhard Staats*, Das
Kaiserreich 1871–1918 und die Kirchengeschichtsschreibung. Versuch einer theologischen
Auseinandersetzung mit Hans-Ulrich Wehlers »problemorientierter historischer Strukturanalyse«, in: Zeitschrift für Kirchengeschichte 92 (1981), S. 67–96, die gegenüber »Wehlers
im Werturteil so selbstsicherer Darstellung des Kaiserreichs« (S. 95) intensiv der theologischen Dimension bekannter Wertmaßstäbe wie Objektivität, Zweifel und Toleranz nachgehen.

Erkenntnisse gesichert und leichter vermittelbar werden als bei isolierter Betrachtung[5].

Mit der Frage nach einem möglichen deutschen »Sonderweg«, die in der öffentlichen Diskussion in jüngster Zeit wieder verstärkt auflebte, sind einerseits unbestreitbare »Verspätungen« der deutschen politischen, ökonomischen und gesellschaftlichen Entwicklung im Vergleich zu Westeuropa gemeint, zum anderen richtet sich der Blick auf strukturelle Besonderheiten der deutschen Nationalgeschichte abseits der westlichen Zivilisation, jeweils im Hinblick auf eine Erklärung des Jahres 1933. Haben liberale Kritiker etwa im Bereich des Parlamentarismus[6] schon frühzeitig gravierende »Vorbelastungen« identifiziert[7], so wurden wiederholt und in unterschiedlichen Argumentationszusammenhängen Kontinuitätslinien vom Kaiserreich bis zum Beginn des Nationalsozialismus aufgezeigt. Vorrangig Fritz Fischer und seine Schüler Dirk Stegmann und Imanuel Geiss haben sich um den Nachweis von Kontinuitäten seit der Vorkriegszeit in den politischen Wertmustern und Zielvorstellungen politischer, wirtschaftlicher und kultureller Eliten bemüht[8]. Vor einem breiteren Hintergrund der im Kaiserreich wirksamen Sozialisations- und Repressionsmechanismen suchte Wehler sehr viel weitergehend spezifisch deutsche Vorbelastungen im Hinblick auf 1933 zu analysieren[9]. Demgegenüber wurde von Nipperdey auf Verengungen solcher Argumentationen hingewiesen[10], die den Blick für eine prinzipielle Offenheit der Situation vor 1933 verstellten[11]. In den letzten Jahren sind neben dem Amerikaner David Calleo insbesondere die jungen englischen Historiker David Blackbourn und Geoff Eley mit einer vehementen Kritik an jener Sonderweg-These hervorgetreten, die sie mit einem abqualifizierenden Rundschlag gegen fast sämtliche führenden deut-

---

[5] *Conze,* S. 404–405.

[6] Vgl. dazu *Helmuth Plessner,* Die verspätete Nation, Stuttgart etc. 1959. Da Plessner obrigkeitsstaatliche Traditionen der lutherischen Theologie in den Mittelpunkt seiner Erörterungen rückte, verdient seine Studie in unserem Zusammenhang besonderes Interesse.

[7] *Ernst Fraenkel,* Belastungen der parlamentarischen Demokratie in Deutschland, in: *ders.,* Deutschland und die westlichen Demokratien, Stuttgart etc. ⁴1968, S. 11–78, bes., S. 13–31 (historische Vorbelastung des deutschen Parlamentarismus).

[8] Zu diesen Interpretationsmustern vgl. zuletzt zusammenfassend *Fritz Fischer,* Bündnis der Eliten. Zur Kontinuität der Machtstrukturen in Deutschland 1871–1945, Düsseldorf 1978.

[9] *Wehler,* Das deutsche Kaiserreich.

[10] *Nipperdey,* S. 360–389.

[11] *Thomas Nipperdey,* 1933 und die Kontinuität der deutschen Geschichte, in: Historische Zeitschrift 227 (1978), S. 86–111.

schen Historiker der Gegenwart verbanden[12]. Man darf bezweifeln, daß die Diskussion auf dieser Ebene fruchtbar fortgeführt zu werden vermag, auch wenn einschlägige Veranstaltungen in der Öffentlichkeit lebhaft beachtet wurden[13]. Demgegenüber dürften international vergleichende Studien zu zentralen Fragestellungen die Erörterung, ob es einen spezifisch deutschen »Sonderweg« gegeben habe – was eigentlich ist der »Normalweg«? – sicherlich eher weiterführen. Nicht zuletzt auf dem Gebiet der Geschichte der Sozialpolitik sind in jüngster Zeit wegweisende Fortschritte gelungen, die den Blick von einer allzu einseitigen Konzentration auf unterschiedliche politisch-soziale Systeme stärker auf internationale Wechselwirkungen richten – dies gilt ganz besonders für den Austausch sozialpolitischer Vorstellungen und Modelle zwischen Großbritannien und dem Deutschen Reich[14]. Daneben vermag eine vergleichende Gegenüberstellung sozial- und wohlfahrtsstaatlicher Entwicklungslinien in verschiedenen europäischen Staaten, in denen die durch die Industrialisierung bewirkten Herausforderungen zeitlich versetzt und mit abweichender Intensität, im Prinzip aber vergleichbar, sozialpolitische Antworten von Staat und Gesellschaft entbanden, über jene allzu abstrakt-theoretische Sonderwegs-Diskussion hinauszuführen[15]. In diesem Zusammenhang wäre ebenfalls nach dem Anteil

---

[12] *David P. Calleo*, The German Problem Reconsidered. Germany and the World Order, 1870 to the Present, Cambridge u. London 1978; *David Blackbourn* u. *Geoff Eley*, Mythen deutscher Geschichtsschreibung. Die gescheiterte bürgerliche Revolution von 1848, Frankfurt etc. 1980.

[13] Vgl. etwa ein Colloquium »Deutscher Sonderweg – Mythos oder Realität?« am 26. November 1981 im Münchener Institut für Zeitgeschichte, auf dem unter der Leitung des stellvertretenden Institutsleiters Horst Möller nach einem einführenden Vortrag von Thomas Nipperdey, Karl Dietrich Bracher, Ernst Nolte, Kurt Sontheimer und Michael Stürmer diskutierten; dazu auch den Bericht von *Horst Möller*, in: Vierteljahrshefte für Zeitgeschichte 30 (1982), S. 162–165.

[14] Vgl. dazu den aus einer Berliner Tagung vom Dezember 1978 hervorgegangenen Sammelband: The Emergence of the Welfare State in Britain and Germany, ed. by *Wolfgang J. Mommsen* in collaboration with *Wolfgang Mock*, London 1981.

[15] Vgl. *Peter A. Köhler* u. *Hans F. Zacher*, Hrsg., Ein Jahrhundert Sozialversicherung in der Bundesrepublik Deutschland, Frankreich, Großbritannien, Österreich und der Schweiz, Berlin 1981. Die in diesem Band vereinten Länderberichte dienten ebenso wie ein vorausgegangener, ebenfalls vom Münchener Max-Planck-Institut für Internationales und Vergleichendes Sozialrecht initiierter Band von *Hans F. Zacher*, Hrsg., Bedingungen für die Entstehung und Entwicklung von Sozialversicherung. Colloquium der Projektgruppe für Internationales und Vergleichendes Sozialrecht der Max-Planck-Gesellschaft, Berlin 1979 (= Schriftenreihe für Internationales und Vergleichendes Sozialrecht 3), der Vorbereitung einer großangelegten Tagung in Berlin im November 1981 anläßlich der hundertsten Wiederkehr der kaiserlichen Botschaft vom 17. November 1881. Für eine kritische Würdi-

des staatskirchlich organisierten Protestantismus an den nationalstaatlichen sozialen Reformbewegungen zu fragen, wobei sich der Blick neben dem Deutschen Reich vorrangig auf die skandinavischen Länder, auf die Niederlande und auf Großbritannien zu richten und die differierenden Positionen des in diesen Ländern jeweils dominierenden Protestantismus zu berücksichtigen hätte. Leider fehlt es hier in so erheblichem Maß an Vorarbeiten, daß über die Fragestellung hinaus eine solche Thematik in unserem Zusammenhang nicht systematisch erörtert werden kann. Sie kann aber dazu beitragen, bei aller berechtigten und notwendigen Kritik an den Blockaden und Widerständen, die das landesherrliche Kirchenregiment in Deutschland den evangelisch-sozialreformerischen Impulsen entgegensetzte, vor einseitiger Verurteilung zu warnen und die gleichwohl vorhandenen Beiträge des deutschen Protestantismus für eine Lösung der sozialen Frage unbefangener zu würdigen.

Kehren wir nach diesem Exkurs zu dem zweiten von Conze behandelten Problemfeld zurück. Der von ihm angesprochene »Modernisierungsprozeß« wurde durch die Bildung des Nationalstaates in den 1860er Jahren entscheidend begünstigt und vorangetrieben, von dem preußisch-österreichischen Krieg gegen Dänemark 1864, der ein letztes Mal die Aktionsfähigkeit des mitteleuropäischen »Deutschen Bundes« unter Beweis zu stellen schien, tatsächlich aber bereits auf die künftige Hegemonie Preußens in Deutschland hinwies, über den Krieg gegen Österreich 1866 mit der Schaffung des Norddeutschen Bundes bis hin zum deutsch-französischen Krieg von 1870/71, der die Voraussetzung für die endgültige Konstituierung eines kleindeutschen Nationalstaates unter Einschluß Süd- und Südwestdeutschlands und unter Ausgrenzung Deutsch-Österreichs und damit der Habsburgischen Monarchie schuf.

Manche Forscher erblicken in der politischen Organisation des Norddeutschen Bundes wie auch des Deutschen Reiches vorwiegend die logische

---

gung des letztgenannten Bandes vgl. *Florian Tennstedts* Besprechung im Archiv für Sozialgeschichte 21 (1981), S. 554–558. Vgl. in diesem Zusammenhang auch die Einordnung staatlicher Sozialpolitik in den weiter ausgreifenden Kontext staatlicher Umverteilung, wie sie in *Fritz Blaich*, Hrsg., Staatliche Umverteilungspolitik in historischer Perspektive. Beiträge zur Entwicklung des Staatsinterventionismus in Deutschland und Österreich, Berlin 1980, vorgenommen worden ist, insbesondere die Beiträge von *Anselm Faust*, *Reinhard Spree*, sowie den einleitenden Problemaufriß von *Werner Abelshauser*, Staat, Infrastruktur und regionaler Wohlstandsausgleich im Preußen der Hochindustrialisierung, S. 9–58.

Konsequenz ökonomischer und verkehrspolitischer Bedürfnisse[16]. Der Kapitalbedarf der preußischen Industrie stehe in Zusammenhang mit der Vereinnahmung des damaligen deutschen Bankenzentrums, der freien Reichsstadt Frankfurt am Main; Kanal-, Eisenbahn- und Wegebau wurden durch die zersplitterte deutsche Kleinstaaterei ebenso behindert wie die Schaffung eines zollfreien Wirtschaftsraumes mit einheitlicher Währung und rechtspolitischer Geschlossenheit. In der Tat begünstigte die politische Einigung entscheidend die in den 1860er Jahren in vollem Umfang einsetzende Industrialisierung Deutschlands und förderte damit wichtige Voraussetzungen für eine zunehmende Verschärfung der sozialen Frage.

Gleichzeitig kam das hegemoniale Übergewicht Preußens in Deutschland durch die Entwicklung von 1866 und 1870/71 vollends zum Tragen; damit wurden aber auch die ungelösten Probleme Preußens in den Nationalstaat hinübergetragen und belasteten ihn von seiner Entstehung an. Wohl kaum ein anderer Staat hatte so wie Preußen nach 1800 der internationalen Sogwirkung der französischen Revolution eine »Revolution von oben« durch Bauernbefreiung, Gemeinde- und Heeresreform und nicht zuletzt durch die Einführung der allgemeinen Wehrpflicht entgegenzusetzen gesucht, wobei man sich auf eine im Kern funktionierende, modernrational organisierte Bürokratie unter starker Heranziehung des Bürgertums zu stützen vermochte[17]. Eine Eindämmung der durch die französische Revolution entbundenen Ideen und geistigen Bewegungen ließ sich durch Bürokratisierung und schrittweise Reformen, deren Auswirkungen zudem in der Reaktionsphase der 1820er bis 1840er Jahre rasch in den Hintergrund traten, jedoch nur in begrenztem Umfang erzielen. Wolfgang Sauer unterschied in einem bedeutenden Essay über »Das Problem des deutschen Nationalstaats«[18] drei Phasen, in denen sich die spätere zentrale Problematik des Kaiserreichs herausgebildet habe. In einer bürokratischen Phase im ersten Drittel des Jahrhunderts vollzog sich mit dem Aufstieg des deutschen

---

[16] Vgl. *Helmut Böhme*, Deutschlands Weg zur Großmacht. Studien zum Verhältnis von Wirtschaft und Staat während der Reichsgründungszeit 1848–1881, Köln u. Berlin 1966; einen knappen Überblick in *Florian Tennstedt*, Sozialgeschichte der Sozialpolitik in Deutschland. Vom 18. Jahrhundert bis zum Ersten Weltkrieg, Göttingen 1981 (= Kleine Vandenhoeck-Reihe 1472), S. 135–138.

[17] Vgl. weiterführende Literaturhinweise zur preußischen Reformzeit und eine knappe Skizze der Entwicklung in *Karl Bosl* u. *Eberhard Weis*, Die Gesellschaft in Deutschland, Bd. I: Von der Fränkischen Zeit bis 1848, München 1976, S. 237–256; *Reinhard Koselleck*, Staat und Gesellschaft in Preußen, 1815–1848, in: *Hans-Ulrich Wehler*, Hrsg., Moderne deutsche Sozialgeschichte, Köln ⁵1976, S. 55–84.

[18] *Sauer* wie Anm. Einleitung/ 12.

Bildungsbürgertums, den staatlichen Reformen und der Verbürgerlichung der Bürokratie allmählich eine Machtverschiebung von der Monarchie zur Bürokratie bis zu deren Verselbständigung hin und bewirkte eine stille Abkehr von den Prinzipien des fürstlichen Absolutismus und eine Mobilisierung brachliegender sozialer Kräfte von oben. Doch vermochte man die einmal freigesetzten Kräfte auf die Dauer nicht zu kontrollieren, die bürgerliche Revolution von 1848 als Kampf des überwiegend liberal-protestantischen Bürgertums um individuelle Freiheitsrechte und nationale Einigung nicht zu verhindern. Weniger der rasch gebrochene Widerstand der traditionalen Elite als vielmehr die politische Uneinigkeit und praktische Unerfahrenheit dieses Bürgertums, seine soziale Heterogenität, die Gleichzeitigkeit zahlreicher, für sich allein bereits nur schwer zu lösender Probleme und schließlich sein Zweifrontenkampf, die Stoßrichtung gegen Fürstentum und Adel und die Zurückweisung nachdrängender sozialer Schichten, bewirkten schließlich das Scheitern dieser Revolution.

In ihrem Gefolge verstärkte sich das politische Gewicht der Militärs, die sich zunehmend von ihrer vormaligen Anbindung an Staat und Gesellschaft lösten und sich als Staat im Staate etablierten. Der Aufstieg der Militärbürokratie und Tendenzen zur Bildung einer militärischen Nebenregierung mit ausschließlicher Bindung an die Krone, nicht an Verfassung und Parlament, rückten die Möglichkeit einer militärischen Revolution von oben bis hin zum Extrem eines Staatsstreichs immer näher. Im preußischen Verfassungskonflikt von 1861/62, als in dem Streit über Höhe und Geltungsdauer des Militäretats zwischen der Krone und der fortschrittlichen Mehrheit des Preußischen Abgeordnetenhauses eine Übereinkunft nicht zu erzielen war, war eine Ausschaltung von Parlament und Verfassung durch einen militärischen Staatsstreich zum Greifen nahe gerückt. Mit der Berufung Bismarcks zum Minister wurde in dieser Situation eine Lösung gefunden, in der Bismarck den gordischen Knoten mit Hilfe einer »Lückentheorie« durchschlug, wonach für einen solchen Fall in der Verfassung keine Regelung vorgesehen sei und er daher ohne bzw. gegen Parlament und Verfassung regieren müsse. Nach den Kriegen von 1864 und 1866, die Bismarck den Jubel des überwiegend national gesinnten deutschen liberalen Bürgertums eintrugen und dieses dauerhaft in einen linksliberalen, vorwiegend die individuellen Freiheitsrechte betonenden und einen nationalliberalen, vor allem die nationale Stärke und die wirtschaftlichen Interessen des industriellen Großbürgertums und das Selbstverständnis des Bildungsbürgertums hervorhebenden Flügel spalteten, konnte er sich für dieses Vorgehen rückwirkende »Indemnität« vom Parlament zusichern lassen. Gleichwohl blieben die Probleme bestehen; Militär, Adel und Bürokratie waren es vornehmlich, auf die sich der preußische Ministerpräsident, später dann Bundes- und Reichskanzler stützen mußte und von denen er vielfach abhängig war[19].

Mit dem Ausgang des preußischen Verfassungskonflikts von 1861/62 waren die späteren politischen Machtstrukturen des Reiches und die empfindliche Balance der politischen Kräfte und sozialen Trägerschichten bereits vorgezeichnet. Darüber hinaus offenbarte er brennpunktartig die spezifische Konstellation der deutschen konstitutionellen Monarchie und die von dieser zu lösenden Aufgaben.

Wo nicht ausgesprochen der klassische Dualismus konstitutionelle Monarchie/Parlamentarismus herrschte, mußte es noch keinen Sieg für die Monarchie bedeuten, wenn das Parlament versagte. Das monarchische Prinzip hatte im 19. Jahrhundert den Beweis für seine Existenzberechtigung anzutreten, aus der Tradition allein ließ sich sein Anspruch nicht mehr legitimieren. Besaß es die Fähigkeiten, Problemlösungen anzubieten und ein angestrebtes Ziel mit den adäquaten Mitteln zu verwirklichen? Die großen Aufgaben, an denen es für die Monarchie galt sich zu bewähren, lagen auf nationalem, konstitutionellem und sozialem Gebiet[20]. Dabei stellte sich vor allem letzteres als ein in seinen Verflechtungen und Folgen überaus kompliziertes Problem dar, das sich bis zum Ende dieses Reiches einer Lösung widersetzte. Es mußte sich als ein Schlüsselproblem erweisen, da die deutsche konstitutionelle Monarchie von vornherein an sich denkbare Alternativen zur Lösung der sozialen Frage nicht in Betracht ziehen konnte und auf den Weg einer »Reform von oben« angewiesen war. So hat zwar das Parlament bei der Umgestaltung der Regierungsvorlagen für die verschiedenen Sozialversicherungen eine erhebliche Rolle gespielt, die Sozialreform als grundsätzliches Lösungsprogramm blieb indessen nicht den im Parlament vertretenen gesellschaftlichen Kräften überlassen, die

---

[19] Hierzu siehe *Walter Bußmann*, Otto von Bismarck, Geschichte, Staat, Politik, in: *Otto Büsch* u. *Wolfgang Neugebauer*, Hrsg., Moderne Preußische Geschichte 1648–1947, Bd. 3, Berlin u. New York 1981 (= Veröffentlichungen der Historischen Kommission zu Berlin 52,3), S. 1530–1552. Zur Rolle des Militärs vgl. *Günter Martin*, Die bürgerlichen Exzellenzen. Zur Sozialgeschichte der preußischen Generalität 1812–1918, Düsseldorf 1979.

[20] *Rainer Wahl*, Der preußische Verfassungskonflikt und das konstitutionelle System des Kaiserreichs, in: *Ernst-Wolfgang Böckenförde*, Hrsg., Moderne deutsche Verfassungsgeschichte (1815–1918), Köln 1972, S. 171–194. Siehe ferner *Hans Boldt*, Deutscher Konstitutionalismus und Bismarckreich, in: *Michael Stürmer*, Hrsg., Das kaiserliche Deutschland. Politik und Gesellschaft 1870–1918, Düsseldorf 1970, S. 119–142; *Manfred Rauh*, Förderalismus und Parlamentarismus im Wilhelminischen Reich, Düsseldorf 1974 (= Beiträge zur Geschichte des Parlamentarismus und der politischen Parteien 47), S. 37–61.

allein fähig gewesen wären, mit der Sozialversicherung die vorrangigen Adressaten dieser Versicherungen, eben die Industriearbeiterschaft und ihre politischen und gewerkschaftlichen Organisationen, auf dem Wege umfassender Emanzipation in den Nationalstaat zu integrieren. Mit der grundsätzlichen Abwehrhaltung der Krone gegen den Parlamentarismus kam ein solcher Weg nicht mehr in Frage. Vielmehr mußte die Krone die soziale Frage zu ihrer eigenen Angelegenheit machen und mit ihrer Lösung die konkrete Gestaltungsfähigkeit dynastischer Legitimation auch im Industriezeitalter unter Beweis stellen. In Anknüpfung an die Politik der Reformen von oben zu Beginn des Jahrhunderts galt es nun, in dem »von oben« geeinigten Nationalstaat die jetzt vorrangige Problematik ebenfalls von oben zu lösen; damit wurde das von Bismarck entwickelte Konzept einer Lösung der sozialen Frage gleichzeitig zur entscheidenden Probe auf Legitimation und Fortführung der Monarchie als dem eigentlichen Machtfaktor. Nur so wird die konzeptionelle und wegweisende Bedeutung sozialkonservativer Lösungsmodelle verständlich, die wie bei Lorenz von Stein in der Lehre vom sozialen Königtum wurzelten[21] und zugleich eben diesem sozialen Königtum der Hohenzollern eine jahrhundertelange Tradition zusprachen[22]. Es gelang der Monarchie freilich nicht, in Fortführung solcher vermeintlichen Tradition eine Brücke zur Gegenwart zu schlagen. Sie vermochte nicht zu differenzieren zwischen ihren Interessen und denen der herrschenden Klasse, geschweige denn, deren Ansprüche zurückzudrängen. Sie versäumte, den Anstoß zu einer sozialen Umstrukturierung zu geben, die allein letztlich hätte das Fortbestehen des Königtums sichern können: Eine zunehmende Beteiligung der Arbeiterschaft am politischen Leben, eine gerechtere Verteilung des Volkseinkommens oder auch nur eine Verbesserung der Bildungsaussichten der unterprivilegierten Schichten erfolgte nicht[23].

---

[21] Vgl. hierzu ausführlich *Dirk Blasius*, Lorenz von Stein. Grundlagen und Struktur seiner politischen Ideenwelt, Köln 1970.

[22] Die Tradition eines sozialen Königtums der Hohenzollern wurde im Kaiserreich als zentraler Bestandteil der sogenannten »Hohenzollernlegende« ebenso bekämpft von Linksliberalen und Sozialdemokraten wie Max Maurenbrecher und Franz Mehring, wie führende »borussische« Historiker und Nationalökonomen an ihr festhielten, vgl. dazu *Karl-Heinz Noack*, Der soziale Aspekt der Hohenzollern-Legende bei Gustav Schmoller, in: Festschrift Ernst Engelberg, hrsg. v. *Horst Bartel* u. a., Berlin (Ost) 1976, S. 327–343.

[23] *Wahl*, S. 185.

2. Wirtschaft und Gesellschaft im Kaiserreich

Wir haben bereits auf die von manchen Forschern vertretene Ansicht hingewiesen, die Gründung des Norddeutschen Bundes und des Deutschen Reiches sei vorwiegend aus ökonomischen Sachzwängen heraus zu begreifen. Nach einer genaueren Überprüfung dieser These kommt der Münchener Sozial- und Wirtschaftshistoriker Wolfgang Zorn zu dem Schluß, daß die Behauptung, die ökonomischen Gegebenheiten und Abhängigkeiten hätten folgerichtig zur Reichsgründung führen müssen, ebenso naheliegend wie letztlich unbeweisbar sei[24]. Sicherlich entsprachen die politische Einigung und die durch sie begünstigten sozialökonomischen Transformationen den Bedürfnissen des deutschen Wirtschaftsbürgertums. Die Verschiebungen in der deutschen Gesellschaft, die namentlich auf der Industrialisierung beruhten, erhöhten zunächst nur das Gewicht der an verstärkter Wirtschaftseinigung interessierten bürgerlichen Schichten. Allerdings bedarf diese Feststellung einiger wichtiger Differenzierungen: Mit dem steigenden ökonomischen Gewicht war keineswegs ein entsprechender Machtzuwachs des Industrie- und Handelsbürgertums verbunden, vielmehr begünstigte die von Preußen aus erfolgte Reichsgründung »von oben« den Fortbestand der Machtposition des landsässigen Junkertums der ostelbischen Gebiete Preußens. Zwar schien mit den preußischen Gebietserweiterungen westlich der Elbe 1866 und dann mit der Einbeziehung Süddeutschlands in das neue Staatsgebiet die bisherige Führungsposition dieser adeligen Schichten gefährdet; dem stand jedoch die weitgehend ungebrochene soziale Homogenität des unangefochtenen preußischen Offizierkorps und der starke Anteil des preußischen Landadels an der Spitzenbürokratie entgegen. Damit wurde die traditionsreiche Leistungsfähigkeit des preußischen Landadels sozialgeschichtlich auf den »nationalen Verdientheitsgedanken« hin ausgedehnt, zumal der Sieg über Frankreich und die Errichtung des seit 1848 von großen Teilen des Bürgertums ersehnten nationalen Kaisertums weithin als ihr Verdienst betrachtet wurde. Diese Tatsache schlug sich nicht zuletzt in der sozialen Zusammensetzung des ersten, nach dem bereits im Norddeutschen Bund gültigen demokratischen Wahlrecht gewählten Reichstags von 1871 nieder, in dem von 357 Abgeordneten 147 dem Adel angehörten, also immerhin 40 %. Trotz der überragenden Bedeutung der liberalen Parteien für die Parlamentsgeschichte der

---

[24] *Wolfgang Zorn*, Wirtschafts- und sozialgeschichtliche Zusammenhänge der deutschen Reichsgründungszeit (1850–1879), in: *Helmut Böhme*, Hrsg., Probleme der Reichsgründungszeit, Köln ²1972, S. 296–316, bes. S. 310.

1870er Jahre saßen in dem den Kulturkampf tragenden Reichstag von 1873 noch 103 Gutsbesitzer, und erst im Laufe der folgenden Jahrzehnte ging der Anteil dieser Schicht an der Volksvertretung des Reiches nach und nach zurück; 1912 – im letzten Reichstag des kaiserlichen Deutschland also – waren unter den 396 Abgeordneten nur noch 66 Gutsbesitzer[25]. Diese hier nur exemplarisch veranschaulichte Fähigkeit des ostelbischen Landadels, der ja den Großteil jener Parlamentarier stellte, sich trotz Industrialisierung und Urbanisierung in einem stark veränderten Staatsgebiet zu behaupten, wurde durch den um sich greifenden Gesinnungsmilitarismus wesentlich gefördert und bewirkte im Bürgertum, daß für sie wirtschaftlicher und politisch-sozialer Aufstieg auseinanderfielen und von den großen Zielen der 48er Revolution lediglich der Nationalstaatsgedanke, nicht aber die Durchsetzung bürgerlicher Freiheitsrechte und Machtansprüche verwirklicht werden konnte[26].

Man hat wiederholt von einer »Feudalisierung« und »Militarisierung« des deutschen Bürgertums gesprochen; zweifellos beherrschten Besitz- und Bildungsbürgertum in Deutschland zunehmend Lebensformen, Denkweisen und Wertvorstellungen der traditionellen Eliten, insbesondere von Adel, Militär und einer in ihrem *corps d'esprit* durch den aufgeklärten Absolutismus geprägten Bürokratie. Der Anklang der Kriegervereine im Kleinbürgertum fügt sich in diesen Zusammenhang ebenso wie die übertriebene Bedeutung des Reserveoffizierspatents und des Orden- und Titelunwesens im Großbürgertum. Mit der Formulierung »General Dr. v. Staat« hat Thomas Mann einmal schlagkräftig vorherrschende Verhaltensmuster und Wertkategorien im späten deutschen Kaiserreich bezeichnet.

Gleichwohl entfaltete der mit der Hochindustrialisierung einsetzende Modernisierungsschub in Wirtschaft und Gesellschaft seine eigene Dynamik. Erst im frühen Kaiserreich wirkte sich die nach der Jahrhundertmitte einsetzende Industrialisierung voll aus. Den eigentlichen Durchbruch bewirkte die Hochkonjunkturphase der 50er Jahre, die Gewerbe und Industrie in Deutschland aufblühen ließ. Einen verläßlichen Maßstab der

---

[25] Zahlen nach *Karl Demeter*, Die soziale Schichtung des Deutschen Parlamentes seit 1848, ein Spiegelbild der Strukturwandlung des Volkes, in: Vierteljahrsschrift für Sozial- und Wirtschaftsgeschichte 39 (1952), S. 1–29, hier S. 17. – Zur allgemeinen Wahlgeschichte in Reich und Einzelstaaten zur Zeit des Kaiserreichs (nicht jedoch zur Entwicklung der sozialen Zusammensetzung der Abgeordneten selbst) vgl. jetzt auch *Gerhard A. Ritter*, Wahlgeschichtliches Arbeitsbuch. Materialien zur Statistik des Kaiserreichs 1871–1918. Unter Mitarb. v. *Merith Niehuss*, München 1980 (= Statistische Arbeitsbücher zur neueren deutschen Geschichte).

[26] Vgl. zum Vorstehenden auch *Zorn*, S. 309–310.

wirtschaftlichen Entwicklung geben hierfür die Produktionsraten der
Eisengewinnung und Eisenverarbeitung als industrielle Leitsektoren, da mit
ihnen der in der Phase der Hochindustrialisierung entscheidende Ausbau
des Eisenbahnnetzes verknüpft war, das von 1845 bis 1865 um mehr als das
Sechsfache erweitert wurde. Dieser Aufschwung wurde nur durch die
kurze Krise von 1856/57 – der Zeit des Krimkrieges – vorübergehend
unterbrochen und setzte sich zu Beginn der sechziger Jahre und dann mit
dem Sieg über Österreich 1866 fort. Fast nahtlos ging diese Phase der
Hochkonjunktur nun in die eigentlichen Gründerjahre nach der Reichsgründung über und führte zu einer beispiellosen konjunkturellen Erhitzung
bis zu dem tiefen Depressionseinschnitt von 1873. Verbesserungen in
Organisation und Technik begleiteten und förderten zugleich diese fast
zwanzigjährige Aufschwungphase; erhebliche zusätzliche Impulse erfuhren
die eigentlichen Gründerjahre zudem durch die Sogwirkung der militärischen Erfolge und der nationalen Einigung, verstärkt noch durch die
Reparationsleistungen in Höhe von 5 Mrd. Goldfrancs, die einem Drittel
des deutschen Volkseinkommens von 1870 entsprachen[27].

Nachfolgend seien einige der wichtigsten Faktoren hervorgehoben, die
die Wandlung Deutschlands seit den 1870er Jahren vom Agrarland zum
hochindustrialisierten Land prägten, begünstigten und begleiteten. Vorangetrieben wurde dieser Prozeß einmal durch einige wesentliche naturwis-
senschaftlich-technische Voraussetzungen und durch den Aufschwung der
deutschen chemischen, optischen und elektrotechnischen Industrie. Zum
zweiten wirkten sich die Vereinheitlichung des Geldwesens und die Gründung der Reichsbank, drittens dann die Liberalisierung des deutschen
Aktienrechts mit der Aktienrechtsnovelle von 1870 als Promotor des
wirtschaftlichen Aufschwungs aus, der nach einem kurzfristig überhitzten

---

[27] *Hans Pohl,* Wirtschafts- und sozialgeschichtliche Grundzüge der Epoche 1870–1914, in:
ders., Hrsg., Sozialgeschichtliche Probleme in der Zeit der Hochindustrialisierung
(1870–1914), Paderborn etc., 1979, S. 13–55. Vgl. auch *Gerhard A. Ritter* u. *Jürgen Kocka,*
Deutsche Sozialgeschichte. Dokumente und Skizzen, Bd. 2: 1870–1914, München ²1977,
S. 12–13; vgl. ferner zu diesem Komplex die neuerdings gesammelt vorliegenden Aufsätze
des für die deutsche Entwicklung hervorragend kompetenten Wirtschaftshistorikers
Richard Tilly, Kapital, Staat und sozialer Protest in der deutschen Industrialisierung.
Gesammelte Aufsätze, Göttingen 1980; ferner den soeben vorgelegten Sammelband von
Dietmar Petzina und *Ger van Roon,* Hrsg., Konjunktur, Krise, Gesellschaft. Wirtschaftliche Wechsellagen und soziale Entwicklung im 19. und 20. Jahrhundert, Stuttgart 1981, hier
besonders den Beitrag von *Anselm Faust,* Konjunktur, Arbeitsmarkt- und Arbeitslosenpoli-
tik im Deutschen Kaiserreich, S. 235–255. Für einen knappen tabellarischen Abriß der
konjunkturellen Entwicklung sei zudem verwiesen auf *Friedrich-Wilhelm Henning,* Die
Industrialisierung in Deutschland 1800 bis 1914, Paderborn 1973.

Boom dann seit Herbst 1873 in eine langfristige Depression einmündete, die ihrerseits freilich neue Elemente der Wirtschaftssteuerung und organisierter Wirtschaftsbeeinflussung entband. Die protektionistische Bewegung zunächst in der westdeutschen, seit 1880 dann auch um so heftiger in der großagrarischen ostdeutschen Landwirtschaft und in der rheinisch-westfälischen Schwerindustrie begünstigte eine gewaltige wirtschaftliche Konzentrationsbildung in Kartellen und Syndikaten bis hin zur teilweisen Monopolisierung sowie die Ausformung schlagkräftiger wirtschaftlicher Interessenorganisationen[28].

Zentrale Folgen der Entwicklung vom Agrar- zum Industriestaat waren eine erhebliche Binnenwanderung und eine seit den 1880er Jahren sich verstärkende Urbanisierung. Während die Wanderungsbewegung als Verschiebung des Verhältnisses zwischen Land- und Stadtbevölkerung sich vor der Reichsgründung vorwiegend als Auswanderung (insbesondere in die USA) bemerkbar machte, setzte bis 1893 eine große Ost-West-Binnenwanderung ein, die zunächst von einer anhaltenden Auswanderung begleitet wurde; 1893 ging mit der neuen Hochkonjunktur die Auswanderung schlagartig um über 70 % zurück, nach 1900 übertraf gar die Immigration nach Deutschland die deutsche Auswanderung. Innerhalb des Reiches wanderten bis zum ersten Weltkrieg über zwei Millionen Menschen aus Ostdeutschland in die urbanen Ballungsgebiete des Ruhrgebietes, Mitteldeutschlands und Berlins. Mit der Entleerung des flachen Landes verstärkte sich politisch dessen Gewicht, da an der Wahlkreiseinteilung und damit an der Gewichtung der Mandate nicht gerüttelt wurde. Trotz erdrückender numerischer Wahlerfolge insbesondere der Sozialdemokraten blieben auf diese Weise die politischen Bastionen der konservativen Agrarier, teilweise auch des katholischen Zentrums, erhalten. Dem sozioökonomischen Struk-

---

[28] Vgl. insbesondere *Karl Erich Born*, Der wirtschaftliche und soziale Strukturwandel in Deutschland am Ende des 19. Jahrhunderts, in: *Ernst-Wolfgang Böckenförde*, Hrsg., Moderne deutsche Verfassungsgeschichte (1815–1918), Köln 1972, S. 451–469. Vgl. ferner die einschlägigen Abschnitte im Handbuch der deutschen Wirtschafts- und Sozialgeschichte, hrsg. v. *Hermann Aubin* und *Wolfgang Zorn*, Bd. 2: Das 19. und 20. Jahrhundert, hrsg. v. *Wolfgang Zorn*, Stuttgart 1976, insbesondere *Wolfgang Köllmann*, Bevölkerungsgeschichte 1800–1970, bes. S. 17–35; *Wilhelm Treue*, Die Technik in Wirtschaft und Gesellschaft 1800–1970, bes. S. 64–105; *Eckart Schremmer*, Die Wirtschaftsordnungen 1800–1970, bes. S. 131–141; *Wolfgang Zorn*, Staatliche Wirtschafts- und Sozialpolitik und öffentliche Finanzen 1800–1970, bes. S. 148–159; *Max Rolfes*, Landwirtschaft 1850–1914, S. 495–526; *Wolfram Fischer*, Bergbau, Industrie und Handwerk, S. 527–562; *Richard Tilly*, Verkehrs- und Nachrichtenwesen, Handel, Geld-, Kredit- und Versicherungswesen 1850–1914, S. 563–596; *Werner Conze*, Sozialgeschichte 1850–1914, S. 602–680.

turwandel folgte keine entsprechende Verlagerung der politischen Repräsentation und Partizipation; das demokratische Instrument des in freier, geheimer und direkter Volkswahl gewählten Reichstages wurde gleichsam auf kaltem Wege eines Gutteils seiner Wirkung beraubt, abgesehen von dem konterkarierenden Effekt des preußischen Dreiklassenwahlrechts[29].

Von der Entwicklung zur industriellen Gesellschaft blieb indes auch der Adel nicht unberührt; aus dem Stand des Landadels wurde eine Gutsbesitzerklasse teils adeliger, teils bürgerlicher Herkunft, doch vermochte sich der Adel im Kaiserreich insgesamt als Stand zu behaupten.

Zwar rekrutierte sich die politische Führungsschicht nicht mehr allein aus dem Adel, dieser bildete indes bis 1918 deren entscheidende Ausgangsgruppe. Die Stellung des Hochadels wurde durch die Reichsverfassung ausdrücklich gesichert, über den Bundesrat und die ersten Kammern der einzelstaatlichen Landtage vermochte er sich auch politisch Geltung zu verschaffen, wenn dieser Einfluß auch nur von begrenzter Wirksamkeit war und zudem viele der früheren Privilegien aufgehoben wurden. Auch die Stellung des landsässigen Gutsadels war, wie für die ostelbischen Junker wiederholt gezeigt wurde, seit der Revolution von 1848 beschnitten, aber nicht grundsätzlich in Frage gestellt worden. Hoheitliche Aufsichts- und Ordnungsfunktionen dieser Schicht wurden insbesondere durch die preußische Kreisordnung von 1872 und die Herrfurthsche Landgemeindeordnung von 1891 beschnitten, gleichwohl behielten die Rittergüter der Ostprovinzen ihren Charakter als eigenständige Kommunal- und Ortspolizeibezirke, damit weiterhin die entscheidende lokale Machtbasis, wie sich auch in ihrem Verhältnis zu den Landräten zeigte, denen in der preußischen Bürokratie auf regionaler Ebene eine entscheidende Funktion zukam[30].

---

[29] Zum Zentrum vgl. das monumentale Werk von *Karl Bachem,* Vorgeschichte, Geschichte und Politik der Deutschen Zentrumspartei. Zugleich ein Beitrag zur Geschichte der Katholischen Bewegung, sowie zur allgemeinen Geschichte des neueren und neuesten Deutschland, 1815–1914, 9 Bde., Köln 1927–32. Siehe ferner die Arbeit von *Ursula Mittmann,* Fraktion und Partei. Ein Vergleich von Zentrum und Sozialdemokratie im Kaiserreich, Düsseldorf 1976. In englischer Sprache gibt es eine interessante neue Untersuchung von *Wilhelm Leo Guttsman,* The German Social Democratic Party, 1875–1933: From Ghetto to Government, London 1981, relevant bes. S. 55–70.

[30] Zum Hochadel im Kaiserreich vgl. besonders *Heinz Gollwitzer,* Die Standesherren, Stuttgart 1957; und *Otto Graf zu Stolberg-Wernigerode,* Die unentschiedene Generation. Deutschlands konservative Führungsschichten am Vorabend des Ersten Weltkrieges, München u. Wien 1968, hier auch Kap. 5 zum preußischen Junkertum mit apologetischer Tendenz. Als kritischen Kontrapunkt vgl. demgegenüber *Hans-Jürgen Puhle,* Agrarische Interessenpolitik und preußischer Konservativismus im Wilhelminischen Reich, 1893–1914.

Auf den erstaunlich hohen Anteil von Adeligen in den ersten Reichstagen des Kaiserreichs haben wir bereits hingewiesen. Von größerem Gewicht war indes der Anteil von Adeligen an der höheren Verwaltungsbeamtenschaft, der im konstitutionell-bürokratischen System dieses Staates eine ausschlaggebende Stellung zuerkannt werden muß. Bürgerliche Beamtenkarrieren waren weitgehend auf den Justizbereich verwiesen, während die höhere Administration fest in adeliger Hand blieb. Die kleine Gruppe der seit 1852 in Preußen als »politische Beamte« anzusehenden Spitzenbürokratie, bei denen die Möglichkeit zur Versetzung in den einstweiligen Ruhestand aus politischen Gründen gegeben war, wurde weitestgehend von preußischen Adeligen besetzt, ob es sich um Unterstaatssekretäre, Ministerialdirektoren, Oberpräsidenten, Regierungspräsidenten oder auch Landräte handelte. Einige Zahlen mögen diesen Tatbestand verdeutlichen: 1910 stellten alter und neuer Adel in Preußen 92 % der Oberpräsidenten, 64 % der Regierungspräsidenten und 57 % der Landräte. Zu erheblich höheren Zahlen gelangen wir, wenn wir die soziale Herkunft aus Offiziers-, Beamten- und Gutsbesitzerfamilien heranziehen, die das adelig-feudale Sozialmilieu am eindrucksvollsten repräsentierten: 100 % der Oberpräsidenten, 89 % der Landräte und 83 % der Regierungspräsidenten entstammten 1910 dieser Schicht[31].

Entscheidende Umschichtungen vollzogen sich in dieser Zeit im deutschen Bürgertum. Seit der Hochindustrialisierung vollzog sich hier eine erhebliche Binnendifferenzierung; unterschiedliche wirtschaftliche, soziale und politische Interessen begünstigten eine Aufgliederung, ja auch Aufsplitterung in einzelne Gruppen. Konnte man noch zur Zeit der 48er Revolution von »dem« Bürgertum als Stand und umgrenzbarer sozialer

Ein Beitrag zur Analyse des Nationalismus in Deutschland am Beispiel des Bundes der Landwirte und der Deutschkonservativen Partei, Bonn ²1975.

[31] Zahlenangaben nach *Conze*, Sozialgeschichte, S. 645. Zur sozialen Rekrutierung der hohen Verwaltungsbeamtenschaft unter besonderer Berücksichtigung des adeligen Anteils vgl. *Bernd Wunder*, Die Rekrutierung der Beamtenschaft in Deutschland. Eine historische Betrachtung, in: Leviathan 5 (1977), S. 360–377; *Hartmut Kaelble*, Sozialer Aufstieg in Deutschland 1850–1914, in: Vierteljahrsschrift für Sozial- und Wirtschaftsgeschichte 60 (1973), S. 41–71; ferner in einem breiteren Kontext *Eckart Sturm*, Die Entwicklung des öffentlichen Dienstes in Deutschland, in: *Carl Hermann Ule*, Hrsg., Die Entwicklung des öffentlichen Dienstes, Köln, etc., 1961, S. 1–285. Als Standardwerk nach wie vor unentbehrlich ist *Rudolf Morsey*, Die oberste Reichsverwaltung unter Bismarck 1867–1890, Münster 1957. Auf die Bedeutung der Landräte als Schaltstelle zwischen kommunaler und Staatsverwaltung und ihre sozialen wie politischen Querbezüge zum landsässigen Adel hat *L. M. Muncey*, The Prussian Landräte, in: Central European History, 6 (1973), S. 299–338 hingewiesen.

Schicht sprechen, so gab es diese um 1900 nicht mehr. Ein kurzer Blick auf herausragende Gruppen möge diesen Prozeß verdeutlichen[32].

Das Großbürgertum hatte sich mit dem Adel bis in die Reichsgründungs- zeit hinein um die Gleichrangigkeit im Staate auseinandergesetzt; im Zuge der Hochindustrialisierung erlangte es eine wirtschaftliche Macht, wie sie das Bürgertum in Deutschland seit der Zeit der Fugger im sogenannten Frühkapitalismus nicht mehr besessen hatte. In dieser bürgerlichen Teil- schicht überwogen zahlenmäßig bald die industriellen Unternehmer, die Bankiers und die Großkaufleute. Im letzten Drittel des Jahrhunderts setzte sich zunehmend der Typus des Großbetriebs durch, von ihm aus erfolgten Konzern- und Trustbildungen sowie zum Zwecke der regulierenden Markt- organisation große Kartelle – damit entstand zugleich auch ein neuer Typ von Unternehmern[33]. Freilich entsprach, wie wir sahen, dieser wirtschaftli- chen keine entsprechende politische Machtstellung.

[32] Für einen knappen Überblick vgl. *Born*, Der wirtschaftliche und soziale Strukturwandel, S. 457–49. Zum Problem der Ortsbestimmung des Bürgertums als Stand und seiner Ausdif- ferenzierung im 19. Jahrhundert vgl. *L. Beutin*, Das Bürgertum als Gesellschaftsstand im 19. Jahrhundert, in: Blätter für Deutsche Landesgeschichte 90 (1953), S. 135–162; *Hans- Joachim Henning*, Das westdeutsche Bürgertum in der Epoche der Industrialisierung 1860–1914, Teil 1: Das Bildungsbürgertum in den preußischen Westprovinzen, Wiesbaden 1972 (mehr nicht erschienen; nach einem gleichbleibenden Schema werden aufgrund reicher archivalischer Regionalquellen Sozialverhältnisse, Kommunikation, sozialer Aufstieg etc. in den einzelnen Provinzen vorgeführt); aus der älteren Literatur immer noch *E. Grünberg*, Der Mittelstand in der kapitalistischen Gesellschaft, Leipzig 1932; *Wilhelm Heinrich Riehl*, Die bürgerliche Gesellschaft, Stuttgart 1966; *Werner Sombart*, Der Bourgeois, München 1913; ideologiekritisch *Martin Riedel*, Der Begriff der »Bürgerlichen Gesellschaft« und das Problem seines geschichtlichen Ursprungs, in: *ders.*, Studien zu Hegels Rechtsphilosophie, Frankfurt a. M. 1969, S. 135–166; vgl. auch den wichtigen begriffsgeschichtlichen Artikel *Riedels*, Bürger, in: Geschichtliche Grundbegriffe, Bd. I, 1972, S. 672–725; zum Problem bewußtseinsmäßiger Verlagerungen an Hand der zentralen Kategorie ›öffentliche Meinung‹ vgl. *Jürgen Habermas*, Strukturwandel der Öffentlichkeit, Neuwied ⁵1971. Am Beispiel läßt sich vorzüglich die erwähnte Aufsplitterung innerhalb einer bürgerlichen Teilgruppe verfol- gen, vgl. dazu *H. Stieglitz*, Der soziale Auftrag der freien Berufe, Köln 1960.

[33] Zur Entwicklung der Großunternehmen und Industriellen im Kaiserreich vgl. besonders *Wolfgang Zorn*, Typen und Entwicklungskräfte deutschen Unternehmertums im 19. Jahr- hundert, in: Vierteljahrsschrift für Sozial- und Wirtschaftsgeschichte 44 (1957), S. 57–77; *B. Biermann*, Die soziale Struktur der Unternehmerschaft, Stuttgart 1971; *Norbert Horn* u. *Jürgen Kocka*, Hrsg., Recht und Entwicklung der Großunternehmen im 19. und im frühen 20. Jahrhundert. Wirtschafts-, sozial- und rechtshistorische Untersuchungen zur Industria- lisierung in Deutschland, Frankreich, England und den USA, Göttingen 1979 (= Kritische Studien zur Geschichtswissenschaft 40). Dieser Band erlaubt wie der unten aufgeführte Band des Mitherausgebers Kocka über die Angestelltschaft im europäischen Vergleich eine systematische Einordnung der deutschen Entwicklung und trägt damit dem oben

Entscheidend hat sich hierfür der Prozeß einer zunehmenden Feudalisierung des Großbürgertums ausgewirkt. Seit 1848 war die Chance einer politischen Machtübernahme und damit auch der Ausbildung einer eigenständigen (groß-)bürgerlichen Lebensform kaum mehr gegeben. In dieser Situation galt der hilfsweise Rückgriff auf bewährte und ungebrochene Lebensformen der bis dahin führenden und immer noch maßgeblichen Elite, des Adels also, als einzige Möglichkeit zu einer auch gesellschaftlichen Absicherung der durch wirtschaftliche Macht neuetablierten Elite. Wohl am deutlichsten läßt sich diese Adaption tradierter Lebensformen in dem Wandel des unternehmerischen Wohnstils aufzeigen. Hatten sich in der Frühindustrialisierung die meisten Fabrikanten noch kleinere Häuser unmittelbar neben ihrer Fabrik gebaut, so vollzog sich seit der Jahrhundertmitte der Übergang zur repräsentativen Villa – erinnert sei etwa an die Villa Hügel der Krupps bei Essen –, ja bis hin zur Errichtung neugotischer Schloßbauten, wie sie uns in einem Bild der Berliner Illustrierten Zeitung für einen Coburger Fabrikanten überliefert ist. Noch deutlicher schlug sich die großbürgerliche Feudalisierung in dem Aufkauf ländlicher Herrensitze nieder, vielfach mit Einheiraten reicher, aber namenloser bürgerlicher Unternehmer in verarmte Familien des Landadels verbunden. In den gleichen Zusammenhang fügen sich die gegen Ende des Jahrhunderts sintflutartig verstärkten Wünsche nach Nobilitierung, Erlangung von Titeln und Auszeichnung durch dynastisch gestiftete Orden. Für einen roten Adlerorden vierter Klasse wurden erhebliche Geldmengen für gemeinnützige Zwecke, für Stiftungen oder andere vaterländische Verdienste bereitgestellt. Der – für sich wertlose – Titel eines Kommerzienrates gab

geforderten, am Bereich der Sozialversicherung exemplifizierten internationalen Zugriff Rechnung, wodurch allein eine realistischere Beurteilung des angeblichen deutschen »Sonderwegs« möglich sein kann. Vgl. ferner im Rahmen einer vorzüglichen Fallstudie die Entwicklung von Problemen der Leitung und Organisation von Fabrikunternehmen vom Beginn der Industrialisierung bis zum modernen Industriekapitalismus *Hannes Siegrist*, Vom Familienbetrieb zum Manager-Unternehmen. Angestellte und industrielle Organisation am Beispiel der Georg Fischer AG in Schaffhausen 1797–1930, Göttingen 1981 (= Kritische Studien zur Geschichtswissenschaft 44). Daß diese für einen Schweizer Betrieb erarbeitete Fallstudie auch für die reichsdeutsche Entwicklung Gültigkeit besitzt, zeigt, bei allen Abweichungen im einzelnen, ein Vergleich mit *Jürgen Kocka*, Unternehmensverwaltung und Angestelltenschaft am Beispiel Siemens 1847–1914. Zum Verhältnis von Kapitalismus und Bürokratie in der deutschen Industrialisierung, Stuttgart 1969. Einen guten Überblick zu unserer Fragestellung gibt *ders.*, Unternehmer in der deutschen Industrialisierung. Zur Wirtschaftsgeschichte der deutschen Bourgeoisie, Göttingen 1975. Für den von uns angedeuteten Entwicklungstrend vgl. ferner *Harald Winkel*, Vom Kleingewerbe zur Großindustrie, Berlin 1975.

dem nackten Namen den Anschein spätabsolutistischer Eingliederung in den staatlich/fürstlichen Rangaufbau[34].

Hinter diesem soziokulturellen Wandel der Lebensformen standen neben einem gesellschaftlichen Ehrgeiz der neuen Elite gemeinsame Interessen zwischen Adel und Großbürgertum, die, von Bismarck bewußt betont, die gefährdeten Machtpositionen des Adels zu sichern halfen und das Industriebürgertum an die zuvor als Gegner betrachteten Alteliten heranführten. Diese Gemeinsamkeiten betrafen zum einen vergleichbare Interessen bei der Abkehr von einer liberalen zu einer schutzzöllnerischen Wirtschaftspolitik, worauf wir noch im Rahmen der konservativen Wende 1878/ 79 zurückkommen, zum anderen beruhte sie – ebenso nachhaltig wie erfolgreich – auf der gemeinsamen Abwehrhaltung gegenüber der auch politisch nachdrängenden Industriearbeiterschaft. Deren politische und gewerkschaftliche Organisationen, die sich vorrangig gegen die Unternehmer richteten, wurden von alter wie neuer Elite als gemeinsamer Feind betrachtet, da sie die bestehenden Sozial-, Wirtschafts- und Rechtsordnung zu bedrohen schienen und damit als »Mächte des Umsturzes« eine Sozialordnung gefährdeten, die aus unterschiedlichen Gründen von Adel und Großbürgern als verteidigenswert angesehen wurde[35]. Freilich konnte auf Dauer nicht die gleichwohl bestehende Rivalität wirtschaftlicher – und damit letztlich auch sozialer und politischer – Interessen zwischen bürgerlicher Unternehmerschaft und den als Großgrundbesitzern gebundenen Adeligen verdeckt werden. Insbesondere an der Geschichte der wichtigsten Interessenorganisationen beider Sozialgruppen, vorrangig also an der Ent-

---

[34] Für einen allgemeinen Überblick zum Problem der Feudalisierung vgl. immer noch die vorzügliche Skizze von *Hans Rosenberg,* Political and Social Consequences of the Great Depression of 1873–1896 in Central Europe, in: English Historical Review 58 (1943), S. 58–73, weiter ausgeführt in *ders.,* Große Depression und Politik in Mitteleuropa, Berlin ²1976. Ferner *Rudolf Braun,* Zur Einwirkung sozio-kultureller Umweltbedingungen auf das Unternehmerpotential und das Unternehmerverhalten, in: *Wolfram Fischer,* Hrsg., Wirtschafts- und sozialgeschichtliche Probleme der frühen Industrialisierung, Berlin 1968, S. 247–284; *Wolfgang Zorn,* Unternehmer und Aristokratie in Deutschland, in: Tradition 8 (1963), S. 241–254.

[35] Hierzu finden sich ausführliche Darstellungen in *Hans-Ulrich Wehler,* Das deutsche Kaiserreich, vgl. ferner aus ostdeutscher Sicht *Wolfgang Steglich,* Beitrag zur Problematik des Bündnisses zwischen Junkern und Bourgeoisie in Deutschland 1870–1880, in: Wissenschaftliche Zeitschrift der Humboldt-Universität Berlin, Gesellschafts- und sprachwissenschaftliche Reihe 9 (1959/60), S. 323–340; ergänzend und auf der Basis zahlreicher neuer Quellen *Helmut Böhme,* Bismarcks Schutzzollpolitik und die Festigung des konservativen Staates, in: *ders.,* Hrsg., Probleme der Reichsgründungszeit 1848–1879, Köln ²1972, S. 328–352.

wicklung des schwerindustriellen Centralverbandes deutscher Industrieller, an dem zwei Jahrzehnte zuvor in der frühen wilhelminischen Ära gegründeten Bund der Industriellen, einem Zusammenschluß von verarbeitenden Export- und neuen Industrien wie Elektrotechnik und Petrochemie, und auf der anderen Seite an der Entwicklung des in Reaktion auf Caprivis liberale Handelsvertragspolitik gebildeten großagrarischen Bundes der Landwirte läßt sich dieser Gegensatz verfolgen, für die letzten Vorkriegsjahre auch an dem Hansabund, in dem sich vorübergehend das Wirtschaftsbürgertum geschlossen wiederfand[36].

Der eben skizzierte Feudalisierungsprozeß beschränkte sich keineswegs auf die Schichten des industriellen Großbürgertums. In verschobener Form findet er sich wieder bei höheren Beamten und freiberuflich tätigen Akademikern, also den zentralen Gruppen des sogenannten Bildungsbürgertums. Dieses besaß in Deutschland eine Eigenständigkeit wie kaum in einem anderen Land und war eng an die Herausbildung eines berufsmäßigen Beamtentums mit unkündbarer Lebenszeitstellung, Pensionsberechtigung und hoheitlichen Funktionen bei einem gleichzeitigen unbedingten Treueverhältnis gegenüber dem dynastischen, später industriegesellschaftlichen Staat gebunden, zum anderen als meritokratische Elite untrennbar mit akademischen Bildungsprivilegien gekoppelt[37]. Auch dabei läßt sich ein

---

[36] *Hartmut Kaelble*, Industrielle Interessenpolitik in der Wilhelminischen Gesellschaft. Centralverband Deutscher Industrieller 1895–1914, Berlin 1967; *Hans-Peter Ullmann*, Der Bund der Industriellen. Organisation, Einfluß und Politik klein- und mittelbetrieblicher Industrieller im Deutschen Kaiserreich 1895–1915, Göttingen 1976; *Puhle* 1975; *Siegfried Mielke*, Der Hansa-Bund für Gewerbe, Handel und Industrie 1909–1914. Der gescheiterte Versuch einer antifeudalen Sammlungspolitik, Göttingen 1976.

[37] Zur Entstehung des deutschen Berufsbeamtentums vgl. *Bernd Wunder*, Privilegierung und Disziplinierung. Die Entstehung des Berufsbeamtentums in Bayern und Württemberg (1780–1825), München 1978. Vgl. hier auch Angaben zur älteren Literatur, die sich allzu einseitig auf das preußische Beispiel konzentriert und damit die zentrale Bedeutung des deutschen Südens und Südwestens für die heute noch wirksame Tradition der Berufsbeamten übersehen hatte. Einen brauchbaren Überblick bietet schließlich auch *H. Hattenhauer*, Geschichte des Beamtentums, Köln 1980 (korrekterweise müßte die Arbeit Geschichte des deutschen Beamtentums heißen). Zum deutschen Bildungsbürgertum dieser Zeit vgl. neben *Henning*, Das westdeutsche Bürgertum, als einen vorläufigen und höchst unbefriedigenden Versuch *Klaus Vondung*, Hrsg., Das Wilhelminische Bildungsbürgertum. Zur Sozialgeschichte seiner Ideen, Göttingen 1976; für eine ebenso scharfe wie berechtigte Kritik an diesem Band s. *vom Bruch*, Wissenschaft S. 424 im Rahmen eines sehr nützlichen Literaturberichts zum deutschen Bildungsbürgertum im Kaiserreich (S. 424–427). Zum Komplex akademisches Privileg und Bildungsbürgertum vgl., freilich mit mäßigem Ergebnis, *Raban Graf von Westphalen*, Akademisches Privileg und demokratischer Staat. Ein Beitrag zur Geschichte und bildungspolitischen Problematik des Laufbahnwesens in Deutschland,

Trend zur Feudalisierung, der wertmäßigen und sozialen Angleichung an
adelige Lebensformen beobachten, betrachtet man etwa die Bedeutung des
Reserveoffizierspatents in diesen Schichten, das den Rang einer Ersatznobi-
litierung gewann[38]. Wir können uns hier mit diesem knappen Hinweis
beschränken, da uns das deutsche Bildungsbürgertum später noch als
maßgeblicher Träger der evangelisch-sozialreformerischen Strömungen
ausgiebig beschäftigen wird.

Hatte Karl Marx einen Zusammenbruch von Kleingewerbe und Handwerk angesichts der zerreibenden Polarisierung von Kapital und Arbeit
vorausgesagt, so erwies sich diese Prognose auch in der Phase der Hochindustrialisierung als irrig. Beide Gruppen vermochten ihre soziale wie
wirtschaftliche Selbständigkeit zu behaupten, doch erzeugte die insbesondere subjektiv empfundene Bedrohung ein hohes Maß an Ideologieanfällig-
keit, das seit der Depression nach 1873 sich mit einem aggressiven Antisemitismus verband und diese Schichten später eng an die konservativen
Machteliten heranführte, mit dem sich ihre maßgeblichen Interessenorganisationen 1913 zum »Kartell der schaffenden Stände« zusammenschlossen[39].
Wie sehr auch von ruhigeren Beobachtern der Fortbestand dieses alten
Mittelstandes in Frage gestellt war, zeigt deutlich die Tätigkeit des Vereins
für Sozialpolitik, der neben der Arbeiterfrage eben das Problem der Sicherung der traditionellen Mittelstandsschichten als eines wichtigen sozialen

---

Stuttgart 1979; weiterführend, wenn auch mit allgemeinerer Zielsetzung *Charles McClelland*, State, Society and University in Germany 1700–1914, Cambridge 1980. Vgl. auch zur
Einordnung dieser Arbeiten in einen neuerdings anschwellenden Strom von Forschungen
zum akademischen Bildungsbürgertum und zu Professionalisierungstendenzen *Rüdiger
vom Bruch*, Universität, Staat und Gesellschaft. Neuere sozial-, disziplin- und personengeschichtliche Beiträge zum deutschen Hochschulwesen im 19. und frühen 20. Jahrhundert,
in: Archiv für Sozialgeschichte 20 (1980), S. 526–544.

[38] Zur Bedeutung des Reserveoffizierspatents in dieser Zeit vgl. *Eckart Kehr*, Primat der
Innenpolitik. Gesammelte Aufsätze zur preußisch-deutschen Sozialgeschichte im 19. und
20. Jahrhundert, hrsg. v. *Hans-Ulrich Wehler*, Berlin ²1970, S. 53–63.

[39] Zur sozialpsychologischen Auswirkung der Depression auf Handwerk und Kleinhandel vgl.
Rosenberg; für eine sozialgeschichtliche Analyse dieser Schichten im ausgehenden 19. Jahr-
hundert siehe *A. Noll*, Sozioökonomischer Strukturwandel des Handwerks in der zweiten
Phase der Industrialisierung, Göttingen 1976. Zur Verbindung von altem Mittelstand und
konservativen Machteliten im späten Kaiserreich vgl. *Dirk Stegmann*, Die Erben Bismarcks.
Parteien und Verbände in der Spätphase des Wilhelminischen Deutschlands. Sammlungspolitik 1879–1918, Köln 1970; *ders.*, Zwischen Repression und Manipulation. Konservative
Machteliten und Arbeiter- und Angestelltenbewegung 1910–1918, in: Archiv für Sozialgeschichte 12 (1972), S. 351–432.

und ökonomischen Faktors und als Hilfstruppe gegen die politische Arbeiterbewegung zum zentralen Thema seiner Tätigkeit erhoben hatte[40].

Neben dem alten Mittelstand, der zwar erheblichen Belastungsproben unterworfen war, sich jedoch insgesamt zu konsolidieren vermochte, bildete sich mit der Hochindustrialisierung eine neue bürgerliche Gruppe heraus, zunächst durchweg kleinbürgerlich bestimmt, die rapide an Umfang zunahm, sich zugleich erheblich differenzierte und zu Beginn des neuen Jahrhunderts auch in groß- und bildungsbürgerlichen Kreisen Fuß faßte. Teilweise reichte diese neue Schicht der Angestellten, die das marxistische Klassenkampfmodell mit seiner einseitigen Zuspitzung auf Kapital und Arbeit endgültig aus den Angeln hob, in vorindustrielle Traditionen zurück, insofern ihre zahlenmäßig lange Zeit bedeutendste Gruppe der Handlungshilfen sich bereits seit der Zeit des Frühkapitalismus herausgebildet hatte. Demgegenüber entstand in den zunehmend größeren und komplizierter organisierten industriellen Betrieben eine Schicht von Büroangestellten einerseits, technisch qualifizierten Werkmeistern andererseits. Leitung und Verwaltung der Betriebe konnten sich mit den wachsenden Betriebsgrößen nicht mehr an den gewohnten Modellen und dem bisherigen Personal orientieren; das Verhältnis zwischen Betriebsverwaltungen und Produktionsabteilungen verschob sich im letzten Drittel des Jahrhunderts unaufhaltsam. Noch um 1870 blieben Angestellte – oder Privatbeamte, wie man sie zu jener Zeit bezeichnenderweise noch nannte – neben den in der Produktion beschäftigten Arbeitern eine untergeordnete Größe, auf dreißig Arbeiter kam lediglich ein Angestellter. Kurz vor Ausbruch des ersten Weltkrieges war die Angestelltenschaft hingegen neben der Arbeiterschaft zu einer großen Sozialgruppe geworden, die Relation betrug jetzt nur noch 1 : 9. Demnach wuchs diese neue Sozialgruppe proportional erheblich schneller als die Arbeiterschaft; auch sie wurde den bürgerlichen Mittelschichten zugeordnet, so daß von Bürgertum im alten Sinn auch von hier aus jetzt nicht mehr gesprochen werden konnte[41]. Von einem einheitli-

---

[40] Die Bedeutung des alten Mittelstandes in den Enqueten und Tagungen des Vereins unterstreicht neuerdings *Irmela Gorges*, Sozialforschung in Deutschland 1872–1914. Gesellschaftliche Einflüsse auf Themen- und Methodenwahl des Vereins für Sozialpolitik, Meisenheim u. Königstein i. Ts. 1980 (= Schriften des Wissenschaftszentrums Berlin 14). Der jahrzehntelange Vereinsvorsitzende Schmoller hatte bereits selbst mit einer historischen Arbeit programmatisch auf diesen Bereich hingewiesen: *Gustav Schmoller*, Zur Geschichte der deutschen Kleingewerbe im 19. Jahrhundert, Halle 1870.

[41] Nach einer erstaunlich langen Vernachlässigung der Angestellten in der historischen Forschung läßt sich die Literatur der letzten beiden Jahrzehnte, wesentlich gefördert und angeregt durch die Arbeiten von *Jürgen Kocka*, mittlerweile kaum mehr übersehen. Den

chen Klassenbewußtsein der Privatbeamten/Angestellten konnte keine
Rede sein, umfaßten diese doch dürftig bezahlte »Stehkragenproletarier« in
Handel und Gewerbe ebenso wie Werkmeister, die unmittelbar in der
Produktion beschäftigt, jedoch deutlich von den ungelernten und auch
Facharbeitern abgesetzt waren, weiterhin hochqualifizierte, akademisch
gebildete Ingenieure und Volkswirte, die in Spitzenpositionen der Indu-
strie, der Kammern und Verbände tätig waren, als Direktoren industrielle
Führungsaufgaben übernahmen und erstmals eine ins Gewicht fallende
Gruppe von leitenden Angestellten schufen. Gleichwohl verstanden es
Industrie, Verbände, Parteien und staatliche Instanzen, ein gesondertes
Angestelltenbewußtsein zu erzeugen, das diese prinzipiell von der Arbeiterschaft unterschied und sie wie einen Sperriegel in den Klassenkampf
hineinschob, tendenziell zur Sicherung der bestehenden Sozialordnung.
Hierzu trugen beamtenähnliche Privilegien, wie die Zahlung von monatli-
chen Gehältern, ein praktisch durchgehaltener Kündigungsschutz, die mit
der Bezeichnung ›Privatbeamte‹ verbundenen Wertmuster und eine besondere Fürsorgepolitik ebenso bei wie die sozialrechtliche Betonung der
Sonderstellung dieser Schicht mit der Schaffung einer eigenen Angestellten-

wohl besten Überblick gibt eine kürzlich erschienene Sammlung überarbeiteter älterer,
teilweise auch neuer Aufsätze von *Jürgen Kocka,* Die Angestellten in der deutschen
Geschichte 1850–1980, Göttingen 1981; daneben ein ebenfalls von *Jürgen Kocka* herausge-
gebener Aufsatzband: Angestellte im internationalen Vergleich, Göttingen 1981 (=
Geschichte und Gesellschaft. Zeitschrift für Historische Sozialwissenschaft, Sonderheft 7),
der Einordnung der deutschen Entwicklung in vergleichbaren Entwicklungslinien industria-
lisierter europäischer Staaten erlaubt. Zur Lage der berufstätigen Frauen siehe *Ursula
Niehaus,* Von Töchtern und Schwestern. Zur vergessenen Geschichte der weiblichen
Angestellten im deutschen Kaiserreich, ebd. S. 309–330. Daneben ist immer noch auf
Günther Hartfiel, Angestellte und Angestelltengewerkschaften in Deutschland. Entwicklung und gegenwärtige Situation von beruflicher Tätigkeit, sozialer Stellung und Verbands-
wesen der Angestellten in der gewerblichen Wirtschaft, Berlin 1961, zurückzugreifen, sowie
auf den zeitgenössischen »Klassiker« *Emil Lederer,* Die Privatangestellten in der modernen
Wirtschaftsentwicklung, Tübingen 1912. Gegenüber Kocka relativierte zuletzt *Günther
Schulz,* Die industriellen Angestellten. Zum Wandel einer sozialen Gruppe im Industrialisierungsprozeß, in: *Hans Pohl,* Hrsg., Sozialgeschichtliche Probleme in der Zeit der
Hochindustrialisierung (1879–1914), Paderborn 1979, S. 217–266 die ideologischen Integra-
tionsmechanismen zur Anbindung der Angestellten an die konservativen Machteliten.
Einen hochinteressanten Vergleich zwischen einem ›rein‹ kapitalistischen, demokratisch
organisierten System und dem durch zahlreiche vorindustrielle Beharrungsfaktoren gekenn-
zeichneten deutschen konstitutionell-monarchischen, später republikanisch und schließlich
faschistisch strukturierten System legte *Jürgen Kocka* vor mit seiner Habilitationsschrift:
Angestellte zwischen Faschismus und Demokratie. Zur politischen Sozialgeschichte der
Angestellten: USA 1890–1940 im internationalen Vergleich, Göttingen 1977.

versicherung (1911) neben der allgemeinen Reichsversicherungsordnung – eine Trennung, die in der Sozialversicherung bis zur Gegenwart fortwirkt. Bei den von einer Proletarisierung besonders bedrohten Handlungsgehilfen gelang die Bildung eines einflußreichen Verbandes, dessen antisemitisch-völkische Ideologie die Abtrennung von einem Arbeiter-Klassenbewußt-sein erheblich begünstigte[42].

Von grundlegender Bedeutung erwies sich in der Zeit des Kaiserreichs das Anwachsen der Arbeiterschaft und die Formierung einer leistungsfähigen politischen und gewerkschaftlichen Arbeiterbewegung. Noch in der Gründungsphase der Arbeiterbewegung, den 1860er Jahren, gab es kaum eine nennenswerte Industriearbeiterschaft; entsprechend verzweigt ist insbesondere in der Frühgeschichte die Entstehung von Gewerkschaften und verweist auf eine spannungsreiche Vielfalt hinsichtlich Berufstätigkeit und sozialer Basis, mit erheblichen regionalen und lokalen Differenzierungen[43]. Betrug der Anteil der Industriearbeiterschaft an der deutschen Bevölkerung um 1870 etwa ein Fünftel, so stieg er 1882 auf ein Viertel und 1907 gar auf ein Drittel. Ungeachtet der massiven politischen, rechtlichen wie auch sozialen Behinderungen verbesserte sich die Lage insgesamt eindrucksvoll. 1913 waren die Arbeiter-Nominallöhne in der Regel bereits doppelt so hoch wie 1871, die Reallöhne stiegen in der gleichen Zeit um etwa 50 Prozent[44].

Entscheidend zu einer wesentlichen Verbesserung der Lage der Arbeiter trugen die Auswirkungen der in den 80er Jahren eingeführten Sozialversicherung bei. Neben den – in der Regel sehr geringen – Sozialleistungen der

---

[42] Vgl. hierzu *Iris Hamel*, Völkischer Verband und nationale Gewerkschaft. Der Deutschnationale Handlungsgehilfenverband 1893–1933, Frankfurt a. M. 1966.

[43] Als unentbehrliches Hilfsmittel erweist sich zum folgenden *Klaus Tenfelde* u. *Gerhard Ritter*, Hrsg., Bibliographie zur Geschichte der deutschen Arbeiterschaft und Arbeiterbewegung 1863–1914. Berichtszeitraum 1945–1975, Bonn 1981, wobei insbesondere auf die ungewöhnlich ausführliche, vorzüglich strukturierte und vor allem auch neueste Literatur einbeziehende Einleitung der Herausgeber S. 37–141 hingewiesen sei. Zur frühen Organisationsgeschichte der (gewerkschaftlichen) Arbeiterbewegung ist unentbehrlich, freilich kaum lesbar, das monumentale Werk von *Ulrich Engelhardt*, »Nur vereint sind wir stark.« Die Anfänge der deutschen Gewerkschaftsbewegung 1862/63 bis 1869/70, Stuttgart 1977. Über die soziale Basis der Arbeiterschaft dieser Zeit informiert *Wolfgang Renzsch*, Handwerker und Lohnarbeiter in der frühen Industrialisierung. Zur sozialen Basis von Gewerkschaften und Sozialdemokratie im Reichsgründungsjahrzehnt, Göttingen 1981. Einen guten Überblick über soziale Lage, politische Organisation, Verhältnis zum Staat und über die Bedeutung der Sozialversicherung gibt *Gerhard A. Ritter*, Staat, Arbeiterschaft und Arbeiterbewegung in Deutschland, Berlin u. Bonn 1980.

[44] Zahlenangaben nach *Born*, Der wirtschaftliche und soziale Strukturwandel, S. 457–459.

Kranken-, Invaliditäts- und Altersversicherung (wer erreichte schon das
65. Lebensjahr und damit die sehr niedrig bemessene Altersrente?) haben
die indirekten Auswirkungen der Sozialversicherung mit den neu geschaffenen, überwiegend paritätisch besetzten Organisationen, haben die jetzt
erstmals breitenwirksame medizinische Versorgung mit dem Anstieg der
Volkshygiene, dem Rückgang der frühen Mortalität, dem Anwachsen eines
Ärzteberufsstandes und vieles andere mehr entscheidend zu einer gar nicht
hoch genug einzuschätzenden und bis heute erst in Spuren absehbaren
Revolutionierung der industriellen Arbeitswelt und der modernen Sozial-
beziehungen beigetragen[45]. Freilich bedeutete es eine unzulässige Verkür-
zung, die zweifellos wichtige und bis heute in ihrer Bedeutung noch nicht
genügend gewürdigte Aufwärtsentwicklung des relativen ökonomischen
Wohlstandes und eines zunächst grobmaschig geknüpften, dann zunehmend dichteren Netzes sozialer Sicherung durch Sozialpolitik und Sozialreform[46] allzusehr in den Vordergrund zu stellen. Zu stark wurden in der
Arbeiterschaft die staatlichen Repressionsmaßnahmen vorwiegend unter

---

[45] Zum System sozialer Sicherung in Deutschland: *Volker Hentschel*, Das System der sozialen
Sicherung in historischer Sicht von 1880 bis 1975, in: Archiv für Sozialgeschichte 18 (1978),
S. 307–352; *Wolfgang Dreher*, Die Entstehung der Arbeiterwitwenversicherung in Deutsch-
land nach z. T. unveröffentlichten Quellen, Berlin 1978 (= Sozialpolitische Schriften 39).
Zur Krankenversicherung s. *Ph. Herder-Dorneich*, Sozioökonomischer Grundriß der
gesetzlichen Krankenversicherung, Stuttgart 1966; *F. Naschold*, Kassenärzte und Kranken-
versicherungsreform. Zu einer Theorie der Statuspolitik, Freiburg 1967; *Florian Tennstedt*,
Geschichte der Selbstverwaltung in der sozialen Krankenversicherung, Stuttgart 1975;
Reinhard Spree, Soziale Ungleichheit vor Krankheit und Tod. Zur Sozialgeschichte des
Gesundheitsbereichs im Deutschen Kaiserreich, Göttingen 1981. Zur Sozialversicherung
vgl. *P. Peschke*, Geschichte der deutschen Sozialversicherung. Der Kampf der unterdrückten Klassen um soziale Sicherung, Berlin 1962; *H. Peters*, Die Geschichte der sozialen
Versicherung, Bad Godesberg ²1973; *Florian Tennstedt*, Sozialgeschichte der Sozialversicherung, in: *C. V. Ferber* u. a., Hrsg., Handbuch der Sozialmedizin, Bd. 3, Stuttgart 1975;
Hans F. Zacher, Hrsg., Bedingungen für die Entstehung und Entwicklung von Sozialversicherung. Colloquium der Projektgruppe für Internationales und Vergleichendes Sozialrecht
der Max-Planck-Gesellschaft, Berlin 1979 (= Schriftenreihe für Internationales und Vergleichendes Sozialrecht 3); *Klaus Witte*, Bismarcks Sozialversicherungen und die Entwicklung
eines marxistischen Reformverständnisses in der deutschen Sozialdemokratie, Köln 1980 (=
Pahl-Rugenstein Hochschulschriften Gesellschafts- und Naturwissenschaften 45). Zu Moti-
ven und Problemen der Bismarckschen Sozialgesetzgebung vgl. *Karl Erich Born*, Die
Motive der Bismarckschen Sozialgesetzgebung, in: Die Arbeiterversorgung 62 (1960),
S. 33–39 und *Florian Tennstedt*, Berufsunfähigkeit im Sozialrecht. Ein soziologischer Bei-
trag zur Entwicklung der Berufsunfähigkeitsrenten in Deutschland, Frankfurt a. M. 1972,
S. 14–19.

[46] Für eine umfassende Skizzierung bürgerlicher Sozialreform im Kaiserreich vgl. die in Anm.
Einleitung/16 aufgeführten Aufsätze von *vom Bruch*. Von ihm wird (München 1983) ein

dem Sozialistengesetz 1878 bis 1890 empfunden, als daß ein beträchtlicher Niederschlag jener Trends im Bewußtsein der Arbeiterschaft selbst hätte erwartet werden können, als daß man sich über die rechtliche, politische und kulturelle Ausgrenzung der Arbeiterschaft und ihrer Organisationen hätte hinwegtäuschen können.

Eine eingehendere Auseinandersetzung mit der sozialen Lage und der Entwicklung der Organisationen der Arbeiterschaft im Kaiserreich kann hier nicht erfolgen; wie keine andere soziale Schicht erfreut sie sich seit Jahrzehnten eines außerordentlich hohen Interesses in der vorwiegend jüngeren sozialhistorischen Forschung. Der Hinweis auf einige wichtige neuere Publikationen zur Entwicklung der Gewerkschaften[47], zur hochdifferenzierten Ausformung, wie sie die reiche regional- und lokalgeschichtliche Forschung vorgeführt hat[48], und zur Sozialgeschichte der Arbeiterschaft[49] mag das Spektrum unseres Kenntnisstandes andeuten.

Von besonderer Bedeutung für die abgehobene Stellung der Arbeiterschaft im Kaiserreich erwiesen sich mit den durch Staat und bürgerliche Gesellschaft erfahrenen Repressionen, mit dem Aufbau eigenständiger

Sammelband zur Entwicklung der bürgerlichen Sozialreform in Deutschland vom Vormärz bis zur frühen Adenauerzeit als Herausgeber vorbereitet.

[47] Einen hilfreichen Überblick über die Entwicklung der Gewerkschaften im Kaiserreich vermittelt *Gerhard A. Ritter* zusammen mit *Klaus Tenfelde,* Der Durchbruch der Freien Gewerkschaften Deutschlands zur Massenbewegung im letzten Viertel des 19. Jahrhunderts, in: *Gerhard A. Ritter,* Arbeiterbewegung, Parteien und Parlamentarismus, Göttingen 1976, S. 55–101; besonders wertvoll die auf einer zeitgenössischen Erhebung beruhende, bislang nicht greifbare Statistik der Mitglieder der Freien Gewerkschaften 1877/78–1895 (1900) (Faltblatt neben S. 96).

[48] Hier kann anstelle zahlreicher Einzeltitel verwiesen werden auf den ausgezeichneten Forschungsbericht von *Klaus Tenfelde,* Wege zur Sozialgeschichte der Arbeiterschaft und Arbeiterbewegung. Regional- und lokalgeschichtliche Forschungen (1945–1975) zur deutschen Arbeiterbewegung bis 1914, in: *Hans-Ulrich Wehler,* Hrsg., Die moderne deutsche Geschichte in der Internationalen Forschung 1945–1975, Göttingen 1980, S. 194–255. Vgl. auch ergänzend *Hans Mommsen,* Hrsg., Arbeiterbewegung und industrieller Wandel. Studien zu gewerkschaftlichen Organisationsproblemen im Reich und an der Ruhr, Wuppertal 1980.

[49] Aus der außerordentlich reichen Literatur sei hier nur symptomatisch hingewiesen auf den von *Werner Conze* und *Ulrich Engelhardt* hrsg. Band Arbeiter im Industrialisierungsprozeß. Herkunft, Lage und Verhalten, Stuttgart 1979, sowie auf den von *Dieter Langewiesche* und *Klaus Schönhoven* hrsg. Band Arbeiter in Deutschland. Studien zur Lebensweise der Arbeiterschaft im Zeitalter der Industrialisierung, Paderborn 1981. Diese Beiträge, wie auch die unten, Anm. 52 aufgeführten Arbeiten zur Arbeiterkultur verdeutlichen die erfreuliche und ergiebige Schwerpunktverlagerung von der Geschichte der Arbeiterbewegung, wie sie zunächst im Vordergrund stand, zu einer umfassend angegangenen Analyse der sozialen Lage der Arbeiterschaft und ihrer spezifischen Reaktionsmuster.

Organisationen und der keimenden Ausformung einer eigenständigen Tradition die Verfestigung eines ghettohaft abgeschlossenen spezifischen sozialmoralischen Milieus der Arbeiterschaft[50]. In diesem formte sich eine eigenständige »Subkultur«[51] heraus, die als eine, in der jüngeren Forschung zunehmend Interesse beanspruchende autonome Arbeiterkultur neuartige Formen der Organisation und Kommunikation entband, ob es sich um gesellige Vereine wie Turn-, Gesangs- und Kegelvereine handelte, um Fußball- und Radfahrvereine, oder aber auch um Lesevereine und Theaterorganisationen[52].

So wurde die klassenmäßig bewußte Arbeiterschaft zu einem Staat im Staate, der bis zum Ende des Kaiserreichs von der vorherrschenden bürgerlich-feudalen Kultur und Gesellschaft deutlich abgehoben blieb. Auch die Integrationsbemühungen sozialdemokratischer Revisionisten und gewerkschaftlicher Reformisten[53] sowie bürgerlicher Sozialreformer haben diese Abschottung nur geringfügig gemildert und Früchte erst kurz vor Kriegsausbruch gezeigt. Erst recht stießen die ohnehin begrenzten Maßnahmen des Staates auf enge Grenzen, zumal sie offenkundig auf eine Abspaltung von Teilen der Industriearbeiterschaft von der sozialdemokratischen Bewegung abzielten[54]. Mit Recht hat Born festgestellt, daß die Sozialpolitik des Staates sich auf Fürsorgemaßnahmen beschränkte. Diese wurden energisch und intensiv betrieben, aber man klammerte die gesellschaftliche und politische Emanzipation des Arbeiters aus. Mit zunehmender wirtschaftli-

---

[50] Zu diesem Begriff vgl. *M. Rainer Lepsius,* Parteisystem und Strukturwandel: Zum Problem der Demokratisierung der deutschen Gesellschaft, in: *Gerhard A. Ritter,* Hrsg., Deutsche Parteien von 1918, Köln 1973, S. 56–80.

[51] Zur sozialdemokratischen »Subkultur« vgl. *Günther Roth,* Die kulturellen Bestrebungen der Sozialdemokratie im kaiserlichen Deutschland, in: *Hans-Ulrich Wehler,* Moderne deutsche Geschichte, Köln ⁵1976, S. 342–365.

[52] Zur begrifflichen Klärung und zum derzeitigen Forschungsstand vgl. die Einleitung des Herausgebers in *Gerhard A. Ritter,* Hrsg., Arbeiterkultur, Königstein i. Ts. 1979, S. 1–14 und *ders.,* Arbeiterkultur im deutschen Kaiserreich. Probleme und Forschungsansätze, ebd., S. 15–39; ferner *Brigitte Emig,* Die Veredelung des Arbeiters. Sozialdemokratie als Kulturbewegung, Frankfurt u. New York 1980.

[53] Zur Entwicklung der Arbeiterbewegung vgl. *Gerhard A. Ritter,* Arbeiterbewegung, Parteien und Parlamentarismus, Göttingen 1976; *ders.,* Staat, Arbeiterschaft und Arbeiterbewegung in Deutschland. Vom Vormärz bis zum Ende der Weimarer Republik, Berlin u. Bonn 1980.

[54] Vgl. hierzu den informativen Überblick von *Klaus Saul,* Zwischen Repression und Integration. Staat, Gewerkschaften und Arbeitskampf im kaiserlichen Deutschland 1884–1914, in: *Klaus Tenfelde* u. *Heinrich Volkmann,* Hrsg., Streik. Zur Geschichte des Arbeitskampfes in Deutschland während der Industrialisierung, München 1981, S. 209–236.

cher Besserstellung der Arbeiter wurde diese Unterlassung offenkundiger und folgenschwerer[55].

3. Die konservative Wende von 1878/79

Der preußisch-deutsche Staat hatte mit dem 1878 als vordergründige Antwort auf zwei Attentate auf Kaiser Wilhelm I. verabschiedeten und erst in Verbindung mit der Entlassung Bismarcks 1890 außer Kraft getretenen Sozialistengesetz die Verfassungsfrage in der Weise des militaristischen Obrigkeitsstaates beantwortet. Die Hoffnung, hiermit der noch jungen, seit 1875 geschlossen auftretenden sozialistischen deutschen Arbeiterbewegung den Todesstoß zu versetzen und eine weitere ›Infizierung‹ des Proletariats mit sozialistischem Gedankengut zu unterbinden, erwies sich indes als irrig. Ein vorzüglicher Kenner der Arbeiterwelt und führender politischer Repräsentant der konstitutionellen Monarchie, der langjährige Düsseldorfer Regierungspräsident (1884–1889) Hans Hermann Freiherr von Berlepsch, der nach 1890 als preußischer Handelsminister den entscheidenden Anteil an dem sozialpolitischen „Neuen Kurs" Wilhelms II. hatte und sich nach seinem resignativen Rücktritt zu einer führenden Persönlichkeit der auf weitgehende rechtliche, soziale und politische Integration der Arbeiterschaft in den Nationalstaat hinwirkenden bürgerlichen Sozialreformer entwickelte und deren zentraler Organisation »Gesellschaft für soziale Reform« seit ihrer Gründung 1901 präsidierte[56], zog in seinen 1925 veröffentlichten Erinnerungen das Fazit des Sozialistengesetzes. Nach seiner Aussage war gut zehn Jahre nach dessen Inkrafttreten die Erbitterung der Arbeiter auf einem Höhepunkt angelangt. Sämtliche restriktive Maßnahmen, vor allem die Ausweisungen, führten allenfalls zu einer vorübergehenden Beruhigung, aber nicht zu einem Gesinnungswandel. Vielmehr schufen die Repressalien Märtyrer der sozialdemokratischen Sache und machten es auch den Unbeteiligten in der Arbeiterklasse klar, daß der Staat ihnen weder Fürsorge noch Gerechtigkeit angedeihen ließ, ja geradezu ihr Gegner war. Immer deutlicher erschien der Staat als Unterdrücker; an diesem Feindbild schärfte sich ein kämpferisches Klassenbewußtsein[57].

---

[55] *Born*, Der wirtschaftliche und soziale Strukturwandel in Deutschland, S. 461.
[56] Zur politischen Bedeutung von Berlepsch im Rahmen der Gesellschaft für soziale Reform vgl. *vom Bruch*, Bürgerliche Sozialreform und Gewerkschaften, bes. S. 581, 594–607.
[57] *Hans Hermann Freiherr von Berlepsch*, Sozialpolitische Erfahrungen und Erinnerungen, Mönchen-Gladbach 1925, S. 21/22. Wiederabdruck in *Gerhard A. Ritter*, Das Deutsche Kaiserreich 1871–1914. Ein historisches Lesebuch, Göttingen 1975, S. 242/243.

Als nach 1890 das Instrument des Sozialistengesetzes nicht mehr zur
Verfügung stand, aber auch schon in den 1870er Jahren, nutzten Regierung
und Unternehmer mit der preußischen Gewerbeordnung ein als »Ersatz-
Sozialistengesetz« bezeichnetes Repressionsmittel, wobei vornehmlich die
§§ 152, 153 der Gewerbeordnung mit der Einschränkung des Koalitionsrechts und dem Verbot des Streikpostenstehens als wirksame Knebel dienten. Nicht zuletzt diese Vorschriften und ihre politische Handhabung
bewirkten eine Formierung bürgerlicher Sozialwissenschaftler, die sich in
dem neugegründeten Verein für Socialpolitik, insbesondere in den frühen
Grundsatzreferaten Gustav Schmollers und Lujo Brentanos auf der ersten
Eisenacher Versammlung 1872 und dann ein Jahr später auf der konstitu-
ierenden Tagung gegen solche Einschränkungen wandten[58]. Darüber hinaus
entwickelte der Verein ein umfangreiches Programm, das sein jahrzehnte-
langer Vorsitzender Schmoller auf der Gründungsversammlung vortrug
und das diese Organisation grundlegend von bisherigen kirchlichen und
bürgerlichen sozialreformerischen Bestrebungen wie der Inneren Mission
und dem Centralverein für das Wohl der arbeitenden Klassen abhob.

Er betonte, daß man bei allen Versuchen, die erkannten sozialen Mißstände zu beheben, eine schrittweise Besserung durch Reformen, keineswegs aber eine Änderung der Verhältnisse durch Umsturz anstrebe. Man
nehme die bestehenden Gesetze, die Produktionsformen und Klassenunter-
schiede als gegeben hin, ohne freilich die dadurch verursachten Ungerechtigkeiten zu billigen. Der Kampf zu deren Beseitigung solle jedoch ohne
radikale Maßnahmen geführt werden. Als konkrete Nahziele nannte der
Verein eine vernünftige aber energisch betriebene Fabrikgesetzgebung und
eine vertragliche Sicherung der Arbeiter vor Ausbeutung. Zu große Unterschiede in Bezug auf Besitz und Bildung zwischen den Klassen habe eine
Kluft aufgerissen, die eine Bedrohung für den Bestand des Staates darstelle.
Die Staatsorgane, die Gesellschaft und jeder einzelne, der die Forderungen
der Zeit erkannt habe, müßten sich für eine gerechtere Verteilung von
Einkommen und Besitz und für bessere Bildungsmöglichkeiten auf geisti-
gem und kulturellen Gebiet für die breite Masse des Volkes einsetzen. Dies
sehe er als demokratische Aufgabe der nationalen und gesamtgeschichtli-
chen Entwicklung[59].

---

[58] Vgl. hierzu *vom Bruch,* Streik und Konfliktregelung, S. 253–270.
[59] Abdruck der Rede bei *Ritter,* Hrsg., Das Deutsche Kaiserreich, S. 243–244. Auch im
Rahmen dieser Untersuchung kommt der Rede Schmollers programmatische Bedeutung für
den nach 1870 aus dem Bildungsbürgertum heraus entwickelten Neuanstoß zu einer
gleichermaßen wissenschaftlich wie ethisch begründeten Inangriffnahme der sozialen Frage

Unter diesem Programm fanden sich so unterschiedliche Nationalökonomen wie der linksliberale Freihandelsvertreter Lujo Brentano, der ein Vorkämpfer des freien Gewerkschaftsgedankens war, der gouvernemental-sozialkonservative Gustav Schmoller und der protestantisch-staatssozialistische Adolf Wagner wieder. Daneben schlossen sich dem Verein zahlreiche hohe Beamte und kirchliche Vertreter an, unter denen hier nur auf Wichern hingewiesen sei[60].

Im nachhinein wird man vielleicht geneigt sein, die Vereinsgründung als Antwort auf dringende Zeitprobleme und damit als zeittypische Trendentwicklung zu werten. Die mit der Gewerbeordnung des Norddeutschen Bundes von 1869 immerhin und trotz aller genannten Restriktionen bewirkten Erleichterungen im Koalitionsrecht begünstigten eine Ausdehnung der gewerkschaftlichen Bewegung und der hiermit verbundenen organisierten wirtschafts- und sozialpolitischen Auseinandersetzungen. Die Streikstatistik zeigt ein Hochschnellen um 1870, das nach 1871 durch den Boom einer fieberhaft überhitzten Konjunkturentwicklung der Gründerjahre (bis zum Depressionseinschnitt von 1873) erheblich begünstigt wurde. Von hier aus erklärt sich der Stellenwert des Schmollerschen Grundsatzreferates über Arbeitseinstellungen 1872, das sich prinzipiell mit der Berechtigung und Problematik von Arbeiterkoalitionen beschäftigte[61]. Des weiteren waren erst gegen Ende der 1860er Jahre im Gefolge der gerade zum Durchbruch gelangten Hochindustrialisierung Ausmaß und Schärfe der sozialen Frage, soweit sie die sprunghaft anwachsende Industriearbeiterschaft betraf, für eine breitere Öffentlichkeit in vollem Umfang sichtbar

zu. Für eine genauere Ortsbestimmung der Rede im Rahmen der Gründungsgeschichte des Vereins für Socialpolitik vgl. *Gorges*, S. 56–58.

[60] Zur Gründungsphase des Vereins, zu Vorgeschichte, Intentionen, Zielsetzung, Tätigkeit und sozialer Zusammensetzung vgl. ausführlich, vor allem auf Grund der Vereinsschriften und gedruckten Sitzungsprotokolle, freilich ohne Kenntnis darüber hinausreichender Quellen und Literatur vgl. *Gorges*, S. 36–120, dort auch für die weitere Entwicklung, wobei einzelne Zeitphasen jeweils nach dem gleichen Gliederungsschema vorgeführt werden. Ergänzend für die spätere Zeit, sowie für eine systematische Einbindung des Vereins in Selbstverständnis und politisches Engagement der Sozialwissenschaften dieser Epoche mit zahlreichen weiterführenden Literatur- und Quellenhinweisen *vom Bruch*, Wissenschaft, S. 63–66, 294, 363, bes. S. 302–304.

[61] Leider geht die eben zitierte Arbeit von *Gorges* – wohl aufgrund der schmalen Literatur- und Quellenbasis – auf diese Zusammenhänge kaum ein. Vgl. zur Würdigung des Schmollerschen Referats über Arbeitseinstellungen im Rahmen der Streikwelle dieser Jahre *vom Bruch*, Streiks, S. 255, 258–260, 262; zur Streikstatistik selbst dieser Jahre die im Anhang zum gleichen Band aufgeführten Zahlen der Herausgeber *Klaus Tenfelde* und *Heinrich Volkmann*, S. 294.

geworden. Andererseits entsprachen die im Verein für Sozialpolitik versammelten ökonomischen und sozialen Konzeptionen keineswegs den in diesen Jahren noch vorherrschenden wirtschaftswissenschaftlichen Lehrmeinungen[62], noch weniger der von Großlandwirtschaft und Industrie vertretenen Wirtschaftspolitik, wie sie mehrheitlich in dem freihändlerischen volkswirtschaftlichen Kongreß organisiert war[63], zu dem der Verein für Sozialpolitik sogleich in schärfste Opposition geriet.

Der unmittelbare politische Wirkungswille des Vereins für Sozialpolitik erlahmte jedoch schon nach wenigen Jahren; nicht nur die große Spannweite der in ihm vertretenen Interessen, Richtungen, Personen und Körperschaften verhinderte eine eindeutige politische Stoßrichtung, auch die allgemeine politische, insbesondere wirtschaftspolitische Entwicklung im Gefolge der Depression von 1873 mit ihren protektionistischen, politisch konservativ zementierenden Auswirkungen trug hierzu wesentlich bei.

In einer großangelegten, in ihren Konsequenzen gebündelten Kampagne und Entwicklung fielen die Beendigung des Kulturkampfes, die Verabschiedung des Sozialistengesetzes und die Schutzzollgesetzgebung Ende der 1870er Jahre zusammen. Die bisherige Zusammenarbeit der Regierung mit den Liberalen, die man sich nicht zuletzt durch den antikatholischen Kulturkampf, vor allem aber durch eine liberal orientierte Wirtschaftspolitik und reichseinheitliche Maßnahmen verpflichtet hatte, wurde nun aufgekündigt, ein nationalliberal-konservatives Kartell im Reichstag wie im Bereich von Landwirtschaft und Industrie begründet und durch ein umfassendes Revirement in der preußisch-deutschen Beamtenpolitik abgesichert. Die immer noch tonangebende liberale Spitzenbürokratie im Reich um Rudolf von Delbrück, den langjährigen Präsidenten des Bundeskanzler-, dann des Reichskanzleramtes, wurde großenteils entfernt und durch konservative Beamte aus der preußischen Administration ersetzt.

Durch diese personal- und verwaltungspolitischen Umschichtungen wurde der vorherrschende liberal-freihändlerische Geist im preußisch-deutschen Beamtentum abgelöst durch Vertreter einer stärker konservativ-protektionistischen Richtung; bis etwa 1890 waren diese Maßnahmen im wesentlichen abgeschlossen, durch die eine innenpolitische Absicherung

---

[62] Vgl. hierzu *Harald Winkel*, Der Umschwung der wirtschaftswissenschaftlichen Auffassungen um die Mitte des 19. Jahrhunderts, in: *Helmut Coing* u. *Walter Wilhelm*, Hrsg., Wissenschaft und Kodifikation des Privatrechts im 19. Jahrhundert. Bd. 4, Frankfurt a. M. 1979, S. 3–18.

[63] *Volker Hentschel*, Die deutschen Freihändler und der volkswirtschaftliche Kongreß 1858 bis 1885, Stuttgart 1975.

und Verfestigung der Reformen von 1878/79 erzielt wurde. Nicht zufällig fiel in die gleiche Zeit der eigentliche Einfluß der gemäßigt konservativen Nationalökonomen um Gustav Schmoller auf den Beamtennachwuchs, in dem zugleich ein wachsendes Verständnis für die Notwendigkeit sozialpolitischer Maßnahmen anzutreffen war. In der Wirtschaftspolitik galt nun das Prinzip, daß jeder, der nicht mit Bismarck war, wider Bismarck war. Liberale und freihändlerische Tendenzen und Verbindungen besaßen in der hohen Bürokratie kaum mehr Chancen eines greifbaren Niederschlags, sie standen ebenso wie die Sozialdemokratie und der Linksliberalismus außerhalb der Möglichkeiten des preußischen Staates und des Deutschen Reiches[64]. Im Umkreis des Schutzzolltarifs, aber über diesen weit hinausgreifend, vollzog sich so ein einschneidender politischer und wirtschaftlicher Kurswechsel, den man etwas überpointiert als »zweite« oder »innere« Reichsgründung bezeichnet hat, der aber in der Tat die Plattform für die soziale und politische Abschottung dieses Herrschaftssystems bis zum Ende des Reiches und zur Revolution 1918/19 errichtete. Eine kaum homogen zu nennende aber dauerhafte Formierung von Zentrum, Reichspartei, Konservativen und Rechtsliberalen würde alle den industriellen, agrarischen oder kirchlichen Interessen zuwiderlaufende Ansätze abblocken[65].

Damit bestand nicht einmal mehr ein Ansatz für eine starke eigengewichtige Partei, auf die sich zuvor die parlamentarischen Hoffnungen gerichtet hatten. Vielmehr bildete sich eine »Art Diktatur«, wie sie die Wirtschaftsreformer wünschten und die durch die nun erreichte homogene Zusammensetzung der preußischen Staatsbürokratie und die eindrucksvolle Machtfülle des Reichskanzlers und preußischen Ministerpräsidenten erheblich begünstigt wurde.

[64] *Böhme*, Bismarcks Schutzzollpolitik, S. 328–325; vgl. auch *Hans Fenske*, Preußische Beamtenpolitik vor 1918, in: Der Staat 12 (1973), S. 339–356. Aus der neuesten Literatur siehe besonders *Hans Fenske*, Hrsg., Im Bismarckschen Reich 1871–1890, Darmstadt 1978 (= Quellen zum politischen Denken der Deutschen im 19. und 20. Jahrhundert. Freiherr vom Stein-Gedächtnisausgabe 6); *Volker R. Berghahn*, Politik und Gesellschaft im Wilhelminischen Deutschland, in: Neue politische Literatur 24 (1979), S. 164–195. Zur interessanten Rolle des Linksliberalismus vgl. *Alfred Milatz*, Die linksliberalen Parteien und Gruppen in den Reichstagswahlen 1871–1912, in: Archiv für Sozialgeschichte 12 (1972), S. 273–292; *Konstanze Wegner*, Linksliberalismus im Wilhelminischen Deutschland und in der Weimarer Republik, in: Geschichte und Gesellschaft 4 (1978), S. 120–237. Siehe ferner die soeben erschienene Arbeit: *Jürgen C. Hess* u. *E. Steensel van der Aa*, Hrsg., Bibliographie zum deutschen Liberalismus, Göttingen 1981 (= Arbeitsbücher zur modernen Geschichte 10), S. 103–120.
[65] *Böhme*, S. 353.

4. Der deutsche Sozialkonservatismus

Vor diesem Hintergrund ist die Inaugurierung der mit der kaiserlichen Botschaft vom 17. November 1881 eingeleiteten staatlichen Sozialpolitik zu würdigen. Darin wurde erneut die Überzeugung ausgesprochen, daß die sozialen Differenzen nicht »ausschließlich« [!] durch gewaltsame Unterdrückung handfester Unmutsäußerungen der Arbeiter, sondern nur durch »positive[n] Förderung des Wohles der Arbeiter« bereinigt werden könnten. Die Botschaft legte dieses Ziel, das eine dauerhafte Grundlage für den inneren Frieden bilden solle, dem Reichstag ans Herz und sprach die Hoffnung auf tatkräftige Unterstützung ohne Rücksicht auf Parteizugehörigkeit aus[66]. Die in der kaiserlichen Botschaft dann im einzelnen vorgestellten Gesetzesvorlagen wurden in den folgenden Jahren verabschiedet: 1883 das Arbeiter-Krankenversicherungsgesetz, 1884 das Unfallversicherungsgesetz, 1889 schließlich nach langem Hin und Her das Gesetz über die Invalidität und Altersversicherung. Auf die Entstehungsgeschichte dieser Vorlagen und Gesetze ist in unserem Zusammenhang nicht weiter einzugehen, freilich sollte betont werden, daß sie keineswegs nur das Werk Bismarcks waren, daß zum einen die Rolle der Unternehmerschaft insbesondere bei der Entstehung der Kranken- und Unfallversicherung bislang zu sehr vernachlässigt wurde[67], daß zum anderen durch die Fraktionen der bürgerlichen

---

[66] Die politischen Reden des Fürsten *Bismarck*. Historisch-kritische Gesammtausgabe besorgt v. *Horst Kohl*, Bd. 9, 1881–1883, Stuttgart 1894, S. 84–85. Bereits am 15. 2. 1881 hatte der Kaiser in seiner Thronrede die kommenden Gesetzesvorlagen angekündigt. Der Hinweis auf die verbündeten Regierungen meint die Zustimmung des Bundesrates als föderatives Organ der souveränen Fürsten innerhalb des Reiches. Eine ausführliche, z. T. auf neu erschlossenen Quellen beruhende Darstellung der Entstehungsgeschichte der kaiserlichen Bedeutung und des überragenden Anteils Bismarcks daran vgl. *Florian Tennstedt*, Vorgeschichte und Entstehung der Kaiserlichen Botschaft vom 17. November 1881, in: Zeitschrift für Sozialreform 27 (1981), S. 663–739. (Sonderheft 11/12: 100 Jahre kaiserliche Botschaft, mit zahlreichen faksimilierten Wiedergaben herausragender Dokumente, insbesondere der gründlichen handschriftlichen Überarbeitung des Referentenentwurfs durch Bismarck); für eine knappe Würdigung der Botschaft selbst *Harry Rohwer-Kahlmann*, Die Kaiserliche Botschaft vom 17. November 1881, ebd., S. 657–662. Bereits unmittelbar nach Bismarcks Tod hatte einer der bestunterrichteten Zeitgenossen, der Berliner Nationalökonom *Gustav Schmoller*, im Herbst 1898 eine Würdigung der Bismarckschen Sozialpolitik vorgelegt, die zunächst in der Zeitschrift Soziale Praxis, dann 1913 in Schmollers Aufsatzsammlung »Charakterbilder« und jetzt wieder in der Zeitschrift für Sozialreform (ebd., S. 741–774) publiziert wurde: Briefe über Bismarcks sozialpolitische und volkswirtschaftliche Stellung und Bedeutung.

[67] *Ullmann*, Industrielle Interessen, S. 574–610.

Parteien einschneidende Änderungen der ursprünglichen Konzeption Bismarcks bewirkt wurden, wodurch sich auch die erheblichen Verzögerungen in der Verabschiedung der letzten beiden Gesetze erklären. Hatte in der kaiserlichen Botschaft noch ein unmittelbarer Zusammenhang mit der Finanz- und Steuerpolitik des Reiches gestanden, insbesondere mit dem von Bismarck angestrebten Tabakmonopol des Reiches zur Finanzierung eines Reichszuschusses, so wurde mit dem Fortfall dieses Reichszuschusses, der vornehmlich den Arbeitern die staatliche Fürsorge deutlich machen sollte, und mit der Zurückdrängung des Reiches in den Kompetenzen der Reichsversicherungsanstalt, die im Ergebnis lediglich als Aufsichtsbehörde fungierte, ein entscheidender Grundgedanke Bismarcks beseitigt, wie dieser denn auch folgerichtig aufgrund der parlamentarischen Änderungen sehr schnell das Interesse an den Gesetzen verlor[68]. Paradoxerweise besaß in diesem Bereich der deutsche Reichstag auch im Rahmen des obrigkeitsstaatlich-konstitutionellen deutschen Regierungssystems eine erheblich größere Mitwirkungs- und Gestaltungsmöglichkeit als die Legislative der parlamentarischen Monarchie Großbritanniens.

Mit Blick auf das Sozialistengesetz hat man in Beurteilungen dieser im Europa jener Zeit beispiellosen Sozialversicherungsgesetzgebung ein System von Zuckerbrot und Peitsche gesehen. In einer Gesamtwürdigung trifft diese Einschätzung zu, doch sollte darüber nicht der Einfluß sozialkonservativen Gedankenguts auf diese Gesetze verkannt werden, das sich zudem in Bismarcks strategische Planung günstig einfügte, aber sich doch selbständig entwickelte. Die praktische politische Bedeutung dieser Sozialkonservativen war sicher begrenzt, wie auch der Verein für Socialpolitik an der konkreten Versicherungsgesetzgebung im einzelnen in den 1880er Jahren kaum Anteil hatte, doch verkörperte sich in ihm der repräsentative Teil bürgerlicher Sozialreform und kirchlicher Sozialethik im Bismarckreich[69].

---

[68] Vgl. hierzu die Aufsätze von *Jürgen Tampke* (dessen Bismarck-Kritik freilich überzogen ist), Bismarck's Social Legislation: A Genuine Breakthrough?, in: *Wolfgang J. Mommsen,* Ed., The Emergence of the Welfare State in Britain and Germany 1850–1950, London 1981, S. 71–83; *Hans-Peter Ullmann,* German Industry and Bismarck's Social Security System, ebd., S. 133–149; zum Vergleich für die Entwicklung der Sozialgesetzgebung in Großbritannien und den Anteil des Parlaments daran im gleichen Band die Beiträge von *Michael E. Rose, E. Peter Hennock* und *Roy Hay.*

[69] Zur Entwicklung der staatlichen Sozialpolitik vgl. *Karl Erich Born,* Staat und Sozialpolitik seit Bismarcks Sturz. Ein Beitrag zur Geschichte der innenpolitischen Entwicklung des Deutschen Reiches 1890–1914, Wiesbaden 1957 (= Historische Forschungen im Auftrag der Historischen Kommission der Akademie der Wissenschaften und der Literatur, Mainz

Mit der Theorie der »freien monarchischen Verfassung« hatte der bereits genannte Lorenz von Stein eine Sonderstellung der Monarchie über den vorherrschenden politischen Strömungen Sozialismus, Liberalismus und Konservatismus zu begründen versucht und der Monarchie die von jenen nicht zu lösende Aufgabe der sozialen Reform als zentrales Erfordernis der Gegenwart zugewiesen. Das Königtum als der reinste Ausdruck der Existenz des selbständigen, persönlichen Staates müsse sich »mit aller Besonnenheit, Würde und Kraft, welche der höchsten Gewalt im Staate geziemt, im Namen der Volkswohlfahrt und der Freiheit an die Spitze der sozialen Reform« stellen und dadurch der geschichtlichen Herausforderung gewachsen sein[70]. Steins Lehre eines überparteilichen, konfliktregulierenden und in

1); *F. Syrup*, Hundert Jahre Staatliche Sozialpolitik, 1839–1939. Aus dem Nachlaß hrsg. v. *Julius Scheuble*, bearb. v. *Otto Neuloh*, Stuttgart 1957; *Karl Erich Born*, Sozialpolitische Probleme und Bestrebungen in Deutschland von 1848 bis zur Bismarckschen Sozialgesetzgebung, in: Vierteljahrsschrift für Sozial- und Wirtschaftsgeschichte 46 (1959), S. 29–40; *Born*, Motive; *Manfred Classen*, Die staatliche Sozialpolitik von 1839–1918. Eine Betrachtung unter dem Gesichtswinkel des Subsidiaritätsprinzips, Diss. Köln 1962; *H. Heffer*, Bismarcks Sozialpolitik, in: Archiv für Sozialgeschichte 3 (1963), S. 141–156; *Born*, Der wirtschaftliche und soziale Strukturwandel Deutschlands, S. 451–469; *H. Bock*, Staatliche Sozialpolitik in Deutschland von 1907–1914. Diss. Köln 1968; *Karl Erich Born*, Staat und Sozialpolitik im Deutschen Kaiserreich, in: Geschichte in der Gegenwart. Festschrift für Kurt Kluxen zu seinem 60. Geburtstag, Paderborn 1972, S. 178–197; *Ingrid Engel*, Gottesverständnis und sozialpolitisches Handeln. Eine Untersuchung zu Friedrich Naumann, Göttingen 1972 (= Studien zur Theologie und Geistesgeschichte im 19. Jahrhundert 4); *Albin Gladen*, Geschichte der Sozialpolitik in Deutschland, Wiesbaden 1974; *Klaus Saul*, Staat, Industrie, Arbeiterbewegung im Kaiserreich. Zur Innen- und Außenpolitik des Wilhelminischen Deutschland 1903–1914, Düsseldorf 1974; *Hans Pohl*, Hrsg., Betriebliche Sozialpolitik deutscher Unternehmen seit dem 19. Jahrhundert, Wiesbaden 1978; *Hans Pohl*, Hrsg., Sozialgeschichtliche Probleme in der Zeit der Hochindustrialisierung (1870–1914), Paderborn 1979 (= Quellen und Forschungen aus dem Gebiet der Geschichte N. F. 1).

[70] *Lorenz von Stein*, Geschichte der sozialen Bewegung in Frankreich von 1789 bis auf unsere Tage (1850), in 3 Bdn. hrsg. v. *G. Salomon*, München 1921, Bd. I, S. 39, Bd. III, S. 41; vgl. auch zu Stein sowie zu zentralen Erscheinungsformen des deutschen Sozialkonservatismus nach der Jahrhundertmitte *Dirk Blasius*, Lorenz von Steins Lehre vom Königtum der sozialen Reform und ihre verfassungspolitischen Grundlagen, in: Der Staat 10 (1971), S. 33–51; *ders.*, Konservative Sozialpolitik und Sozialreform im 19. Jahrhundert, in: *G.-K. Kaltenbrunner*, Hrsg., Rekonstruktion des Konservatismus, Freiburg ²1973, S. 469–488, hier S. 475. Zur Verfassungsdiskussion siehe *Rudolf Vierhaus*, Der gescheiterte Kompromiß. Zur politischen und sozialen Verfassung des deutschen Kaiserreichs 1871–1918. Vortrag, gehalten am 20. Oktober 1969 anläßlich der »Goslaer Kulturtage«, als Ms. gedruckt, Goslar 1969; *Dieter Grosser*, Vom monarchischen Konstitutionalismus zur parlamentarischen Demokratie. Die Verfassungspolitik der deutschen Parteien im letzten Jahrzehnt des Kaiserreichs, Den Haag 1970 (= Studien zur Regierungslehre und Internatio-

seiner Wirkung sozialintegrativen »sozialen Königtums« beeinflußte tief führende wissenschaftliche und evangelisch-kirchliche Mitstreiter bürgerlicher Sozialreform im deutschen Kaiserreich. Häufig wurde, vorwiegend in der späteren Zeit, diese Aufgabe über die Monarchie hinaus auf das System des deutschen Konstitutionalismus ausgeweitet und konkret auf die hohe Beamtenschaft bezogen, der man gleichfalls eine nicht interessengeleitete, überparteiliche und um soziale Gerechtigkeit bemühte Funktion zuschrieb. Erleichtert wurde diese Auffassung durch zahlreiche persönliche Kontakte und geistige Verbindungslinien zwischen Professoren, Pastoren und Beamten, die durch gemeinsame akademische Ausbildung geprägt und in zahlreichen Organisationen auch später noch miteinander verbunden waren[71].

Gemeinsam war den Sozialkonservativen die Kritik am reinen *laissez-faire*-Wirtschaftsliberalismus, der zu einer Lösung und Regulierung der aus der Industrialisierung erwachsenden »sozialen Kosten« unfähig und wohl auch nicht dazu bereit war. Gleichzeitig erblickten sie aber weder im Konservatismus noch im Sozialismus überzeugende Alternativen und verwickelten sich in einen Dreifrontenkrieg gegen alle drei Hauptströmungen der Zeit, der letztlich ihr Scheitern ebenso bedingte wie sich das Vertrauen auf das Reformpotential der Krone als unrealistisch erwies, da deren reale Bindung an Militär und Adel sowie weitere konservative, interessenpolitisch fixierte Herrschaftseliten dem Konstrukt einer *pouvoir neutre* die konkrete Basis entzog. Zudem blieben diese Sozialkonservativen politisch ortlose Außenseiter, da ihr Versuch, Sozialismus und Konservatismus einer Synthese zuzuführen, sie beiden Gruppierungen suspekt erscheinen ließ, von dem grundsätzlich abgelehnten Liberalismus ganz zu schweigen. Mit Recht hat man daher diese »Dreifrontenstellung des Sozialkonservatismus« vom Kaiserreich bis hinein in die Bundesrepublik für seinen geringen Erfolg und das Scheitern einer sozialkonservativen Gesellschaftsreform verantwortlich gemacht[72].

Gleichwohl entfalteten sich von hier aus Ansätze zu einer in der Folgezeit wiederholt veränderten und den Zeitbedürfnissen angepaßten bürgerli-

---

nalen Politik 1); *Dieter Langewiesche*, Das Deutsche Kaiserreich. Bemerkungen zur Diskussion über Parlamentarisierung und Demokratisierung Deutschlands, in: Archiv für Sozialgeschichte 19 (1979), S. 628–642.

[71] Ausführlich zu diesem Beziehungsgeflecht innerhalb des deutschen Bildungsbürgertums mit besonderer Betonung der Kontakte zwischen akademischer Welt und Bürokratie *vom Bruch*, Wissenschaft, bes. S. 249–278.

[72] *Johann Baptist Müller*, Der deutsche Sozialkonservativismus, in: *Hans-Gerd Schumann*, Hrsg., Konservativismus, Köln 1974, S. 199–221; ferner *R. Koch*, Politischer und sozialer Wandel in Deutschland im 19. Jahrhundert und die Entstehung moderner sozialer Bewegungen, in: Liberal 22 (1980), S. 202.

chen Sozialreform, deren Bedeutung weit über das Kaiserreich hinausreicht und innerhalb der großen Parteien, Verbände und Konfessionen bis in die Gegenwart hineinwirkt.

Als »sozialkonservativ« haben sich selbst nur wenige der vorrangig in Frage kommenden Personen und Gruppen klassifiziert; bei Karl Rodbertus-Jagetzow, dem Mitbegründer eines wissenschaftlichen Sozialismus und überzeugten Staatssozialisten, findet sich diese Eigenbezeichnung[73]; sie trifft ferner zu insbesondere für Victor Aimé Huber und Hermann Wagener, der zusammen mit Rudolf Meyer 1871/72 vergeblich versuchte, seine Freunde mit den Anhängern des nationalen Arbeiterführers Lassalle zu einer sozialkonservativen Partei zu verbinden[74]. Innerhalb des deutschen Protestantismus gehörten zu den entschiedensten Vertretern eines antiliberalen, antisozialistischen, aber auch antikonservativen Sozialkonservatismus Johann Hinrich Wichern und vor allem Rudolf Todt[75] sowie mit größerer politischer Breitenwirkung der »Hofprediger und Volkstribun« Adolf Stöcker[76]. Es besaß Folgerichtigkeit, daß nachhaltige Erfolge bei den sozial – und bewußtseinsmäßig – fest verorteten Schichten ausblieben, wie sich an der Arbeiterschaft überdeutlich zeigte, auf deren Gewinnung insbesondere Stöcker abzielte; ebenso folgerichtig trugen nach diesen Mißerfolgen, die Stöcker veranlaßten, das Wort »Arbeiter« aus dem Namen seiner Partei wieder zu streichen, die Anstrengungen bei denjenigen Schichten Früchte, die von sozialer Dislokation gefährdet waren und in dem Interessengegensatz von Kapital und Arbeit aufgerieben zu werden drohten. »Gewonnen wurde von Stöcker vorzugsweise der Mittelstand, vorab die Handwerker, die unter dem Wettbewerb der Großindustrie litten[77].«

Um die Existenzberechtigung des alten und um die Probleme des sogenannten neuen, vorwiegend Dienstleistungs-Mittelstands ging es auch den »Kathedersozialisten« um Gustav Schmoller. Insofern erweiterte, wenn auch häufig indirekt und unausgesprochen, das sozialreformatorische Programm der Sozialkonservativen die »soziale Frage« über die Notlage des

---

[73] *Walter Vogel*, Bismarcks Arbeiterversicherung, Braunschweig 1951, S. 88.

[74] Vgl. *Hans Joachim Schoeps*, Rudolf Meyer und der Ausgang der Sozialkonservativen, in: ders., Studien zur unbekannten Religions- und Geistesgeschichte, Göttingen 1963, S. 335.

[75] Grundlegend für beide die umfangreiche Untersuchung von *Günter Brakelmann*, Kirche und Sozialismus im 19. Jahrhundert. Die Analyse des Sozialismus und Kommunismus bei Johann Hinrich Wichern und bei Rudolf Todt, Witten 1966.

[76] Vgl. *Karl Kupisch*, Adolf Stoecker, Hofprediger und Volkstribun. Ein historisches Porträt, Berlin 1970.

[77] *Dietrich von Oertzen*, Von Wichern bis Posadowsky. Zur Geschichte der Sozialreform und der christlichen Arbeiterbewegung, Hamburg 1908, S. 30.

Industrieproletariats hinaus auf kleinbürgerliche Schichten, die angesichts der beherrschenden Klassengegensätze von den zeitgenössischen Theoretikern der sozialen Frage wie auch von den Politikern vielfach übersehen wurden.

Die entscheidende, den wissenschaftlichen wie den kirchlichen Sozialkonservatismus umspannende Klammer war die ethische Orientierung an Kategorien wie »Gemeinwohl« und »Gerechtigkeit«; indem sich eine wissenschaftstheoretisch abgeleitete und eine theologisch begründete Wertorientierung miteinander in diesen Begriffen verbanden, wurde der bürgerlichen Sozialreform in ihren akademischen und protestantisch-kirchlichen Erscheinungsformen, für die hier stellvertretend der Verein für Socialpolitik und der Evangelisch-Soziale Kongreß genannt seien, ihre eigentliche Leistungsfähigkeit vermittelt. In unterschiedlichen theologischen Begründungszusammenhängen schien das Postulat sozialer Gerechtigkeit bei Wichern und Todt, von Stöcker bis Naumann, von Harnack bis Seeberg in zahlreichen Variationen immer wieder auf. In den 1890er Jahren wurden diese evangelischen Bekundungen mit Standortbestimmungen der Kulturwissenschaften folgenreich gekoppelt und bewirkten in dieser Koalition den Höhepunkt des sozialen Protestantismus im Kaiserreich als breitenwirksame Erscheinung im evangelischen Bildungsbürgertum im letzten Jahrzehnt des 19. Jahrhunderts[78].

Vornehmlich in der deutschen Nationalökonomie kam diesem Prozeß nach 1870 ein Umschwung von klassisch-liberalen Produktivitätstheorien zu einem wertwissenschaftlich motivierten Interesse an sozialer Verteilungsgerechtigkeit entgegen, das sich in den verschiedenen politischen und methodischen Lagern gleichermaßen wiederfindet. Ungeachtet der parteipolitischen Zugehörigkeit Schulzes enthält der Aufruf, »Politik als Wertwissenschaft« zu treiben, den eigentlichen Kern des Gelehrtenpolitikers, bestätigt er auch in diesem Fall die Anerkennung von Werturteilen als vorrangiger politischer Motivation, wie sie trotz abweichender Ränder das Spektrum der betrachteten Hochschullehrergruppe charakterisiert und Schmoller für seine Disziplin 1897 und 1900 zu der weithin gültigen Feststellung

---

[78] Vgl. dazu ausführlich Kapitel III / A. Angesichts der reichhaltigen Literatur kann hier auf eine ausführlichere Würdigung der theologischen Begründungen des sozialen Engagements verzichtet werden; vgl. als allgemeinen Überblick mit besonderer Konzentration auf Herrmann und Ritschl *Hermann Timm*, Theorie und Praxis der Theologie Albrecht Ritschls und Wilhelm Herrmanns, Gütersloh 1967 und *Manfred Schick*, Kulturprotestantismus und soziale Frage. Versuche zur Begründung der Sozialethik vornehmlich in der Zeit von der Gründung des Evangelisch-sozialen Kongresses bis zum Ausbruch des 1. Weltkrieges (1890–1914), Tübingen 1970; für die frühere Zeit *Brakelmann*, Kirche und Sozialismus.

veranlaßte: »Aus der Geschäftsnationalökonomie ist wieder eine moralisch-politische Wissenschaft geworden«[79].

Die Überzeugung von der Möglichkeit einer ethisch verbindlichen sozialen Wissenschaft und der politischen Verbindlichkeit theologisch begründeter Sozialethik errichtete dem oben in seinen Zielen skizzierten deutschen Sozialkonservatismus insbesondere in der Wilhelminischen Zeit ein tragfähiges Fundament. Gleichzeitig wurde aber auch eine ständige Spannung und potentielle Konfliktsituation hervorgerufen, da die Idee eines sozialen Königtums und eines überparteilichen, vorrangig auf die Bürokratie gestützten Obrigkeitsstaates sich hart an der Realität interessengeleiteter Verkrustungen und ignoranter Borniertheit stieß und Auseinandersetzungen mit Staats- und Kirchenleitung unausweichlich machte. Das von den akademischen und evangelischen Sozialreformern im Kern bejahte Fundament der monarchisch-obrigkeitsstaatlichen Verfassung erwies sich für sie selbst als kräftezehrender Widerstand, der durch die symbiotische Beziehung von Staat und evangelischem Landeskirchentum noch zusätzlich verschärft wurde.

[79] *vom Bruch*, Wissenschaft, S. 295, dort auch ausführliche Erörterung der zeitgenössischen Werturteilsdiskussion in der Nationalökonomie und in weiteren Kulturwissenschaften im Kaiserreich. Der linksliberale Freiburger Nationalökonom Gerhart von Schulze-Gävernitz forderte 1911: »Treiben wir die Politik als eine Wertwissenschaft in der Art der Erkenntnistheorie und der Ethik« und der den Ausdruck »ethische Nationalökonomie« energisch verteidigte, ebd., S. 292.

B. Zum Verhältnis von evangelischer Kirche und Staat im Reichsgründungsjahrzehnt mit besonderer Berücksichtigung Preußens

1. Theologische Legitimation staatlicher Einbindung

Die Konstruktion der landeskirchlichen Verfassung im 19. Jahrhundert in Preußen erhielt ihre institutionelle Verankerung durch die Einbeziehung der Kirche in das konstitutionelle Staatskirchenrecht seit 1848, in dem die alten Grundlagen der Prinzipien staatlicher Kirchenhoheit *(ius circa sacra)* und kirchlicher Autonomie *(ius in sacra)* festgeschrieben und garantiert wurden. Die kirchenrechtliche Fixierung des deutschen Protestantismus verweist ebenso wie sein Politikverständnis auf die Tradition staatlicher Realisierung des Luthertums in Mitteleuropa im Unterschied zu dem calvinistisch bestimmten Bereich Westeuropas hin: Während sich in Westeuropa die Reformation gegen die Gewalt des absoluten Staates durchzusetzen hatte, verdankte sie in Deutschland ihre Einführung und staatliche Fortentwicklung den Landesherren. Zudem erwiesen sich Unterschiede in der sozialen Struktur West- und Mitteleuropas als folgenreich. Vollzog sich die Entwicklung des Calvinismus dort in einer vorwiegend bürgerlichstädtischen Gesellschaft mit hochentwickeltem Handel und Gewerbe, so war Deutschland bis zum Ende des 18., vielfach bis zum frühen 19. Jahrhundert durch den agrarisch dominierten Kleinstaat auf patriarchalischer Grundlage geprägt.

Diese politischen und sozialen Abweichungen schlugen sich in der theologischen Obrigkeitslehre nieder. In Westeuropa verband sich das rationale Naturrecht mit der Lehre einer vollständigen Unterordnung der Welt unter die *Gloire de Dieu*, legte ein gemeindlich orientierter, politischer, wirtschaftlicher und ethischer Puritanismus die Grundlage für die Auseinandersetzung mit der Staatsgewalt und damit auch für das naturrechtlich begründete Widerstandsrecht, in dem die Ausformung demokratischer Ideen in Westeuropa und von hier aus in Nordamerika wesentlich wurzelte.

Eine völlig andere Entwicklung vollzog sich in Deutschland, wo zwei Momente wesensmäßig zusammengriffen. Zum einen ist auf die Tatsache hinzuweisen, daß Behauptung und Entfaltung der Reformation nur unter dem Schutz der damit weithin bestimmenden Territorialfürsten gegeben war, zum anderen verbanden sich hiermit zentrale Elemente der lutherischen Theologie selbst. Aus dem Gedanken der Erbsünde entsprang ein tiefreichender Pessimismus über den Einzelmenschen wie über die Weltentwicklung und vertrug sich kaum mit optimistischen Fortschrittshoffnungen. Ferner wurde für diese Theologie konstitutiv eine radikale Trennung des Gottesreiches von der empirischen Wirklichkeit von Staat als auch von Kirche: Die Obrigkeit hat die weltliche Ordnung zu gewährleisten, auch mit Gewalt dem Bösen zu wehren, sie hat die Schwachen zu schützen. Indem so der Zweck des Staates auf Herrschaft und auf Hilfe begrenzt wurde, tritt die gegebene Realität, nicht eine an Normen gebundene Idee in den Vordergrund, ist letzte Instanz die erfahrene Macht der Obrigkeit. Damit verschiebt sich die Perspektive gegenüber den im Katholizismus maßgeblichen, aus dem Naturrecht entwickelten Vorstellungen von Staat und Individuum, aber auch gegenüber dem im Calvinismus begründeten Widerstandsrecht. Nicht als Subjekt tritt das Individuum dem Staat gegenüber in Erscheinung, sondern als Objekt, es ist bestimmt durch seine Eigenschaft als Untertan. Es kann daher nicht Aufgabe des einzelnen sein, den Mißbrauch staatlicher Gewalt zu bekämpfen, als einziges Korrektiv möglichen Mißbrauches bleibt allein die Verantwortung der Obrigkeit vor Gott; er läßt sie ihre Macht ausüben, gleichberechtigt in diesem Sinn neben dem Hausvater, neben anderen Ständen. Daher sah die deutsche lutherische Tradition die Auflehnung gegen eine gottgewollte Obrigkeit als hauptsächlich mögliche Sünde in diesem Bereich, im Gegensatz zu der sonst im Abendland hervorgehobenen Versuchung des Mißbrauchs weltlicher Macht[80].

---

[80] *Fritz Fischer*, Der deutsche Protestantismus und die Politik im 19. Jahrhundert, zuerst in: Historische Zeitschrift 171, leicht gekürzter Wiederabdruck in: *Helmut Böhme*, Hrsg., Probleme der Reichsgründungszeit 1848–1879, Köln ²1972, S. 49–71. – Fischer, der einer breiten Öffentlichkeit vornehmlich durch seine These vom »Griff nach der Weltmacht« 1961 bekannt geworden ist, die eine erbitterte anhaltende Kontroverse über den deutschen Anteil am Ausbruch des ersten Weltkrieges auslöste, setzte sich in diesem gewichtigen, auf dem deutschen Historikertag 1949 gehaltenen Vortrag, der an seine ausgedehnten früheren Forschungen zur Geschichte des neuzeitlichen deutschen Protestantismus anschloß, vorwiegend mit den Arbeiten der Historiker Gerhard Ritter und Reinhard Wittram über die politischen Nachwirkungen Luthers und über das Verhältnis von Kirchen und Nationalismus im 19. Jahrhundert auseinander. Siehe auch *Fritz Fischer*, Griff nach der Weltmacht. Die Kriegszielpolitik des kaiserlichen Deutschland 1914/18, Düsseldorf 1961; ders., Krieg der Illusionen. Die deutsche Politik von 1911 bis 1914. Düsseldorf 1969. Zur Kontroverse siehe *Imanuel Geiss*, Die Fischer-Kontroverse, in: Studien über Geschichte und Geschichtswissenschaft, Frankfurt a. M. 1972, S. 108–198. Vgl. auch zu diesem Gedankengang weit ausholend *Helmut Plessner*, Die verspätete Nation, ferner zu diesem nur knapp skizzierten

Zu Beginn des 19. Jahrhunderts vermochte zwar die Erweckungs- und Bekenntnisbewegung innerkirchlich ein Zerfließen des Protestantismus in einer säkularisierten Nationalreligion zu verhindern, doch hatte die Rückbesinnung auf die Glaubenstradition das Beharrungsvermögen der etablierten Schicht gegenüber neuen, revolutionären Ideen gestärkt[81]. Die Reorganisation des kirchlichen Lebens in Preußen durch König Friedrich Wilhelm III. hat diese Entwicklung wesentlich gefördert und institutionell abgesichert. Erst die einheitliche preußische Landeskirche als dekretierte Union zwischen Reformierten und Lutheranern schuf die Voraussetzung für ein modernes Staatskirchentum mit zentralistischem Anspruch in diesem ethnisch, sozioökonomisch und regional zersplitterten Staatswesen, sie bewirkte aber auch einen neuen Zwiespalt im deutschen Protestantismus, in dem die strikte Abweisung eines eigenständigen Konstitutionalismus zudem nicht unumstritten blieb. Friedrich Wilhelm III. hatte die Generalsuperintendenten unter politischen Gesichtspunkten ernannt, sie nahezu zu ausführenden Organen des Staates gemacht. Die Reorganisation des Verwaltungsapparats in den rechtsrheinischen Besitzungen Preußens gestattete eine Kontrolle auch der kirchlichen Organisation durch den Staat[82].

Im Vormärz und in voller Schärfe dann in der Revolution von 1848/49 standen sich mehrere Gruppen innerhalb des deutschen Protestantismus theologisch wie politisch gegenüber. Zahlreiche Rationalisten in Südwest- und Mitteldeutschland sowie in einigen östlichen Städten propagierten den politischen Fortschritt auf der Grundlage liberaler Ideen; an der Monarchie und der landeskirchlichen, durch den Summus Episcopus gekrönten Struktur hielten sie indes ebenso fest, wie ihnen die Gedanken radikaler Demokratie, republikanischer Staatsform und revolutionärer Aufstände fern lagen. Mit größtem Nachdruck verfochten demgegenüber Pietisten und Orthodoxie die Prinzipien der Legitimität; in der Revolution 1848 erblick-

---

Komplex *Friedrich Wilhelm Kantzenbach*, Der Weg der evangelischen Kirche vom 19. zum 20. Jahrhundert, Gütersloh 1968; *Friedrich Mildenberger*, Geschichte der deutschen evangelischen Theologie im 19. und 20. Jahrhundert, Stuttgart etc. 1981 (= Theologische Wissenschaft 10). Wie weit dieses theologisch begründete Staats- und Obrigkeitsverständnis in den deutschen Protestantismus ausgestrahlt hat, zeigt die kirchliche Presse dieser Zeit, vgl. dazu *Gottfried Mehnert*, Hrsg., Programme evangelischer Kirchenzeitungen im 19. Jahrhundert, Witten 1972 (= Evangelische Presseforschung 2).

[81] *Fischer*, Der deutsche Protestantismus, S. 55. Für die theologische und historische Situation im evangelischen Deutschland in der Mitte des 19. Jahrhunderts vgl. *Joachim Cochlovius*, Bekenntnis und Einheit der Kirche im deutschen Protestantismus 1840–1850. Gütersloh 1980 (= Die lutherische Kirche, Geschichte und Gestalten 3).

[82] *Fischer*, ebd., S. 55.

ten sie einen Abfall von Gott in Ungehorsam gegen die göttliche Ordnung, der in Atheismus und Kommunismus einmündete, wie auch die deutsche Einheit abzulehnen sei, sofern sie aus dem Prinzip der Volkssouveränität abgeleitet wurde.

In diesem Sinn entsprach der lutherischen Tradition eine eher konservative oder doch gemäßigte Haltung, die als Gegengewicht zu den auf Umsturz zielenden Kräften wirkte. Aus dieser Tradition – man denke nur an Luthers Lehre von der Untertanenpflicht – werden Äußerungen verständlich wie die des protestantischen Historikers Dahlmann, in dessen Verfassungsentwurf vom 26. April 1848 es heißt: »An unsere Fürstenhäuser knüpft sich die alte Gewohnheit des Gehorsams, welche sich durchaus nicht beliebig anderswohin übertragen läßt.« Selbst ein Exponent des liberalen Bürgertums, der der Revolution entscheidende Impulse gegeben hatte, forderte er praktisch die Unterwerfung unter das Gegebene, wenn er so beharrlich am Legitimitätsprinzip festhielt[83].

Kirchenrechtlich folgte aus der Revolution 1848 eine verfassungsrechtliche Fixierung des Landeskirchentums unter dem Grundsatz, daß die Kirche ihre Angelegenheiten selbständig zu regeln habe. Eine wirkliche Trennung von Kirche und Staat wurde damit ebensowenig wie im späteren deutschen Kaiserreich geschaffen. Das Summepiskopat blieb in nur leicht modifizierter Form erhalten, die Neuregelung besaß weitgehend kosmetischen Charakter. Zwar waren die Pfarrer nun keine unmittelbaren Staatsbeamten mehr, zwar wurden die Konsistorien der preußischen evangelischen Kirche von staatlichen in rein kirchliche Behörden umgewandelt, doch blieben sie als »königliche« Konsistorien weiterhin dem Landesherrn unterworfen, blieb der Einfluß des Staates auf die Pfarrer durch Schulaufsicht, die Zwischeninstanz des formell unabhängigen, tatsächlich oftmals als verlängerter Arm des Staates tätigen Oberkirchenrates in politischen Fragen und anderes weiterhin bestehen.

Theologisch führte das Vordringen der konstitutionellen Bestrebungen, die sich vor allem im Staatsrecht der süddeutschen und einiger Mittelstaaten verfestigten, zu einer Überprüfung des reformatorischen Staatsverständnisses. Die dem Liberalismus nahestehenden Theologen betonten in erster Linie die »Emanzipation des Staates vom theokratischen Herrschaftsanspruch des Papsttums«; eine biblische Begründung der Formen des Staatslebens wie des institutionellen Aufbaues der Kirche gebe es nicht und aus dem Geist der Reformation heraus müßten die Selbständigkeit des Staates

---

[83] Ebd., S. 58/59.

und seine sittlichen Zielsetzungen akzeptiert werden, dürfe die Kirche nicht als politische Partei auftreten[84].

Erheblich schwerer mußte es denjenigen, die den Konstitutionalismus prinzipiell in Frage stellten, fallen, die Staatsvorstellung der Reformation ohne weiteres auf den modernen Staat zu übertragen. Freilich wandten sich konservative Positionen keineswegs ausschließlich gegen den modernen Verfassungsstaat. Dieser, sofern gemäßigt, beeinträchtigte nach der Auffassung des herausragenden konservativ-protestantischen Theoretikers und Staatsrechtslehrers F. J. Stahl die von Gott der Obrigkeit gesetzten Ziele weit weniger als ein von ihm bekämpfter moderner staatlicher Absolutismus. Da die Rechtfertigung *sola fide* und damit der Gedanke des persönlichen Vollrechts zur entscheidenden Grundlage der Reformation geworden sei, könne man diese in keiner Weise mit den Entartungen in Verbindung bringen, wie sie sich sowohl im Absolutismus, der ja auf Prinzipien des Rationalismus beruhe, als auch in den neueren Revolutionen gezeigt habe. Reaktionär war daher die von Stahl theologisch abgeleitete Begründung eines ethisch überhöhten Konservatismus nicht, zumal auch der moderne Verfassungsstaat nach seiner Ansicht prinzipiell den Charakter einer göttlichen Institution anzunehmen vermöge, wenn er auch gegen die Prinzipien der Legitimität verstoße. Vielmehr kam es Stahl darauf an, die konkreten Erscheinungsformen des Konstitutionalismus zu sondern. Maßstab habe dabei zu sein, inwiefern sie die sittlichen Aufgaben des Staates zu fördern geeignet seien oder sie erschwerten[85].

In der politischen Wirklichkeit Preußens wirkten sich solche Positionen als Rechtfertigung schärfster Reaktion aus und förderten insbesondere 1850 bis 1858 unter dem Ministerium Raumer den Mißbrauch der Religion zu

---

[84] Vgl. hierzu *Klaus Erich Pollmann*, Protestantismus und preußisch-deutscher Verfassungsstaat, in: *Werner Pöls*, Hrsg., Staat und Gesellschaft im politischen Wandel. Festschrift Walter Bußmann, Stuttgart 1979, S. 280–300, hier bes. S. 285/286.

[85] Vgl. zur Position Stahls *Pollmann* in: *Pöls*, Hrsg., Staat und Gesellschaft im politischen Wandel, S. 286–287; zu dem Aufeinanderprallen liberaler und konservativer Strömungen auf dem Stuttgarter Kirchentag 1850 *Fritz Fischer*, Der deutsche Protestantismus, S. 59/60. Für eine genauere Bestimmung des von Stahl vertretenen Konservatismus im Rahmen des zu dieser Zeit sich theoretisch formierenden Konservatismus allgemein *Martin Greiffenhagen*, Das Dilemma des Konservatismus in Deutschland, München 1971; *Kaltenbrunner*; für eine genaue historische Zuordnung *Alfred von Martin*, Weltanschauliche Motive im altkonservativen Denken, in: *Gerhard A. Ritter*, Hrsg., Deutsche Parteien vor 1918, Köln 1973, S. 142–164, sowie immer noch *Karl Mannheim*, Das konservative Denken. Soziologische Beiträge zum Werden des politisch-historischen Denkens in Deutschland, in: *Hans-Gerd Schumann*, Hrsg., Konservativismus, Köln 1974, S. 24–75.

politischen Zwecken unter dem Einfluß der reaktionären Hofkamarilla. Treffend bemerkt Fritz Fischer, daß die Kirche sich eindeutig auf die Seite der Reaktion stellte, und mit diesem Schritt sich sowohl das Bürgertum liberaler Ausprägung wie die Arbeiterschaft dauerhaft entfremdete[86].

Die Reichsgründung 1870/71 im Gefolge des deutsch-französischen Krieges wurde nicht nur von der Mehrheit des protestantischen deutschen Bürgertums, sondern auch von der Kirche emphatisch begrüßt und theologisch abgestützt und zudem als Voraussetzung einer neuen auch kirchlichen Einigung angesehen. Die Kaiserproklamation in Versailles bedeutete für Stöcker die Vollendung des heiligen evangelischen Reiches deutscher Nation, und er sah von der Reformation bis in die Gegenwart eine durchgehende Linie. Zwar trat hier ein auch theologisch begründetes Aufbruchspathos im Vergleich zu den Befreiungskriegen von 1813 in den Hintergrund, doch schien sich die Reichsgründung desto unbefangener zum Dienste theologischer Geschichtskonstruktion zu eignen. Auch Karl Kupisch hebt als Quintessenz zahlreicher kirchengeschichtlicher Studien heraus, daß hier ein neues protestantisches Geschichtsverständnis sich abzeichnete, das ›von Luther bis Bismarck‹ das Walten der Vorsehung sah. Die Einheit des Reiches schien die Einheit der Kirche zu begünstigen und zu fordern; hier lebte die Vorstellung einer Identität von nationalen und christlichen Zielen, ein Erbe des Idealismus aus den Befreiungskriegen, wieder auf[87].

Zahlreiche Theologen haben sich in der Reichsgründungszeit um eine neue Ortsbestimmung im Verhältnis der Kirche der Reformation zur Staatsgewalt bemüht. Eine nähere Betrachtung zeigt ein reiches Spektrum auf. Zum einen finden wir Autoren, die von einer allzu steilen Ekklesiologie abrücken und bereit sind, die neue Wirklichkeit zu akzeptieren, indem die alte reformatorische Vorstellung von einem christlichen Staat zurücktritt, sei es auf der politischen Ebene, sei es in der theologischen Argumentation. Andererseits wurde versucht, an jenes Erbe anzuknüpfen, da die Kirche ihren Ort in der neuen Realität habe, sich ihr einfüge, und die Kirchenverfassungen Grundtendenzen der Generation der Reichsgründungszeit aufgreifen. Freilich ließen sich Bruchzonen nicht übersehen, weil die neue Wirklichkeit, wie sie sich in der Reichsgründung und der Verfassung des neuen Reiches ausformte, in einen spannungsreichen Kontrast zu dem Staat stand, der diesen Theologen konkret gegenübertrat, der sich ihnen

---

[86] *Fischer*, ebd., S. 60.
[87] *Karl Kupisch*, Zwischen Idealismus und Massendemokratie. Eine Geschichte der evangelischen Kirche in Deutschland von 1815–1945, Berlin ⁴1964, S. 85.

als »eine noch im alten Sinne verstandene abstrakte Größe, nach römisch-rechtlichen und scholastischen Maximen gebildet«, darstellte[88]. So erklärt sich ein immer wieder greifbares Unbehagen über den Staat, entsprechend den theologischen Klärungsbemühungen und Anstrengungen um eine neue Verortung des Verhältnisses von Kirche und Staat wie auch des Staates und der Kirche selbst, das als ›Krise des Staatsgedankens‹ bezeichnet wurde. In den konservativ-gouvernementalen »Grenzboten« wurde 1876 gar die Befürchtung ausgesprochen, daß der »Höhepunkt unseres nationalen Daseins zugleich der Anfangspunkt unseres Verfalls und Untergangs« werden könnte[89]. Es ist begreiflich, daß gerade eine Kirche, die in ihrer Tradition die Würde des Staates zu einem vorrangigen Zweck erhoben hatte, sich nur unter Mühen von dieser Position zurückziehen und dem sich neu formierenden Staatsbegriff unbefangen gegenübertreten konnte.

In der weitestgehenden Beschränkung auf die häufig recht abstrakten theologischen Erörterungen selbst wird freilich der politisch-soziale Kontext ausgeblendet, läßt sich in dem hermeneutischen Ansatz Bammels eine *de facto* apologetische Grundhaltung nicht übersehen. Neben subjektiv aufrichtigen Überzeugungen schwang in den Stimmen evangelischer Theologen, Pfarrer und Gebildeter zum deutsch-französischen Krieg und zur Reichsgründung ein staatsaffirmativer Opportunismus mit. In Übereinklang mit der offiziellen politischen Linie äußerte die »Evangelische Kirchenzeitung« in ihrer Ausgabe vom 4. Januar ihre Zuversicht darüber, daß Deutschland seine Unschuld am Kriegsausbruch und die Gerechtigkeit seiner Sache im Urteil der öffentlichen Meinung wie auch der Geschichte beweisen könne. Bereits zu Beginn des Krieges hatte König Wilhelm I. als Summus Episcopus der preußischen Landeskirche in einem Erlaß über einen außerordentlichen allgemeinen Bettag erklärt:

> »Ich bin gezwungen, in Folge eines willkürlichen Angriffs das Schwert zu ziehen, um denselben mit aller Deutschland zu Gebote stehenden Macht abzuwehren. Es ist Mir eine große Beruhigung vor Gott und den Menschen, daß Ich dazu in keiner Weise Anlaß gegeben habe. Ich bin reinen Gewissens über den Ursprung dieses Krieges und der Gerechtigkeit unserer Sache vor Gott gewiß ... Von Jugend auf habe Ich vertrauen gelernt, daß an Gottes gnädiger Hilfe Alles gelegen ist. Auf Ihn hoffe Ich und fordere Ich Mein

---

[88] *Ernst Bammel,* Die Reichsgründung und der deutsche Protestantismus, Erlangen 1973, S. 80. Wir folgen hier der detaillierten Nachzeichnung jener theologischen Klärungs- und Neuverortungsbemühungen, die der Erlanger Theologe in seiner schmalen Schrift vorgelegt hat.

[89] Die Grenzboten, 2 (1876), S. 263. Zur Ortsbestimmung der Zeitschrift vgl. *Eberhard Naujoks,* Die Grenzboten, in *Heinz-Dietrich Fischer,* Hrsg., Deutsche Zeitschriften des 17. bis 20. Jahrhunderts, Pullach 1973, S. 155–166.

Volk auf zu gleichem Vertrauen. Ich beuge Mich vor Gott in Erkenntnis Seiner Barmher-
zigkeit und bin gewiß, daß Meine Untertanen und Meine Landsleute es mit Mir tun.[90]«

Neben der sittlichen Rechtfertigung des Krieges standen bei den Stellungnahmen der evangelischen Kirche zur Reichsgründung konfessionspolitische Überlegungen im Vordergrund, da der Sieg von 1870/71 auch als
der späte, aber nun für endgültig erachtete Sieg des Protestantismus über
den Katholizismus begrüßt wurde. Diese Auffassung wurde durch die
Infallibilitätserklärung auf dem I. Vatikanischen Konzil noch bestärkt, da
man hierin einen Beleg für geistige Rückständigkeit und für theologisch
haltlose Konstruktionen im Katholizismus sah. Daß dieser sich nicht nur
theologisch *ad absurdum* geführt, sondern auch als politische Kraft entscheidend an Bedeutung eingebüßt habe, wurde bereits aus dem deutsch-
österreichischen Krieg von 1866 hergeleitet, der folgerichtig als Sieg der
protestantischen Hohenzollern über das katholische Habsburg interpretiert
wurde, wie denn auch umgekehrt dem politischen Katholizismus seine
ungünstige Stellung in dem kleindeutschen Kaiserreich durchaus bewußt
war und sich in der Gründung der Zentrumspartei niederschlug. Mit
größter Deutlichkeit formulierte diese Auffassung die »Neue Evangelische
Kirchenzeitung« in ihrer Ausgabe vom 7. Januar 1871: »endlich wurde es
der deutschen und der übrigen Welt klar, um wieviel das protestantische
Deutschland an Genie und Macht, an Energie und Tatendrang dem katholischen überlegen war.[91]«

In dem zunächst gegen den Einfluß des internationalen, den neuen
Nationalstaat bedrohenden Ultramontanismus, tatsächlich aber auch gegen

---

[90] Zitiert nach *Günter Brakelmann,* Der Krieg 1870/71 und die Reichsgründung im Urteil des
Protestantismus, in: *Wolfgang Huber* u. *Johannes Schwerdtfeger,* Hrsg., Kirche zwischen
Krieg und Frieden. Studien zur Geschichte des deutschen Protestantismus, Stuttgart 1976,
S. 293–320, Zitat S. 297.

[91] Neue Evangelische Kirchenzeitung, 7.1.1981. In der Vorgeschichte des konfessionell
kämpferischen Evangelischen Bundes sind solche Töne bereits in der Reichsgründungsphase
nicht zu überhören, vgl. dazu *Fritz von der Heydt,* Gute Wehr. Wirken und Wollen des
Evangelischen Bundes. Zu seinem 50jährigen Bestehen, Berlin 1963; vgl. auch besonders die
Memoiren des prominenten Bundesmitglieds und Hallenser Theologen *Willibald Beyschlag,*
Aus meinem Leben, 2 Bde., Halle 1897–1899, mit einer Fülle von Zeugnissen. Für
entsprechende Gegenreaktionen im Katholizismus im Umkreis der Gründung der Zentrums-Partei vgl. *Rudolf Morsey,* Die Deutschen Katholiken und der Nationalstaat zwi-
schen Kulturkampf und Erstem Weltkrieg, in: *Gerhard A. Ritter,* Deutsche Parteien vor
1918, Köln 1973, S. 271; ausführlich *Ludwig Bergsträsser,* Studien zur Vorgeschichte der
Zentrumspartei, Tübingen 1910; *Rudolf Lill,* Die deutschen Katholiken und Bismarcks
Reichsgründung, in: Reichsgründung 1870/71, hrsg. v. *Theodor Schieder* und *Ernst Deuerlein,* Stuttgart 1970, S. 345–365; *Hans Maier,* Katholizismus, nationale Bewegung und
Demokratie in Deutschland, in: Hochland 57 (1965), S. 318–333.

den innerdeutschen Katholizismus gerichteten Kulturkampf Bismarcks und der Liberalen in den 1870er Jahren setzte sich bei evangelischen Stellungnahmen diese Perspektive fort, glaubte man doch die Stunde der endgültigen Abrechnung mit dem katholischen Gegner in der sicheren Geborgenheit des evangelischen Kaisertums gekommen, auch wenn man dem aufklärerisch-liberalen Pathos der Kulturkampf-Kampagne skeptisch und mißtrauisch gegenüberstand[92].

[92] Als vorzüglich informativen Überblick über Verlauf und Problematik des Kulturkampfes vgl. *Ernst Rudolf Huber*, Deutsche Verfassungsgeschichte seit 1789, Bd. 4: Struktur und Krisen des Kaiserreichs, Stuttgart etc. 1969, S. 645–831, ergänzend die monumentale Quellensammlung von *Ernst Rudolf Huber* und *Wolfgang Huber*, Staat und Kirche im 19. und 20. Jahrhundert. Dokumente zur Geschichte des deutschen Staatskirchenrechts, Bd. 2: Staat und Kirche im Zeitalter des Hochkonstitutionalismus und des Kulturkampfs 1848–1890, Berlin 1976, S. 395–982. Aus der reichhaltigen Forschung zum Kulturkampf, zu seinem Verlauf, seinen politischen und theologischen Implikationen und seiner publizistischen Resonanz vgl. vornehmlich *Ernst Bammel*, Die evangelische Kirche in der Kulturkampfära. Eine Studie zu den Folgen des Kulturkampfes für Kirchentum, Kirchenrecht und Lehre von der Kirche, Diss. Bonn 1949; *Erich Schmidt-Volkmar*, Der Kulturkampf in Deutschland 1871–1890, Göttingen etc. 1962; *Karl Buchheim*, Ultramontanismus und Demokratie. Der Weg der deutschen Katholiken im 19. Jahrhundert, München 1963; *Günther Wolf*, Rudolf Kögels Kirchenpolitik und sein Einfluß auf den Kulturkampf, Bonn 1968; *Heinrich Bornkamm*, Die Staatsidee im Kulturkampf. Mit einem Nachwort zum Neudruck, Darmstadt 1969; *Christoph Weber*, Kirchliche Politik zwischen Rom, Berlin und Trier. Die Beilegung des preußischen Kulturkampfes 1876–88, Mainz 1970 (= Katholische Akademie in Bayern. Veröffentlichungen der Kommission für Zeitgeschichte, Reihe B: Forschungen 7); *Rudolf Lill*, Der deutsche Katholizismus zwischen Kulturkampf und erstem Weltkrieg, in *H. Jedin*, Hrsg., Handbuch der Kirchengeschichte, Bd. VI, 2, Freiburg etc. 1973, S. 515–527; *ders.*, Die Wende im Kulturkampf. Leo XIII., Bismarck und die Zentrumspartei 1878–1880, Tübingen 1973 (= Sonderausgabe aus: Quellen und Forschungen aus italienischen Archiven und Bibliotheken, Bde. 50 u. 52); *Gottfried Maron*, Die römisch-katholische Kirche von 1870 bis 1970, in: *Kurt Dietrich Schmidt*, Hrsg., Die Kirche in ihrer Geschichte, Bd. 4, Göttingen 1972, S. 198–238; *Josef Becker*, Staat und Kirche in der Ära von Reichsgründung und Kulturkampf. Geschichte und Strukturen ihres Verhältnisses in Baden 1860–1876, Mainz 1973 (= Veröffentlichungen der Kommission für Zeitgeschichte, Reihe B, 14); *Josef Lange*, Die Stellung der überregionalen katholischen deutschen Tagespresse zum Kulturkampf in Preußen 1871–1878, Frankfurt a. M. 1974; *Ernst Heinen*, Staatliche Macht und Katholizismus in Deutschland, Bd. 2: Dokumente des politischen Katholizismus von 1867–1914, Paderborn 1979; *Christa Stache*, Bürgerlicher Liberalismus und katholischer Konservativismus in Bayern 1867–1871. Kulturkämpferische Auseinandersetzungen vor dem Hintergrund von nationaler Einigung und wirtschaftlich-sozialem Wandel, Frankfurt a. M. u. Bern 1981 (= Europäische Hochschulschriften, Reihe 3, 148).

2. Die Verfassung der Landeskirche in Preußen

Seit dem 16. Jahrhundert galt in Deutschland das territorialstaatlich organisierte Landeskirchentum. Landeskirche bedeutete dabei eine mit dem Staat institutionell verbundene, vom Landesherrn regierte, auf das Staatsgebiet beschränkte und innerhalb der Landesgrenzen alleinberechtigte Kirchenorganisation. Zwar wurde mit den Garantienormen des Westfälischen Friedens von 1648 das strikte vormalige Prinzip »Cuius regio, eius religio« abgemildert, doch blieb die für das Landeskirchentum bezeichnende Monopolstellung der einen Kirche erhalten wie auch der Anspruch des Landesherrn auf das Kirchenregiment. Eine grundlegende Durchlöcherung dieses Prinzips wies Brandenburg-Preußen auf, in dem nach den territorialen Erweiterungen im 17. und 18. Jahrhundert die neu ererbten oder eroberten Landesteile ihre selbständigen Provinzialkirchen behielten. Mit der Schaffung eines einheitlichen preußischen Staates zu Beginn des 19. Jahrhunderts wurde eine Vereinigung der bekenntnisgleichen Provinzialkirchen des Landes herbeigeführt. Die Schaffung der preußischen ›Union‹ sollte der Einheit der Kirche als ›Landeskirche‹ ebenso dienen, wie nach den preußischen Annexionen 1866 eine Regelung dieses Problems als vordringlich angesehen wurde, ohne zu Zentralisierungsmaßnahmen zu führen, da König Wilhelm I. zur Entschärfung potentiellen Konfliktstoffs den neuen Provinzen die Aufrechterhaltung ihrer bestehenden eigenen Landeskirchen zusicherte.

Damit aber wurde die eine Landeskirche der acht alten preußischen Provinzen in den neuerworbenen Gebieten um weitere acht Landeskirchen ergänzt. Darüber hinaus bestanden in den übrigen 24 deutschen Ländern noch 28 Landeskirchen, zu denen nun auch die beiden evangelischen Kirchen des annektierten Reichslandes Elsaß-Lothringen hinzukamen. Das hieß also, daß in dem Zeitraum zwischen 1871 und 1918 insgesamt 39 evangelische Landeskirchen sich in den 26 Territorien des Reiches befanden[93].

Neben der Frage der Eingliederung der neu hinzutretenden Landeskirchen wurde die Diskussion seit 1866/67 durch die Frage nach der künftigen inneren Struktur der evangelischen Landeskirche in Preußen bestimmt, standen im Gefolge der wirtschaftlich-sozialen und politischen Umwälzungen das Problem des Verhältnisses von Volks- und von Theologenkirche, von Staatsaufsicht und Synodal- bzw. Gemeindeverfassung im Mittelpunkt. In einer Denkschrift des Evangelischen Oberkirchenrats über die

---

[93] *Ernst Rudolf Huber*, S. 833.

gegenwärtige Lage der evangelischen Kirche Preußens vom 18. Februar 1867 gab der Evangelische Oberkirchenrat seiner Überzeugung Ausdruck, daß jede Kirchenleitung nur im Einvernehmen mit Gemeinde- und Synodalorganisationen eine im Evangelium wurzelnde segensreiche Wirkung entfalten könne. Die neue Kirchenverfassung sah eine angemessene kirchenamtliche und synodale Mitarbeit der Laien vor; davon versprach man sich eine größere Bürgernähe, ein Abrücken von der Kirche der Theologen in Richtung auf eine Volkskirche[94]. Mit der 1873 eingeführten Gemeinde- und Synodalordnung für die altpreußischen Provinzen wurde die obrigkeitlich bestimmte Kirchenverfassung zugunsten einer begrenzten Selbstverwaltung durch gewählte Gemeinde-Kirchenräte, Kreis- und Provinzialsynoden sowie (1876) der Generalsynode gelockert[95].

Vergleichbare Kirchenverfassungen wurden auch in anderen Provinzen Preußens sowie in weiteren deutschen Staaten entworfen, in denen die Bindung zum Staat im Grundsatz gelöst, zugleich aber durch die Anbindung an den fürstlichen Summus Episcopus bestärkt wurde, während die Gemeinderäte und Synoden nur ein schwaches Gegengewicht bildeten.

Die grundsätzlich konservative Orientierung der evangelischen Kirche in Preußen wurde durch den 1850 geschaffenen Evangelischen Oberkirchenrat erheblich gefördert, der sich als Garant der Verbindung von »Thron und Altar« erwies. Darüber hinaus begünstigte die soziale Zusammensetzung der Pfarrerschaft mit ihrer zunehmenden Neigung zur Selbstergänzung eine konservative Grundstimmung und zugleich eine ebenso zunehmende Entfremdung der Kirche von breiteren Volksschichten. 1886/87 verfügten 27,7 % der Väter von Studierenden der Ev. Theologie über eine Hochschulbildung, 1911/12 waren dies 37,1 %; größtenteils waren sie selbst Pfarrer[96]. Erheblich stärker als in der katholischen Kirche war im Bereich der evangelischen Kirche die Beteiligung des Volkes am kirchlichen Leben (Gottesdienst, Seelsorge, Gemeindeverwaltung, Vereinswesen) begrenzt und langsam im Rückgange begriffen[97].

Im Verhältnis von Kirche und Staat kam dem preußischen Kultusminister eine entscheidende Schlüsselstellung zu, da sich der König als Summus Episcopus seiner als zentraler Weisungs- und Beratungsstelle bei der Wahr-

---

[94] Ebd., S. 334/335.
[95] *Werner Conze*, Religion und Kirche, in: *Hermann Aubin* u. *Wolfgang Zorn*, Hrsg., Handbuch der deutschen Wirtschafts- und Sozialgeschichte, Bd. 2, hrsg. v. *Wolfgang Zorn*, Das 19. und 20. Jahrhundert, Stuttgart 1976, S. 665.
[96] Preußische Statistik, 236 (1913), S. 136.
[97] *Conze*, S. 667/668 mit ausführlichen, regional differenzierenden statistischen Einzelnachweisen zur kirchlichen Entfremdung weiterer Bevölkerungsteile.

nehmung seiner kirchlichen Funktionen gegenüber dem Evangelischen
Oberkirchenrat und gegenüber den entsprechenden Kirchenleitungsorga-
nen der übrigen Landesteile bediente.

So behielt der Kultusminister eine doppelte Funktion: Indem er staatliche
Hoheitsrechte den Landeskirchen gegenüber ausübte, war er ein Organ des
Staates, zugleich aber übte er kirchliche Funktionen als Ratgeber des
Summus Episcopus aus durch seine Verbindung einerseits zu dem Evangelischen Oberkirchenrat, andererseits zu den Landeskonsistorien in Hannover, Kiel, Kassel und Wiesbaden, ferner zu den städtischen Konsistorien
der früheren Reichsstadt Frankfurt/Main, die gleichfalls 1866 an Preußen
gefallen war. Eine genauere Betrachtung der Tätigkeit der zu dieser Zeit
amtierenden preußischen Kultusminister – was innerhalb dieses kirchenrechtlichen Abschnittes nicht geleistet werden kann – würde die praktischen Probleme jener Doppelstellung erhärten[98].

In der Geschichte des evangelischen Staatskirchenrechts und der landeskirchlichen Verfassung sowie der Auseinandersetzungen zwischen Kirche
und Staat in Preußen um die Gestaltung ihrer Beziehungen in der neuen
staatlichen Ordnung von 1866 und dann von 1870/71 spielten die Reichsgründung selbst und der Kulturkampf eine eher untergeordnete Rolle,
fielen doch in dem Zeitraum zwischen 1866 und 1872 die grundlegenden
und den weiteren Verlauf bis 1918 bestimmenden Entscheidungen, wie die
jüngste Forschung überzeugend nachgewiesen hat[99].

[98] *Ernst Rudolf Huber,* S. 929; vgl. in diesem Kapitel über die evangelischen Landeskirchen im
Bismarckreich 1871–1890 zahlreiche Quellen zur Institution des kirchlich-politischen Lan-
desherrn, der Kultusminister und des Evangelischen Oberkirchenrats in der altpreußischen
Union sowie in den weiteren Landeskirchen. Auf das hochinteressante Problem der
Organisation, Tätigkeit sowie der Kirchenpolitik des preußischen Kultusministeriums kann
hier nicht näher eingegangen werden, gute Hinweise finden sich bei *Karl-Heinz Manegold,*
Das »Ministerium des Geistes«, Zur Organisation des ehemaligen preußischen Kultusmini-
steriums, in: Die deutsche Berufs- und Fachschule 83 (1967), S. 512–524; neuerdings
Bernhard vom Brocke, Hochschul- und Wissenschaftspolitik in Preußen und im Deutschen
Kaiserreich: das »System Althoff«, in: *Peter Baumgart,* Hrsg., Bildungspolitik in Preußen
zur Zeit des Kaiserreichs, Stuttgart 1980, S. 9–118, sowie als knappen wie instruktiven
Gesamtüberblick über Entwicklungstendenzen und Problem der preußischen Bildungspoli-
tik *ders.,* Preußen, Land der Schulen, nicht nur der Kasernen. Preußische Bildungspolitik
von Gottfried Wilhelm Leibniz und Wilhelm von Humboldt bis Friedrich Althoff und Carl
Heinrich Becker (1700–1930), in: Preußen, eine Herausforderung, Karlsruhe 1981 (=
Herrenalber Texte 32), S. 54–99.

[99] *Gerhard Besier,* Preußische Kirchenpolitik in der Bismarckära. Die Diskussion in Staat und
Evangelischer Kirche um eine Neuordnung der kirchlichen Verhältnisse Preußens zwischen
1866 und 1872. Mit einem Vorwort von *Klaus Scholder,* Berlin u. New York 1980; siehe

Bislang hatte man vielfach gemeint, die kirchenpolitischen Kontroversen sowohl innerhalb der Landeskirchen selbst als auch gegenüber dem Staat seien erst durch die Reichsgründung und die durch sie bewirkten Neuordnungen ausgelöst worden. Demgegenüber konnte nun anhand einer systematischen Sichtung auch der Kleinliteratur dieser Zeit gezeigt werden, daß schon vorher die wichtigsten kirchenpolitischen Reformvorschläge erfolgten, daß sich die Diskussion darüber auf die Jahre 1867 bis 1870 konzentrierte, sowohl innerhalb der Kirche als auch seitens des Staates. Die wesentlichen kirchenpolitischen und verfassungsrechtlichen Entscheidungen in Preußen wurden zwischen 1866 und 1872 getroffen; sie behielten ihre Gültigkeit bis zum Ende des Kaiserreichs und der preußischen Monarchie 1918. In jenen sechs Jahren konnte sich grundsätzlich die »konsistorial-synodale Mischverfassung«[100] durchsetzen, nachdem der Evangelische Oberkirchenrat und die Evangelische Landeskirche der altpreußischen Provinzen die schwere große Krise unbeschadet zu überstehen vermochten, die sich aus der Eingliederung der neu hinzutretenden Provinzialkirchen der neuen Landesteile ergab. So erhielt sich das landesherrliche Kirchenregiment in seiner historisch gewonnenen Gestalt auch in der durch die politischen Ergebnisse von 1866 ausgelösten Umbruchphase, an eine wirkliche Trennung von Staat und evangelischer Kirche war weiterhin nicht mehr zu denken. Wie noch zu zeigen sein wird, zeitigte die beibehaltene Bindung konkrete Auswirkungen anläßlich der sozialen Bewegung in der evangelischen Pfarrerschaft zu Beginn der 1890er Jahre, ja sie steigerte sich noch mit dem als anachronistisch betrachteten Gottesgnadentumsanspruch Wilhelms II., der sich gleichwohl auf die bestehende kirchenpolitische Verfassung zu stützen vermochte, auch wenn die oben vorgeführten Umbildungen in Kirchenrecht und kirchlicher Organisation von ihm kaum erfaßt worden sind. Im Apostolikumstreit nach 1890, in den öffentlich vielbeachteten Kontroversen um Wilhelms theologischen Anspruch 1903 (Babel und Bibel) trat diese Haltung überscharf vor Augen.

Vor dem Hintergrund dieser Entwicklung des evangelischen Staatskirchentums in Preußen werden die bedrohlichen Belastungen, Spannungen und Bruchzonen deutlicher, denen sich der deutsche Protestantismus im Kaiserreich ausgesetzt sah und die noch eine zusätzliche Verschärfung durch die aus den sozialen Gegensätzen erwachsenden Probleme, durch eine weitverbreitete kulturkritische Strömung im protestantischen deutschen

---

ferner *ders.*, Hrsg., Preußischer Staat und Evangelische Kirche in der Bismarckära. Gütersloh 1980 (= Texte zur Kirchengeschichte und Theologie 25).
[100] *Besier*, Preußische Kirchenpolitik, S. 3.

(Bildungs-)Bürgertum mit zunehmenden Klagen über materialistische Verflachung und das Ausbleiben eines evangelisch gespeisten Idealismus innerhalb des neuen Nationalstaates sowie durch die Spannungen zwischen den
einzelnen Landeskirchen innerhalb des erheblich vergrößerten neuen preußischen Staatsgebiets erhielten. An eine einheitliche evangelische Kirche in
Preußen, wie sie die Eisenacher Kirchenkonferenz von 1848 angestrebt
hatte, war nicht zu denken und auch der 1903 geschaffene, in diese
Richtung zielende Deutsch-Evangelische Kirchenausschuß blieb weitgehend unwirksam und wurde von der Öffentlichkeit kaum zur Kenntnis
genommen.

In seinem durch die neueste Forschung glücklich ergänzten Problemaufriß »Protestantismus und preußisch-deutscher Verfassungsstaat« hat
Klaus Erich Pollmann einige der zentralen Belastungen im Kaiserreich
zusammengestellt: Da nennt er zunächst die Unfähigkeit der protestantischen Kirche, sich freizumachen von theokratischer Staatsabhängigkeit.
Die evangelische Kirche, die in der Reformation durch die Differenzierung
zwischen geistlicher und weltlicher Gewalt für beide Bereiche begrenzte
und somit bewältigbare Aufgabenbereiche geschaffen hatte, vermochte ihre
spezielle Aufgabe nicht mehr voll wahrzunehmen. Trotz ihrer scheinbaren
Präsenz im geselligen und politischen Leben war sie ohne wirklichen
Einfluß. Bei einem Vergleich mit dem Katholizismus, dessen hierarchische
Struktur solche divergierenden Strömungen wie im Protestantismus sich
nur ungleich schwerer entwickeln und artikulieren ließ, und der nach außen
auch mit einem wesentlich umfassenderen Anspruch auftrat, wird das
gebrochene Selbstverständnis der evangelischen Kirche sehr gut sichtbar.
Das ausgehöhlte Selbstwertgefühl griff begierig nach der durch den Krieg in
Aussicht gestellten Festigung. Um so vernichtender wurde der Zusammenbruch empfunden, der den Traum von Größe und Einheit und die Hoffnung auf eine Lösung aller Probleme endgültig zerstört hatte[101].

Auf diese Fragen wird das letzte Kapitel dieses Buches näher eingehen;
bleiben wir vorerst bei der im Vordergrund unseres Interesses stehenden
sozialen Problematik. Pollmann, der sich mit seiner umfangreichen Studie
über landesherrliches Kirchenregiment und soziale Frage in den 1890er
Jahren als vorzüglicher Kenner erwiesen hat, beurteilt die sozialen Leistungen der Landeskirche als unzureichend: Anfang der 90er Jahre war im
Pastorensozialismus eine Bewegung erstanden, die versucht hatte, die
Klassengegensätze zu mildern. Die Leitung stand dieser Entwicklung zu
Beginn mißtrauisch gegenüber und ging schließlich mit entschiedenen

---

[101] *Pollmann*, Protestantismus, S. 300.

Maßnahmen dagegen vor. Eine weitergehende Mitwirkung bei gemeindlichen oder synodalen Entscheidungen wurde zwar von Teilgruppen angestrebt, alle Vorstöße dieser Art wußte die Landeskirche aber abzuwiegeln oder gänzlich zu vereiteln[102].

Dieser Analyse ist insgesamt sicher zuzustimmen, doch sollten bei einer Würdigung der Spannungen zwischen Staat/Kirchenleitung und dem erwähnten »Pastorensozialismus« in der frühen Wilhelminischen Zeit die Perspektiven nicht vorrangig auf die in ihrer Politik und ihren Auswirkungen gut bekannten und insgesamt sicher dominierenden Maßnahmen und Positionen der staatlichen und kirchenamtlichen Stellen gerichtet werden, ist die Einbindung jenes »Pastorensozialismus« in einen erheblich breiteren Kontext einer jüngst überzeugend als »Sozialismus der Gebildeten«[103] bezeichneten sozialpolitischen Aufbruchsbewegung im deutschen Bildungsbürgertum unter besonderer Berücksichtigung des Anteils protestantischer Antworten auf die soziale Frage zu betonen.

Zunächst sind jedoch zentrale konfessionelle Bemühungen um eine Lösung der sozialen Frage in der Bismarckzeit vorzustellen, ist insbesondere der Blick auf die von Pollmann zu Recht hervorgehobene, auch in diesem Bereich insgesamt einheitlicher und schlagkräftiger operierende katholische Kirche zu lenken, die sich von der Bevölkerungsschichtung her in einer Minderheitsrolle befand. Bei einer Gesamtbevölkerung 1890 von knapp 49,5 Millionen Reichsdeutschen bekannten sich zur evangelischen gut 31 Millionen, zur katholischen Konfession hingegen nur knapp 17,7 Millionen, während auf verschiedene christliche Sekten 145 500 und auf den jüdischen Bevölkerungsanteil 567 900 entfielen. Angesichts der politischen, rechtlichen, sozialen und bindungsmäßigen Struktur der beiden großen christlichen Konfessionen lassen diese Zahlen keine Rückschlüsse auf ihren Anteil an der christlich-sozialen Bewegung jener Jahrzehnte insgesamt zu.

---

[102] Ebd., S. 299.
[103] Vgl. zum »Sozialismus der Gebildeten« nach 1890 das gleichnamige Kapitel von *vom Bruch*, Wissenschaft, S. 157–175.

II. CHRISTLICHE SOZIALLEHRE UND SOZIALPOLITIK IM ZEITALTER BISMARCKS

A. Der deutsche Katholizismus und die soziale Frage

1. Ketteler, Hertling und Hitze

In der christlich-sozialen Bewegung des deutschen Katholizismus und den ihn tragenden Ideen[1] flossen zahlreiche Strömungen zusammen, die sich weniger aus theoretischen Auseinandersetzungen mit den Lehren der Nationalökonomen und des Sozialismus speisten[2], als durch konkrete Erfahrungen und die durch eine tiefgläubige, an der katholischen Soziallehre orientierte Grundhaltung bestimmt waren, wenn sich auch innerhalb dieser Bewegung in ihren prominentesten Vertretern tiefgreifende Differenzen in der Beurteilung von Staatseingriffen, in den jeweiligen modellhaften Gesellschaftsentwürfen und ihren Ableitungen sowie in konkreten Einzelfragen nicht übersehen ließen. In gewisser Weise war ein Minimalkonsens um die Jahrhundertwende erreicht, der der katholischen christlich-sozialen Bewegung eine eindrucksvolle Geschlossenheit verlieh, bevor einige Jahre später der Integralismusstreit um den konfessionspolitischen Charakter der Christlichen Gewerkschaften eine schwere, erst kurz vor Kriegsausbruch beigelegte Erschütterung hervorrief.

Nachdem die bereits seit 1848 bestehenden regelmäßigen Katholikentage[3] sowie die katholische Zeitschriftenpresse, allen voran die »Historisch-

---

[1] Vgl. als Überblick u. a. *Emil Ritter*, Die katholisch-soziale Bewegung Deutschlands im 19. Jahrhundert und der Volksverein, Köln 1954; *Franz Josef Stegmann*, Geschichte der sozialen Ideen im deutschen Katholizismus, in: *Helga Grebing*, Hrsg., Geschichte der sozialen Ideen in Deutschland, München u. Wien 1969, S. 325–560; vgl. auch *ders.*, Der soziale Katholizismus und die Mitbestimmung in Deutschland, München etc. 1974 (= Beiträge zur Katholizismusforschung, Reihe B); *Hubert Mockenhaupt*, Weg und Wirken des geistlichen Sozialpolitikers Heinrich Brauns München etc. 1977 (= Beiträge zur Katholizismusforschung, Reihe B).

[2] *Walter Friedberger*, Die Geschichte der Sozialismuskritik im katholischen Deutschland zwischen 1830 und 1914, Frankfurt a. M. etc. 1978 (= Regensburger Studien zur Theologie 14).

[3] Vgl. *E. Filthaut*, Deutsche Katholikentage und soziale Frage 1848–1958, Essen 1960; *Johannes Horstmann*, Katholizismus und moderne Welt. Katholikentage, Wirtschaft, Wis-

Politischen Blätter für das katholische Deutschland«[4], den verschiedenen Richtungen, die als sozialliberale und sozialkonservative Strömungen, als staatssozialistische, ständesozialistische und konservativ-ständische Positionen zu charakterisieren sind, als Diskussions-, Klärungs- und Bewegungsforum dienten und darüber hinaus mit der Zentrumspartei die Chance konkreter politischer Umsetzung des katholischen Beitrags zur sozialen Frage im bescheidenen parlamentarischen Rahmen des konstitutionellen Systems bestand, schuf die Enzyklika »Rerum novarum« von Papst Leo XIII. im Jahre 1891 den verbindlichen Orientierungsrahmen für die Grundlagen christlicher Gesellschaftsordnung ebenso wie für die theologisch-sittliche Beurteilung zentraler Einzelprobleme, etwa der Frage des gerechten Lohns und der Zulässigkeit von Streiks. Mit dem ein halbes Jahr zuvor gegründeten »Volksverein für das katholische Deutschland«, der aus der 1880 von dem sozialkaritativen katholischen Industriellen Franz Brandts geschaffenen sozialreformatorischen Hilfseinrichtung »Arbeiterwohl« hervorgegangen war, verfügte die katholische Sozialreform zudem über eine leistungsstarke, insbesondere im Bereich der Volksbildung bedeutende Massenorganisation[5].

Ketteler, Hertling und Hitze haben, in enger Verbindung mit Ludwig Windthorst als dem Führer des politischen Katholizismus in Deutschland, dessen Gruppenbildung 1848 einsetzte, die entscheidenden Impulse für die breitenwirksame katholisch-soziale Bewegung in den letzten beiden Jahrzehnten des Jahrhunderts gegeben. Freilich sollte darüber nicht eine in die erste Hälfte des 19. Jahrhunderts zurückreichende Tradition vergessen werden, die, stärker als im deutschen Protestantismus, kirchliche Sozialethik mit wirtschaftspolitischen Konzeptionen verband und von hier aus frühzei-

senschaft 1848–1914, Paderborn 1976; zum nachfolgend angesprochenen Volksverein *Horstwalter Heitzer,* Der Volksverein für das katholische Deutschland im Kaiserreich 1890–1918, Mainz 1979.

[4] Ausführlich hierzu *Franz Josef Stegmann,* Von der ständischen Sozialreform zur staatlichen Sozialpolitik. Der Beitrag der Historisch-politischen Blätter zur Lösung der sozialen Frage, München u. Wien 1965.

[5] Vgl. *Clemens Bauer,* Wandlungen der sozialpolitischen Ideenwelt im deutschen Katholizismus des 19. Jahrhunderts, in: Die soziale Frage und der Katholizismus. Festschrift zum 40jährigen Jubiläum der Enzyklika »Rerum novarum«, hrsg. v. der Sektion für Sozial- und Wirtschaftswissenschaft der Görresgesellschaft, Paderborn 1931, S. 11–46 und *Helmut Sorgenfrei,* Die geistesgeschichtlichen Hintergründe der Sozialenzyklika »Rerum novarum«, Heidelberg 1970. Eine eingehende inhaltliche Nachzeichnung der Enzyklika siehe *Günter Brakelmann,* Die soziale Frage des 19. Jahrhunderts, Bd. 2: Die evangelisch-soziale und katholisch-soziale Bewegung, Witten 1962, S. 95–104.

tig einer Fundamentalkritik von Liberalismus und (Früh-)Sozialismus gleichermaßen den Boden bereitete. Insbesondere Adam Müller wäre hier zu nennen, der lange Zeit lediglich als Hauptvertreter der romantischen Schule in der Nationalökonomie rubriziert worden ist[6]. Darüber trat die Kapitalismuskritik dieses deutschen Gegenspielers zur wirtschaftsliberalen Theorie eines Adam Smith und seine Bedeutung für den frühen Sozialkatholizismus zurück. Neuere Forschungen haben nachdrücklich auf seine Wirkung wie auch auf die Tätigkeit von Franz von Baader, Franz Josef von Buß und Peter Franz Reichensperger vor 1850 hingewiesen, in der eine wegweisende Stellungnahme zu Liberalismus und Sozialismus bezogen wurde[7]. Von hier aus wäre eine Brücke zu schlagen zu dem Dokument einer Kardinalskongregation von 1850, das sich mit der Wiedererrichtung der 1801 von Pius VII. aufgehobenen Gilden und Zünfte der Handwerker und Künstler in Rom beschäftigt und eine Auseinandersetzung mit dem individualistischen Liberalismus wie mit dem Frühsozialismus enthält[8]. Ein Vergleich mit der bereits genannten Enzyklika »Rerum novarum« von 1891 wäre reizvoll, setzte doch die eigentliche Industrialisierung in Mitteleuropa erst in den zwischenliegenden Jahrzehnten ein[9].

Der Verband Arbeiterwohl – 1880 gegründet, 1928 Selbstauflösung – war nicht die erste, wohl aber die bedeutendste katholisch-konfessionelle Unternehmerorganisation in Deutschland. Entscheidend wurde für ihn die katholische Soziallehre als theoretische Grundlage seiner Arbeit, die vorrangig von Unternehmern und Klerikern getragen wurde. Von 1881 bis 1890 vermochte sich die Anzahl der Mitglieder von ca. 500 auf ca. 1230 mehr als zu verdoppeln, unter dem bestimmenden Einfluß der Vorsitzenden Franz Brandts und Freiherr von Hertling sowie des Generalsekretärs Franz Hitze legte der Verband den Schwerpunkt seiner Tätigkeit auf die innerbetriebliche Sozialpolitik, auf die Unterstützung der Sozialpolitik der Zentrums-Partei und auf die Förderung einer Arbeiter-Standesbewegung[10].

---

[6] Vgl. zur wirtschaftstheoretischen Einordnung Müllers *Harald Winkel*, Die deutsche Nationalökonomie im 19. Jahrhundert, Darmstadt 1977, S. 57–62.

[7] Vgl. dazu *Albrecht Langner*, Hrsg., Katholizismus, konservative Kapitalismuskritik und Frühsozialismus bis 1850, München etc. 1975, insbesondere die Beiträge von *Albrecht Langner, Ralph Rainer Wuthenow* und *Ernst Klein*.

[8] Das Dokument findet sich abgedruckt mit einer Einleitung von *Bernhard Caspar*, »Sozialismus« im Sprachgebrauch der Römischen Kurie um 1850, ebd., S. 194–206.

[9] Vgl. oben Anm. 5 die Arbeiten von *Bauer* und *Sorgenfrei*.

[10] Für einen knappen Abriß vgl. *Roman Vesper*, Arbeiterwohl-Verband, in: *Dieter Fricke*, Hrsg., Die bürgerlichen Parteien in Deutschland, Bd. 1, Leipzig 1968, S. 44–47; für eine Einordnung in das weitere Spektrum katholischer Sozialreform und Sozialpolitik dieser Zeit *Franz Focke*, Sozialismus aus christlicher Verantwortung. Die Idee eines christlichen

Als das bleibende Verdienst des Verbandes wird man seinen Beitrag zur sozialpolitischen Ausrichtung des 1890 gegründeten und bis 1933 bestehenden Volksvereins für das katholische Deutschland zu sehen haben. Dessen Zielsetzung war in der Gründungsphase außerordentlich kontrovers, schien doch zunächst vorwiegend ein Bedürfnis zu bestehen, dem wenige Jahre zuvor gegründeten Evangelischen Bund eine konfessionspolitisch orientierte katholische Massenorganisation entgegenzusetzen, wie es insbesondere integralistische Kreise um Felix Freiherr von Loë und Karl Fürst zu Löwenstein forderten. Nach heftigen Auseinandersetzungen setzte sich aber die Position des Zentrum-Führers Windthorst durch, angesichts des offenkundigen Terrainverlustes der lokalistischen katholischen Arbeitervereine eine sozialpolitisch orientierte Organisation mit Schwerpunkt auf der Bildungsarbeit zu schaffen. Hierin wurde Windthorst auf das nachhaltigste von den Arbeiterwohl-Führern Brandts, Hitze und Hertling bestärkt. Bereits bei der Gründung umfaßte der Volksverein über hunderttausend Mitglieder und bis 1914 war die Zahl auf über achthunderttausend angestiegen. Bei einem geringen Jahresbeitrag von 1 Mk. konnte jeder volljährige katholische Mann (seit 1908 auch jede katholische Frau) Mitglied werden und an dem sehr reichhaltigen Angebot des Vereins mit seiner Fülle von Kursen, Schulungen und Einzelveranstaltungen partizipieren[11]. Von besonderer Leistungsfähigkeit erwies sich die Zentrale in Mönchengladbach unter der Leitung von August Pieper – bereits nach zehnjährigem Bestehen hatte der Verein schon über 25 Millionen Druckschriften vertrieben[12]. Mit Recht konnte somit festgestellt werden, der Volksverein habe wesentlich dazu beigetragen, daß die Katholiken in Staat und Gesellschaft als gleichberechtigte Bürger ihren Platz gefunden hätten[13]. Mit seiner

---

Sozialismus in der katholisch-sozialen Bewegung und in der CDU, Wuppertal 1978. Zur Rolle Hitzes in den 80er Jahren des letzten Jahrhunderts vgl. das umfassende Werk von *Klaus Tenfelde,* Sozialgeschichte der Bergarbeiterschaft an der Ruhr im 19. Jahrhundert, Bonn-Bad Godesberg 1977 (= Schriftenreihe des Forschungsinstituts der Friedrich-Ebert-Stiftung 125), S. 367–369.

[11] Zum Volksverein existiert mittlerweile eine reiche Literatur, aus der hier auf die vorzüglich-substantielle Studie von *Heitzer* hingewiesen sei. Für einen knappen Abriß der Organisationsgeschichte s. *Herbert Gottwald,* Der Volksverein für das katholische Deutschland, in: *Dieter Fricke,* Hrsg., Die bürgerlichen Parteien in Deutschland, Bd. 2, Leipzig 1970, S. 810–834; kontrastierend dazu *Rudolf Morsey,* Einleitung zu: Der Volksverein für das katholische Deutschland 1890–1933. Eine Bibliographie, bearbeitet von *Georg Schoelen,* Mönchen-Gladbach 1974, S. 7–10. Über die Kurse des Volksvereins informiert sehr detailliert die Arbeit von *Heitzer.*

[12] Zahlenangabe nach *Morsey,* S. 8.

[13] *Heitzer,* S. 290.

Bildungsarbeit wirkte der Volksverein gleichermaßen in die Zentrumspartei, in die Christlichen Gewerkschaften und in das breitgestreute katholische Vereinswesen hinein; zahlreiche, bis in die Frühzeit der Bundesrepublik hinein maßgebliche katholische Politiker wie Karl Arnold, Johannes Giesberts, Joseph Joos und Jakob Kaiser sind durch diese »Schule« gegangen. Die heute noch vorhandene Bibliothek des Volksvereins und die hier verwahrten Nachlässe spiegeln eindrucksvoll seine Breite wider, der ein Pendant auf evangelischer Seite vollkommen fehlt[14].

Unter dem prägenden Einfluß praktischer sozialpolitischer Kenntnisse, den sie in ihrer Mitarbeit in diesen Organisationen gewannen, näherten sich die geistig und sozialpolitisch herausragenden Repräsentanten des deutschen sozialen Katholizismus, Georg von Hertling, der spätere bayerische Ministerpräsident und dann auch deutsche Reichskanzler, und der Münsteraner Professor und Parlamentarier Franz Hitze einander nach 1890 bezeichnenderweise an. War auch das katholische Subsidiaritätsprinzip, also der Gedanke der nur schrittweise zu erweiternden Solidargemeinschaft von der Familie als der kleinsten gesellschaftlichen Einheit, über die verschiedenen Zwischenstufen bis hin zum Staatsganzen, die verbindliche Grundlage der katholischen Soziallehre, so eröffnete sich in den Gesellschaftsentwürfen des sozialen Katholizismus ein breites Spektrum, das aus der durchgängigen, wenn auch zum Teil nur beschränkt reflektierten Auseinandersetzung der katholischen Denker und Sozialpolitiker im 19. Jahrhundert mit den Prinzipien des Liberalismus und des Sozialismus erwuchs und sich im Ergebnis in eigenständigen, ob schon differierenden Ortsbestimmungen manifestierte[15].

Von einigen bedeutenden, aber doch vereinzelten Persönlichkeiten in der ersten Jahrhunderthälfte abgesehen, waren es nach der Jahrhundertmitte

---

[14] Zur Bibliothek vgl.: Gliederungsplan der Bibliothek des ehemaligen Volksvereins für das katholische Deutschland (1890–1933), Mönchen-Gladbach ²1972; über die Volksvereinnachlässe und das Schrifttum über den Volksverein sowie das einzelner Persönlichkeiten, die ihm angehörten, informiert die von *G. Schoelen* bearbeitete Bibliographie.

[15] Vgl. als knappen Abriß der philosophischen Grundlegung der katholischen Sozialethik *Oswald von Nell-Breuning*, Solidarität und Subsidiarität im Raume von Sozialpolitik und Sozialreform, in: *Erich Boettcher;* Hrsg., Sozialpolitik und Sozialreform, Tübingen 1957, S. 213–226. Siehe auch *Friedrich Karrenberg*, Christentum, Kapitalismus und Sozialismus. Darstellung und Kritik der Soziallehren des Protestantismus und Katholizismus Deutschlands seit der Mitte des 19. Jahrhunderts, Berlin 1931 und *Heinrich Schreiner,* Das sozialpolitische Verständnis der frühen katholischen Sozialschriftsteller im neunzehnten Jahrhundert. Eine kritische und vergleichende Würdigung des sozialkritischen und sozialpolitischen Gedankengutes von Baader, Buß, Reichensperger und Ketteler. Diss. München 1955.

zum einen die Bildung lokaler katholischer Arbeitervereine in Süddeutsch-
land und die 1849 von Adolf Kolping unter dem Wahlspruch »Religion und
Tugend, Arbeitsamkeit und Fleiß, Eintracht und Liebe, Frohsinn und
Scherz« ins Leben gerufene, zum Zeitpunkt seines Todes 1865 auf 420
Vereine mit 60 000 Mitgliedern angewachsene katholische Gesellenbewe-
gung, die das Antlitz katholischer Sozialreform bestimmten, zum anderen
die eindringliche Auseinandersetzung mit den Zeitproblemen und großen
politischen Strömungen durch den münsterländischen Geistlichen und
späteren Erzbischof von Mainz, Wilhelm Emanuel Ketteler, der mit seinen
Predigten über »die großen sozialen Fragen der Gegenwart« und bedeutenden Abhandlungen über »Die Arbeiterfrage und das Christentum« (1864)
und über »Liberalismus, Sozialismus und Christentum« (1871) die sozialpolitische Position der katholischen Kirche in Deutschland entscheidend
beeinflußte.

Auf dem Boden der von Ketteler entwickelten Vorstellungen und Forderungen, wenn auch nicht von ihm begründet, entwickelte sich dann nach
1880 die katholische Arbeitervereinsbewegung, wesentlich gesteuert durch
örtliche Kapläne und in dezidiert konfessionellem Geist. Nach bescheidenen Anfängen – 1891 bestanden 27 Vereine – wuchs die Bewegung rasch an
und erfuhr ihren Höhepunkt 1915 mit 1086 Vereinen und knapp 116 000
Mitgliedern. Insbesondere unter dem fördernden Einfluß des Volksvereins
schlossen sich die mit deutlichen regionalen Schwerpunkten aufblühenden
Vereine zusammen in einem süddeutschen und einem westdeutschen Verband. Erhebliche Krisen blieben ihnen indes nicht erspart, da angesichts der
steigenden vertikalen Mobilität in der deutschen Industriearbeiter- und
Handwerkerschaft die örtlich verankerten Vereine von starker Fluktuation
geprägt waren, und die zunehmende kirchliche Entfremdung der Arbeiterschaft im letzten Drittel des 19. Jahrhunderts in diesen kirchlich beeinflußten Organisationen besonders empfunden und hieraus die Konkurrenz der
Sozialdemokratie und der Freien Gewerkschaften immer drückender
wurde[16]. In regionalen Studien konnten diese Prozesse sehr detailliert und

---

[16] Für einen Überblick siehe *Dieter Fricke* u. *Herbert Gottwald*, Katholische Arbeitervereine,
in: *Dieter Fricke*, Hrsg., Die bürgerlichen Parteien in Deutschland, Bd. 2, Leipzig 1970,
S. 255–277; für Einzeldarstellungen und eine Einordnung der Vereine in die sozialkatholische Bewegung vgl. unten Anm. II/18. Weitere bibliographische Hinweise sind in unserem
Zusammenhang entbehrlich, freilich verdient der Umfang des einschlägigen Schrifttums
Beachtung, wie er eindrucksvoll in der von *Klaus Tenfelde* und *Gerhard A. Ritter*
herausgegebenen Bibliographie zur Geschichte der deutschen Arbeiterschaft und Arbeiter-
bewegung 1863–1914 hervortritt mit über elf Seiten Literaturhinweisen. Für die Literatur zu
Evangelischen Arbeitervereinen und weiteren sozialen Bestrebungen im deutschen Prote-

in ihren zeitlichen Phasen aufgezeigt werden, wobei vor allem auch die Gegensätze zwischen den Fachabteilungen der katholischen Arbeitervereine und den interkonfessionellen, *de facto* katholischen Christlichen Gewerkschaften ins Auge fallen, die für den Gewerkschaftsstreit und den Gegensatz Berlin–Mönchengladbach insgesamt bekannt sind[17], jedoch erst durch regionale Fallstudien plastisch hervorzutreten vermögen[18]. Kehren wir nach diesem Ausblick zu Ketteler zurück, zumal uns beide Organisationen noch weiter beschäftigen werden.

Der im vierten Abschnitt des ersten Kapitels als ausschlaggebend für die bürgerliche und konfessionelle Sozialreform im deutschen Kaiserreich bezeichnete Sozialkonservatismus fand in Ketteler einen maßgeblichen katholischen Vertreter, dessen grundsätzliche Auseinandersetzung mit dem Liberalismus[19] sich mit einer Absage an den doktrinären Sozialismus ver-

stantismus werden hingegen lediglich drei Seiten benötigt. Ohne unzulässig verallgemeinern zu wollen, darf doch der Gedanke vertreten werden, daß sich in dieser Umfangsdifferenz des Schrifttums vergleichbare Differenzen der Bedeutung der jeweiligen sozialen Bewegung der beiden christlichen Konfessionen widerspiegeln.

[17] Hierzu zuletzt *Rudolf Brack*, Deutscher Episkopat und Gewerkschaftsstreit 1900–1914, Köln u. Wien 1976.

[18] Vorzügliche Beispiele sind zum einen *Hans Dieter Denk*, Die christliche Arbeiterbewegung in Bayern bis zum Ersten Weltkrieg, Mainz 1980, zum anderen *Günter Bers*, Katholische Arbeitervereine im Raum Aachen 1903–1914. Aufbau und Organisation des Aachener Bezirksverbandes im Spiegel seiner Delegiertenversammlungen, Wentorf 1979. Sowohl die Einleitung von Bers als auch die mitgeteilten Quellen lassen deutlich Auf- und Abschwungphasen, Verhältnis zur Sozialdemokratie und zu den Christlichen Gewerkschaften »vor Ort« erkennen. Ergänzend sei hingewiesen auf *Günther Bers*, Hrsg., Arbeiterjugend im Rheinland. Erinnerungen von Wilhelm Reimes und Peter Trimborn, Wentorf 1978, da die beiden knappen Autobiographien vorzüglich den Nährboden, aber auch die Begrenzungen der insbesondere im Rheinland stark verwurzelten katholischen Arbeitervereinsbewegung erkennen lassen.

[19] Vgl. *Adolf M. Birke*, Bischof Kettelers Kritik am deutschen Liberalismus, in: *Martin Schmidt* und *Georg Schwaiger*, Hrsg., Kirchen und Liberalismus im 19. Jahrhundert, Göttingen 1976, S. 144–163. Als Gesamtwürdigung Kettelers s. *ders.*, Bischof Ketteler und der deutsche Liberalismus, Mainz 1971. Zu Kettelers sozialpolitischem Standpunkt vgl. *Wilhelm Emmanuel von Ketteler*, Fürsorge der Kirche für die Fabrikarbeiter. Referat vom 26. Juli 1869 für die Bischöfliche Konferenz, in: *J. Mumbauer*, Hrsg., Wilhelm Emmanuel von Ketteles Schriften, Bd. 3, Soziale Schriften und Persönliches, Kempten ²1924, S. 145–166; *Wilhelm Emmanuel von Ketteler*, Die Arbeiterbewegung und ihr Streben im Verhältnis von Religion und Sittlichkeit. Eine Ansprache, gehalten auf der Liebfrauen-Heide bei Offenbach am 25. Juli 1869, in: *J. Mumbauer*, Hrsg., Wilhelm Emmanuel von Ketteles Schriften, Bd. 3, Kempten ²1924, S. 184–214, sowie *Wilhelm Emmanuel Freiherr von Ketteler*, Sämtliche Werke und Briefe. Im Auftrage der Akademie der Wissenschaften und der Literatur Mainz hrsg. v. *Erwin Iserloh*, Abt. I, Bd. 1: Schriften, Aufsätze und Reden 1848–1866; Abt. I, Bd. 1: Schriften, Aufsätze und Reden 1848–1866; Abt. I, Bd. 4:

band, der jedoch – wie auch führende evangelisch-soziale Politiker – mit Ferdinand Lassalle, den er 1863 in Mainz als willkommenen Mitstreiter gegen den Liberalismus in seiner Presse begrüßen ließ und mit dem er, zumindest zeitweilig, in zahlreichen Analysen wie dem »Ehernen Lohngesetz« übereinstimmte, eine politische Kooperation glaubte erzielen zu können, in der er von den »Historisch-Politischen Blättern« nachdrücklich unterstützt wurde.

Entgegen der früher allgemein verbreiteten Ansicht, Kettelers unbestritten herausragende Bedeutung habe sich in den sozialpolitischen Aktivitäten der Zentrumspartei kaum niedergeschlagen, konnte jüngst überzeugend nachgewiesen werden, daß die Voraussetzungen des auf eine umfassende Sozialpolitik für Mittelstand und Arbeiterschaft gerichteten grundlegenden »Antrags Galen«, den Kettelers Neffe August Graf von Galen als Absage an den schrankenlosen wirtschaftlichen Liberalismus 1877 für das Zentrum im Reichstag einbrachte, nach einem Wort Hertlings »ganz aus Kettelers Geist« heraus entworfen wurde, daß darüber hinaus »der Antrag Galen ›fast wortgetreu‹ Kettelers Schrift von 1873 ›Die Katholiken im neuen Reich‹ entnommen und ›vorher mit dem Bischof beraten worden‹« ist. 1885 konnte denn auch der parlamentarische Führer des Zentrums, Ludwig Windthorst, in seiner Schlußansprache auf dem Katholikentag in Münster festhalten: »Alles, was jetzt uns besonders bewegt, hat ihn auch bewegt und er hat zuerst die Leuchte aufgesteckt, an der wir weiter jetzt unsere Lichter entzünden.[20]«

Schriften, Aufsätze und Reden 1871–1877, Mainz 1977; siehe ferner *Albert Franz*, Der soziale Katholizismus in Deutschland bis zum Tode Kettelers, Mönchen-Gladbach 1914 (= Apologetische Tagesfragen 15); *Josef Höffner*, Wilhelm Emmanuel von Ketteler und die katholische Sozialbewegung im 19. Jahrhundert, Wiesbaden 1962; *Erwin Iserloh*, Die soziale Aktivität der Katholiken im Übergang von caritativer Fürsorge zu Sozialreform und Sozialpolitik, dargestellt an den Schriften Wilhelm Emmanuel von Ketteler, Wiesbaden 1975; *Anton Rauscher* und *Lothar Roos*, Die soziale Verantwortung der Kirche. Wege und Erfahrungen von Ketteler bis heute, Köln 1977; *Rudolf Morsey*, Bischof Ketteler und der politische Katholizismus, in: Staat und Gesellschaft im politischen Wandel, Stuttgart 1979, S. 203–223; vgl. auch *Elmar Fastenrath*, Bischof Ketteler und die Kirche. Eine Studie zum Kirchenverständnis des politisch-sozialen Katholizismus, Essen 1971 (= Beiträge zur neueren Geschichte der katholischen Theologie 13); *Karl Josef Rivinus*, Bischof Wilhelm Emmanuel von Ketteler und die Infallibilität des Papstes, Bern 1976. Zu Lassalle vgl. *Bert Andréas*, Ferdinand Lassalle – Allgemeiner Deutscher Arbeiterverein. Bibliographie ihrer Schriften und der Literatur über sie 1840–1975. Mit einer Einleitung von *Cora Stephan*, Bern 1981 (= Archiv für Sozialgeschichte. Beih. 9).

[20] *Rudolf Morsey*, Bischof Ketteler (wie Anm. 19), S. 221–236, Zitate S. 221/222. Zur Sozialpolitik des Zentrums vgl. bes. *Theo Wattler*, Sozialpolitik der Zentrumsfraktion zwischen

Die eigentliche Auseinandersetzung mit dem Sozialismus blieb indes Hitze und Hertling vorbehalten. Man hat kürzlich detailliert auf »die ›Unzulänglichkeiten‹ der katholischen Sozialismuskritik« hingewiesen, die aus ungenügender Sachkenntnis, mangelnder sozialwissenschaftlicher Analyse – mit Ausnahme Hitzes – und einer zu einseitig theologisch-scholastischen Argumentation resultierten; erst nach 1891 setzte eine breitere systematische, freilich insgesamt von einer konservativ-christlichen Abweisung des Sozialismus *in toto* geprägte und durch die Standardwerke von Pesch und Cathrein bestimmte Auseinandersetzung ein. Die Katholiken blieben in ihrer Argumentation sehr allgemein und verfielen schließlich der irrigen Ansicht, der Sozialismus sei eine temporäre Erscheinung, die vorübergehen würde. Er schien ihnen zum baldigen Untergang verurteilt und nahm als wenig ernstzunehmende Gefahr keinen besonderen Rang in der Diskussion ein[21].

Die später modifizierten und tendenziell konvergierenden Gesellschaftsentwürfe Hertlings und Hitzes resultierten jedoch weitgehend aus der Auseinandersetzung mit dem Sozialismus, wie denn Friedbergers im Kern berechtigtes, durch weitere neuere Arbeiten indes zu modifizierendes Urteil zu sehr der ideengeschichtlichen Argumentation verhaftet bleibt und zu wenig die praktisch-konkrete Auseinandersetzung etwa im Rahmen des Volksvereins berücksichtigt[22]. Der bereits früh mit dem Verein für Sozialpolitik eng verbundene Hitze wandelte die hier vorwiegend von Adolf Wagner vertretene staatssozialistische Position ab. Wohl sah auch er das Heilmittel der sozialen Frage in der Ablösung des Individuums durch den ›Sozialismus‹, der Atomisierung durch die ›Zusammenfassung‹, der Konkurrenz durch die ›Solidarität‹, der mechanischen durch die ›persönliche‹ Bindung. Im Unterschied zu dem von Friedrich Pilgram vertretenen dezidiert staatssozialistischen Flügel der katholischen christlich-sozialen Bewe-

---

1877 und 1889 unter besonderer Berücksichtigung interner Auseinandersetzungen und Entwicklungsprozesse, Köln 1978.

[21] *Friedberger*, bes. S. 295–308.

[22] Eine eingehende Auseinandersetzung mit der weiteren Literatur kann hier nicht erfolgen. Vgl. aber besonders *Ernst Hanisch*, Konservatives und revolutionäres Denken. Deutsche Sozialkatholiken im 19. Jahrhundert, Wien u. Salzburg 1975; bereits an dieser Stelle sei auf vergleichbare Untersuchungen für Sozialismusrezeption und -kritik innerhalb des deutschen Protestantismus hingewiesen, die – vor allem für die Frühzeit – eine erheblich geringere Auseinandersetzung mit dieser Problematik seitens der evangelischen Kirche erkennen lassen: *Richard Sorg*, Marxismus und Protestantismus in Deutschland. Eine religionssoziologisch-sozialgeschichtliche Studie zur Marxismus-Rezeption in der evangelischen Kirche 1848–1948, Köln 1974. *Willibald Jacob*, Eigentum und Arbeit. Evangelische Sozialethik zwischen »Industriegesellschaft« und Sozialismus, Berlin (Ost) 1977.

gung hielt Hitze hingegen fest: »›Sozialismus‹ müssen wir haben, aber wir wollen nicht ›Staats‹-Sozialismus, sondern – *ständischen* Sozialismus.[23]« Aber trotz dieser, von seinen Gegnern vielfach verwischten Absage an den eigentlichen Staatssozialismus blieb zunächst eine tiefe Kluft zwischen Hitzes Ständesozialismus und dem konservativ-ständischen Sozialentwurf des frühen Hertling, der die von Hitze dem Staat zugewiesene Funktion einer legislativen und unter Staatsaufsicht erfolgenden Überwindung sozialer Schäden ablehnte; der Staat »soll sich nie und nimmer an die Stelle der Gesellschaft selbst setzen wollen«, hielt er Hitze entgegen und warnte davor, von Dirigismus und weitgehender staatlicher Kontrolle Lösungen, die nur das Ergebnis gesellschaftsdynamischer Prozesse sein können, zu erhoffen[24].

Freilich traf er mit dieser 1882 veröffentlichten Kritik nicht mehr den Hitze dieser Zeit direkt, da dieser mittlerweile als Generalsekretär des Verbandes »Arbeiterwohl« eine pragmatischere Stellung bezog. Doch auch Hertling rückte von seiner früheren Position ab, und er akzeptierte später die Notwendigkeit staatlicher Sozialgesetzgebung und -verwaltung ebenso wie er seine frühere Kritik an Hitze einschränkte: »Lese ich heute meine damaligen Warnungen vor dem Staatssozialismus, so fällt mir der stark doktrinäre Charakter auf«, hieß es 1919 im ersten Band der »Erinnerungen aus meinem Leben«, und in der Schrift »Recht, Staat und Gesellschaft« von 1906 erweiterte er seine frühere Position erheblich, wenn nun der Staat »nicht nur die Aufgabe [hat], die Rechtsordnung aufrecht zu erhalten,

---

[23] *Franz Hitze*, Kapital und Arbeit und die Reorganisation der Gesellschaft, Paderborn 1880, S. 435–436. Zur älteren Diskussion über Hitze s. bes. *Karl Gosebruch*, Franz Hitze und die Gemeinschaftsidee, Diss. Münster 1927; jüngere Veröffentlichungen etwa *Franz Mueller*, *Karl-Heinz Brüls* u. *Albrecht Beckel*, Wer war Franz Hitze? Münster 1959; *Goetz Briefs*, Das Arbeiterbild bei Bischof von Ketteler und Franz Hitze, in: *ders.*, Josef Paulus, Gustav Gundlach, Heinz Budde. Das Bild des Arbeiters in der katholischen Sozialbewegung von den Anfängen bis zur Gegenwart. Festschrift für Prälat Franz Müller, Köln 1960, S. 9–22; *Franz Mueller*, Franz Hitze, Altmeister der deutschen Sozialpolitik, in: Porträts christlichsozialer Persönlichkeiten, Teil 1: Die Katholiken und die deutsche Sozialgesetzgebung, zusammengestellt v. *Julius Seiters*, Osnabrück 1965, S. 86–99 und *Hubert Mockenhaupt*, Franz Hitze (1851–1921), in: *Rudolf Morsey*, Hrsg., Zeitgeschichte in Lebensbildern. Aus dem deutschen Katholizismus des 20. Jahrhunderts, Mainz 1973, S. 53–64.

[24] Aus *Georg Freiherr von Hertling*, Aufsätze und Reden sozialpolitischen Inhalts, Freiburg i. Br. 1884, S. 236–257; hier Rede vom 9. Januar 1882, Zitat S. 242. Zu von Hertling vgl. die vorzügliche neue Studie von *Winfried Becker*, Georg von Hertling 1843–1919, Bd. 1: Jugend und Selbstfindung zwischen Romantik und Kulturkampf, Mainz 1981 (= Veröffentlichungen der Kommission für Zeitgeschichte, Reihe B 31).

sondern auch die andere, die allgemeine Wohlfahrt zu pflegen.[25]« Von dieser Position aus fiel den einander sich annähernden, wenn auch weiterhin deutlich voneinander abgehobenen katholischen Sozialpolitikern Hertling und Hitze die Bejahung der Staatstätigkeit im Rahmen der bestehenden politischen und Gesellschaftsordnung erheblich leichter, wie sich zugleich der Konsens mit einer großen Zahl bürgerlicher Sozialreformer im Verein für Sozialpolitik und dann seit 1901 in der Gesellschaft für soziale Reform verstärkte. In dem Artikel »Arbeiterfrage« in der zweiten Auflage des für die katholische Soziallehre repräsentativen Staatslexikons der Görresgesellschaft von 1901 umriß Hitze den verbindlichen Standort des christlichsozialen Katholizismus dieser Zeit in dieser Frage:

> »Eine ›adäquate‹ Lösung gibt es nicht, noch weniger ein Allheilmittel der Lösung. Es handelt sich nicht wesentlich um neue, noch zu findende Mittel und Wege, sondern die Mittel sind schon mehr oder weniger in Wirksamkeit, die Wege werden schon gegangen... Wenn der Löwenanteil des Gewinns der Produktionsfortschritte auch zunächst dem ›Kapital‹ zufließt, so wird es doch auch den Arbeitern, gestützt durch eine systematische *Arbeiterwohlfahrtspolitik* – insbesondere durch eine umsichtige Fortführung der Arbeiterschutz- und Versicherungsgesetzgebung –, gestärkt durch ihre eigenen Organisationen, gelingen, auch ihren Anteil an dem wirtschaftlichen Fortschritt stetig zu erhöhen... Ist so die Lage der Arbeiter als Klasse nicht ungünstiger, sondern günstiger geworden, so bleibt allerdings noch die schwächere Stellung des einzelnen (besonders verheirateten) Arbeiters gegenüber seinem Arbeitgeber. Auch diese kann gehoben werden durch den Zusammenschluß in *gewerkvereinlichen Organisationen*. Die individuelle Regelung des Arbeitsvertrags und des Lohnes kann ersetzt werden durch die ›kollektive‹ der Berufsorganisation; das Arbeitsangebot kann auf Zeit zurückgehalten werden (›Streik‹).[26]«

2. Katholikentage, Volksverein für das katholische Deutschland und christliche Gewerkschaften bis zum ersten Weltkrieg

Mit dem wirtschaftspolitischen Umschwung Ende der 1870er Jahre, der gleichzeitigen Zurückdrängung des politischen Liberalismus und der wenige Jahre später einsetzenden staatlichen Sozialversicherungsgesetzgebung war der antiliberalen Stoßrichtung des konfessionellen Sozialkonservatismus im Kaiserreich weitgehend der Boden entzogen, wurde vorwie-

---

[25] *Georg von Hertling,* Erinnerungen aus meinem Leben, hrsg. v. *Karl Graf von Hertling,* Bd. 1, München 1919, S. 377 und *ders.,* Recht, Staat und Gesellschaft, Kempten 1906. Zur Beziehung zwischen von Hertling und Hitze siehe auch *Paul Becher,* Vergleich und Kritik der sozialpolitischen Auffassungen bei Lujo Brentano, Adolf Wagner, Georg von Hertling und Franz Hitze, Diss. München 1965.

[26] *Franz Hitze,* Arbeiterfrage, in: Staatslexikon, Freiburg ²1901, Bd. 1, Sp. 253–288, hier Sp. 263, 265/266; vgl. auch *Stegmann,* S. 394/395.

gend eine Position eingenommen, die in der Bekämpfung des Sozialismus als politischer Partei diesen diskreditieren sollte, die zum anderen die Arbeiter durch die Einbindung in christliche Organisationen gegenüber der Sozialdemokratie immunisieren und sie durch eine umfassende Arbeiterwohlfahrtspolitik, durch Sozialgesetzgebung und Arbeiterschutzpolitik mit der bestehenden Gesellschaftsordnung versöhnen sollte.

In diesem Kampf verfügte die soziale Richtung in dem zahlenmäßig weit unterlegenen deutschen Katholizismus im Verhältnis zu parallelen protestantischen Bestrebungen über erheblich bessere Voraussetzungen. Während sich die evangelische Kirchenleitung weitestgehend auf karitative Maßnahmen glaubte beschränken und darüber hinausreichende christlich-soziale Unternehmungen abblocken zu müssen, genoß die katholische christlich-soziale Bewegung die weitgehende Billigung und Förderung ihrer Führer, daneben besaß sie neben Persönlichkeiten wie Ketteler, Hertling und Hitze ein dichtes Organisationsnetz und eine zentrale Diskussionplattform.

Insbesondere die jährliche Heerschau der Katholikentage bot die Chance zur klärenden und rückversichernden Erörterung der einzuschlagenden Marschroute, an deren Zielrichtung – Bekämpfung der Sozialdemokratie, staatlich-gesellschaftliche Integration und kirchliche Bindung der Arbeiterschaft – kein Zweifel bestehen konnte, wie in einer umfangreichen Literatur aspektreich gezeigt worden ist[27]. Soziale Fragen wurden häufig auf den Katholikentagen erörtert[28], wobei sich seit den 1880er Jahren Franz Hitze als der entscheidende Wortführer und *opinion leader* erwies. Mit größter Schärfe bezeichnete er auf dem Münsteraner Katholikentag 1885, auf dem er wie im Vorjahr zur Gründung von Arbeitervereinen gegen die Sozialdemokratie aufrief, das künftige Ziel:

>»Der einzelne Arbeiter muß gehalten und getragen sein durch den Verband, dem er mit unbedingtem Vertrauen folgt; der Corpsgeist muß ihn schon zurückhalten, mit den

---

[27] Neben den in den ersten Anmerkungen dieses Kapitels genannten Arbeiten vgl. aus der reichen Literatur vornehmlich *Karlheinz Brüls*, Geschichte der katholisch-sozialen Bewegung in Deutschland, Münster 1958; *Hanisch*, Konservatives und revolutionäres Denken; *Joseph Höffner*, Die Stellung des deutschen Katholizismus in den sozialen Entscheidungen des 19. Jahrhunderts, in: Geschichte in Wissenschaft und Unterricht 4 (1953), S. 601–616; *Albrecht Langner*, Grundlagen des sozialethischen Denkens bei Wilhelm Emmanuel von Ketteler, in: Theologie und Sozialethik im Spannungsfeld der Gesellschaft. Untersuchungen zur Ideengeschichte des deutschen Katholizismus im 19. Jahrhundert, München etc. 1974, S. 61–112.

[28] Neben *Filthaut* s. *Baldur H. A. Hermans*, Das Problem der Sozialpolitik und Sozialreform auf den deutschen Katholikentagen von 1848–1891. Ein Beitrag zur Geschichte der katholisch-sozialen Bewegung, Diss. Bonn 1972.

Sozialdemokraten Verkehr zu pflegen. Die Sozialdemokratie muß isoliert werden. Organisation gegen Organisation: das ist der einzige Weg, der sozialdemokratischen Agitation entgegen zu treten.[29]«

Seit etwa 1890 nahmen dann sozialpolitische Probleme in den Resolutionen der Katholikentage einen breiten Raum ein; insbesondere die zahlreichen Resolutionen auf der Tagung von 1896 trugen Hitzes Handschrift. Als Generalsekretär des Verbandes »Arbeiterwohl« profilierte dieser sich zu einem bedeutenden Sprecher nicht nur der deutschen Zentrumspartei in sozialpolitischen Fragen, sondern des Sozialkatholizismus insgesamt. Nach längeren Vorbereitungen, in denen die künftige Richtung entschieden wurde, entwickelte sich aus diesem Verband heraus der »Volksverein für das katholische Deutschland«. Wiederholt war in den 1880er Jahren die Notwendigkeit einer großen katholischen Massenorganisation betont worden. Dabei blieb zunächst umstritten, ob, wie ein einflußreicher Kreis um F. von Loë und K. zu Löwenstein forderte, ein bewußt katholischer Verein als Gegengewicht gegen den »Evangelischen Bund zur Wahrung deutsch-protestantischer Interessen« zu bilden oder ob mit ihm ein Beitrag zur Integration des seiner selbst bewußten katholischen Bevölkerungsteils in die bestehende, überwiegend protestantisch-kapitalistisch geprägte Staats- und Gesellschaftsordnung anzustreben sei. Die zweite Richtung setzte sich dann mit primär antisozialistischer Stoßrichtung auf Betreiben Windthorsts durch, doch blieben die innerkatholischen Gegensätze aus der Gründungszeit bestehen und setzten sich in dem späteren Zentrumsstreit fort, in dem ein katholischer Integralismus gegen eine »Heraus-aus-dem-Turm«-Richtung stand; dieser Streit überlappte sich mit der fast gleichzeitigen Antimodernismus-Debatte und dem Gewerkschaftsstreit im Vorkriegsjahrzehnt[30].

Im zweiten Aufruf des Verbandes vom 20. Dezember 1890 wurde als Parole ausgegeben: »Das Ziel des Vereins ist, einerseits den Umsturzbestrebungen der Sozialdemokratie entgegenzutreten, andererseits die Gedanken und Anregungen einer christlichen Sozialreform in immer weitere Kreise zu tragen.[31]« Unter dem Vorsitz von Franz Brandts (1890–1914) und dem

---

[29] Verhandlungen der XXXII. General-Versammlung der Katholiken Deutschlands zu Münster 1885, Münster 1885, S. 384/385.

[30] Vgl. hierzu *Georg Schwaiger,* Hrsg., Aufbruch ins 20. Jahrhundert. Zum Streit um Reformkatholizismus und Modernismus, Göttingen 1976; *Brack,* Deutscher Episkopat und Gewerkschaftsstreit 1900–1914. Siehe ferner *Heinrich Volkmann,* Zur Entwicklung von Streik und Aussperrung in Deutschland 1899–1975, in: Gewerkschaftliche Monatshefte 30 (1979), S. 347–352.

[31] Aufruf »An das katholische deutsche Volk« vom 22.11.1890, zitiert nach einem Exemplar im Deutschen Zentralarchiv Merseburg bei *Herbert Gottwald,* Volksverein für das katholi-

ungemein tüchtigen Generalsekretär (seit 1903 Generaldirektor) August
Pieper (1892–1919) vermochte der Volksverein seine Mitglieder von
zunächst gut hunderttausend bis zur Jahrhundertwende knapp zu verdoppeln und bis 1914 gar auf über achthunderttausend zu steigern. Neben
seiner Verbandszeitschrift entfaltete er eine ungewöhnlich schlagkräftige
publizistische Aktivität; so wurden während des Kaiserreichs von ihm
unter anderem 42 sozialpolitische Flugblätter mit einer Gesamtauflage von
21,7 Millionen Stück verbreitet. Daneben führte der Volksverein seit
September 1892 »Praktisch-soziale Kurse« durch, die wohl das Vorbild für
ähnliche Kurse des »Vereins für Sozialpolitik« und des »Evangelisch-
sozialen Kongresses« abgaben[32].

Nicht nur die Massenbasis hatte ein neues Element in die katholische
christlich-soziale Bewegung gebracht, sondern in der Führung selbst vollzog sich ein grundlegender Wandel: Die adeligen Großgrundbesitzer, die
Geistlichen und Laien, die durch ihre Herkunft und Stellung der feudalen
Wirtschafts- und Gesellschaftsordnung nahestanden, wurden in der Führung der katholisch-sozialen Bewegung abgelöst durch Männer wie Hitze
oder Brandts. In das Welt- und Gesellschaftsbild dieser Männer der neuen
praktisch-sozialen Arbeit waren die neuen Dimensionen in der Entwicklung der industriestaatlich-kapitalistischen Gesellschaft aufgenommen worden. Sie erkannten die veränderten Eigengesetzlichkeiten der ökonomisch-
rationalen Wirtschaftsweise des Kapitalismus und der christlichen Gesellschaftsordnung. Sie sahen auch die Notwendigkeit einer Neuordnung auf
gesetzlich gesicherter Basis, die dem radikalen Liberalismus und Sozialismus den Boden entziehen sollte[33].

Der Verband »Arbeiterwohl« und dann der »Volksverein für das katholische Deutschland« haben jeder für sich die beiden Ansätze, von einer

---

sche Deutschland (VkD) 1890–1933, in: *Dieter Fricke,* Hrsg., Die bürgerlichen Parteien in
Deutschland, Bd. 2, Leipzig 1970, S. 810–834, Zitat S. 812.

[32] Zu den Kursen des Vereins für Socialpolitik und des Evangelisch-Sozialen Kongresses vgl.
Franz Boese, Geschichte des Vereins für Socialpolitik 1872–1932. Im Auftrage des Liquidationsausschusses verfaßt vom Schriftführer Dr. Franz Boese, Berlin 1939 (= Schriften des
Vereins für Socialpolitik 188) und Evangelisches Ringen um soziale Gemeinschaft. Fünfzig
Jahre Evangelisch-Sozialer Kongreß, hrsg. v. *Johannes Herz,* Leipzig 1940; *Gorges,* Sozialforschung in Deutschland. Zur Aktivität des Volksvereins neben der genannten Literatur –
vornehmlich *Heitzer* – den informativen, wenn auch politisch einseitig gefärbten Überblick
von *Gottwald.*

[33] *Ritter,* Die katholisch-soziale Bewegung und der Volksverein, S. 152; ferner *Stegmann,*
Geschichte der sozialen Ideen, S. 420 und *Horstwalter Heitzer,* Der Volksverein für das
katholische Deutschland im Kaiserreich 1890–1918, Mainz 1979 (= Veröffentlichungen der
Kommission für Zeitgeschichte, Reihe B 26), S. 15–22, 299–300.

spezifisch christlichen Soziallehre und Sozialreform aus in der Arbeiterschaft Fuß zu fassen, entscheidend beeinflußt. Unter maßgeblicher Einwirkung des von katholischen Unternehmern geprägten Verbandes »Arbeiterwohl« bildeten sich seit 1881 die »katholischen Arbeitervereine«, die nach Gründung des Volksvereines dann ihren eigentlichen Aufschwung erfuhren und zu einer wichtigen Abstützung der volksparteilichen Basis der Zentrums-Partei in der Arbeiterschaft wurden. Insbesondere Franz Hitze gab 1880 mit seinem Werk »Kapital und Arbeit und die Reorganisation der Gesellschaft« und den hierin vertretenen ständesozialistischen Ideen den katholischen Arbeitervereinen das entscheidende Fundament, wie er auch weiterhin ihr wichtigster Befürworter blieb.

Im Gefolge der päpstlichen Sozialenzyklika von 1891, der Gründung des Volksvereins und der zunehmenden wirtschaftlichen Orientierung der Verbandstätigkeit entstanden als weit wichtigere Organisation die interkonfessionell angelegten, tatsächlich aber durchgängig katholisch dominierten Christlichen Gewerkschaften, die an Hitzes Leitsätze für »Fachabteilungen« in den bestehenden konfessionellen Arbeitervereinen von 1894 anknüpften. Obschon von Anfang an interkonfessionell konzipiert, gingen die Christlichen Gewerkschaften über die Fachabteilungen überwiegend aus der katholischen Arbeitervereinsbewegung hervor[34].

[34] An älteren Veröffentlichungen: *August Erdmann*, Die christlichen Gewerkschaften, insbesondere ihr Verhältnis zu Zentrum und Kirche, Stuttgart 1914; *Hans Felix Zeck*, Christliche Gewerkschaften und Fachabteilungen. Ihre Entstehung und eine kritische Würdigung ihres gegenseitigen Verhältnisses seit Gründung der christlichen Gewerkschaften im Jahre 1894, Diss. Köln 1921; *Ferdinand Burchard*, Ideengeschichte der christlichen Gewerkschaften mit besonderer Berücksichtigung des »Gewerkschaftsstreites«, Diss. Würzburg 1922; *Annemarie Gobbin*, Die Ideologie der Christlichen Gewerkschaften. Eine soziologische Untersuchung mit besonderer Berücksichtigung von Tönnies' Gemeinschaft und Gesellschaft, Kiel 1923; *Franz Albert Kramer*, Die Christlichen Gewerkschaften, Diss. Münster 1924; *Isabella Bacher*, Die christlichen Gewerkschaften und ihre Stellung zum »Kapitalistischen Geist«, Köln 1927; *Ernst Faber*, Die evangelischen Arbeitervereine und ihre Stellungnahme zu politischen Problemen, Würzburg 1927; *Theodor Böhme*, Die christlich-nationalen Gewerkschaften. Ihr Werden, Wesen und Wollen, Stuttgart 1930; *Ludwig Frey*, Die Stellung der christlichen Gewerkschaften zu den politischen Parteien, Diss. Würzburg 1931; *Hermann Achenbach*, Die konfessionelle Arbeiterbewegung unter besonderer Berücksichtigung ihrer sozialen und sozialpolitischen Problematik, Gießen 1935. Aus der neueren Literatur besonders *Karl Heinz Schürmann*, Zur Vorgeschichte der christlichen Gewerkschaften. Freiburg i. Br. 1958; *Franz Maria Censarek*, Die christlichen Gewerkschaften in Deutschland, Diss. Graz 1968; *Viola Bente*, Die christlichen Gewerkschaften in Deutschland, ihre Entstehung und Entwicklung von 1900 bis 1914, Diss. Graz 1968; *Herbert Gottwald*, Gesamtverband der christlichen Gewerkschaften 1901–1933, in: *Fricke*, Die bürgerlichen Parteien, Bd. 2, S. 113–145; *Walter Brandmüller*, Kirche und Arbeiterschaft im 19. Jahrhundert. Fragen und Tatsachen, in: Stimmen der Zeit 193 (1975),

Sie vermochten die liberale Richtung der Hirsch-Dunckerschen Gewerk-
vereine rasch zu überflügeln und sich bis zum Weltkrieg als Juniorpartner
der sozialdemokratisch orientierten Freien Gewerkschaften zu etablieren,
wenn auch die Annäherungen zwischen dem Sozialkatholizismus der
Christlichen Gewerkschaften und der marxistisch orientierten Sozialdemokratie nicht überschätzt werden sollten[35]. Zugleich hatten sie in dem
kräftezehrenden Gewerkschaftsstreit gegenüber Kirche und Zentrumspartei ihre Eigenständigkeit zu sichern und sahen sich in den Auseinandersetzungen über den integralistischen, mit dem Antimodernismus verbundenen
Ansatz einer schweren inneren Zerreißprobe ausgesetzt, auf die im Rahmen
dieser Arbeit indes nicht weiter einzugehen ist.

Halten wir abschließend fest, daß die katholische christlich-soziale
Bewegung eine eindrucksvolle, durch herausragende Persönlichkeiten
geprägte und später durch eine Massenbasis abgesicherte, dann bis tief in

S. 228–236; *Bernd Otto,* Gewerkschaftsbewegung in Deutschland. Entwicklung, geistige
Grundlagen, aktuelle Politik. Köln 1975. *Walter Brandmüller,* Katholische Kirche und
Arbeiterschaft im 19. Jahrhundert, in: *ders.,* Damals geschehen, heute diskutiert, St. Otti-
lien 1977, S. 57–92; *Denk,* Die christliche Arbeiterbewegung in Bayern; siehe ferner
Albrecht Hartmann, Zentrum und Christliche Gewerkschaften von 1840 bis 1914. Ein
Beitrag zur Parteiengeschichte des Deutschen Zentrums und zur Geschichte der christlichen
Gewerkschaften mit einem Überblick der politischen, wirtschaftlichen und sozialen Einwir-
kungen des 1. Weltkrieges von 1914–1918 auf die Partei und die Gewerkschaftsbewegung,
Diss. Berlin 1952; *Günter Bers,* Katholische Arbeitervereine im Raum Aachen 1903–1914.
Aufbau und Organisation des Aachener Bezirksverbandes im Spiegel seiner Delegiertenver-
sammlung, Wentorf 1979 (= Die Arbeiterbewegung in den Rheinlanden 12); *Heidemarie
Kempkes,* Der christliche Textilarbeiterverband in Krefeld 1906 bis 1914, Wentorf 1979 (=
Die Arbeiterbewegung in den Rheinlanden 10). – Eine Gesamtdarstellung der Christlichen
Gewerkschaften ist nach Abschluß des Manuskripts erschienen: *Michael Schneider,* Die
christlichen Gewerkschaften, Bonn 1982 (= Politik und Gesellschaftsgeschichte 10).

[35] *Franz Focke,* Sozialismus aus christlicher Verantwortung, neigt dazu, die Chancen einer
möglichen Zusammenarbeit von Sozialkatholizismus und Sozialdemokratie sehr hoch zu
veranschlagen. Demgegenüber betont *Michael Schneider* in seinem Forschungsbericht im
Archiv für Sozialgeschichte 21 (1981), S. 541 »das Spektrum der Konfliktthemen war in der
Realität breiter« als *Focke,* wie auch *Franz Prinz,* S. J., Kirche und Arbeiterschaft gestern,
heute, morgen, München u. Wien ²1974 anzunehmen bereit seien. Sicherlich sollte man die
prinzipiellen Gräben nicht einebnen, doch ist Schneider entgegenzuhalten, daß neuere
Arbeiten zur Geschichte der bürgerlichen Sozialreform nach der Jahrhundertwende von
Ursula Ratz (1980) und *Rüdiger vom Bruch* (1979, 1981) sehr deutlich das Ausmaß der
praktischen Zusammenarbeit zunächst in der Heimarbeiterfrage, dann in den Kontroversen
um die 1911 verabschiedete Reichsversicherungsordnung, schließlich in Einzelfragen wie
dem Problem der Arbeiter- oder Arbeitskammern, dem Tarifvertrags-, Schlichtungs- und
Einigungswesen und endlich in der gemeinsamen Aktion von bürgerlichen Sozialreformern,
christlichen und freien Gewerkschaften gegen den staatlich verkündeten Stillstand der
Sozialpolitik im Frühjahr 1914 vor Augen geführt haben.

die Arbeiterschaft hinein ausstrahlende Stoßkraft zu entfalten vermochte, daß jedoch gerade dieser im Verhältnis zur evangelischen sozialen Bewegung eindrucksvolle Erfolg die Probleme konfessionell orientierter und im Prinzip bürgerlich geprägter Sozialreform kraß beleuchtete. Dem Zug der Zeit zur Privatisierung der Religion setzten sich die Christlichen Gewerkschaften zwar entgegen, doch unterstrichen sie einen Autoritätsverlust der Amtskirche, insofern diese zwar ihr Ziel teilweise erreichte, Teile der Arbeiterschaft von der Sozialdemokratie fernzuhalten, andererseits aber nicht verhindern konnte, daß die Christlichen Gewerkschaften in der praktischen Arbeit vielfach mit den Freien Gewerkschaften kooperierten. Die religiöse Bindung verhinderte den organisierten Anschluß an die Sozialdemokratie, die bewußte Klassenlage der Arbeiter führte hingegen zu materiellen Gemeinsamkeiten mit dieser.

Nach dem Weltkrieg erlebte der deutsche Sozialkatholizismus eine Neuauflage, die vielfach stärker auf den Zeitgeist der Weimarer Republik als auf die inhaltlichen Ausformungen im 19. Jahrhundert verweist. Zutreffend wurden die »Ideen und Hoffnungen im Sozialkatholizismus der Weimarer Republik« als »Sehnsucht nach Gemeinschaft« charakterisiert[36]. Berührungspunkte mit dem gleichzeitigen »Sozialprotestantismus« – der Begriff hat sich bezeichnenderweise nicht eingebürgert –, insbesondere mit der Strömung der religiösen Sozialisten, ließen sich wohl kaum übersehen, doch verlassen wir damit den Gegenstand dieser Untersuchung.

---

[36] Vgl. zu diesem Komplex *Alois Baumgartner,* Sehnsucht nach Gemeinschaft. Ideen und Strömungen im Sozialkatholizismus der Weimarer Republik, München etc. 1977; diese vorwiegend ideengeschichtlich verfahrende Arbeit geht dem Gemeinschaftsdenken im Volksverein für das katholische Deutschland und im katholischen Akademikerverband nach. Es ist eine intensive Würdigung der Bedeutung von Ferdinand Tönnies' Buch »Gemeinschaft und Gesellschaft«, der Bedeutung des Gemeinschaftsdenkens für die katholische Sozialismuskritik nach dem ersten Weltkrieg. Plastisch spiegeln sich solche Vorstellungen auch in den Aufsätzen und Reden des führenden katholischen Sozialpolitikers der Weimarer Zeit wieder, vgl.: Katholische Sozialpolitik im 20. Jahrhundert. Ausgewählte Aufsätze und Reden von *Heinrich Brauns,* bearb. v. *Hubert Mockenhaupt,* Mainz 1976.

B. Der deutsche Protestantismus und die soziale Frage

1. Wichern und Todt: Innere Mission und christlicher Sozialismus

Die katholische wie auch die in sich uneinheitliche, zersplitterte und nur von der Perspektive nachträglicher Systematik her als solche zu betrachtende evangelische christlich-soziale Bewegung war in ihrem Kern sozialreformatorisch bestimmt. Sie strebte im Unterschied zu Liberalismus und Sozialismus keine grundlegende Veränderung der bestehenden Staats- und Gesellschaftsordnung an, sie war in ihrem Wesen sozial-*konservativ*, wie das für den katholischen Strang bereits Martin Spahn beobachtet hat[37] und wie dies für die evangelische Seite wiederholt herausgestellt wurde[38]. Erschwerend kam für die protestantischen Lösungansätze die Situation des deutschen Protestantismus im 19. Jahrhundert hinzu, die gekennzeichnet war durch die Gliederung in Landeskirchen, die Spaltung durch theologische Rivalitäten und die staatskirchliche Entwicklung. Mit Recht hat man den deutschen Protestantismus dieser Zeit als »ein geteiltes Haus« bezeichnet[39].

Insbesondere die in dem staatskirchlichen Charakter wurzelnden Züge zur Verhärtung und zur mißtrauischen Zurückweisung umfassend angelegter und auf eigenständige Organisationen drängender Ansätze der christ-

---

[37] *Martin Spahn*, Die christlich-soziale Bewegung, in: Hochland 26 (1928/29), S. 167.

[38] Vgl. neben den bereits genannten Arbeiten von *Günter Brakelmann* insbesondere *Hans Christ*, Christlich-religiöse Lösungsversuche der sozialen Frage im mittleren 19. Jahrhundert (Wichern – V. A. Huber – Wilhelm Löhe – Gustav Werner), Diss. Erlangen 1951; *Friedrich Karrenberg*, Geschichte der sozialen Ideen im deutschen Protestantismus, in: *Helga Grebing*, Geschichte der sozialen Ideen in Deutschland, München u. Wien 1969, S. 561–694; *Ingwer Paulsen*, Viktor Aimé Huber als Sozialpolitiker, Berlin ²1956; *Karl Kupisch*, Das Jahrhundert des Sozialismus und die Kirche, Berlin 1958; *Wilhelm Schüssler*, Die politischen und sozialen Entscheidungen des Protestantismus im 19. Jahrhundert, in: Geschichte in Wissenschaft und Unterricht 4 (1953), S. 461–471; *William O. Shanahan*, Der deutsche Protestantismus vor der sozialen Frage 1815–1871, München 1962; *Richard Sorg*, Marxismus und Protestantismus in Deutschland. Eine religionssoziologisch-sozialgeschichtliche Studie zur Marxismus-Rezeption in der evangelischen Kirche 1848–1948, Köln 1974; ferner als interessante lokale Fallstudie *Herwart Vorländer*, Evangelische Kirche und soziale Frage in der werdenden Industriegroßstadt Elberfeld. Eine Untersuchung aufgrund kirchlicher Unterlagen aus der zweiten Hälfte des 19. Jahrhunderts, Düsseldorf 1963.

[39] *Shanahan*, S. 4.

lich-sozialen Bewegung, wie sie die Politik des Evangelischen Oberkirchen-rats kennzeichnen, haben sich belastend ausgewirkt und einen Keil zwischen offizielle Kirche und die christlich-soziale Bewegung getrieben. Bezeichnenderweise standen die in der Einleitung genannten sozialrestriktiven Verlautbarungen des Evangelischen Oberkirchenrates von 1879 und 1895 jeweils in unmittelbarem Zusammenhang mit den Aktivitäten Adolf Stöckers, wobei man nicht seinen militanten Antisemitismus und seinen konservativen, monarchisch-plebiszitären Antimodernismus kritisierte, sondern die tendenziell massendemokratischen Elemente seiner Bewegung mit der Gefahr einer »sozialistischen« Infiltration der evangelischen Geistlichkeit.

In Reaktion auf den EOK-Erlaß vom 16. Dezember 1895 schrieb vielleicht überscharf, aber im Kern berechtigt der bedeutende Philosoph Wilhelm Dilthey, der von »sozialistischen« Neigungen weit entfernt und ein loyaler Staatsbürger und Protestant war, an einen Freund: »Der Oberkirchenrat tut in seiner grauenhaften Unsicherheit und Sklavennatur das Seine wie der Großinquisitär im Don Carlos.[40]« Betrachtet man die geistig-theologische Ausrichtung Stöckers und die von ihm verfolgten politisch-organisatorischen Bemühungen seit 1878 näher, dann wird die nachträgliche Kritik auf seinen theologisch-weltanschaulichen Eklektizismus, seinen naiven antimodernen Sozial-Nationalismus und die eigenartige Unruhe der von ihm gegründeten, ständigen Richtungswechseln ausgesetzten Organisationen hinzuweisen haben; eine Gefahr für Thron und Altar, für Staat und Gesellschaft in ihrer bestehenden Form stellte er indes nicht dar. Die Absage des Oberkirchenrats wird man sich nur mit dessen überempfindlicher, wohl auch weitgehend reaktionären Anlehnung an den offiziellen Regierungskurs erklären können.

Stöcker kam von der Berliner Stadtmission als einem Teil der von Johann Hinrich Wichern ins Leben gerufenen Inneren Mission her; zusammen mit dem Kathedersozialisten Adolf Wagner und dem Sozialkonservativen Rudolf Meyer schloß er sich dem am 5. Dezember 1877 von dem Pfarrer Rudolf Todt gegründeten »Centralverein für Sozialreform auf religiöser und konstitutionell-monarchischer Grundlage« an, insbesondere hatte er Todt zu seinem wenige Monate zuvor erschienenen Buch »Der radikale deutsche Sozialismus und die christliche Gesellschaft« angeregt. Sowohl zum Verständnis von Stöcker selbst wie auch zur Erfassung der ersten Ausprägungen der evangelisch-sozialen Bewegung wird es nötig sein, die-

---

[40] Zitiert nach *Karl Kupisch*, Quellen zur Geschichte des deutschen Protestantismus (1871–1945), Göttingen etc. 1960, S. 88. Vgl. auch *ders.*, Adolf Stoecker, S. 79/80.

sen beiden frühen Richtungen, der vorwiegend praktischen und der vorwiegend theoretischen, näher nachzugehen.

Der katholische Amerikaner William O. Shanahan hat in seinem 1962 in deutscher Übersetzung vorliegenden Buch »Der deutsche Protestantismus vor der sozialen Frage« die These aufgestellt: »Kein einziger deutscher Theologe befaßte sich vor dem Ende der sechziger Jahre ernsthaft mit der deutschen Arbeiterbewegung.[41]« Denkt man auf katholischer Seite an Männer wie Ketteler, die Kontakte zu Ferdinand Lassalle nicht scheuten und sich zumindest ansatzweise mit der aufblühenden Arbeiterbewegung auseinandersetzen, so trifft diese Feststellung in der Tat den geringen Widerhall neuer politischer und sozialer Formationen in der frühen evangelischen Sozialethik und Sozialreform, die sich vorwiegend aus der Auseinandersetzung mit dem vormärzlichen Pauperismus, also der Massenverarmung in frühindustrieller Zeit, entwickelten und entscheidend mit der Person Wicherns verbunden waren. Andererseits beschränkte sie sich nicht auf bloße individuelle Liebestätigkeit, an der auch später noch die offizielle Kirchenpolitik festhielt, sondern wirkte auf Besserung der wirtschaftlichen Lage ganzer Schichten als Voraussetzung für weiterreichende soziale Wandlungen hin. In diesem Sinn hatte bereits gegen Ende des Kaiserreichs der Historiker der christlichen Soziallehren, Ernst Troeltsch, die evangelisch-soziale Bewegung charakterisiert: »Sie stellt eine unvergleichliche ethische Errungenschaft des modernen Protestantismus dar und ist, indem sie die modernen (sozialen) Beziehungen in ihrer Gesamtheit durchdrang, dessen einzige wirksame und umfassende Ethik geworden.[42]« Auch neuere Autoren haben bei aller Skepsis gegenüber den Christlich-Sozialen deutlich gemacht, daß man sich der Privatisierung und Spiritualisierung der christlichen Existenz widersetzt und einen das Gesellschaftliche als Aufgabe umschließenden Begriff von Diakonie entwickelt hat[43].

---

[41] *Shanahan*, S. 437.

[42] *Ernst Troeltsch,* Protestantisches Christentum und Kirche in der Neuzeit, in: *Paul Hinneberg,* Hrsg., Die Kultur der Gegenwart, Bd. I/4, Berlin u. Leipzig ²1909, S. 444. Eine gute Darstellung von Troeltschs theologischem Standpunkt findet sich beispielsweise bei *K. E. Apfelbacher,* Frömmigkeit und Wissenschaft. Ernst Troeltsch und sein theologisches Programm, München 1978 (= Beiträge zur ökumenischen Theologie 18); siehe auch *Manfred Wichelhaus,* Kirchengeschichtsschreibung und Soziologie im neunzehnten Jahrhundert und bei Ernst Troeltsch, Heidelberg 1975. Zu Troeltschs späterer Entwicklung vgl. *Andreas Lindt,* Deutsche Theologie und deutsche Demokratie. Ernst Troeltsch, Emanuel Hirsch und die Anfänge der Weimarer Republik, in: Humanität und Glaube. Gedenkschrift für Kurt Guggisberg, Bern 1973, S. 217–228.

[43] Vgl. *Heinz Dietrich Wendtland,* Der Begriff Christlich-sozial. Seine geschichtliche und theologische Problematik, Köln u. Opladen 1962, S. 11–20; *Karrenberg,* S. 590.

Bereits seit 1833 hatte der 1808 geborene Wichern seine lokale sozialkaritative Tätigkeit im »Rauhen Haus« in Hamburg entfaltet und in den folgenden Jahren in Auseinandersetzung mit dem bedrückend erfahrenen Pauperismus sein Programm »rettender« und »helfender« Liebe entwickelt. Auf dem Wittenberger Kirchentag Ende September 1848 bot sich ihm dann die Gelegenheit, diese Gedanken in einer improvisierten Rede einem breiteren Kreis vorzustellen, die mit dem Satz schloß: »Die Liebe gehört mir wie der Glaube.[44]« Unter dem Eindruck dieser Rede auf die 500 Anwesenden wurde die Bildung eines ständigen Centralausschusses beschlossen, für den Wichern eine Denkschrift erarbeiten solle. Im April 1849 legte Wichern diese Denkschrift vor unter dem Titel »Die Innere Mission der deutschen evangelischen Kirche, eine Denkschrift an die Deutsche Nation, im Auftrage des Centralausschusses für die Innere Mission verfaßt von J. H. Wichern«, die in kürzester Zeit weiteste Verbreitung erfuhr und die entscheidende Grundlage für das sozialpolitische Denken Wicherns, der in der Folgezeit theoretisch nicht mehr darüber hinaus ging, wie für die frühe evangelisch-soziale Bewegung um die Jahrhundertmitte darstellte. Angesichts dieser überragenden Bedeutung seien einige der wichtigsten Passagen referiert[45].

Vor dem prägenden Hintergrund der Revolution von 1848 wird zunächst die Innere Mission und ihr Selbstverständnis kurz vorgeführt. Sie will ganz bewußt eine Zielsetzung auf einzelnen Gebieten vermeiden, sondern, getragen von Gläubigkeit und Nächstenliebe, umfassend wirken. Die vielfältigen Erscheinungsformen innerer Not und äußeren Elends gelten ihr als von der Macht der Sünde verursacht; nur in christlicher Liebe und den von ihr geschaffenen Möglichkeiten der Abhilfe sei eine Rettung möglich[46]. Die weltlichen und religiösen Aspekte des Lebens, alle sozialen Gruppierungen und alle Gesellschaftsschichten habe die Tätigkeit der Inneren Mission zu umfassen. Hier deutete sich bereits die organologische Grundausrichtung von Wicherns Denken an. An ihr sollte er auch künftig festhalten, und sie

---

[44] *Günter Brakelmann*, Die soziale Frage des 19. Jahrhunderts, Bd. 2: Die evangelisch-soziale und katholisch-soziale Bewegung, Witten 1962, S. 18, vgl. auch *ders.* (wie Anm. I/75).

[45] Vgl. zum Werk Wicherns *Karl Janssen*, Hrsg., *Johann Hinrich Wichern*. Ausgewählte Schriften, Bd. 1: Schriften zur sozialen Frage, Bd. 3: Die Denkschrift, Gütersloh 1956/62, als Gesamtausgabe *Peter Meinhold*, Hrsg., *Johann Hinrich Wichern*, Sämtliche Werke, 4 Bde., Berlin u. Hamburg 1958–1973; wegen der leichteren Zugänglichkeit wird nachfolgend nach der ausführlichen Wiedergabe der Denkschrift bei *Brakelmann*, die soziale Frage, S. 18–33 zitiert. Zu Wichern siehe auch *Erich Thier*, Die Kirche und die soziale Frage. Von Wichern bis Friedrich Nauman, Gütersloh 1950.

[46] *Brakelmann*, Die soziale Frage, S. 18.

sollte ihm in den folgenden Jahrzehnten bis zu seiner letzten großen Rede 1871 auf der kirchlichen Oktoberkonferenz über »Die Mitarbeit der Kirche an den sozialen Aufgaben der Gegenwart« den Blick für Charakter und Eigengesetzlichkeit der erst seit den 1860er Jahren sich entfaltenden Arbeiterbewegung verstellen. Sie wird noch deutlicher in seinen Ausführungen über die Aufgaben der Inneren Mission. Als Ansatzpunkte und zugleich Schwerpunkte für ihr Wirken sieht er Familie, Staat und Kirche. Diese drei Institutionen mit ihren speziellen Aufgaben will er nicht angetastet wissen. Politisch-philosophische Zeitströmungen, die diese gottgewollte Ordnung in Frage stellen, haben für ihn den Umsturz dieser Ordnung und Profanierung aller Werte zum Ziel[47].

Das Hauptgewicht liegt für ihn bei der Familie, ihr gilt vor allem sein Interesse bei der Behandlung der sozialen Frage. Ihrer sittlichen Gesundung sollen die Anstrengungen des Staates, nämlich Ursachen und Folgen des materiellen Elends zu beheben und die Bemühungen der Kirche dienen, der christlichen Entartung im Volk entgegenzuwirken[48]. In diesem Sinne haben sich Staat und Kirche gegen jede Form von politischer und geistig/geistlicher Revolution zu wenden, die aus der Entfremdung des Volkes von der wahren Sittlichkeit, seinem Abfall vom Glauben und dem Bruch der Treue drohe. Gegen Umsturz und Revolution gelte es zu wirken, und diese Grundsätze bestimmen die weiteren grundsätzlichen und praktischen Ziele und vorgeschlagenen Maßnahmen der Denkschrift, auf die hier nicht im einzelnen einzugehen ist. Abschließend bezeichnet es Wichern als die aus dem Dargelegten folgende Aufgabe der Inneren Mission, in diesem Sinn eine Organisation unter den verschiedenen Gruppen der Arbeiter und Handwerker aufzubauen. Den nivellierenden und entpersönlichenden Tendenzen der atheistischen und kommunistischen Bestrebungen wolle die Innere Mission die Betonung und Förderung des Menschen als Einzelpersönlichkeit entgegensetzen, eingebettet in die religiöse Sinngebung[49].

Nicht zuletzt unter dem Einfluß der Revolution von 1848/49 hat sich Wicherns Denken in der Folgezeit verhärtet, blieb er nach der Denkschrift für die evangelisch-soziale Bewegung nicht als programmatischer Gestalter und wegweisender Zusammenfasser, sondern in seinem praktischen Wissen rettender Liebe wirksam. Sein Hauptaugenmerk richtete sich zunehmend gegen die Gefahren politischen, sozialen und geistig-religiösen Umsturzes, mit den neueren Ergebnissen der Nationalökonomie hat er sich ebenso

---

[47] Ebd., S. 16.
[48] Ebd., S. 19.
[49] Ebd., S. 28.

wenig auseinandergesetzt wie seine theologische Fundierung eine tragfähige Basis schuf[50]. Bereits in seiner Denkschrift von 1849 hatte Wichern den eigentlichen in die Zukunft weisenden Weg erfaßt, wenn er den Gedanken der »Assoziation der Hilfsbedürftigen selbst« entwickelte. Freilich hatte er diese Organisation rein als christliche und soziale Fürsorge, ohne Anspruch auf gestaltende Gerechtigkeit konzipiert. Daher stellte sich für ihn auch nicht das Problem der sozialpolitischen Konsequenzen eines solchen Unterfangens[51].

Mit dem Gedanken der »Assoziation« hatte Wichern ein zentrales Problem in der Diskussion der bürgerlichen Sozialreform vor der Jahrhundertmitte entwickelt; er umfaßte Spar- und Bildungskonzepte ebenso wie Wohnhilfemaßnahmen, die ein wesentliches Element in Wicherns Überlegungen darstellten und unter dem Stichwort »innere Kolonisation« in dieser Zeit stark erörtert wurden. Insbesondere seine Mitwirkung in dem Centralverein für das Wohl der arbeitenden Klassen, der 1844 in Reaktion auf die schlesischen Weberaufstände gegründet worden war und seit 1848 mit einem immer wieder beachteten, kürzlich erfreulicherweise neu aufgelegten Organ hervortrat, sicherte Wicherns Überlegungen eine erhebliche Resonanz in der sich soeben formierenden bürgerlich sozialreformerischen Bewegung[52]. Erst in der Erweiterung der Maximen Wicherns von der »rettenden und helfenden Liebe« zur »gestaltenden Liebe« konnte ein Vierteljahrhundert nach der Denkschrift der »soziale Beruf der Kirche« entwickelt und theoretisch-sozialwissenschaftlich wie theologisch abgestützt werden, konnte Wicherns von ihm selbst zurückgedrängter Gedanke von der »Assoziation der Arbeiterschaft selbst« in einem umfassenden Sinne wieder aufleben.

In einem Rundschreiben an Interessenten des Ende 1877 gegründeten »Centralvereins für Sozialreform etc.« bezeichnete es der Vorsitzende des Vorstands, Rudolf Todt, als »eine vergebliche Hoffnung, daß die Arbeiterschaft, in welcher mit Nationalnotwendigkeit [!] der vierte Stand seine Organisation zu bewerkstelligen versuchte, jemals verschwinde«[53]. Dieser

---

[50] Vgl. dazu ausführlich *Brakelmann*, Kirche und Sozialismus.
[51] *Brakelmann*, Die soziale Frage, S. 35.
[52] Mittheilungen des Centralvereins für das Wohl der arbeitenden Klassen, hrsg. u. eingel. v. *Wolfgang Köllmann* u. *Jürgen Reulecke*, 5 Bde., Hagen 1980. Vgl. hier besonders die Einleitung von Reulecke, Bd. 1, S. 23*–42*, die gleichsam eine Abschlagszahlung auf die in Kürze im Druck erscheinende Habilitationsschrift Reuleckes über den Centralverein darstellt.
[53] Nach einem Exemplar im Brandenburgischen Landeshauptarchiv in Potsdam zitiert bei *Dieter Fricke*, Zentralverein für Sozialreform auf religiöser und konstituionell-monarchischer Grundlage 1877–1881, in: ders., Hrsg., Die bürgerlichen Parteien, Bd. 2, S. 877.

Verein und sein Programm waren wesentlich das Werk eines Mannes, der lange Zeit in Vergessenheit geraten ist, den man zumeist nur in Verbindung mit der frühen politischen Aktivität Adolf Stöckers erwähnte, der aber mit seinem 1873 erschienenen Buch »Der radikale deutsche Sozialismus und die christliche Gesellschaft« einen grundlegenden Fortschritt in der evangelisch-sozialen Bewegung markierte, der eine in dieser Form einzigartige, vorher gar nicht und auch später nur selten erfolgte vorurteilsfreie Auseinandersetzung mit den sozialistischen Theorien leistete und der eine ganz neue, in ihrer Leistungsfähigkeit vielfach verkannte und von anderen zeitgenössischen Theologen und der Kirchenleitung als gefährliche, der Sozialdemokratie benachbart eingestufte Position vorzulegen vermochte[54].

Mit Todt wird auch von Seiten der evangelisch-sozialen Bewegung eine neue Entwicklungsstufe in der Geschichte bürgerlicher Sozialreform in Deutschland sichtbar: Fügte Wichern sich noch nahtlos in den Umkreis des von ihm selbst mitgetragenen »Centralvereins für das Wohl der arbeitenden Klassen« ein, der seinen Höhepunkt in den Jahrzehnten zwischen der Revolution von 1848 und der Reichsgründung erlebte, so wird mit Todt, der eindringlich auf den inneren Zusammenhang von Theologie und Nationalökonomie hinwies, der Anschluß an eine weitere Etappe bürgerlicher Sozialreform in Deutschland hergestellt, die sich vorwiegend im Verein für Socialpolitik niederschlug und durch ein Übergewicht ethisch gebundener, dem Postulat der Gerechtigkeit verpflichteter Nationalökonomie charakterisiert ist. Kurz nach dem Erscheinen der ersten Auflage des »Radikalen Sozialismus« ließ Todt eine kleine Schrift folgen mit dem programmatischen Titel »Der innere Zusammenhang und die notwendige Verbindung zwischen dem Studium der Theologie und der Nationalökonomie«. Sie knüpfte an die ersten beiden Sätze des »Radikalen Sozialismus« an, und forderte eine Lösung der sozialen Frage, die sowohl nationalökonomische Thesen, wie auch den Gedanken des Neuen Testaments und zugleich die wissenschaftliche Literatur des Sozialismus berücksichtige. Jeder dieser drei Komponenten käme die gleiche Bedeutung für ein umfassendes Verständnis des gesamten Problemkreises und eine befriedigende Lösung zu.

Wie wohl kein anderer evangelischer Theologe seiner Zeit griff Todt in unbefangener Prüfung die sozialistische Gesellschaftskritik auf, aus der er Marx' Theorien der Akkumulation des Kapitals, des Zusammenbruchs der

---

[54] Eine Wiederentdeckung Todts erfolgte vorrangig durch *Brakelmann;* insbesondere in der eindringlichen Monographie Kirche und Sozialismus ist er »zu einer völlig neuartigen Beurteilung Todts gelangt, was den Theologen und den Sozialismuskritiker angeht«, S. 286. Auf beides kann hier nur hingewiesen werden, da eine ausführlichere Wiedergabe im Rahmen dieser Arbeit nicht möglich und auch nicht notwendig ist.

Mittelschichten und der Zuspitzung der Klassengegensätze zwischen Kapital und Arbeit übernahm, ebenso wie er sich Lassalles Lehre vom Ehernen Lohngesetz bediente. Von hier aus wird dann der Schritt zu einer christlichen Sozialethik vollzogen, die das nur individuelle Liebesgebot hinter sich ließ. So war im »Radikalen Sozialismus« ausdrücklich von einem sozialpolitischen Standpunkt die Rede, im Unterschied zu einer vielfach vertretenen Meinung, wonach es keine sozialen Probleme gäbe, wenn die Lehren des Evangeliums befolgt würden. Eine solche unrealistische Einstellung verweigere die Auseinandersetzung mit den tatsächlichen Problemen und mache die Möglichkeit einer Aussöhnung zwischen den Klassen utopisch[55].

Aus der von Todt entfalteten christlichen Sozialethik heraus entwickelte er sein System eines christlichen Sozialismus, der sich in manchen Analysen und Forderungen, wie der Eigentumsfrage, an den radikalen Sozialismus anschließt oder sich in der Forderung nach umfassender Staatsintervention an Gedanken Lassalles anlehnt. So erscheint seine Wendung zum Staatssozialismus konsequent, die er in der Zeitschrift »Der Staats-Socialist« vielfach bezeugt hat. In seiner politischen Arbeit scheute er indes vor den Konsequenzen seiner theologischen Analyse zurück. »Dem revolutionären Sozialismusverständnis widersprach ein konservatives Reformprogramm.[56]« Im Statut seines Centralvereins hatte die Vorbereitung sozialer Reformen auf religiöser und konstitutionell-monarchischer Grundlage von zwei »Fundamentalsätzen« auszugehen:

»a) Das allgemeine und gleiche Stimmrecht in monarchischen Staaten fordert eine Politik durchgreifender sozialer Reformen und zur Verwirklichung derselben ein *Vertrauensverhältnis zwischen Monarchie und Arbeiterstand* sowie eine starke arbeiterfreundliche Initiative der Regierung;
b) Die Lösung der sozialen Frage ist nicht denkbar ohne die Mitwirkung der sittlich-religiösen Faktoren und ohne das Eintreten der Kirche für die *berechtigten* Forderungen des vierten Standes.[57]«

Vornehmlich war es dem Centralverein um publizistische Aufklärung zu tun, die »zur Bekämpfung sozialdemokratischer, republikanischer, atheistischer und materialistischer Strömungen dienlich erscheinen«[58]. Im Vordergrund stand dabei die seit Ende 1877 erscheinende Wochenschrift »Der Staats-Socialist«, die neben Todt von den Nationalökonomen Adolf Wagner und Albert Schäffle geprägt wurde. Sie wollte dem Staat fähige Beamte schaffen und die praktische Religionsausübung, vor allem auf caritativem Gebiet, auf ein solides Fundament von wirtschaftlichen und verwaltungs-

---

[55] *Brakelmann*, Die soziale Frage, S. 48/49.
[56] *Brakelmann*, Kirche und Sozialismus, S. 273.
[57] *Fricke*, S. 877; *Brakelmann*, Die soziale Frage, S. 55.
[58] *Fricke*, ebd.

technischen Grundkenntnissen stellen[59]. Daneben publizierte der Verein Flugschriften, insbesondere mit Reden Adolf Stöckers, der freilich schon nach wenigen Wochen sich wieder von dem Centralverein trennte und am 5. Januar 1879 seine »Christlich-Soziale Arbeiterpartei« gründete und damit eine neue Phase der evangelisch-sozialen Bewegung einleitete.

Der Centralverein selbst mußte zu diesem Zeitpunkt bereits sein Scheitern erkennen, da es vorwiegend an Geld und »antimaterialistischen« Schriften fehlte, wie man auf der ersten Generalversammlung vom 25. Februar 1879 zugeben mußte. Zwar gelang bis April 1878 eine Ausdehnung auf insgesamt 15 Organisationen außerhalb Berlins mit je bis zu 100 Mitgliedern, doch vermochte der Verein eine eigenständige Rolle nicht zu entfalten. Bismarck beobachtete seine und Todts Aktivitäten mit ähnlichem Mißtrauen wie der Evangelische Oberkirchenrat, der sich in seinem Erlaß Anfang 1879 ebenso gegen den Centralverein wie gegen Stöckers Parteigründung wandte. Am 1. Dezember 1879 schloß sich der Centralverein als formell zunächst selbständige Organisation Stöckers Partei an, in der er dann vollständig aufging; der »Staats-Socialist« mußte Ende März 1881 sein Erscheinen einstellen[60].

Damit war Todts Versuch einer politischen Umsetzung seines Programms endgültig gescheitert; freilich hatte bereits das Programm selbst eine solche Fülle von inneren Widersprüchen und Brüchen gegenüber dem theoretischen Ansatz aufzuweisen, daß eine Beurteilung Todts von hier aus kaum zulässig ist. Mit dem Programm seines Centralvereins blieb er vorherrschenden Denkschemata des zeitgenössischen protestantischen Bildungsbürgertums verhaftet, die ihn als interessantes Glied, aber doch nur vorübergehende Erscheinung in der evangelisch-sozialen Bewegung zeigen. Als politischer Agitator stand er im Schatten des erfolgreicheren Stöcker, als Denker und Theoretiker eines christlichen Sozialismus führte er hingegen weit über seine Zeit hinaus, bis tief in die Weimarer Republik hinein. Es ist darüber hinaus bezeichnend, daß Todt in den 1960er Jahren mit ihrem verstärkten Bedürfnis nach einer ausgreifenden christlichen Sozialethik vor dem Hintergrund nationaler wie weltweiter Erschütterungen und Umbrüche neu entdeckt worden ist. Im historischen Kontext bewirkte er eine

---

[59] Der Staats-Socialist, 20. 12. 1877.
[60] Zur Konzeption der Staatssozialisten im Umkreis von Todt und dem Centralverein vgl. auch programmatisch *Hermann Wagener,* Die Lösung der sozialen Frage vom Standpunkte der Wirklichkeit und Praxis, Bielefeld u. Leipzig 1870. Über das Verhältnis zwischen Staatssozialisten christlicher Prägung und Sozialdemokratie informiert *Vernon L. Lidtke,* German Social Democracy and German State Socialism 1876–1884, in: International Review of Social History 2 (1964), S. 202–225.

theoretische Annäherung der weitgehend von den Sozialwissenschaften isolierten Theologie an die wissenschaftliche Auseinandersetzung mit den vordringlichen sozialen Zeitproblemen, die in der praktischen Gemeinsamkeit erst in der Wilhelminischen Zeit zum Tragen kam, als mit dem Evangelisch-Sozialen Kongreß eine Plattform für den persönlichen und geistigen Austausch geschaffen wurde. »Die Schranken zwischen National-Ökonomen und Historikern auf der einen Seite, den Theologen auf der anderen zerbrachen; sie sollten beide voneinander lernen.[61]« Bis dahin war es indes noch ein weiter Weg.

1878 fanden sich kaum prominente Nationalökonomen zur Mitwirkung bereit, während nach 1890 geradezu eine symbiotische Kooperation von evangelischen Theologen und akademischen Lehrern der Wirtschaftswissenschaften ins Auge springt. An der Position Adolf Wagners, des einzigen bedeutenden Nationalökonomen im Umkreis des Centralvereins, läßt sich die Ambivalenz eines Mannes verdeutlichen, der aus einer tiefreligiösen Gesinnung heraus dem Unternehmen aufgeschlossen gegenüberstand, freilich seine Skepsis gegen Legitimität und Chancen sozialer Aktivitäten von kirchlicher Seite nicht verhehlte. Ende 1877 schrieb er an seinen Bruder, daß ein Verein mit sozialistischen Tendenzen im Entstehen sei; Pastoren und Konservative seien die hauptsächlichen Mitarbeiter. Eine Zeitschrift mit dem Titel »Staatssocialist« sei geplant, zur Mitarbeit daran sei er, vor allem von Stöcker, aufgefordert worden. Er habe aber, ebenso wie Scheel und Schäffle, die man gleichfalls habe gewinnen wollen, abgelehnt und zöge eine gelegentliche freie Mitarbeiterschaft vor[62]. Wesentlich schärfer präzisierte Wagner, der sich als überparteilich-unabhängigen Gelehrten in den Auseinandersetzungen der Zeit betrachtete, seine Zweifel an der Fähigkeit der Kirche und Geistlichen, wesentlich zur Lösung der sozialen Frage beizutragen, in einer Zuschrift an den »Staatssocialist«. Darin erklärte er, daß es weder die Aufgabe eines von parteipolitischen Interessen freien Gelehrten und noch weniger die eines Anhängers des Vereins für Sozialreform sei, sich gegen in der Tagespresse erhobene Vorwürfe zur Wehr zu setzen. Als Mitarbeiter des »Staatssocialist« aber sei man es sowohl der Zeitschrift wie sich selbst schuldig, ungerechtfertigte Angriffe zurückzuweisen. Er begründet die Ablehnung des ›Vereins für Social-Reform‹ noch einmal:

> »Wir halten das Unternehmen nicht für genügend vorbereitet; wir meinen, daß die Monarchie der Stütze eines solchen Vereins nicht bedarf; wir glauben, daß weder die

[61] Zitiert nach *Kupisch*, Stoecker, S. 75.
[62] Brief an Hermann Wagner vom 18.11.1877, aus der Edition von *Heinrich Rubner*, S. 151–152.

protestantische Geistlichkeit noch die Kirche imstande sind, in die sociale Bewegung mit dauerndem Erfolg einzugreifen; wir theilen die politischen und religiösen Ansichten, welche im Vorstand vertreten zu sein scheinen, keineswegs. Indessen durften uns diese persönlichen Ansichten nicht abhalten, wissenschaftliche Beiträge für das Blatt eines Vereins zu versprechen, der praktisch für eine Idee agitieren will, für die wir seit Jahren theoretisch eingetreten sind: Friedliche soziale Entwicklung durch Reformen im Recht mittelst der Gesetzgebung.[63]«

Angesichts der von uns in der Einleitung aufgeführten Verlautbarungen der Amtskirche zu dieser Zeit sind diese Bemerkungen nur allzu verständlich, wie andererseits seine deutlichen Reserven gegenüber der gerade sich formenden Stöcker-Bewegung nicht zu übersehen sind, an der sich Wagner weiterhin halbherzig beteiligte.

2. Die christlich-soziale Bewegung Stöckers

Jede Darstellung der evangelisch-sozialen Bewegung wird sich mit Stöcker und seiner christlich sozialen Partei und Bewegung zu beschäftigen haben. Bevor wir den insgesamt eher kläglichen Verlauf seiner organisatorischen Bemühungen näher verfolgen, sei eine verständnisvoll-kritische Würdigung durch Karl Kupisch vorangestellt, da sich dieser Kirchenhistoriker mehrfach Stöcker und in immer neuen Anläufen und Darstellungen dem Problem von Kirche und sozialer Frage im 19. Jahrhundert »zwischen Idealismus und Massendemokratie« zugewandt hat. Stöckers theologische wie gesellschaftspolitische Heimat war das Preußen Friedrich Wilhelms IV. Sein Interesse an politischen Zeitfragen entsprach wechselnden Motivationen. Da er – hierin Wichern verpflichtet und seinem großen realistischen Gegenspieler Bismarck vergleichbar – Eigengesetzlichkeiten von Vorgängen innerhalb der neu sich formierenden Industriegesellschaft nicht erkannt hatte, fehlte seinen Aktionen eine durchgehende Linie. Mit mehr rhetorischem Talent als analytischem Denken ging er in seinen Forderungen nicht über eine Wiederherstellung der alten, überholten Ordnung hinaus. Unfähig, den Grund für sein Unbehagen an den gegenwärtigen Zuständen zu erkennen und zu formulieren, ersetzte er die rationale Argumentation mehr und mehr durch einen aggressiven Antisemitismus[64]. Dieser erwies sich in der Tat für ihn als die einzige »integrative« Formel, mit der er die auseinanderdriftenden Elemente seines Programms und der Wünsche, Hoffnungen und Vorstellungen seiner Anhänger zusammenband. Bereits

---

[63] Brief an die Redaktion des »Staats-Socialist« vom 15. 1. 1878, abgedr. ebd., S. 161.
[64] Ebd., S. 83/84. Vgl. zu Stöcker immer noch die Schrift des Nationalsozialisten und Organisators der Geschichtswissenschaft im »Dritten Reich«, *Walter Frank*, Hofprediger Adolf Stöcker und die christlich-soziale Bewegung, Berlin 1928. Für eine Einordnung der

im September 1879 hatte Stöcker polemisch von dem Volk im Volke, unüberbrückbaren kulturellen und rassischen Gegensätzen und von der mangelnden Integrationsbereitschaft der Juden gesprochen. Seiner eigenen Argumentation dabei teilweise widersprechend, erklärte er es für durchaus legitim, wenn Deutschland sich vor der Gefahr einer Rassenvermischung schützen wolle[65]. Diese Vorwürfe sollten zu immer schärfer formulierten Stereotypen werden.

Ungeachtet der Verwendung des Rasse-Begriffs war dieser Antisemitismus erst am Rande von dem in den 1870er Jahren aufkommenden sozial-darwinistischen Gedankengut beeinflußt, war er vorrangig völkisch geprägt, selbst wenn von hier aus mühelos eine rassistische Weiterentwicklung möglich war und auch vollzogen wurde; begründet wurde er vorwiegend durch sozioökonomische Komponenten, indem er den in dieser Zeit sich steppenbrandartig ausbreitenden kleinbürgerlich-bäuerlich-handwerklichen Ressentiments gegen Liberalismus, Sozialismus und Kapitalismus, gegen die moderne Industriegesellschaft insgesamt eine griffige Formel bereitstellte. Insofern fügt sich Stöcker ein in den im Gefolge der Depression von 1873 wuchernden modernen Antisemitismus, der um 1880 – und dann wieder in Verbindung mit der wirtschaftlichen Krise von 1893 zu Beginn der 1890er Jahre – seinen ersten, in entsprechenden Reichstagswahlerfolgen antisemitischer Parteien sich niederschlagenden Höhepunkt fand und den der Historiker Hans Rosenberg als sozialpsychologisches Produkt ökonomischer Krisen und sozialer Abstiegsängste so meisterhaft dargelegt hat. »In gewissem Sinne kann man in der Tat sagen: Seit 1873 ›stieg der Antisemitismus, wenn der Aktienkurs fiel‹«[66].

Zugleich führte dieser von Stöcker vertretene und für die von ihm angestrebte Massenbasis seiner Partei – nach dem Scheitern in der Arbeiterschaft vorwiegend im Kleinbürgertum – offenbar für unerläßlich erachtete

---

Amtsposition Stöckers vgl. *Thomas Buske*, Thron und Altar. Die Rolle der Berliner Hofprediger im Zeitalter des Wilhelminismus, Neustadt a. d. Aisch 1970.

[65] *Kupisch*, Quellen zur Geschichte des deutschen Protestantismus, S. 74. Zu Stöckers Antisemitismus siehe auch *W. R. Ward*, Theology, Sociology and Politics. The German Protestant Social Conscience, 1890–1933, Berne etc. 1979, S. 49–51. So verdienstvoll diese auf Lehrbedürfnisse an englischen Hochschulen zugeschnittene Arbeit von Ward im Hinblick auf ihren Zweck ist, vermittelt sie kein zutreffendes Bild des gegenwärtigen Standes der deutschen Forschung.

[66] *Rosenberg*, Große Depression und Bismarckzeit, S. 96; vgl. auch als vorzüglichen Überblick über »Moderner Antisemitismus und vorfaschistische Strömungen« (zwischen 1873 und 1896 in Deutschland und Deutsch-Österreich), S. 88–117. Neuere Arbeiten über das Antisemitismusproblem jener Zeit – wenn sie auch die Prägnanz und Kraft Rosenbergs nicht leicht wieder erreichen – liegen mittlerweile in großer Zahl vor; vgl. bes. *P. G. J.*

Antisemitismus weit über den in den gebildeten und höheren Schichten seiner Zeit vorherrschenden Salonantisemitismus hinaus, der mit Heinrich von Treitschke freilich dann auch in eine aggressivere Richtung umgewandelt wurde[67]. Er schlug sich, unter dem Einfluß Treitschkes und Stöckers, in den in diesen Jahren gegründeten »Vereinen Deutscher Studenten« nieder, die sich gegen das überlebte studentische Verbindungswesen richteten und ein nationalistisches und soziales Programm unter antisemitischen Vorzeichen entwickelten. Führenden Vertretern der späteren sogenannten »jüngeren« Christlich-Sozialen wie Friedrich Naumann boten sie eine erste politische Heimstätte.

Mit Stöckers Antisemitismus ist eine zentrale Komponente seines Denkens berührt, die zudem eine Klammerfunktion für sein Gesamtprogramm besaß, über dieses selbst aber noch wenig aussagt. Bereits in den mittleren 1870er Jahren hatten sich seine weiterhin maßgeblichen Anschauungen herausgebildet, die über seine ursprüngliche Tätigkeit in der Berliner Stadtmission weit hinausreichten, in Verbindung mit Todt, Meyer und

Pulzer, The Rise of Political Anti-Semitism in Germany and Austria, New York 1964; *Jacob Toury,* Der Eintritt der Juden ins deutsche Bürgertum. Eine Dokumentation, Tel Aviv 1972 (= Veröffentlichungen des Diaspora Research Institute 2); *Amine Haase,* Katholische Presse und die Judenfrage. Inhaltsanalyse katholischer Periodika am Ende des 19. Jahrhunderts, Pullach b. München 1975; *Reinhard Rürup,* Emanzipation und Antisemitismus, Göttingen 1975; *Uriel Tal,* Christians and Jews in Germany. Religion, Politics and Ideology in the Second Reich 1870–1914. Ithaca u. London 1975; Juden im Wilhelminischen Deutschland 1890–1914. Ein Sammelband, hrsg. v. *Werner E. Mosse* unter Mitw. v. *Arnold Paucker,* Tübingen 1976 (= Schriftenreihe wissenschaftlicher Abhandlungen des Leo Baeck Instituts 33); *Werner Habel,* Deutsch-Jüdische Geschichte am Ausgang des 19. Jahrhunderts. Untersuchungen zur Geschichte der innerjüdischen Sammelbewegung im Deutschen Reich 1880–1900 als Beitrag zu einem wissenschafts-propädeutischen Geschichtsunterricht, Düsseldorf etc. 1977 (= Schriftenreihe zur Geschichte und politischen Bildung 23); *Jacob Toury,* Soziale und politische Geschichte der Juden in Deutschland 1847–1871. Zwischen Revolution, Reaktion und Emanzipation, Düsseldorf 1977 (= Schriftenreihe des Instituts für Deutsche Geschichte, Universität Tel Aviv 2; Veröffentlichungen des Diaspora Research Institute 20); Antisemitismus und Judentum. Hrsg. v. *Reinhard Rürup,* Göttingen 1979 (= Geschichte und Gesellschaft 5, 4); *Hans-Joachim Bieber,* Anti-Semitism as a reflection of social, economic and political tension in Germany from 1880–1933, in: *David Bronsen,* Hrsg., Jews and Germans from 1860 to 1933: The Problematic Symbiosis, Heidelberg 1979, S. 33–77; Jüdisches Leben in Deutschland. Selbstzeugnisse zur Sozialgeschichte im Kaiserreich, hrsg. u. eingel. v. *Monika Richarz,* Stuttgart 1979 (= Veröffentlichungen des Leo Baeck-Instituts); *Walter Zwi Bacharach,* Jews in Confrontation with Racist Antisemitism, 1879–1933, in: Yearbook. Leo Baeck Institute 25 (1980), S. 197–219.

[67] Vgl. zu den akademischen Kontroversen, die vorwiegend von Treitschke auf der einen, dem Juristen, Althistoriker und linksliberalen Politiker Theodor Mommsen auf der anderen Seite um 1880 ausgetragen wurden, die von *Walter Boehlich* hrsg. Dokumentation Der Berliner Antisemitismusstreit, Frankfurt a. M. ²1965.

Wagner in eine staatssozialistische Richtung auf monarchisch-konstitutioneller Grundlage abzielten und denen er durch eine Verankerung in den unteren sozialen Schichten eine plebiszitäre Grundlage zu verschaffen suchte. In einem Vortrag in Braunschweig am 30. März 1880 in einer Versammlung einer »Christlich-Sozialen Arbeiterpartei« hat er sein Programm zusammenhängend vorgeführt. Er bezeichnete darin die soziale Frage als das brennende Problem einer Zeit, deren Ernst an bedrohlichen Zeichen wie der Erscheinung des Anarchismus in Rußland oder der Pariser Kommune zu erkennen sei. Gerade in Deutschland müßte die Auseinandersetzung um die soziale Frage mit Aufmerksamkeit verfolgt werden, wo sie »die denkenden Köpfe, die fühlenden Herzen« erfaßt habe. Er warnte davor, die Sozialdemokratie lediglich als ein System sozialer Reformen zu sehen, wie das viele Nationalökonomen täten. Sie sei vielmehr eine neue Weltanschauung, die ihre Anhänger dazu brächte, sich von Christentum, Patriotismus und den sittlichen Grundlagen des Lebens loszusagen. Den Weg, den die Sozialdemokratie einzuschlagen gedenke, habe man zur Genüge aus den Schriften, Büchern und Versammlungsäußerungen der letzten Jahrzehnte kennenlernen können, und dieser Weg könne und wolle nach seiner Meinung nur in einem Abgrund enden. Ebenso wenig wie diejenigen, die die Sozialdemokratie verharmlosten, träfen freilich den Kern der Sache ihre Gegner, die in den überzeugten Sozialdemokraten Agitatoren, Schwärmer oder Bösewichte sähen. Das große Elend sei die Folge bestehender sozialer Ungerechtigkeiten, das könnte nicht bestritten werden. Nur hätten die Abwendung von der Religion und allgemeiner Sittenverfall verhindert, daß diejenigen, die ernsthaft eine Lösung suchten, einen anderen Ausweg als den der Sozialdemokratie gefunden hätten. Er machte auf die Not, die gerade in Berlin nicht zu übersehen sei, aufmerksam – sie mache verständlich, daß die sozialdemokratische Bewegung gerade in Handwerker- und Arbeiterkreisen einen solchen Erfolg habe. Dieser Bewegung mit Erfolg begegnen könne man nur, wenn in einer großen Umkehr die Achtung vor den sittlichen und religiösen Grundlagen des Volkes und die christliche Weltanschauung wiederhergestellt würde. Diese religiös-sittliche Erneuerung müsse das ganze Volk erfassen, und in ihr könnten dann zwei wichtige Gedanken des Sozialismus aufgenommen und verwirklicht werden, nämlich das wirtschaftliche Leben wieder in eine gesunde organische Form zu bringen und die Kluft zwischen arm und reich zu überbrücken. Mit Almosen sei dabei nichts zu erreichen, es müsse vielmehr in Liebe und Gerechtigkeit den begründeten Forderungen der Benachteiligten entsprochen werden, der Geist des Christentums und des Patriotismus müsse dabei lebendig wirken. Dies sei das Ziel, das ihm bei der Gründung der Christlich-Sozialen Arbeiterpartei vorgeschwebt habe[68]. Mit diesen zum Verständnis der Stöcker-Bewegung zwar zentralen, inhaltlich indes ungenauen und wenig greifbaren Aussagen, die nichts mehr von der eindringlichen Analyse und begrifflichen Präzision Todts erkennen lassen, fiel Stöcker hinter den zeitweiligen Weggefährten zurück. Seine Bedeutung lag doch mehr in einer – Heinrich von Treitschke vergleichbaren – zündenden Beredsamkeit, die vornehmlich auf die jüngeren Studenten ihren Eindruck nicht verfehlte, vor allem aber in seinem Versuch einer Parteibildung, an den Friedrich Naumanns nationalsozialer Verein 1896 anknüpfte, der Stöckers Partei in gedanklicher Konzeption und hellsichtiger Gegenwartsbeurteilung bei weitem überlegen war, an deren äußerlichen Erfolg indes nicht heranzureichen vermochte.

Gemeinsam mit dem Arbeiter Emil Grüneberg veranstaltete Stöcker am 3. Januar 1878 im Berliner »Eiskeller« eine Versammlung zur Konstituierung der geplanten Partei. Bereits diese Veranstaltung zeigte die Aussichtslosigkeit aller Bemühungen, im Zeichen einer monarchisch-konstitutionell orientierten Sozialreform in der Arbeiterschaft selbst Fuß zu fassen. Mit großer Mehrheit nahmen die über tausend Anwesenden unter tumultuarischen Umständen eine Resolution gegen Stöcker und für die Sozialdemokratie an[69]. Immerhin war das erste Ziel erreicht, wurde Stöcker öffentlich künftig aufmerksam verfolgt. Bereits am 20. Januar 1878 begrüßte ihn Kaiser Wilhelm I. als »unseren Lanzenbrecher«. Inzwischen hatte am 5. Januar in einem kleinen Kreis die Gründung der Christlich-Sozialen Arbeiterpartei stattgefunden; am 1. Februar wurden auf einer geschlossenen Mitgliederversammlung Statut und Programm angenommen, dem man einige »Allgemeine Grundsätze« voranstellte:

»I. Die christlich-soziale Arbeiterpartei steht auf dem Boden des christlichen Glaubens und der Liebe zu König und Vaterland.

II. Sie verwirft die gegenwärtige Sozialdemokratie als unpraktisch, unchristlich und unpatriotisch.

---

[68] *Adolf Stoecker*, Sozialdemokratisch, Sozialistisch und Christlich-Sozial (Vortrag 30. 3. 1880), in: *ders.*, Christlich-Sozial. Reden und Aufsätze, Berlin ²1890, S. 215–224 (Auszüge).

[69] Vgl., teilweise auch zum folgenden, *Dieter Fricke*, Christlich-soziale Partei 1878–1918 (1878–1881 Christlich-soziale Arbeiterpartei) in: *ders.*, hrsg., Die bürgerlichen Parteien in Deutschland, Bd. 1, Leipzig 1968, S. 245–255, hier S. 246, da ungeachtet einer reichlich vorliegenden Stöcker-Literatur dieser Beitrag aufgrund neu erschlossener Archivalien im Potsdamer Archiv in der *politischen* Darlegung über die bisherige Literatur hinausführt. Seine politische Einseitigkeit wird durch die kontrastierenden Bemühungen der älteren und westdeutschen Literatur, Stöcker primär geistes- und theologiegeschichtlich in eine breite, wenn auch skeptisch betrachtete Traditionslinie sozialer Stränge im deutschen Protestantismus einzuordnen, sicher großenteils aufgewogen.

III. Sie erstrebt eine friedliche Organisation der Arbeiter, um in Gemeinschaft mit den anderen Faktoren des Staatslebens die notwendigen praktischen Reformen anzubahnen. IV. Sie verfolgt als Ziel die Verringerung der Kluft zwischen reich und arm und die Herbeiführung einer größeren ökonomischen Sicherheit.[70]«.

Nach den großen, anfänglich gehegten Erwartungen erwies sich die Beteiligung an der Reichstagswahl vom 30. Juli 1878 als schwere Niederlage; insgesamt wurden nur gut zweitausend Stimmen für sie abgegeben. Auch die von der Regierung und der Kirchenleitung erhoffte Unterstützung blieb aus. Ende Oktober 1878 erklärte der Evangelische Oberkirchenrat seine Mißbilligung und auch der Zusammenschluß mit dem Centralverein für Sozialreform am 1. Dezember 1878 vermochte den Niedergang nicht aufzuhalten. Zugleich verschlechterten sich in den folgenden Jahren die Beziehungen zur preußischen Regierung, insbesondere zu Bismarck zunehmend, der zeitweilig ein Verbot der Partei auf der Grundlage des Sozialistengesetzes erwog[71].

Nach dem vollständigen Fiasko in der Arbeiterschaft konzentrierte sich Stöcker seit 1880 auf kleinbürgerliche Schichten und suchte den Anschluß an die preußisch-ostelbisch-agrarische Deutsch-Konservative Partei, der man sich nach der erneuten Niederlage in der Wahl von 1881 als selbständige Gruppe anschloß. Bismarck verkannte die vorübergehende Brauchbarkeit dieser Partei keineswegs; am 14. Oktober 1881 legte er in einem Brief an seinen Sohn Wilhelm das Für und Wider eines Wahlsieges Stöckers dar. Neben einer willkommenen Niederlage des Gegners sei Stöcker als brauchbarer Kampfgenosse zu begrüßen. Nicht billigen könne man freilich die antisemitischen Äußerungen, seien sie nun durch Stöcker erfolgt oder durch andere – aber gerade diese würden ja durch dessen Wahl sanktioniert[72]. Diesen Hinweis wird man als eher vordergründig zu werten haben; maßgeblich war für Bismarck die Sorge vor eigenständiger und damit letztlich unkontrollierbarer, sich der Regierungsaufsicht entziehender Parteibildung innerhalb des staatstragenden deutschen Protestantismus. Mit aller Offenheit bezeichnete er sie 1895 als den Versuch, ein von der Staatsregierung unabhängiges protestantisches Zentrum neben dem katholischen herzustellen[73].

Diese Furcht blieb indes unbegründet; innerhalb der Deutschkonservativen Partei vermochte Stöckers Bewegung sich zwar zunächst einige Jahre

---

[70] *Stoecker*, S. 21.
[71] *Fricke*, S. 247.
[72] *Bismarcks* Briefe an seinen Sohn Wilhelm, hrsg. v. *Wolfgang Windelband*, Berlin 1922, S. 16.
[73] *Hermann Hofmann*, Fürst Bismarck 1890–1898, Stuttgart 1913, Bd. 2, S. 322.

lang zu behaupten, doch mußte sie nach 1886 einen erneuten, starken Niedergang verzeichnen, da in dem »Kartell«-Reichstag von 1887 für diese Gruppierung kein Raum mehr blieb. Auf die Programmatik der Konservativen selbst hat sie einigen Einfluß auszuüben vermocht, insbesondere die antisemitischen Passagen des sogenannten konservativen Tivoli-Programms von 1892 beeinflußt, doch spielte sie als zentrale Organisation der evangelisch-sozialen Bewegung keine große Rolle. Auf die verwickelten Beziehungen zur Deutschkonservativen Partei, die durch Skandale, Intrigen und ständige Kursschwankungen gekennzeichnet waren, ist hier nicht einzugehen, wie auch diese Vorgänge insgesamt hinreichend erforscht sind. Nach dem endgültigen Bruch mit den Konservativen wurde die Christlich-Soziale Partei 1896 neugegründet, doch vollzog sich diese Parteibildung bereits im Konflikt mit den jüngeren Christlich-Sozialen, die sich um den fast gleichzeitig gegründeten nationalsozialen Verein Friedrich Naumanns scharten, der vornehmlich bei jüngeren Pastoren und in der akademischen Jugend größeren Anklang fand als die mittlerweile überlebte Neuauflage der antisemitisch-kleinbürgerlichen Stöcker-Bewegung, die zwar in der Zahl der Reichstagsmandate etwas erfolgreicher operierte, jedoch keine geistige Ausstrahlung mehr besaß. Mit einem Mandat 1898, zwei Mandaten 1903 und je 3 Mandaten 1907 und 1912 vermochte sie zwar Achtungserfolge zu erringen, die evangelisch-soziale Bewegung selbst indes war über sie hinweggegangen. Auch Stöcker, der 1909 starb, zog sich in seinen letzten Jahren fast völlig aus der Parteiarbeit auf seine Berliner Missionstätigkeit zurück, zermürbt von den jahrzehntelangen Kämpfen. Den lebhaften neuen Ansätzen, die um und nach 1890 die evangelisch-soziale Bewegung im Umkreis des Evangelisch-Sozialen Kongresses belebten, hat er neue Impulse nicht mehr gegeben, auch wenn er zu den Gründern des Kongresses gehörte, von dem er sich nach einigen Jahren dann enttäuscht zurückzog; die von Todt bereits 1873 propagierte Verbindung von Theologie und Nationalökonomie, die nun im Mittelpunkt evangelisch-sozialen Denkens stand, lag außerhalb seiner Vorstellungswelt[74].

---

[74] Angesichts der soeben erschienenen, von *Klaus Tenfelde* und *Gerhard A. Ritter* hrsg. Bibliographie zur Geschichte der deutschen Arbeiterschaft und Arbeiterbewegung 1863–1914 kann eine Aufzählung neuer Arbeiten über theologische, politische und soziale Vorstellungen Stöckers, zu Details und grundsätzlichen Problemen seiner Politik wie auch zu lokalen und regionalen Einzelproblemen der christlich-sozialen Partei vermieden werden; vgl. in dieser Bibliographie S. 422–425, vorrangig die Titel Nr. 3934–3935, 3940–3942, 3948–3949, 3952–3954, 3961, 3968, 3970.

III. PROTESTANTISMUS UND SOZIALE FRAGE IM WILHELMINISCHEN REICH

A. Spannungen innerhalb der christlich-sozialen Bewegungen

1. Die Zeit des »Neuen Kurses«: Soziale Strömungen in den gebildeten evangelischen Schichten nach 1890

a) Der Sozialismus der Gebildeten

Im Jahre 1904 setzte sich der Soziologe und Nationalökonom Werner Sombart mit der Frage auseinander »Warum interessiert sich heute jedermann für Fragen der Volkswirtschaft und Sozialpolitik?«[1]

Zum Zeitpunkt des Erscheinens seiner Broschüre war die Frage indes bereits überholt. Zwar bestanden die Organisationen fort, die sich, insbesondere im protestantischen deutschen Bildungsbürgertum, im vorangegangenen Jahrzehnt zu einer wissenschaftlichen Erörterung, indirekt auch praktischen Auseinandersetzung mit Fragen des Sozialismus und der Sozialpolitik gebildet hatten; an ihrer Bedeutung und »segensreichen« Wirkung, wie selbst Freigewerkschaftler und Sozialdemokraten kurz vor Kriegsausbruch im Hinblick auf die Gesellschaft für Soziale Reform und den mit dieser in diesen Jahren eng kooperierenden Evangelisch-Sozialen Kongreß feststellten[2], war nicht zu zweifeln – von jener breiten sozialpolitischen Aufbruchsstimmung an den Universitäten, in der jungen Pfarrerschaft und in weiteren gebildeten Schichten, aus der heraus jene Organisationen entstanden waren, konnte indes keine Rede mehr sein. »Mit dem ausklingenden Jahrhundert« war die »kurzfristig aufblühende Sumpfblüte des ›Sozialismus der Gebildeten‹ ... erstorben«, wurde jüngst in einer gewichtigen Untersuchung festgestellt, die erstmals systematisch inhaltliche Akzentuierungen, Umfang und Ursachen dieser in ihrer Breitenwirkung

---

[1] *Werner Sombart,* Warum interessiert sich heute jemand für Fragen der Nationalökonomie und Sozialpolitik? Leipzig 1904.

[2] *vom Bruch,* Bürgerliche Sozialreform und Gewerkschaften, S. 607/608 führt eine Reihe solcher Zeugnisse an. Als »segensreich« bezeichnete Rudolf Wissell das Wirken der »Gesellschaft für soziale Reform«.

bislang noch wenig bekannten Bewegung untersucht hat[3], auch wenn in einzelnen Bereichen wie dem Verein für Socialpolitik, Naumanns national-sozialem Verein und anhand der Auseinandersetzungen zwischen jüngeren Theologen und Evangelischem Oberkirchenrat zentrale Elemente dieser durch einen wissenschaftlichen Gültigkeitsanspruch vertieften Gärungs-phase bereits vorgeführt worden sind[4].

Diese Bewegung sei illustriert durch einige zeitgenössische Beurteilungen eines bekannten Pädagogikprofessors, der kontinuierlich als einflußreicher politischer Publizist hervortrat, eine Lagebeurteilung der gemäßigt konser-vativen Zeitschrift »Die Grenzboten«, ferner ein Jahrzehnt später den Eindruck eines aufmerksamen sozialistischen Beobachters und schließlich einen kurz nach Kriegsausbruch geschriebenen Rückblick des psycholo-gisch feinfühlenden Historikers Erich Marcks.

Kurz nach den sozialpolitischen kaiserlichen Erlassen und der Reichs-tagswahl von 1890 schrieb der Jenenser Hochschullehrer Wilhelm Rein:

> »Da stehen wir mitten in der sozialen Frage. Wer will sie entscheiden? Versagt dem Arbeiter jedes Eingehen auf seine Forderungen, und ihr werdet sehen, daß wir einer Katastrophe zueilen. Gebt den Arbeitern nach, dann – scheiden sich die Ansichten. ... Die Lösung der sozialen Frage ist die größte und schwierigste Aufgabe, die der Gesellschaft gestellt ist ... Die Hauptsache ist und bleibt, daß in dem gegenwärtigen Zeitpunkte die Bewegung in friedliche Bahnen gelenkt werde, in ihrer Mitte die sozialdemagogischen von den sozialdemokratischen Elementen scharf zu scheiden.[5]«

Damit war präzise die Marschrichtung des »Professoren- und Pastoren-sozialismus« der folgenden Jahre bezeichnet.

Drei Jahre später stellten die »Grenzboten« unter dem Eindruck der scharfen wirtschaftlichen Depression von 1893 und der gleichwohl anhal-tenden »Aufbruchsstimmung« im Bildungsbürgertum erstaunt fest, daß anscheinend die schlechte wirtschaftliche Lage, gekennzeichnet durch Arbeitslosigkeit und stark rückläufige Gewinntendenzen, sich nicht nach-teilig auf das kulturelle und geistige Leben auswirke. Das Gegenteil war der Fall: Mit großem Optimismus machte man sich an die Lösung schier unbewältigbarer neuer Aufgaben[6].

---

[3] *vom Bruch*, Wissenschaft, S. 138–175, Zitat S. 172.

[4] Vgl. zu diesen drei Komplexen die Arbeiten von *Lindenlaub* (wie Einleitung, Anm. 1), *Düding* (wie Einleitung, Anm. 6) und *Pollmann* (wie Einleitung, Anm. 7).

[5] *Wilhelm Rein*, Die zukünftigen Parteien, in: Die Grenzboten (1890), wieder in: *ders.*, Kunst, Politik und Pädagogik, Langensalza 1911, Bd. 2, S. 1–15, Zitate S. 1–5. Zum Charakter der 1890er Jahre und der durch die Jahrhundertwende markierten Zäsur vgl. auch *vom Bruch*, Wissenschaft, S. 22–25, 29–32.

[6] Die Grenzboten, 52/1 (1893), S. 192/193.

Den gleichen Eindruck gewann 1910 ein österreichischer Sozialist und ständiger Mitarbeiter der revisionistischen »Sozialistischen Monatshefte«, der die beiden Jahrzehnte vor und nach der Jahrhundertwende hinsichtlich der sie geistig prägenden Tendenzen musterte. Für ihn boten die 90er Jahre des vergangenen und die ersten des neuen Jahrhunderts eine Gelegenheit zur Entwicklung auf allen Gebieten geistigen Lebens wie nie zuvor. Er nennt dabei führende Philosophen, Psychologen, Nationalökonomen und Theologen. Die Umwälzung und Neugestaltung auf diesen Gebieten, die parallel zueinander und einander fördernd abläuft, stellt für ihn das dar, was sonst im Zeitraum zweier Generationen erreicht wird. Zugleich fällt ihm für seine Gegenwart das Abnehmen der sozialen Stimmung bei der Jugend auf, und er macht dafür die zahlenmäßige Stärke der Partei, die die Arbeiterklasse vertrat, verantwortlich; diese Klasse könne nicht länger »Gegenstand des Mitleids« sein. Einen weiteren Grund für das Zurückgehen des sozialen Engagements sieht er in der zunehmenden Technisierung und Rationalisierung, sowie einer optimistischen Stimmung, die aus der Gewißheit resultiert, daß alle Probleme letztlich gelöst werden können[7].

Unter dem Eindruck der »Ideen von 1914« wies Erich Marcks rückblickend auf eine bereits nach 1890 sich ausformende kulturelle Erneuerung im deutschen Bürgertum hin:

> »Um 1890 bereits ... drang die Sehnsucht nach einer neuen Beseelung, einer innerlichen Bereicherung und Verdeutschung des neuen Deutschtums heiß an die Oberfläche unseres Lebens: Denker und Dichter und Künstler, Erzieher, Publizisten und Politiker haben dafür gearbeitet, und neben den neuen starken Staat, den wir festhielten und festhalten mußten, stellte sich als oberstes Ziel und als unablässig wachsender Inhalt eine neue Erhebung unserer Kultur.[8]«

Diese von so unterschiedlichen Persönlichkeiten und Seiten skizzierte Phase der Erneuerung und einer neu erwachten kulturellen Besinnung und sozialen Verantwortung in den gebildeten Schichten war indes nur von kurzer Dauer. Zum gleichen Zeitpunkt 1904, als Sombart fragte, warum sich heute »jedermann« mit Nationalökonomie und Sozialpolitik beschäftige, beklagte Friedrich Naumann, der über ein seismographisch feines Gespür für sich anbahnende Trends und Stimmungen verfügte, »die politische Mattigkeit der Gebildeten«[9], drei Jahre später rechnete er in einem Artikel über »Die Stellung der Gebildeten in der Politik« mit Opportunis-

---

[7] *Karl Leuthner*, Einst und jetzt, in: Sozialistische Monatshefte, 14/I (1910), S. 417–423.

[8] *Erich Marcks*, Neue Horizonte, in: Internationale Monatschrift für Wissenschaft, Kunst und Technik 9 (1914/15), Sp. 413.

[9] *Friedrich Naumann*, Die politische Mattigkeit der Gebildeten, in: Süddeutsche Monatshefte 1 (1904), S. 977–981.

mus, Resignation und Lähmungen im Bildungsbürgertum ab[10] und sah sich gleichzeitig in einen Grundsatzstreit mit dem nämlichen Sombart verwikkelt, der nach seiner »ästhetizistischen Wende« seit etwa 1904 in einer neuen, 1907 gegründeten Zeitschrift »Morgen« die Abkehr der Gebildeten von der flachen und öden Politik und einen Rückzug auf den Wert der jeweiligen Einzelpersönlichkeit forderte[11]. In den letzten Vorkriegsjahren häuften sich dann Klagen über den Mangel an sozialem Sinn und einem kulturbewußten Idealismus im deutschen Bürgertum, von denen hier nur symptomatisch auf den linksliberalen Marburger Theologen Martin Rade verwiesen sei, der in immer neuen Variationen beschwörend »Mehr Idealismus in der Politik« forderte und sich dabei vornehmlich an die gebildeten Schichten wandte[12].

Der Umschlag von einer sozialpolitischen Aufbruchsstimmung, die den Gebildeten eine neue führende Position in der Klärung und Voranbringung der drängendsten innenpolitischen Aufgaben der Gegenwart zuzuweisen schien, zu lethargischer Resignation und sozialpolitischer »Müdigkeit« hatte sich bereits in der zweiten Hälfte der 1890er Jahre vollzogen. Hierzu trug vornehmlich die Verlagerung des Interesses im deutschen Bildungsbürgertum von innen-/sozialpolitischen Fragen zur Begeisterung über die neue »Weltpolitik« Kaiser Wilhelms II. bei, wie sie durch die in diesen Kreisen mit Jubel aufgenommenen beiden Flottenvorlagen von 1897/98 und 1899/1900 markiert wurde, vor allem aber die im Inneren deutlich verschärfte Repressionspolitik der Regierung gegenüber der Sozialdemokratie, gegenüber der sozialen Gesetzgebung und gegenüber »sozialistischen« Tendenzen im deutschen Bürgertum, die sich bereits seit 1893/94 anbahnte und in den folgenden Jahren eine zunehmende Heftigkeit erreichte[13]; damit korrespondierte ein weitgehendes Scheitern jener bildungsbürgerlichen Ansätze, die sich diesen Verschärfungen entgegenzustemmen und auf eine Versöhnung der unteren Schichten mit dem Nationalstaat hinzuwirken suchten.

Ob es sich um die Unterstützung streikender Hamburger Hafenarbeiter im Winter 1897/98, um die Verschärfung der kriminalisierenden Bestim-

[10] *Friedrich Naumann*, Die Stellung der Gebildeten in der Politik, in: Patria. Jahrbuch der »Hilfe«, 1907, S. 80–94.
[11] Zur Kontroverse zwischen Naumann und Sombart im Rahmen der Zeitschrift »Morgen« vgl. *vom Bruch*, Wissenschaft, S. 185–189.
[12] Neben zahlreichen Zeitschriftenaufsätzen Rades aus den letzten Vorkriegsjahren vgl. bes. *Martin Rade*, Mehr Idealismus in der Politik, Jena 1911.
[13] Zur bildungsbürgerlichen Flottenbegeisterung vgl. aus der reichen Literatur besonders *Wolfgang Marienfeld*, Wissenschaft und Schlachtflottenbau in Deutschland 1897–1906, Frankfurt a. M. 1957.

mungen des Koalitionsrechts in Preußen und im Reich in Verbindung mit der preußischen Gesetzgebung 1897 und der sogenannten »Zuchthausvorlage« 1899 handelte, oder aber um neue Angriffe auf die Freiheit von Wissenschaft und Kunst, wie sich an der »lex Heinze« 1900 zeigte, immer wieder mußten die dem Verein für Socialpolitik, dem Evangelisch-Sozialen Kongreß und dem nationalsozialen Verein nahestehenden Akademiker die weitgehende Wirkungslosigkeit ihrer eigenen Bemühungen erkennen. Im Rückblick auf Zuchthausvorlage und »lex Heinze« stellte der Historiker und politische Publizist Hans Delbrück, der allen drei Organisationen persönlich eng verbunden war, als Herausgeber der »Preußischen Jahrbücher« zu den einflußreichsten Publizisten des Kaiserreichs zählte und mit seinem Schwager, dem liberalen Theologen und bedeutenden Wissenschaftspolitiker Adolf Harnack einen regelmäßigen wöchentlichen Meinungsaustauch unterhielt, in seiner Zeitschrift im Sommer 1900 fest: »Kunst, Wissenschaft und Bildung haben sich in Deutschland unter die Fittiche der Sozialdemokratie flüchten müssen«[14], jener Partei also, der man in diesen Kreisen mit einem elastischen sozialpolitischen Reformkurs das Wasser abzugraben hoffte, im Gegensatz zum restriktiv verhärteten Regierungskurs, und mit der man zur eigenen Erbitterung von Teilen der Regierung, der konservativen und rechtsliberalen Presse und Abgeordneten immer wieder in einen Topf geworfen wurde.

Wie anders war die Stimmung demgegenüber 1892 gewesen, im Kampf gegen die klerikal-konservative preußische Volksschulvorlage des Kultusministers Zedlitz-Trützschler und dann wieder 1894/95 im Kampf gegen die Umsturzvorlage. Im Frühjahr 1892 begeisterte sich der evangelische Kirchenrechtshistoriker Freiherr von Soden darüber, daß hier ein Kampf um ideelle Werte ausgetragen werde. Der Theologe, der 1896 Führer des konservativen Flügels in Naumanns nationalsozialem Verein werden sollte, sah darin die Gewähr dafür, daß noch nicht alles sich um materielle Interessen drehe und die parteipolitischen Auseinandersetzungen und die öffentliche Diskussion rein von diesen Gesichtspunkten bestimmt seien[15]. Mit ähnlichem Enthusiasmus äußerte sich Delbrück einige Jahre später anläßlich der Schul- wie auch der Umsturzvorlage, hier habe sich der »höhere« Genius der »ordinären« öffentlichen Meinung entgegengestellt. Diesen sah er nicht unähnlich einem *deus ex machina* in der Stunde der

[14] *Hans Delbrück*, Die Beseitigung der »lex Heinze« als Verdienst der Sozialdemokratie, in: Preußische Jahrbücher 100 (1900), S. 570.
[15] Freiherr *von Soden* in: Christliche Welt 6 (1892), Sp. 132.

Gefahr eingreifen und unter allgemeinem Beifall das Parlament zu einem plötzlichen Umschwenken veranlassen[16].

Das Scheitern beider Vorlagen wurde denn auch vorrangig auf bildungs-bürgerlich-akademische Interventionen zurückgeführt, die durch Publizistik, Resolutionen und Eingaben maßgeblich das parlamentarische Abstimmungsverhalten sowie einen Umschwung in der Regierung selbst bewirkt hätten. Tatsächlich aber setzte nun erst voll ein Gegenangriff auf den »Universitäts-« und »Pastorensozialismus« ein, zu dessen Wortführer sich der saarländische Großindustrielle, freikonservative Parlamentarier und einflußreiche Freund des Kaisers, Freiherr v. Stumm machte, der im Reichstag am 9. Januar 1895 dagegen polemisierte, daß bestimmte Kreise Intellektueller mit der Sozialdemokratie, ja mit dem Umsturz liebäugelten. Besonders in Berlin habe sich geradezu ein Universitätssozialismus entwickelt, den nicht zu bekennen sich kein Gelehrter, namentlich keiner des nationalökonomischen Faches, erlauben könne. Täte er es trotzdem, liefe er Gefahr boykottiert, wissenschaftlich abgewertet und in seiner Karriere empfindlich geschädigt zu werden. Mit besonderer Schärfe wandte Stumm sich gegen Naumanns Zeitschrift »Die Hilfe«, der er vorwarf, sie arbeite geradezu und unverhohlen mit der Sozialdemokratie zusammen[17].

Stumms Reaktion richtete sich gegen eine Entwicklung, die Todts Forderung von 1873 in die Praxis umgesetzt zu haben schien. Zwanzig Jahre später war diese Ansicht in der Pfarrerschaft der jüngeren Generation weitverbreitet, wurden sozialistische Lehren unbefangen diskutiert und eine nationalökonomische Schulung jüngerer Geistlicher begrüßt, wie sie die sozialpolitischen Kurse des Vereins für Socialpolitik und des Evangelisch-Sozialen Kongresses 1893 bis 1896 – teilweise gemeinsam veranstaltet – unter der Mitwirkung führender Volkswirtschaftslehrer anboten. Der ethisch-theologischen Beurteilung konkreter Zeit- und Streitfragen hatte eine wissenschaftliche Prüfung voranzugehen.

b) Theologie und Nationalökonomie

Hier fügte es sich glücklich, daß mit dem noch ausführlich zu erörternden Evangelisch-Sozialen Kongreß eine Plattform geschaffen worden war, von der aus akademische Nationalökonomen und evangelische Theologen gemeinsam die aufstrebende Sozialdemokratie zu bekämpften suchten,

---

[16] *Hans Delbrück* in Preußische Jahrbücher 100 (1900), S. 189.
[17] Stenographische Berichte der Verhandlungen des Deutschen Reichstags, 9. Legislaturperiode, 3. Session, Bd. 138, S. 210/211.

wobei sich die Gelehrten auf eine Auseinandersetzung mit dem wissenschaftlichen Anspruch des Sozialismus für die theoretische Grundlage der
Sozial- und Wirtschaftswissenschaften konzentrierten, während die stark
engagierten Pfarrer mit dem zunehmend virulenten Problem der kirchlichen Entfremdung der unteren Volksschichten und dem gleichzeitigen
Umsichgreifen eines in vielen Spielarten aufscheinenden Freidenkertums
konfrontiert waren[18]. Zwar hatten sich auch in den gut fünfzehn Jahren
nach Todts Programmschrift mehrfach evangelische Theologen und der
Kirche nahestehende Männer zu dem Komplex Kirche und soziale Frage
geäußert[19], massenhaft setzten solche Publikationen indes erst 1890 ein[20],

---

[18] Bereits im 1. Kapitel hatten wir auf die Kirchenaustrittsbewegung hingewiesen. Vgl. dazu
detaillierter *Ernst Adam*, Die Stellung der deutschen Sozialdemokratie zu Religion und
Kirche (bis 1914), Diss. Frankfurt a. M. 1930; *Werner Bröker*, Politische Motive wissenschaftlicher Argumentation gegen Religion und Kirche im 19. Jahrhundert. Dargestellt am
»Materialisten« Karl Vogt (1817–1895), Münster 1973; *Heiner Grote*, Sozialdemokratie und
Religion. Eine Dokumentation für die Jahre 1863–1875, Tübingen 1968; zur Reaktion der
evangelischen Kirche *Rainer Marbach*, Säkularisierung und sozialer Wandel im 19. Jahrhundert. Die Stellung von Geistlichen zur Entkirchlichung und Entchristlichung in einem
Bezirk der hannoverschen Landeskirche, Göttingen 1978, zur (proletarischen) Freidenker-
bewegung *Jochen-Christoph Kaiser*, Arbeiterbewegung und organisierte Religionspolitik.
Proletarische Freidenkerverbände im Kaiserreich und in der Weimarer Republik, Stuttgart
1981.

[19] Als frühe Zeugnisse s. *J. E. Kuntze*, Die soziale Frage und die innere Mission, Leipzig 1873;
E. Luthardt, Die soziale Frage in der Vergangenheit und in der Gegenwart, Leipzig 1877;
R. Kögel, Die Aufgabe der evangelischen Geistlichen an der sozialen Frage, Bremen 1878;
E. Sulze, Über die Aufgabe der Evangelischen Kirche gegenüber der sozialen Frage der
Gegenwart, Dresden 1884.

[20] Von den kaum mehr übersehbaren einschlägigen Zeitschriftenaufsätzen abgesehen vermag
die 1890 einsetzende Flut von Broschüren einen Eindruck der neuen Aufbruchstimmung zu
geben, aus der einige Beispiele herausgegriffen seien: *P. Zuppke*, Wie ist die soziale Frage in
der Predigt zu behandeln?, Gera 1890; *W. Becker*, Stellung und Aufgabe der lutherischen
Kirche gegenüber der sozialen Frage, Hannover 1890; *E. Dresbach*, Was läßt sich im
Rahmen unserer Kirchenordnung zur Lösung der sozialen Frage tun?, Dresden 1890; *Fr.
Lahusen*, Die christliche Gemeinde und die soziale Frage, Bremen 1890. Auch in den
folgenden Jahren findet sich eine reiche Literatur, die allerdings 1896 mit dem Gegensatz
zwischen älteren und jüngeren Christlich-Sozialen, mit dem ablehnenden kaiserlichen
Telegramm an Hinzpeter, daß christlich-sozial ein »Unsinn« sei, und mit dem verschärften
Repressionskurs der kirchlichen Aufsichtsbehörden neuen Auftrieb erfuhr. Vgl. als Hin-
weis auf die Breite des Spektrums *Reinhold Seeberg*, Die Kirche und die soziale Frage,
Leipzig 1896, als Programmschrift des Kirchlich-sozialen Bundes; vgl. weiterhin in diesem
Jahr *A. Wach*, Die Stellung der Geistlichen zur sozialen Frage, Dresden 1896, im folgenden
Jahr *M. v. Nathusius*, Die Mitarbeit der Kirche an der Lösung der sozialen Frage, Leipzig
1897; *D. v. Oertzen*, Landeskirchentum und soziale Frage, Berlin 1897. Die Vielfalt der in
diesen Jahren anschwellenden christlich-sozialen Bestrebungen erhellt auch *Heinz Budde*,

beherrschten für etwa fünf bis sieben Jahre die publizistische Szene und ließen dann stark nach[21].

Ein Beispiel für zahlreiche ähnliche Publikationen stellte eine Broschüre des Güstrower Dompredigers Heinrich Wilhelmi dar, der zum Gründungskreis von Naumanns »Die Hilfe« gehörte. In seiner Erörterung eines zentralen Problems im Kampf zwischen Kapital und Arbeit: »Strike und öffentliche Meinung« von 1896 bediente er sich ausgiebig der sozialwissenschaftlichen Fachliteratur und Periodika, um in eine vorurteilslose und kompetente Prüfung der Frage eintreten zu können, die dann allerdings in eine kaum verhohlene Werbung für die evangelischen Arbeitervereine einmündete[22]. Erst im letzten Abschnitt – auch dieses Schema findet sich in etlichen Schriften junger Geistlicher dieser Jahre – hebt der Autor den besonderen Beitrag des Evangeliums hervor. Dabei klingt auch eine Parallele an zwischen dem Aufruf Johannes des Täufers zur Umkehr und der Forderung der Zeit nach einer sittlichen Erneuerung des Volkes in allen Schichten. Dieser Wandlungsprozeß mit christlichem Vorzeichen schien ihm die entscheidende Grundlage für einen sozialen Frieden[23]. In der Wirklichkeit dieser Welt haben sich dann aber Gesinnung und Fachwissen, Überzeugung und Sachverstand zu verbinden:

> »Zur Lösung der socialen Frage gehören Mittel, welche die Kirche nicht als solche besitzt. Aber ebenso gewiß geht es nicht ohne Christentum, denn es geht nicht ohne die entsprechende Gesinnung. ›Wirtschaftliches und sittliches Leben bedingen einander. Es ist ein Irrtum, zu meinen, man könne ein Volk sittlich heben, ohne es wirtschaftlich zu heben‹ (Uhlhorn). Man kann Socialdemokrat sein und das doch begreifen; aber wenn man es begriffen hat, kann man freilich nicht mehr lange Socialdemokrat bleiben.[24]«

Handbuch der christlich-sozialen Bewegung, Recklinghausen 1967. Diese Breitenwirkung ist bei *Ward*, Theology, Sociology and Politics nicht recht zu erkennen, da er vorwiegend eine Gipfelwanderung entlang den bekannten Namen vornimmt.

[21] Vgl. etwa nach der Jahrhundertwende G. *Rietschel*, Welche Stellung nimmt die evangelische Kirche zu der sozialen Frage der Gegenwart ein, und wie haben infolgedessen die Geistlichen als die Diener der Kirche auf dem Gebiete des sozialen, des wirtschaftlichen Lebens sich zu verhalten?, Leipzig 1904, sowie die Schriften des langjährigen Mitstreiters von Naumann und »Hilfe«-Redakteurs *Gottfried Traub*, der dann später unter dem Einfluß des Weltkrieges nach rechts zur Vaterlandspartei und in das deutschnationale Lager abwanderte: Ethik und Kapitalismus, Heilbronn 1904; ders., Der Pfarrer und die soziale Frage, Göttingen 1907. Aus der Literatur sei in diesem Zusammenhang verwiesen auf G. *Lewek*, Kirche und soziale Frage um die Jahrhundertwende. Dargestellt am Wirken Ludwig Webers, Neukirchen-Vluyn 1963.

[22] *Heinrich Wilhelmi*, Strike und öffentliche Meinung. Ethische Erwägungen zur socialen Frage, Güstrow 1895.

[23] Ebd., S. 104.

[24] Ebd., S. 105.

Eine längere Besprechung der Broschüre in einer Provinzzeitung betonte denn auch gleichermaßen den sittlichen Anspruch und das nationalökonomische Rüstzeug des Verfassers und stellt fest, daß die Christlich-Soziale Partei sich neben der sozialdemokratischen Bewegung hat behaupten können. Er zitiert in diesem Zusammenhang W. v. Massow, der in seiner Schrift »Reform oder Revolution« (Berlin 1895) eine größere Verbundenheit des Seelsorgers mit dem Volk, unterstützt von den gläubigen Gemeindemitgliedern, fordert, sowie eine Abkehr von theologischen Theoriediskussionen und Hinwendung zu praktischem Wirken[25].

Die Beispiele ließen sich in ähnlicher Weise fast beliebig vermehren; bereits eine oberflächliche Sichtung zeitgenössischer Bücherverzeichnisse und einiger Kulturzeitschriften der Jahre etwa zwischen 1891 und 1897 bezeugt die Fülle sozialpolitischer und sozialwissenschaftlicher Beiträge evangelischer Theologen, die durchweg dem Umkreis der christlich-sozialen Bewegung Stöckers und hier wieder vornehmlich dem von Naumann repräsentierten Flügel der »jüngeren« Christlich-Sozialen angehörten. Naumann selbst bezeichnete 1895 die Nationalökonomie als die »Hauptwissenschaft« des Zeitalters. Dieser von anderen Zeitgenossen immer wieder bestätigten Auffassung lag eine einzigartige Kombination von fachlicher Kompetenz und handlungsleitendem politischen Anspruch zugrunde, die sich bei fast allen führenden Vertretern des Faches vor der Jahrhundertwende wiederfindet. In einem Überblick über die jüngere Entwicklung seiner Disziplin stellte Gustav Schmoller befriedigt fest: »Aus der Geschäftsnationalökonomie ist wieder eine moralisch-politische Wissenschaft geworden.[26]« Im gleichen Jahr 1897 betonte darüber hinausgehend der Finanzwissenschaftler, christlich-soziale und nationalistische Politiker sowie staatssozialistische Theoretiker Adolf Wagner, der Hochschullehrer habe auf die soziale Gesinnung der Studenten einzuwirken sowie auf die öffentliche Meinung, vor allem auf die der Besitzenden und Gebildeten. »So denkt jeder meiner Kollegen, jeder will Wissen und Gesinnung zugleich verbreiten und heben.[27]« Von hier aus ließ sich Wilhelmis Postulat

---

[25] Besprechung der Broschüre durch -r- unter der Rubrik »Zur socialen Frage« in der Rostocker Zeitung, Nr. 75, 1895. Ein Sonderabdruck findet sich eingeheftet in einem Exemplar der Broschüre aus der Universitätsbibliothek Köln.

[26] *Gustav Schmoller*, Wechselnde Theorien und feststehende Wahrheiten im Gebiete der Staats- und Sozialwissenschaften und die heutige deutsche Volkswirtschaftslehre, Berlin 1897, S. 26.

[27] *Adolf Wagner*, Schlußworte einer akademischen Vorlesung über Sozialpolitik, 3. März 1897, abgedruckt in: Preußische Jahrbücher 88 (1897), S. 122.

der (christlichen) Gesinnung mühelos mit einem vergleichbaren Anspruch der Nationalökonomen selbst verzahnen.

Mit den Erfordernissen eines inneren Ausbaues des neu geeinigten Deutschen Reiches und der Ausgleichung der durch die Industrialisierung hervorgerufenen sozialen Spannungen hatten die in politischer Publizistik und öffentlicher Reputation zuvor tonangebenden Historiker – wie vor ihnen Theologen, Philosophen, Juristen und Staatsrechtslehrer – ihren politischen Relevanzanspruch an die Nationalökonomie weitergeben müssen und sich ihrerseits streng fachwissenschaftlicher Forschung ohne politischen Anspruch zugewandt. Indem sich die Volkswirtschaftslehre seit den späten 1860er und frühen 1870er Jahren zunehmend zu der sittlichen Verpflichtung wissenschaftlich gewonnenen Urteilens bekannte, schuf sie die Voraussetzungen für jene in den 1890er Jahren ungeheuer anschwellende Breitenwirkung. Erst mit der zunächst vereinzelten, dann sich verbreiternden methodologischen Kritik an der Zulässigkeit wissenschaftlich begründeter Werturteile im Vorkriegsjahrzehnt – vor allem durch Werner Sombart und Max Weber, dann durch eine jüngere Generation neoliberaler, theorieorientierter Nationalökonomen – trat die Nationalökonomie als »Hauptwissenschaft« der gebildeten Schichten zurück, zumal das zunächst noch relativ konsistente, durch gemeinsame akademische Ausbildung, verbindliche Wertmuster und moralisch-soziale Disposition geprägte Bildungsbürgertum nach der Jahrhundertwende – beschleunigt dann seit dem ersten Weltkrieg – rapide zerfiel und zudem andere, insbesondere außenpolitische Fragen verstärkt in den Vordergrund rückten[28]. Um 1900 beherrschte hingegen die Nationalökonomie als Wertwissenschaft die meisten Ordinarien des Faches, sie schlug sich in den großen Zeitschriften und Handbüchern der Disziplin nieder. Wohl am klarsten hat der Göttinger Nationalökonom Gustav Cohn die Aufgaben einer so verstandenen Wissenschaft umrissen:

> »Und das ist der wahre Beruf unserer Wissenschaft gegenüber dem Staatsleben, zumal gegenüber dem Erwerbsleben mit seiner neuesten Verschärfung des Eigennutzes und der Interessengegensätze: er besteht darin, daß wir die Erkenntnisse der Staatswissenschaft aus Geschichte, Erfahrung, vergleichender Gesetzgebung als Ziele voranstellen für die Ent-

---

[28] Zum Werturteilsstreit in Nationalökonomie und Soziologie vor dem Ersten Weltkrieg vgl. *Lindenlaub* (wie Einleitung, Anm. 1); *Karl Erich Born*, Wissenschaft und politisches Werturteil im Deutschland des 19. Jahrhunderts, in: *K. Ulmer*, Hrsg., Die Verantwortung der Wissenschaft, Bonn 1975, S. 92–121; *Nereu Feix*, Werturteil, Politik und Wissenschaft. Werturteilsstreit und Wissenschaftstransfer bei Max Weber, Göttingen 1978; zuletzt unter Einbeziehung politischer, sozial- und disziplinhistorischer Implikationen dieser Kontroverse *vom Bruch*, Wissenschaft, S. 294–320.

wicklung unserer Gesellschaft und ihrer Reformen. Namentlich aber, daß wir die besseren Instinkte der erwerbenden Schichten, vor allem der besitzenden Klassen wachzurufen suchen behufs Förderung der sozialen Gerechtigkeit und Aussöhnung der Klassengegensätze. Dieses ohne anderen Dank als die innere Gewißheit, daß eben die Forderungen, für die wir heute kämpfen, einstmals das Gemeingut derselben Parteien, Volksvertretungen, Zeitungen bilden werden, die heute unsere Gegner sind. Natürlich ist der Abstand groß zwischen den ideellen Zielpunkten unserer Wissenschaft, sei es ihren Erkenntnissen, sei es ihren sittlichen Normen, und dem zur Zeit Erreichbaren. Das wissen wir selber am besten.[29]«

Dies war die Wissenschaft, deren die moderne christlich-soziale Bewegung des deutschen Protestantismus bedurfte, wenn sie einen eigenständigen, theologisch motivierten, aber zugleich wissenschaftlich abgesicherten Beitrag zur Lösung der sozialen Frage zu leisten suchte. Der Untertitel der bereits genannten Broschüre des Dompredigers Wilhelmi – »Ethische Erwägungen zur socialen Frage« – bezeichnete daher den überwölbenden Wertekodex der für eine Zeitlang auf das engste miteinander verflochtenen Theologie und Nationalökonomie.

Diese enge Verbindung erklärte sich vorrangig aus der zentralen Bedeutung der sozialen Frage in den Bildungsschichten nach 1890. Der große Bergarbeiterstreik an der Ruhr von 1889 hatte die Schreckensvision einer neuen Dimension sozialer Konflikte entbunden, hatte zugleich das Bewußtsein für starre Einseitigkeiten im Unternehmerlager geschärft und die Frage von Streik und Koalitionsrecht in den Vordergrund gerückt. Zugleich schien mit der Entlassung Bismarcks, der in seinen letzten Jahren immer stärker als lastender Alpdruck empfunden war – die Bismarckverehrung in den deutschen Bildungsschichten setzte erst etwa 1894 voll ein –, mit den sozialpolitischen Reformprogrammen des »Neuen Kurses« Kaiser Wilhelms II. ein neuer Aufwind auch in der sozialen Problematik geschaffen zu sein, vor allem aber zwangen nach der Nichtverlängerung des Sozialistengesetzes 1890 der Aufschwung der Sozialdemokratie und wenig später auch der Freien Gewerkschaften zu einer intensiveren Auseinandersetzung mit den sozialistischen Arbeiterorganisationen. Karl Leuthners sicherlich impressionistischen Bemerkungen von 1910 treffen gleichwohl einen wichtigen Kern, wenn er den Charakter der Zeit als »Jugend«, ihre vorwiegend emotional gespeiste Begeisterungsfähigkeit herausstellt, die sich in diesen Jahren an der Beschäftigung mit der sozialen Problematik nährte. Zugleich wurden wie auf einer Guckkastenbühne Einblicke in die Lebenswirklichkeit des Proletariats gewährt, sei es in Form der naturalistischen Dramen eines Arno Holz oder Gerhart Hauptmann, sei es in Paul

---

[29] *Gustav Cohn*, Die Nachlaßsteuer und die Wissenschaft, in: Der Tag 19.3.1909.

Göhres Sozialreportage über seine Erlebnisse während dreimonatiger Tätigkeit als Fabrikarbeiter. Einhellig ging die soziale Bewegung durch die deutschen Universitäten, umfaßte gleichermaßen Studierende und ihre akademischen Lehrer. Ebenso wie im Universitätsmilieu war in der Presse die erwartungsvolle Stimmung der 1890er Jahre gegenwärtig, stellte man Parallelen zur demokratischen und nationalen Begeisterung von 1848/49 und 1860 her, und erhob die soziale Frage zu einem Problem von gleicher Tragweite[30].

Keine andere Wissenschaft schien in gleicher Weise berufen, an der Lösung dieser Frage mitzuwirken wie die Nationalökonomie, doch strahlte die Bewegung auch in weitere Kulturwissenschaften hinein. In Wien, wo ein vergleichbares sozialpolitisches Klima insbesondere an den Hochschulen bestand, die personalpolitisch eng mit dem Reich verknüpft waren[31], hielt am 24. Oktober 1895 der neue Rektor Anton Menger seine Antrittsrede »Über die sozialen Aufgaben der Rechtswissenschaft«[32]. Auch in der Geschichtswissenschaft, die sich vom politischen Tagesstreit im Kaiserreich möglichst fernzuhalten suchte, drang das Bedürfnis nach einer Beschäftigung mit sozialpolitischen Fragen ein, wurden darüber hinaus erste Ansätze des Faches als Sozialgeschichte sichtbar. 1893 stellte der Greifswalder Historiker Ernst Bernheim fest, »das Interesse an der politischen Geschichte [habe] sehr abgenommen... Ein Kolleg über die Welt- und Geschichtsauffassung des modernen Sozialismus ›ziehe‹« hingegen – eine zutreffende Beobachtung, wie eine systematische Auswertung von Vorlesungsverzeichnissen jener Zeit bestätigt.[33] Jüngere Historiker wie Karl Lamprecht und dann Kurt Breysig mühten sich um eine sozialgeschichtliche Entwicklung ihres Faches, wurden aber von den überwiegend traditionalistischen Zunft-Vertretern relativ leicht abgeblockt, weil der Versuch noch mit allzu untauglichen Mitteln unternommen worden war. Bezeichnenderweise waren beide gleichermaßen ausgebildete Nationalökonomen wie Historiker. Dies traf auch für Rankes letzten Assistenten Ignaz Jastrow

---

[30] *vom Bruch*, Wissenschaft, S. 157.

[31] Vgl. als neuesten kleinen Überblick über parallele Bestrebungen in Österreich *Eva Holleis*, Die Sozialpolitische Partei. Sozialliberale Bestrebungen in Wien um 1900, München 1976.

[32] *Anton Menger*, Über die sozialen Aufgaben der Rechtswissenschaft, Wiener Inaugurationsrede am 24. 10. 1895, Wien 1895.

[33] Schreiben Bernheims an Karl Lamprecht vom 16. 7. 1893, Universitätsbibliothek Bonn, Nachlaß Karl Lamprecht, Korresp. 9. Für eine systematische Auswertung von Vorlesungsverzeichnissen unter dem genannten Aspekt vgl. *Gerhard Oestreich*, Die Fachhistorie und die Anfänge der sozialgeschichtlichen Forschung in Deutschland, in: Historische Zeitschrift 208 (1968), S. 320–363.

zu, der hoffte, der Geschichtswissenschaft möge ihre Weiterentwicklung »im Rahmen einer sozialen Wissenschaft« gelingen[34]. Die weitere Entwicklung des Faches vermochte Jastrows Hoffnung nicht zu bestätigen, wie er denn auch selbst den Weg in die Nationalökonomie nahm, in der er als ethisch geleiteter Kommunal- und Verwaltungswissenschaftler und als Sozialpolitiker hervortrat. In unserem Zusammenhang sollte lediglich die Breitenwirkung der sozialen Frage in den Kulturwissenschaften und in Verbindung damit der Einfluß der Volkswirtschaftslehre in ihnen angedeutet werden, um die engen Berührungen zwischen Sozialwissenschaft und evangelischer Theologie nach 1890 in ein umschließendes Feld einzuordnen. Es waren eben nicht nur Theologen wie Friedrich Naumann, die bekennen mußten, die Nationalökonomen hätten »das Heft in der Hand«, »sie stehen in der Mitte.[35]«

In keiner anderen Kulturwissenschaft vermochten indes die Nationalökonomen derart einflußreich und befruchtend zu wirken wie in der evangelischen Theologie – für die katholische Theologie gilt dies eher indirekt, wie wir im zweiten Kapitel anzudeuten versuchten. Hier verbanden sich auf das engste wissenschaftlicher Anspruch, theologischer Begründungszwang des sozialen Engagements sowie in der Berufswirklichkeit der jungen Geistlichen die tägliche Konfrontation mit den sozialen Problemen der Gegenwart. Wie in keiner anderen Disziplin neben der Nationalökonomie entwickelten sich aus der Theologie heraus sozialwissenschaftliche Fragestellungen und schlugen sich in einer neu aufblühenden Zeitschriftenpresse nieder, die an ihren theologisch-pastoralen Aufgaben festhielt, daneben jedoch soziale Fragen wissenschaftlich kompetent zu durchdringen suchte. Mit einigem Recht stellte 1900 die Zeitschrift »Kunstwart« fest: »hier haben wirklich die Theologen geführt. Pfarrer Naumanns ›Hilfe‹ und Martin Rades ›Christliche Welt‹ sind Zeitschriften geworden, die zu unseren allerbesten gehören.[36]«

c) Harnack, Naumann und Seeberg

Diese von prominenten, sozialpolitisch engagierten Theologen geleiteten Zeitschriften vermochten einen tiefen Einfluß bis weit in das protestanti-

---

[34] *J. Jastrow*, Der Liberalismus und die Wissenschaft. Historische Betrachtungen, in: Vierteljahrsschrift für Volkswirtschaft, Politik und Kulturgeschichte 26 (1889), S. 1–41, Zitat S. 41; vgl. dazu auch *Albert Müssiggang*, Die soziale Frage in der historischen Schule der deutschen Nationalökonomie, Tübingen 1968. – Zur Geschichtstheorie des jungen Lamprecht vgl. bes. Nachlaß Lamprecht, WW 55 a.

[35] Die Hilfe, Jg. 1, Nr. 6 vom 10. 2. 1895.

[36] Kunstwart 13 (1900), S. 366.

sche Bildungsbürgertum hinein zu gewinnen, sie stellten sich darüber
hinaus zahlreichen jüngeren Geistlichen als Sprachrohr für die Artikulation
theologisch erörterter sozialer Fragen zur Verfügung. Doch auch die
führenden evangelischen Theologen selbst folgten dem Ruf der Zeit. Insbesondere an einer Gegenüberstellung von Adolf Harnack und Reinhold
Seeberg läßt sich diese These belegen; mit beiden sind die eigentlichen Pole
des deutschen Protestantismus in der Wilhelminischen Zeit bezeichnet.
Mag es auch für die spätere, die Kriegszeit berechtigt sein, im Rahmen einer
Untersuchung über die protestantische Kriegstheologie Otto Baumgarten
und Seeberg als Antipoden einander gegenüberzustellen[37], so waren doch
die politisch wirkungsmächtigsten, in ihrem Einfluß auf breitere Schichten
des Kulturprotestantismus, auf die Führungsspitzen am Hof und in der
Verwaltung, in ihren politischen Ambitionen (und Erfolgen) und in ihrer
hochschul- und wissenschaftspolitischen Bedeutung einander vergleichbaren Theologen Harnack und Seeberg, die eigentlichen Repräsentanten in
Theologie und Protestantismus, die zugleich die großen prinzipiellen theologischen Lager dieser Zeit anführten[38]. 1930 versuchte sich Otto Baumgarten an einer Würdigung des Sozialpolitikers Harnack im Rahmen seiner
gesamten Arbeit. Er hebt die christliche Gesinnung und das soziale Verant-
wortungsgefühl dieses Gelehrten hervor, der trotz weitläufiger Verpflich-

---

[37] *Günter Brakelmann,* Protestantische Kriegstheologie im ersten Weltkrieg. Reinhold Seeberg als Theologe des deutschen Imperialismus, Bielefeld 1974, beabsichtigte laut Vorrede
zunächst, das gesamte Spektrum protestantischer Kriegstheologie aufzuzeigen, beschränkte
sich aber aus systematischen und arbeitsökonomischen Gründen dann auf Seeberg, wobei er
nachdrücklich als die eigentlichen Antipoden Seeberg und Baumgarten bezeichnete und eine
Anschlußstudie über Baumgarten ankündigte.

[38] Zur theologischen Bedeutung von Harnacks vgl. vor allem die Arbeiten von *G. W. Glick,*
The Reality of Christianity: A Study of Adolf von Harnack as Historian and Theologian,
New York 1967; *C. J. Kaltenborn,* Adolf von Harnack als Lehrer Dietrich Bonhoeffers,
Berlin 1973 (= Theologische Arbeiten 31); und *Mildenberger,* S. 143–147. Siehe ferner *Karl
H. Neufeld,* Adolf von Harnack. Theologie als Suche nach der Kirche. ›Tertium Genus
Ecclesiae‹, Paderborn 1977, und *Carl-Jürgen Kaltenborn,* Zu Fragen der gegenwärtigen
Harnack-Rezeption, in: Standpunkt 8 (1980), S. 194–198. Zu von Harnacks sozialpoliti-
schen Schriften s. *Friedrich Smend,* Adolf von Harnack. Verzeichnis seiner Schriften. Unter
Benutzung der Harnack-Bibliographie von *Max Christlieb,* Leipzig 1927, Leipzig 1931. Mit
Einführung und bibliographischen Nachträge bis 1978 von *Jürgen Dummer,* Leipzig 1980.
Für seine allgemeinpolitische und sozialpolitische Bedeutung vgl. *Erhard Pachaly,* Adolf
von Harnack als Politiker und Wissenschaftsorganisator des deutschen Imperialismus in der
Zeit von 1914–1920, Diss. Berlin (Ost) 1964. Ein leicht zugänglicher Überblick über
Seebergs Vorstellungen findet sich bei *Mildenberger,* S. 155–158; zeitgenössisch hierzu etwa
Seeberg, Die Kirche und die soziale Frage. Für von Harnack und Seeberg siehe ferner
Schick, Kulturprotestantismus und soziale Frage; und *Klaus-Erich Pollmann,* Landesherrli-

tungen mit großer Hingabe im Evangelisch-Sozialen Kongreß mitgearbeitet hatte. Harnack habe es stets als seine Aufgabe gesehen, den Christen in Not das Evangelium nahezubringen und nach Kräften zu versuchen, ihr Los zu erleichtern[39].

Wohl war Stöcker der Begründer des Evangelisch-Sozialen Kongresses, ihr *spiritus rector* indes wurde Harnack, der ihn aus der allzu engen Anlehnung an die Christlich-Soziale Partei herausführte und mit ihm eine Plattform für alle theologischen und politischen Strömungen des deutschen Protestantismus nach 1890 schuf. Im April 1890 schrieb er einen in Delbrücks »Preußischen Jahrbüchern« veröffentlichten Aufruf für den auf den 28. und 29. Mai 1890 festgesetzten ersten Evangelisch-Sozialen Kongreß, in dem er betonte, daß die Bezeichnung ›Evangelisch-Sozial‹ für den Kongreß ganz bewußt gewählt worden sei, um ihn von ›christlich-sozialen‹ Aktivitäten abzusetzen. Das aus Vertretern unterschiedlichster kirchlicher und theologischer Gruppierungen bestehende Veranstaltungskomitee biete Gewähr dafür, daß keine parteipolitische Ausrichtung gegeben sei. Die entscheidende Frage, die nach Harnack zur Konstituierung des Kongresses führte, lautet: »was kann die Kirche überhaupt thun, wie weit hat sie sich an der sozialen Frage als Kirche neben dem Staat und der Gesellschaft zu betheiligen?« Nachfolgend skizziert Harnack dann die wichtigsten einander gegenüberstehenden Lager.

»Auf dem einen Flügel stehen diejenigen, welche sich nach altlutherischer Überlieferung lediglich auf die Verkündigung des Evangeliums beschränken wollen. Sie sagen, die Kirche habe als Kirche kein anderes Mittel als das Wort Gottes: es giebt keine spezifisch christlich soziale Politik, kein christlich sozialpolitisches Programm ... Auf dem anderen Flügel stehen jene, welche im Namen des evangelischen Christenthums der ›dämonischen‹ Sozialdemokratie die christliche Sozialreform entgegensetzen, die sich zu beweisen getrauen, ein wahrhaftiger Christ müsse in unserem Zeitalter Sozialist, aber christlicher Sozialist sein, die christliche Weltordnung, die es durchzusetzen gelte, sei die Sozialmonarchie, usw. Zwischen diesen Extremen von Rechts und Links giebt es mannigfache Abstufungen, und dort und hier stehen Männer mit ernstem Sinn und warmen Herzen. Eben deshalb ist es für die

ches Kirchenregiment und soziale Frage. Der evangelische Oberkirchenrat der altpreußischen Landeskirche und die sozialpolitische Bewegung der Geistlichen nach 1890, Berlin u. New York 1973. Zu ihrer politischen Beurteilung in der Kriegszeit vgl. *Klaus Schwabe*, Wissenschaft und Kriegsmoral. Die deutschen Hochschullehrer und die politischen Grundfragen des Ersten Weltkrieges, Göttingen 1969; ferner Brakelmann (wie Anm. III/37). Zu den Zeitschriften vgl. bes. *Mehnert*, Hrsg., Programme evangelischer Kirchenzeitungen, und *Mildenberger*, S. 299–352.

[39] *Otto Baumgarten*, Ansprache, in: *Johannes Herz*, Hrsg., Adolf Harnack und der Evangelisch-Soziale Kongreß, Göttingen 1930, S. 5.

evangelischen Kirchen eine wahrhaft brennende Aufgabe, in ihrer eigenen Mitte hier Klarheit zu schaffen, und in diesem Sinne ist ein Kongreß wünschenswerth.[40]«

Dachte Harnack bei dem »linken« Flügel vorwiegend an Stöcker selbst, so entwickelte aus ihm Friedrich Naumann einen neuartigen Ansatz, der bereits 1889 in einem Vortrag »Was tun wir gegen die glaubenslose Sozialdemokratie« das Gemeinschaftsideal der Bewegung beschworen hatte. Er betonte emphatisch, daß dieses Ideal keineswegs ein jenseitiges, sondern durchaus ein diesseitiges sei. Das Reich Gottes müsse hier auf Erden beginnen und an dieser Ideal- und Zielvorstellung müsse die Wirklichkeit beurteilt werden, so wie die Sozialdemokraten das mit ihrer Vorstellung von einem idealen Staat täten. Zwei Jahre später, 1891, wies er von diesem Denkansatz aus in seiner Schrift »Das sozialpolitische Programm der evangelischen Kirche« auf die konkret zur Lösung anstehenden Probleme hin. Er hielt es für die Hauptprobe, die das Christentum in der modernen Gesellschaft zu bestehen habe, eine befriedigende Antwort auf die Frage der Kapitalausnutzung im Geist christlicher Liebe zu geben. Auf dem 4. Evangelisch-Sozialen Kongreß beschwor er dann die enge Verbindung von Theologie und Nationalökonomie zur Realisierung jener Forderung. Zur Verwirklichung des im Neuen Testament vorgegebenen Ziels solle man die Hilfe der nationalökonomischen Wissenschaft in Anspruch nehmen[41].

Doch auch der Führer der positiven Orthodoxie, der nach einem ersten gescheiterten Anlauf 1892 dann 1897 als »Strafprofessor« neben Harnack nach Berlin berufen wurde[42], wurde von der sozialpolitischen Bewegung

---

[40] *Adolf von Harnack,* Der evangelisch sociale Congreß in Berlin, zuerst 1890 in Preußische Jahrbücher, wieder in *Adolf von Harnack* und *Hans Delbrück,* Evangelisch-Sozial, Berlin 1896, S. 5–19, Zitat S. 5–8.

[41] *Friedrich Naumann,* Werke, hrsg. v. *Theodor Schieder* u.a., Bd. 1, Köln u. Opladen 1964, S. 136/137, 233, 339. Die Flut der Naumann-Literatur ist nicht mehr zu übersehen; *Alfred Milatz,* Friedrich-Naumann-Bibliographie, Düsseldorf 1957 (= Bibliographien zur Geschichte des Parlamentarismus und der politischen Parteien 2) weist bereits bis 1956 380 Titel nach; seitdem sind gewichtige Studien von *Jürgen Christ, Ingrid Engel, Andreas Lindt, Dieter Düding* u.a. dazu gekommen, überragt aber immer noch durch *Theodor Heuss'* bedeutende Biographie, Friedrich Naumann. Der Mann, das Werk, die Zeit, München u. Hamburg ³1968, die ihre Gültigkeit ungeachtet zahlreicher Einzelkorrekturen nicht eingebüßt hat.

[42] Einen tieferen Einblick in die Hintergründe der beiden Seeberg-Berufungen nach Berlin 1892 und 1897 gewährt Seebergs Briefwechsel mit dem allmächtigen Ministerialdirektor im preußischen Kultusministerium, Friedrich Althoff, abgedruckt in einer unveröffentlichten, von Reinhold Seeberg selbst überarbeiteten und autorisierten Biographie, die offensichtlich das Gerüst für eine von Seebergs Sohn Erich Seeberg geplante, jedoch nicht abgeschlossene Seeberg-Biographie darstellen sollte: Lebensbild Reinhold Seebergs, in: Bundesarchiv Koblenz, Nachlaß Reinhold Seeberg, Nr. 199 (Bde. 1.2), hier Bd. 1. Der erste Ruf wurde

der 1890er Jahre erfaßt, in die er sich seit 1896 zunächst in der Lehre, dann in der unten näher zu würdigenden Mitarbeit an der Evangelisch-Sozialen Konferenz einließ. Als frühestes Zeugnis sei ein Brief an seinen einzigen Bruder Alfred Seeberg vom 14. Mai 1896 angeführt. Darin schreibt er zunächst, daß er ihn um die Vorzüge der exegetischen Arbeit, die doch Konkreteres als seine eigene Arbeit zum Inhalt hätte und deren Ergebnisse daher auch wesentlich befriedigender seien, beneide. Dann fährt er fort:

> »Ich studiere seit ca. 4 Wochen National-Oeconomie. Da die soziale Frage immer weiteren Umfang annimmt und die Theologen mit den törichten Urteilen: die Kirche allein kann helfen, oder die Kirche soll sich nicht darum kümmern, um keinen Schritt vorwärtskommen, und da bei dem Mangel an Kenntnissen die Confusion nur wächst, habe ich es für meine Pflicht gehalten, in einer einstündigen Vorlesung die Sache etwas eingehender zu behandeln. Der äußere Erfolg ist gut, neulich waren ca. 300 Mann da aus allen Fakultäten. Aber die Arbeit dazu ist weniger angenehm. Doch es gehört nun einmal zu meinem Fach, also fröhlich vorwärts. Wenn nur nicht wieder das endlose Lesen dabei nötig wäre, das nun einmal der Fluch dieses historisch gerichteten Zeitalters ist.[43]«

Zu diesem Zeitpunkt waren die sozialwissenschaftlichen, teilweise auch sozialistischen Interessen weniger an den Hochschulen als in der jungen Pfarrerschaft bereits rückläufig. Der sogenannte »Pastorensozialismus« hatte seinen Höhepunkt nach 1891/92 erreicht, nach 1896 spielte er kaum noch eine nennenswerte Rolle. Gleichwohl belegt er in den wenigen Jahren seiner Ausbreitung, welches Ausmaß der »Sozialismus der Gebildeten« in der protetantischen bürgerlichen Welt erreichte, nicht nur bei einigen herausragenden theologischen Führern, sondern breit gestreut bis tief in die Provinz hinein. Umfang und Artikulation dieses »Pastorensozialismus« hat Klaus-Erich Pollmann mustergültig untersucht und vorgeführt, mit Schwergewicht auf dem Jahr 1895, zu einem Zeitpunkt also, als sich die Konflikte zwischen älteren und jüngeren Christlich-Sozialen, die auf dem Evangelisch-Sozialen Kongreß im folgenden Jahr in voller Schärfe zum Tragen kamen und zu einer Verfestigung in getrennten Organisationen

---

1892 durch vorzeitige Indiskretionen vereitelt, er erfolgte im Anschluß an den »Apostolikum«-Streit um Adolf von Harnack und war als »Strafprofessor« neben von Harnack gedacht. Der später in Verbindung mit den Kathedersozialisten mehrfach verwendete Begriff »Strafprofessor« (so 1897 Reinhold in Berlin neben Schmoller und Wagner, Julius Wolf in Breslau neben Werner Sombart) tauchte hier zum ersten Mal öffentlich auf. – Da das in Berlin 1930 erstellte Manuskript von Frau Seeberg weit über Seebergs eigene knappe autobiographische Skizzen in den 1920er Jahren in der Reihe »Die Theologie der Gegenwart in Selbstdarstellungen« und in dem von *Georg von Below* hrsg. deutschnationalen biographischen Sammelwerk »Deutscher Aufstieg« hinausführt, wird in dieser Arbeit auf jenes Ms. zurückgegriffen.
[43] Nachlaß Seeberg, Lebensbild Reinhold Seebergs, Bd. 1, S. 110.

führten, bereits ausgeformt hatten, als zum anderen repressive Maßnahmen des Evangelischen Oberkirchenrates in zunehmender Härte durchgeführt wurden[44]. Unter Verweis auf jene Studie können wir daher auf eine eingehendere Darstellung verzichten. Als bedeutsam soll das Scheitern eines angeblichen »Pastorensozialismus« festgehalten zu werden, da hier wieder das uns durchgängig beschäftigende Beziehungsgeflecht von evangelisch-sozialer Bewegung und staatlich/kirchlicher Reaktion deutlich sichtbar wird. Sicher haben zum raschen Abklingen der Bewegung in der Pfarrerschaft der jüngeren Generation die häufig flüchtigen emotionalen Gestimmtheiten beigetragen, die sich nach den Eindrücken der Studentenzeit dann in der Gemeindearbeit vielfach verflüchtigten. Auch blieb die Beschäftigung mit den Ergebnissen der Nationalökonomie vielfach oberflächlich, hinterließ sie keine tieferen Spuren. Als entscheidend wirkten sich indes die Restriktionen der Kirchenleitung aus. Schon der sozialpolitische Erlaß von 1890 verriet Halbherzigkeit, und nur wenig später erfolgten die ersten Einschränkungen. Seit 1895/96 betätigte sich der Oberkirchenrat dann als Erfüllungsgehilfe des Freiherrn von Stumm und erstickte vollends das soziale Element in seinem Einflußbereich. Hatten sich vorher noch einzelne Geistliche gegen den von der Kirchenleitung so energisch eingeschlagenen Kurs gestellt, so wurden sie auf die Dauer durch die kirchenregimentliche Politik völlig entmutigt. Die evangelische Kirche – das zeigt z. B. der EOK-Erlaß von 1895 – weigerte sich, irgendwelche Konsequenzen aus den Erkenntnissen, die man gewonnen hatte, zu ziehen. Alles, was eine angemessene Beteiligung der Arbeiterschaft am Gewinn oder Ausweitung der politischen Rechte bedeutet hätte, wurde von der Kirchenleitung mißbilligt. Pollmann hat Taktik und Versäumnisse dieser Kirchenpolitik treffend dargestellt[45].

Wenn mit der grundlegenden Untersuchung von Pollmann der engere Bereich des »Pastorensozialismus« als vollständig abgedeckt gelten darf und mit der Studie von Manfred Schick die theologischen Positionen des deutschen Kulturprotestantismus vorwiegend in den 1890er Jahren geklärt wurden, so ging es in diesem Abschnitt darum, beides aus einer gewissen, in der kirchengeschichtlichen Literatur noch verstärkten Isolierung herauszuheben und in die übergreifenden Strömungen in den deutschen Bildungsschichten, vorwiegend an den deutschen Hochschulen einzubetten. Erst in diesem Kontext läßt sich eine historische Einordnung wagen. Auf die verschiedenen Dimensionen des »Sozialismus der Gebildeten« hat jüngst

---

[44] *Pollmann*, bes. S. 158–188.
[45] Ebd., S. 294/295, 299.

Rüdiger vom Bruch hingewiesen. Seine Untersuchung erlaubt in Verbindung mit unseren ergänzenden und illustrierenden Hinweisen eine solche Einbindung, zumal dort, was hier ausgeklammert werden mußte, dem Niederschlag der sozialpolitischen Bewegung nach 1890 in der deutschen Studentenschaft nachgegangen wurde[46]. Er unterscheidet vier Hauptströmungen dieses ›Sozialismus‹, die sich gegenseitig beeinflußten und deren Anstöße wissenschaftlicher und konfessioneller Natur über Jahre hinweg nicht ohne Ergebnisse geblieben waren. Schließlich glichen sich aber die Gruppierungen innerhalb des Vereins für Socialpolitik ebenso wie die christlich-sozialen Bewegungen beider Konfessionen insgesamt der reformfeindlichen, liberal-konservativen Grundorientierung des Bildungsbürgertums an, aus dem sich ihre Mitglieder großenteils rekrutierten. In einer Zeit, als der Staatskurs zwischen Extremen schwankte, gewannen die konservativen Kräfte endgültig die Oberhand: Ideologische Auseinandersetzungen reduzierten sich zu Theoriediskussionen ohne Breitenwirkung und die karitativen Impulse erschöpften sich in Unternehmungen kleinen Maßstabs[47].

2. Die Gründung und frühe Entwicklung des Evangelisch-Sozialen Kongresses

a) Gründung, Konzeption und soziale Basis

Der in seiner Gründungsgeschichte entscheidend von Adolf Stöcker, dem früheren Hofprediger und christlich-sozialen, antisemitischen Politiker und Agitator, von dem ihm gesinnungsverwandten Kathedersozialisten Adolf Wagner und dem liberalen Theologen Adolf Harnack geformte Evangelisch-Soziale Kongreß war von Anbeginn als Plattform für die unterschiedlichsten Strömungen im deutschen Protestantismus konzipiert und durch seine enge Anlehnung an die deutsche Nationalökonomie gekennzeichnet. Zum Selbstverständnis des Kongresses bemerkte Otto Baumgarten 1927 in seinem Beitrag »Evangelisch-Sozial als Programm«, es gehöre wesentlich zum Kongreß, daß in ihm die Nationalökonomen das

---

[46] Zum Niederschlag der sozialen Strömungen in der deutschen Studentenschaft Mitte der 1890er Jahre und zu den Konflikten zwischen den Burschenschaften und den Vereinen Deutscher Studenten mit der Berliner Gruppe sozialistischer Studenten sowie zur – geringen – Auseinandersetzung der führenden katholischen Studentenverbindungen CV und KV mit der sozialen Problematik vgl. *vom Bruch*, Wissenschaft, S. 164–173.

[47] Ebd., S. 159.

Wort führten und die Theologen sich ihnen anzureihen hätten[48]. Diese
Auffassung blieb im wesentlichen unbestritten, doch sah sich der Kongreß
wiederholt inneren Zerreißproben ausgesetzt, die aus der Fülle heteroge-
ner, in ihm vertretener Richtungen resultierten, und die mit der Trennung
von älteren und jüngeren Christlich-Sozialen, der grundsätzlichen Skepsis
älterer Theologen gegenüber dem sozialen Beruf der Kirche, insbesondere
dann mit der scharfen Absage des Kaisers an »politische Pastoren« im Jahre
1896 ihn in eine schwere Existenzkrise stürzten.

Vor dem Hintergrund dieser Kontroversen legte der Generalsekretär des
Kongresses, Landesökonomierat Nobbe, in einer kleinen Broschüre 1897
einen Rechenschafts-, wohl auch Rechtfertigungsbericht vor, in dem er in
fünf Punkten den Minimalkonsens umriß und damit zugleich treffend die
Problematik dieser Institution charakterisierte:

»1. Die Überzeugung daß die auf das Evangelium gegründete Kirche der Reformation eine
das Volksgewissen bestimmende, führende Geistesmacht in deutschen Landen nur entfalten und insbesonderem auf *sozialem* Gebiet einen versöhnenden Einfluß nur dann ausüben
kann, wenn ihre Bekenner und Diener die treibenden Kräfte der Zeit verstehen lernen, den
Gründen gesellschaftlicher, kirchlicher und sittlicher Schäden um des Gewissens willen
nachgehen und an deren Überwindug nach Beruf und Begabung mitzuwirken sich ent-
schließen;
2. die Überzeugung, daß die heutige Sozialdemokratie kein bloßes Erzeugnis ehrgeiziger
Führer, verbissener Doktrinäre oder dämonischer Mächte des Umsturzes, sondern eine
zwar beklagenswerte, aber natürliche Folgeerscheinung schwerer gesamtwirtschaftlicher,
gesellschaftlicher und sittlich-religiöser Entwicklungsschäden sei;
3. die sich daraus ergebende Schlußfolgerung, daß es ein verhängnisvoller Irrtum sein
würde, wenn man annehmen wollte, die sozialdemokratische Bewegung sei auf dem Wege
polizeilicher oder gesetzlicher Restriktion dauernd zu überwinden oder aus der Welt zu
schaffen;
4. die Überzeugung, daß das auf erhöhte Selbständigkeit sowie auf Hebung der wirtschaftlichen und sozialen Lage gerichtete Streben der auf abhängige Arbeitsleistung angewiesenen
Klassen ein im *Princip gesundes* und – soweit es den Boden des Gesetzes festhält – *ebenso
berechtigtes* ist, wie die auf ähnliche Ziele gerichteten Bestrebungen anderer Berufskreise;
5. die Überzeugung, daß es eine der wichtigsten Zeitaufgaben aller Besitz und Bildung
repräsentierenden Stände ist, die auf soziale Hebung gerichteten Bestrebungen der arbeitenden Klassen nicht von vornherein zu bekämpfen, sondern die entfremdeten Volkskreise
durch weise Führung und grundsätzliches Eintreten für die ihnen durch Verfassung,
Gesetze und Verordnungen gewährleisteten Rechte auf den Boden vaterländischer, gesetzlicher und königstreuer Denkungsart zurückzuführen.[49]«

Bemerkenswert an diesen Feststellungen des eher gouvernemental-kon-
servativen Nobbe, der dem Evangelisch-Sozialen Kongreß von 1891 bis

---

[48] *Baumgarten*, S. 9.
[49] *M. A. Nobbe*, Der Evangelisch-Soziale Kongreß und seine Gegner, Göttingen 1897, S. 21/
22.

1902 präsidierte, ist die elastisch-behutsame Einschätzung des Verhältnisses zur Sozialdemokratie, die sich grundlegend vom offiziellen Regierungskurs dieser Jahre unterscheidet. Im folgenden Jahr führte der Frankfurter Pfarrer, dann in Marburg lehrende Theologe Martin Rade die Ergebnisse einer Umfrage-Erhebung über das religiöse Bewußtsein der sozialdemokratischen Arbeiterschaft auf dem neunten Kongreß in Berlin vor, die den bestehenden Vorurteilen über die sittliche und religiöse »Verwilderung« in der Arbeiterschaft entgegenstanden und folgerte hieraus ein tiefes religiöses Potential, zugleich aber auch eine Kritik der Arbeiter an den gebildeten und besitzenden Schichten, deren – christliche – Moral weithin akzeptiert, deren Tun jedoch verworfen würde[50].

Man hat vor einiger Zeit aus solchen Äußerungen, die sich um weitere Stellungnahmen Rades, Baumgartens sowie um etliche Kongreß-Resolutionen vermehren ließen, geschlossen, daß »damit eine Verständigung zwischen den Anhängern des Evangelisch-Sozialen Kongresses und der Sozialdemokratie vorbereitet worden« sei[51]; blickt man auf die weitere Entwicklung des Kongresses insbesondere in den letzten Vorkriegsjahren, auf die noch einzugehen ist, sowie nach dem ersten Weltkrieg, dann ist diesem Urteil eine gewisse Berechtigung nicht abzusprechen. Im Sinne einer Konvergenz von Evangelisch-Sozialem Kongreß und Sozialdemokratie ist die These in dieser Form überzogen und unzutreffend und nur aus der politischen Konstellation des Erscheinungsjahres 1968 heraus erklärbar.

Einerseits haben die theologischen Führer des Kongresses keinen Zweifel daran gelassen, daß es letztlich um eine Frontstellung gegen die Sozialdemokratie gegangen sei; in einer Festschrift zum fünfzigjährigen Bestehen des Kongresses hielt Rade 1940 rückblickend fest, daß der Kongreß einer Lösung der »sozialen Frage« mit ihrer Vielfalt von Problemstellungen noch nicht näher gekommen sei. Die ersten Jahrzehnte seien beherrscht gewesen von der – im nachhinein als wenig fruchtbar erkannten – Auseinandersetzung mit der Sozialdemokratie. Zu Anfang völlig abgelehnt, oder nur von einigen wenigen, wie z. B. Adolf Wagner, in Einzelbereichen als berechtigt anerkannt, mußten die Sozialdemokraten tatsächlich bis 1929 warten, bis sie als in Sachfragen kompetent genug erschienen, bis nämlich ein Sozialdemokrat im Rahmen eines Kongresses einen Vortrag hielt[52]. Diese Feststel-

---

[50] Verhandlungen des neunten Evangelisch-Sozialen Kongresses in Berlin am 2./3. Juni 1898, Berlin 1898, S. 66/68.

[51] *Theodor Strohm*, Kirche und demokratischer Sozialismus, München 1968, S. 52.

[52] *Martin Rade*, Vor 50 Jahren, in: *Johannes Herz*, Hrsg., Evangelisches Ringen um soziale Gemeinschaft. Fünfzig Jahre Evangelisch-Sozialer Kongreß 1890–1914, Leipzig 1940, S. 11/12.

lung, wenngleich etwas zu entschieden formuliert, ist von der Sachlage her völlig richtig. Ferner hebt Rade den Austausch zwischen den einzelnen Disziplinen, der in der Begegnung von Seelsorgern, Politikern, Theologen und Nationalökonomen sich entwickelte, hervor[53].

In der Tat rekrutierte sich das Publikum fast ausschließlich aus dem Bildungsbürgertum; Rades Hinweis auf die »Politiker« bedarf indes einer Erläuterung. Vorwiegend wird er an die im Kongreß zahlreich vertretenen höheren Verwaltungsbeamten gedacht haben, denen allerdings im Rahmen des konstitutionellen Systems des Kaiserreichs eine politisch ausschlaggebende Funktion zukam. Damit war jedoch auch eine deutliche Begrenzung des Spielraums in der Kongreß-Arbeit bezeichnet. Treffend weist Schick darauf hin: »Was dem Kongreß die hohe Achtung in der Öffentlichkeit eintrug, war die Teilnahme von Universitätsprofessoren und hohen Regierungsbeamten.[54]« Insbesondere die führenden Repräsentanten des Kongresses wiesen immer wieder auf die zentrale Bedeutung dieser Gruppe für den Kongreß hin wie der langjährige Generalsekretär Voelter, nach dem »vor allem höhere Beamten an den Verhandlungen« teilnahmen[55]; auch in den 1896/97 anläßlich der tiefen Krise des Kongresses zahlreich verfaßten Broschüren von Nobbe, Paul Göhre, Delbrück und Harnack wird dieser Faktor immer wieder hervorgehoben. Erstaunlicherweise wurden diese Hinweise später nicht mehr systematisch aufgegriffen. Neuere Darstellungen stützen sich fast durchgängig auf Angaben zur sozialen Zusammensetzung des Kongresses in einer 1930 von Hans Eger vorgelegten Dissertation, die in diesem Fall indes unbrauchbar sind, da er in einer Kategorie alle möglichen Beamtengruppen sowie sämtliche freien Berufe zusammenfaßt[56]. Jene die Affinität des Kongresses zur Sozialdemokratie betonende Monographie klammert bezeichnenderweise die höheren Beamten aus und eine neuere Gesamtdarstellung geht auf die soziale Zusammensetzung überhaupt nicht ein[57].

Mit der Beteiligung höherer Regierungsbeamter wurden indes sowohl die Breitenwirkung des Kongresses im Bildungsbürgertum und in den Führungsgeschichten wie auch seine begrenzte Handlungsfähigkeit markiert;

---

[53] Ebd., S. 11.
[54] *Schick*, Kulturprotestantismus, S. 80.
[55] *Immanuel Voelter*, Die Geschichte des Evangelisch-Sozialen Kongresses 1890–1902, in: *Johannes Herz*, Evangelisches Ringen, S. 17.
[56] *Hans Eger*, Der Evangelisch-Soziale Kongreß, Heidelberg 1930, S. 16/17; im Anschluß an seine sozialstatistischen Hinweise *Klaus-Erich Pollmann* und andere.
[57] *Strohm*, S. 44, Anm. 52 zur sozialen Zusammensetzung. *Kretschmar*, Der Evangelisch-Soziale Kongreß, geht auf die soziale Zusammensetzung nicht ein.

insofern entspricht er weitgehend dem vielfach verwandten Verein für Socialpolitik, dessen Einfluß auf Politik und Gesetzgebung sich gleichfalls weitgehend aus den engen Beziehungen zur Bürokratie erklärt, wie ihm dadurch die Rolle einer sozialpolitischen ›Speerspitze‹ und Kampftruppe verwehrt blieb. Beide Institutionen, Verein für Socialpolitik und Evangelisch-Sozialer Kongreß, entsprachen in idealer Weise den Rahmenbedingungen des monarchisch-bürokratischen Konstitutionalismus, in den sie sich einfügten und an dem sie nicht rüttelten; indem sie aber maßgeblich das soziale, wissenschaftliche und ethische Bewußtsein großer Teile der Führungsschichten zu beeinflussen vermochten, entfalteten sie eine im Rahmen des Systems beachtliche und vielfach unterschätzte Reformkraft.

Neben den Nationalökonomen und der hohen Beamtenschaft bestimmten das Gesicht des Kongresses die evangelischen Theologen, die in erbittert einander bekämpfende Gruppen gespalten waren und mit dem Kongreß eine einzigartige gemeinsame Plattform fanden. Angesichts der umfassenden Darlegungen von Manfred Schick kann hier eine nähere Aufführung dieser Richtungen wie auch des äußeren Verlaufs der frühen Kongreßgeschichte, die ihrerseits vielfach vorgeführt wurde, unterbleiben[58]. Auch auf die zahlreichen Tochtergründungen vor allem im südwestdeutschen Raum ist hier nicht einzugehen. Wichtig ist die Beobachtung, daß politische und theologische Rivalitäten und Widersprüche sich nicht in einen stringenten Gegensatz einfügten, sich vielmehr in vielfacher Form überlappten und kreuzten. So erfassen Etikettierungen wie konservativ, fortschrittlich, orthodox, modern und ähnliche nur einen Aspekt der jeweiligen Gruppierung. Je griffiger solche Definitionen der verschiedenen Strömungen innerhalb des Kongresses scheinen, um so weniger aussagekräftig sind sie tatsächlich, und um so weniger ist es – in der zeitgenössischen polemischen Auseinandersetzung wie in der heutigen wissenschaftlichen Aufarbeitung – möglich, mit einem dieser Schlagworte den tatsächlichen Standort und die Ziele der diskutierten Gruppe zu beschreiben. Erschwert wird dies noch dadurch, daß, wie in der Kundgebung der Gründer der Freien Kirchlich-Sozialen Konferenz vom 21. Juli 1896 offenbar wird, man eine weitere Zusammenarbeit auf keinem Gebiet mehr für möglich hielt. In der Praxis hatten freilich Gruppen, die theoretisch differierten, die gleichen Ziele, oder sie hatten zwar verschiedene Ziele, aber hielten zunächst ähnlich

---

[58] Die wichtigste Literatur wurde vorstehend und in der Einleitung bereits angeführt. Als guter Überblick über Gründung, äußeren Verlauf und Tochtergründungen sei *Schick*, S. 76–90 hervorgehoben, dort auch S. 95–116 eingehend zu den divergierenden theologischsozialethischen Positionen einzelner Gruppen.

praktische Verfahrensweisen zur Lösung des sozialen Problems für notwendig[59].

Trotz des Schismas der Freien Kirchlich-Sozialen Konferenz hat der
Evangelisch-Soziale Kongreß seine theologische wie sozialpolitische Inte-
grationskraft bewahrt und immer wieder fortführen können. Mit ihm
vermochte der deutsche Protestantismus der katholischen sozialen Bewegung eine gleichwertige Organisation entgegenzustellen. Im Unterschied zu
jenen vorwiegend »subkulturell« bestimmten sozialreformatorischen und
sozialethischen Bemühungen war der Kongreß an das bestehende System
symbiotisch gebunden, auch wenn in ihm die von uns wiederholt betonten
Gegensätze zwischen Staat/evangelischer Kirchenleitung und christlich-
sozialer Bewegung und die Richtungskämpfe innerhalb dieser zum Ausdruck kamen. Insofern hat er zu einem kleinen Teil diesen Gegensatz zu
überbrücken vermocht, auch wenn die Gegensätze als solche bestehen
blieben. Zugleich erwies er sich als Kind der Zeit, fiel seine Gründung doch
nicht zufällig mit der neuen Phase staatlicher Sozialpolitik zusammen, die
mit der Erweiterung der Arbeiterversicherungs- zur Arbeiterschutzpolitik
eine qualitativ neue Dimension gewann. Zu diesen Querverbindungen
stellte Rüdiger vom Bruch fest, daß, im Gegensatz zu den seit 1848
stattfindenden Katholikentagen, die in dem Volksverein für das Katholische
Deutschland eine eingespielte Organisation zur Verfügung hatten und von
Hitze neu belebt wurden, ein organisatorischer Zusammenschluß evangelischer sozialreformerischer Bestrebungen erst 1890 auf dem ersten Evangelisch-Sozialen Kongreß erfolgte. In Zusammenarbeit mit dem Verein für
Socialpolitik wurden auf Harnacks Initiative hier die verschiedenen Strömungen zusammengefaßt und in Richtung der durch von Berlepsch propagierten ›emanzipatorischen Arbeiterschutzpolitik‹ kanalisiert. Der Erfolg,
den er hatte – auch für seine Gründer überraschend – war durchschlagend.
In den folgenden Jahren beeinflußte er nachhaltig die evangelischen Seelsor-
ger und die Studentenschaft. In seinem Gefolge erlebten das soziale Kurs-
wesen und die evangelischen Arbeitervereine einen gewaltigen Aufschwung. Die anfängliche Begeisterung ließ jedoch bald nach, und nur dem
diplomatischen Vorgehen Harnacks war es zu verdanken, daß ein völliges
Auseinanderbrechen verhindert werden konnte. Nicht verhindern ließ sich
jedoch die Abspaltung der Stöcker-Seebergschen Kirchlich-Sozialen Konferenz konservativen Zuschnitts und die Trennung der Christlich-Sozialen
in zwei Lager. Die Fronten zwischen Liberalen und Orthodoxen in der

---

[59] Ebd., S. 95.

evangelischen Theologie verhärteten sich zusehends, und zu diesen Schwierigkeiten gesellten sich die restriktiven Maßnahmen der Kirchenleitung[60].

Über die Problematik der Kongreßgründung mit seiner umfassenden Konzeption hatte sich Harnack, wie wir sahen[61] keine Illusionen gemacht. Um so erstaunlicher war der überwältigende Erfolg bereits nach den ersten beiden Tagungen. Kurz vor der zweiten Tagung 1891 wurde von Professor H. Scholz der Erfolg gefeiert, der dem Unternehmen beschieden war, trotz anfänglicher Zweifel, wonach es schon wegen der konfessionellen Ausrichtung und Abgrenzung ›Evangelisch-Sozial‹ zum Scheitern verurteilt sei. Man sei aber weder in den Fehler verfallen, die alten Konfessionsgegensätze auf das Gebiet der sozialen Reform zu übertragen, noch stelle das Unterfangen lediglich eine Neuausgabe der alten christlich-sozialen Bestrebungen dar, denen man so, gleichsam in neuem Gewande, einen verstärkten Zulauf und neue Anhänger gewinnen wolle. Es sei vielmehr gelungen, in ehrlicher Verständigungsbereitschaft auf einer breiten Basis eine Einigung der verschiedenen, sonst erheblich differierenden kirchlichen Fraktionen herbeizuführen. So dürfe man anderes und mehr als von der christlich-sozialen Partei von diesem Zusammenschluß erwarten, der sowohl in seiner Zusammensetzung wie in seinen Zielen sich erheblich von dieser unterscheide[62].

b) Soziales Kurswesen

Eine zusätzliche Breitenwirkung erreichte der Kongreß mit den von ihm, dann auch von seinen Tochtergründungen durchgeführten sozialen Kursen. Über sie berichtet später die gleiche Zeitschrift im Hinblick auf konkurrierende katholische Veranstaltungen und auf die erhoffte nachfolgende Breitenwirkung in der evangelisch gesinnten Arbeiterschaft. Danach war nicht erst der katholisch-soziale Kurs, der in Mönchen-Gladbach stattgefunden hatte, ausschlaggebend für die Veranstaltung eines evangelisch-sozialen Kurses gewesen. Bereits bei der Gründung des Evangelisch-Sozialen Kongresses hätten nämlich seine Mitglieder Veranstaltungen dieser Art als eines seiner Ziele ins Auge gefaßt. Die Teilnehmer – Geistliche wie Laien – wollten versuchen, das öffentliche Leben und zumal den gesellschaftspolitischen Sektor wieder mehr an christlich-ethischen Idealen auszurichten. Dafür, daß dieser Versuch nicht im luftleeren Raum werde unternommen

---

[60] *vom Bruch*, Wissenschaft, S. 159/160.
[61] Vgl. oben, Anm. III/40.
[62] Prof. *H. Scholz*, Zum evangelisch-sozialen Kongreß, in: Deutsches Wochenblatt 4 (1891), S. 258.

werden müssen, bildeten die sich eines regen Zulaufs erfreuenden Arbeitervereine die Gewähr.

Bei dem Vorhaben fürchtete man weniger die Gefahr, daß die Erfüllung
sozialpolitischer Forderungen quasi zu einer Christenpflicht erhoben werden solle, als vielmehr amateurhaftes Vorgehen. Die komplexen Vorgänge
der Volkswirtschaft sollten von Hochschullehrern erläutert und anschaulich gemacht werden, während sich die katholisch-sozialen Kurse hauptsächlich auf Praktiker gestützt hatten. Diesem Vorzug schrieb man auch
den großen Andrang zu; es hatten sich ca. 500 Teilnehmer, zu vier Fünfteln
Geistliche, teilweise noch in der Ausbildung, angemeldet[63]. Noch deutlicher betonte in einer Zuschrift an Rades »Christliche Welt« Max Weber den
Unterschied gegenüber den vergleichbaren katholischen Kursen; Weber,
der mit seiner im Auftrag des Kongresses unternommenen bahnbrechenden
Enquete über die (ostelbische) Landarbeiterfrage einen persönlichen wissenschaftlichen Durchbruch erzielte und zugleich der Kongreß-Arbeit ein
hohes Prestige sicherte, umriß präzise den Zweck der Kurse:

> »Sie wollen *nicht* Propaganda machen in den Kreisen der Geistlichen, die bisher sich von
> praktischer Beschäftigung mit den Fragen der Sozialpolitik ferngehalten haben – das
> überlassen sie anderen Veranstaltungen –, sondern an der wirtschaftlichen Schulung der
> bereits in einer solchen Thätigkeit begriffnen Kräfte arbeiten. Sie werden deshalb *nicht* das
> Hauptgewicht darauf legen, Mittel und Wege zur Lösung der großen Probleme der Zeit
> aufzuzeigen, sondern – und die Innehaltung dieser Schranke erfordert eine gewisse
> Resignation – im geraden Gegenteil den vollen Umfang der wirtschaftlichen Schwierigkei-
> ten zur Anschauung zu bringen und darauf hinzuwirken suchen, daß die Probleme
> überhaupt in ihrer Tragweite richtig erkannt und die praktischen Fragen richtig gestellt
> werden. ... Die Enquete über die Landarbeiter und ihr Ergebnis hat den Glauben an die
> Unfähigkeit der Geistlichen zu praktischer Auffassung wirtschaftlicher Zustände für immer
> zerstört. Hoffen wir, daß durch den zahlreichen Besuch der Kurse auch der Zweifel an der
> Ernstlichkeit ihres Interesses, wo er etwa noch bestehen sollte, endgültig beseitigt wird.[64]«

Der erste Kurs wurde von 500 Hörern besucht, darunter 350 Theologen
(Pfarrer, Kandidaten, Studenten), ferner als stärkste Gruppen je 40 Lehrer
und Juristen, zumeist Verwaltungsbeamte; mit Ausnahme des liberalen
Politikers und Richters Kulemann lehrten ausschließlich renommierte
Hochschullehrer wie Wagner, Stieda, Elster, Rathgen, Oldenberg, Max

---

[63] *H. Kötzschke*, Der erste evangelisch-soziale Kursus, ebd., 6 (1893), S.545/546.

[64] *M. W.*, Die Evangelisch-sozialen Kurse in Berlin im Herbst dieses Jahres, in: Christliche
Welt 8 (1893), Sp. 766–768. Für Webers Autorschaft vgl. eine von *Dirk Käsler* zusammen-
gestellte erste vollständige Max-Weber-Bibliographie, in: Kölner Zeitschrift für Soziologie
und Sozialpsychologie 27 (1975), Nr.10 der Bibliographie, wieder abgedruckt in *ders.*,
Einführung in das Studium Max Webers, München 1979, dort auch S.56–67 zu Max Webers
Landarbeiter-Enqueten in Verbindung mit dem Verein für Sozialpolitik, dann mit dem
Evangelisch-Sozialen Kongreß; zum letzteren S.64–67.

Weber[65]. Ähnliche Vortragskurse folgten in Halle/S., im Rheinland, in Limburg, Breslau und in Karlsruhe, deren reger Besuch teilweise Wiederholungen notwendig machte. Der zweite Kurs, den der Evangelisch-Soziale Kongreß selbst im Herbst 1896 veranstaltete, brachte es lediglich auf 110 Teilnehmer. Der Grund dafür lag zum Teil bei den Einzelproblemen, mit denen er sich beschäftigte, zum Teil in der ablehnenden Haltung, die die Kirchenleitung und die preußische Regierung seit 1894 solchen Unternehmungen gegenüber eingenommen hatten. Dazu kam eine verminderte Nachfrage: Bereits 1895 hatte der Verein für Socialpolitik gemeinsam mit dem ESK in Berlin sozialpolitische und nationalökonomische Kurse veranstaltet, die insgesamt von fast 800 Personen besucht worden waren[66].

Neben der zu Recht betonten »Sättigung« wird für diesen Abschwung des evangelisch-sozialen Kurswesens entscheidend der gegen sozialpolitische Aktivitäten von Geistlichen gerichtete Erlaß des Evangelischen Oberkirchenrats heranzuziehen sein, wie jenes Jahr denn auch das eigentliche Krisenjahr des Kongresses insgesamt war. Anschaulich berichtet der Theologe Julius Kaftan in einer warmen Fürsprache in dem schon bekannten »Deutschen Wochenblatt«, daß der für Leipzig geplante Kongreß im folgenden Jahr fast zu scheitern drohte angesichts der feindseligen Haltung von Magistrat und lokaler Geistlichkeit, die gar einen Festgottesdienst in St. Thomas verweigerten. Daraufhin faßte Kaftan kurz die von den Gegnern des Kongresses erhobenen Vorwürfe zusammen. Das sei zum ersten der einer unzulässigen Verquickung von politischen und religiösen Belangen, wie ihn die erhöben, die allen christlich-sozialen Bestrebungen grundsätzlich feindselig gegenüberstanden. Ein weiterer, nämlich die Behauptung, der Kongreß stehe zu sehr unter dem Einfluß der ›modernen Theologie‹ würde vor allem von der Gruppe um Stöcker erhoben. Politische Gegner wiederum rückten den Kongreß in die Nähe des nationalsozialen Vereins, um ihn so auf das entschiedenste ablehnen zu können. Alle diese Beschuldigungen trügen dazu bei, den Kongreß in weiten Kreisen in Mißkredit zu bringen[67]. Im Anschluß an Nobbes Verteidigungsbroschüre hob Kaftan vor allem zwei Dinge hervor. Zum einen dementierte er, daß der Kongreß auf verstärkten Linkskurs gegangen sei; weder habe sich an der Zielsetzung des Kongresses etwas geändert, noch am politischen Standort seiner Mitglieder. Trotz des als bedauerlich bezeichneten Austritts der Gruppe um Stöcker

---

[65] Angaben nach *Voelter*, S. 24.
[66] *vom Bruch*, Wissenschaft, S. 265.
[67] *J. Kaftan*, Der evangelisch-soziale Kongreß und seine Gegner, in: Deutsches Wochenblatt 10 (1897), S. 261.

seien noch zahlreiche Mitglieder der kirchlichen Rechten zuzuordnen. Als nächstes streicht er die Bedeutung der Auseinandersetzung mit Naumann und dessen Freunden hervor. Nobbe wollte den Kongreß zwar nicht mit ihnen identifiziert wissen, ein Bürgerrecht auf dem Kongreß will er ihnen aber nicht gänzlich absprechen[68].

Mit solchen Formeln, die sich eng an das bereits bekannte Fünf-Punkte-Programm Nobbes[69] anschlossen, gelang es, das evangelisch-soziale Schiff zwischen Skylla und Charybdis von jüngeren und älteren Christlich-Sozialen hindurchzusteuern, aber auch den gleichzeitigen Attacken von Oberkirchenrat und Kaiser gegen »politische Pastoren« zu wehren. Mit großem Geschick hatte Nobbe bereits in seiner Eröffnungsrede auf der entscheidenden Stuttgarter Tagung 1896 sich mit den Vorwürfen auseinandergesetzt, den Kongreß von den getrennten Lagern der christlich-sozialen Bewegung abgegrenzt und zugleich Möglichkeiten für eine weitere Verständigung eröffnet[70]; mit der anderen Front hat sich dann – gleichsam arbeitsteilig – Professor v. Soden in seinem ersten Hauptreferat »Über die soziale Wirksamkeit des im Amt stehenden Geistlichen, ihr Recht und ihre Grenzen« auseinandergesetzt, in dem er unter allgemeiner begeisterter Zustimmung ausführte, daß man nicht fürchten dürfe, das Vertrauen einer kleinen Führungsschicht zu verlieren. Dafür sollte man versuchen, das Vertrauen der breiten Massen zu gewinnen, auf die es ankäme und zu deren Besten man, ohne Furcht vor der Mißbilligung tonangebender Kreise, wirken wolle[71]. Eher am Rande und zur plakativen Veranschaulichung sei auf die große publizistische Resonanz dieser Kontroversen in der gebildeten zeitgenössischen Presse hingewiesen, die das Schicksal des Kongresses zum Tagesgespräch werden ließ. Umfangreiche Broschüren publizierten in diesem Zusammenhang Nobbe, Delbrück und Harnack, ferner Paul Göhre, der bis 1894 selbst Generalsekretär des Kongresses gewesen und dann von Voelter abgelöst worden war[72]. Daneben schlugen sich die Auseinandersetzungen um den Austritt Stöckers Anfang Mai 1896 in einem bekannten zeitgenössischen Geschichtskalender nieder[73], beschäftigten sich die konservativ-gouvernementalen »Grenzboten« wiederholt mit Problemen des

[68] Ebd., S. 262.
[69] Vgl. oben, Anm. III/49.
[70] Bericht über die Verhandlungen des Siebenten Evangelisch-Sozialen Kongresses zu Stuttgart am 28. und 29. Mai 1896, Berlin 1896, S. 1–7.
[71] Ebd., S. 15–39, bes. S. 38.
[72] *Paul Göhre*, Die evangelisch-soziale Bewegung. Ihre Geschichte und ihre Ziele, Leipzig 1896.
[73] *Schlußheß'* Europäischer Geschichtskalender, 1892, S. 65/66.

Kongresses, gelegentlich auch unter Hinweisen auf Traditionslinien zurück zu Todt[74], gewährte die »Soziale Praxis«, die sich zum Zentralorgan bürgerlicher Sozialreform in Deutschland entwickeln sollte, Göhre ihre Spalten für einen Kongreßbericht aus seiner Sicht[75], setzte sich mit Theodor Barths »Nation« das führende Blatt des deutschen Linksliberalismus für den Kongreß ein[76], bezogen mehrfach Delbrücks »Preußische Jahrbücher«, aber auch studentische Zeitschriften – von den nationalistischen »Vereinen Deutscher Studenten« bis hin zu den sozialistischen Studenten[77] – Stellung zu den Kontroversen, um nur einige Beispiele aus der außerordentlich umfangreichen Pressediskussion herauszugreifen.

c) Die weitere Entwicklung

Die weitere Entwicklung des Kongresses bis zum Ende der Wilhelminischen Zeit vollzog sich dann eher in ruhigeren Bahnen. Erst kurz vor Ausbruch des Weltkrieges wurde noch einmal, nun in Kooperation mit weiteren bürgerlich sozialreformerischen Gruppierungen, eine rege Aktivität entfaltet. Zwar blieb man auch jetzt von einer Arbeitsgemeinschaft mit der Sozialdemokratie entfernt, lassen sich Strohms Thesen in ihrer überpointierten Zuspitzung nicht aufrechterhalten, doch vermochte der Kongreß mit seinem ständigen Organ »Evangelisch-Sozial« nun Sodens Anspruch von 1896 einzulösen, daß man bereit sein müsse, um »das Vertrauen eines großen Kreises der untern zehn Millionen [zu] gewinnen«, »das Vertrauen eines kleinen Kreises der oberen Zehntausend [zu] verlieren.« Freilich bestand nun eine veränderte politische Konstellation, hatte sich die Einbindung des Kongresses als konfessioneller Beitrag zur bürgerlichen Sozialreform wesentlich gewandelt. Unter evangelischen Geistlichen wie auch im Bildungsbürgertum insgesamt hatte seit der Jahrhundertwende eine ständig zunehmende sozialpolitische Ermüdung um sich gegriffen; als nach 1912 einflußreiche Industriellenkreise im Verein mit konservativen und rechtsliberalen Parteien zu einem Großangriff auf das bereits erreichte Niveau staatlicher Sozialpolitik ansetzten und das Rad zurückdrehen wollten, als unter diesem Druck die preußische-deutsche Regierung sich

---

[74] Kongreßbericht in: Grenzboten 55, Bd. 2 (1896), S. 482–487; ebd., Bd. 3 (1896), S. 77–82; *Chr. Jasper*, Evangelisch-sozial, mit Bezügen auf Todt.

[75] *Paul Göhre*, Der 7. Evangelisch-Soziale Kongreß, in: Soziale Praxis 5 (1895/96), Sp. 995–999.

[76] *Friedrich Huldermann*, Politisches in und aus der evangelischen Kirche, in: Die Nation 14 (1896–97), S. 216–218.

[77] Akademische Blätter 10 (1895/96), S. 68/69; Der sozialistische Akademiker 1 (1896), S. 350–355.

gezwungen sah, auf absehbare Zeit im Januar 1914 einen »Stillstand« in der
Sozialpolitik zu proklamieren, da rückten der Evangelisch-Soziale Kongreß
und die für die bürgerliche Sozialreform nun tonangebende Gesellschaft für
Soziale Reform eng zusammen und veranstalteten im Frühjahr 1914 eine
Großkundgebung für eine Fortführung der Sozialreform, an der sich
prominente Gewerkschaftler und Sozialdemokraten beteiligten und so
bereits die wenig später institutionalisierte Zusammenarbeit mit der bürgerlichen Sozialreform signalisierten[78]. In mehreren programmatischen Aufsätzen hatten bereits 1913 die Nationalökonomen und Sozialpolitiker Karl
Rathgen und Ernst Francke »Erst recht Sozialreform«, »Nun erst recht
Sozialreform« in der Zeitschrift »Evangelisch-Sozial« gefordert und scharf
gegen »Neue Angriffe gegen unsere Sozialpolitik« Stellung bezogen[79]. Die
beiden einander sehr nahestehenden Einrichtungen Verein für Socialpolitik
und Evangelisch-Sozialer Kongreß betrachteten die Gesellschaft für Soziale
Reform nun als den eigentlichen Träger ihrer Bestrebungen, wie es Schmoller einmal formulierte:

> »Das, was vielleicht in den ersten Jahren in dieser Beziehung mehr im Vordergrund stand,
> die direkte Beeinflussung der sozialen Gestezgebung, ist in der Hauptsache auf die
> Gesellschaft für soziale Reform übergegangen, die diese praktische Seite der Agitation für
> bestimmte Reformen in die Hand genommen und sie uns mehr oder weniger abgenommen
> hat.[80]«

Sprach Schmoller hier vorwiegend für den Verein für Socialpolitik, so
vertrat der Evangelisch-Soziale Kongreß den selben Standpunkt. Er
bekannte sich zu den Zielen der Gesellschaft für Soziale Reform, auf deren
Sieg als einen Sieg der gemeinsamen Sache man hoffe[81].

Damit vermochte der Kongreß an seine ursprünglichen Absichten anzuknüpfen, doch um den weitgehenden Verlust seiner weiteren Zielsetzung,
als umschließende Organisation die unterschiedlichen Richtungen des
sozial gesinnten deutschen Protestantismus gleichermaßen zu repräsentie-
ren und damit einen weitreichenden Einfluß in der deutschen bürgerlichen
Gesellschaft zu gewinnen. Insofern hatte sich die Lage gegenüber der
Ausgangsposition in den frühen 1890er Jahren verschoben. Wohl gelang es
in bescheidenem Umfang, einen Beitrag zur späteren Integration der Arbeiterschaft in den Nationalstaat zu leisten, doch wurde die eigene Basis

---

[78] Kundgebung für Fortführung der Sozialreform am 10. Mai 1914, Protokoll in: Schriften der
Gesellschaft für Soziale Reform, H. 51, Berlin 1914.

[79] Evangelisch-Sozial, 22. Folge 1913, S. 135–138, 140–145, 373–376.

[80] *Gustav Schmoller*, Rede auf der Nürnberger Tagung des Vereins für Sozialpolitik 1911,
abgedruckt in: Schriften des Vereins für Sozialpolitik, Bd. 138 (1912), S. 2.

[81] Evangelisch-Sozial, 22. Folge 1913, S. 377.

schmaler, löste man sich aus der Verwurzelung in breiten Schichten von Bildungsbürgertum und Bürokratie. Insofern trifft ein auf die Gesellschaft für Soziale Reform gemünztes abschließendes Urteil auch weitgehend auf den Evangelisch-Sozialen Kongreß zu: »Weithin gescheitert war die von Anbeginn an erstrebte und zunächst recht erfolgreiche Beeinflussung der in Presse, Verbänden und Parteien faßbaren bürgerlichen öffentlichen Meinung.[82]«

3. Konflikte zwischen »älteren« und »jüngeren« Christlich-Sozialen 1895/96

a) Der Naumann-Stöcker-Konflikt

Auf den tiefen Gegensatz zwischen der Stöcker- und der Naumann-Gruppe, der den Evangelisch-Sozialen Kongreß 1896 zu sprengen drohte, wurde bereits mehrfach hingewiesen, einige Aspekte sollen noch näher beleuchtet werden. Anfang Mai beendigte Stöcker die seit langem schwelenden Auseinandersetzungen durch seinen Austritt aus dem von ihm selbst begründeten Kongreß, nachdem er infolge der skandalösen Vorgänge innerhalb der konservativen Partei um die Hammerstein-Gruppe und seine durch den sogenannten »Scheiterhaufenbrief« bekannt gewordene Rolle dabei zu einer unerträglichen Belastung geworden war. Unverblümt hatte bereits Paul Göhre seinen Ausschluß in der »Christlichen Welt« gefordert; die Führer des Kongresses erwogen mehrfach das ihm gegenüber einzuschlagende Vorgehen, waren dann jedoch durch seinen Austritt, den sie selbst nicht zu fordern gewagt hätten – wohl auch nicht daran dachten – überrascht worden[83].

Die über diese eher äußerlichen, wenn auch gravierenden Vorkommnisse hinausreichenden und tiefer verwurzelten Entzweiungen mit einem Großteil seiner jüngeren Anhänger hatte sich indessen bereits seit mehreren Jahren vorbereitet, wobei der Kongreß selbst ungewollt zur Klärung und schließlichen Separierung der Fronten wesentlich beitrug. Bereits seit den späten 1880er Jahren betrachteten zahlreiche jüngere Anhänger die enge Zusammenarbeit zwischen der konservativen Partei und der christlich-

---

[82] *vom Bruch*, Bürgerliche Sozialreform, S. 608/609, dort auch S. 603–608 zur sozialpolitischen Konstellation nach 1912 in bezug auf die bürgerliche Sozialreform; ergänzend *ders.*, Wissenschaft, S. 340–344.

[83] Angesichts der durch die umfangreiche Literatur hierzu – insbesondere *Düding, Pollmann* und *Schick* – hinreichend bekannten Tatbestände erübrigen sich detaillierte Belege.

sozialen Bewegung mit zunehmender Besorgnis. Sie distanzierten sich
bewußt von Stöckers gemäßigtem Sozialkonservatismus, der ihnen zunehmend nur noch Wahlhelferdienste für die Konservative Partei bei Wählern
aus dem unteren Mittelstand zu leisten schien[84]. Diese jüngeren Theologen
– dem Alter nach zumeist Mitte bis Ende zwanzig – scharten sich um
Martin Rade und seine von ihm seit 1886 herausgegebene »Christliche
Welt«, die sich im Untertitel »Evangelisch-Lutherisches Gemeindeblatt für
die gebildeten Glieder der evangelischen Kirchen« nannte und sich vor und
neben Naumanns 1895 gegründeter »Hilfe« zum wichtigsten publizistischen Organ des sozialreformatorisch aufgeschlossenen deutschen Protestantismus entwickelte.

Mit dem von Stöcker selbst 1890 geschaffenen Evangelisch-Sozialen
Kongreß bot sich ihnen das Forum, ihre Auseinandersetzungen mit Stöcker
und seiner Partei unmittelbar auszutragen und den unerläßlichen Klärungs-
prozeß zu intensivieren und zu beschleunigen. Die eigentliche Wegscheide
markierte die vierte Tagung des Kongresses 1893, als Naumann gegenüber
der Sozialdemokratie eine radikal von Stöcker abweichende Position bezog,
wenn er sie als »die erste große evangelische Häresie« bezeichnete. Wie die
Kirche »von jeher jeder Häresie gegenüber« die Aufgabe gehabt habe,
»ihren Standpunkt zu revidieren gegenüber den Abweichungen«, so habe
man dieselbe Aufgabe »jetzt gegenüber der Sozialdemokratie.« Fanden
solche Erklärungen den offenen Widerspruch der anwesenden »älteren«
Christlich-Sozialen, so begrüßte Göhre die neue Marschrichtung »im
Namen vieler Altersgenossen, die schon lange mit ihm dasselbe gedacht,
geträumt und erlebt hatten.[85]«

In den folgenden Jahren, verstärkt 1895/96, klärten sich Naumanns
Ansichten und führten ihn auf einen Weg, der fort von einem christlichen
hin zu einem nationalen Sozialismus führte. Insbesondere der Kirchenrechtshistoriker Rudolf Sohm und der Soziologe Max Weber haben ihn auf
diesem Weg beeinflußt und den eigentlichen Anstoß für eine Loslösung von
der christlich-sozialen Bewegung gegeben, den weiteren Weg des sozialli-
beralen Parteipolitikers – erst im nationalsozialen Verein, nach dessen
Auflösung 1903 im Linksliberalismus, nach dem Zusammenbruch des
Kaiserreichs bis zu seinem frühen Tod 1919 in der neuen Deutschen
Demokratischen Partei, die ihn zu ihrem Vorsitzenden wählte – in der
theoretischen Klärung vorgezeichnet.

---

[84] *Düding*, S. 23.
[85] Vgl. *Carl Schneider*, Die Publizistik der nationalsozialen Bewegung 1895–1903, Diss. Berlin
1934, S. 9.

Sohm hatte ihm überzeugend einen unüberbrückbaren Gegensatz zwischen Recht und Evangelium nachgewiesen; auf dem Boden der Reformation sei ein Kirchenrecht undenkbar. Wie aber das Urteil der Reformation gewesen sei: »Weg mit dem christlichen Recht« – so laute das Urteil der Weltgeschichte: »weg mit dem christlichen Staat«. Christus gehöre keiner politischen, auch keiner kirchlichen Partei an. In schweren inneren Auseinandersetzungen und nach anfänglicher heftiger Ablehnung rang sich Naumann schließlich doch zu der Erkenntnis durch, daß Christentum und Politik keine unmittelbare Verbindung eingehen können, daß eine christliche Ordnung der Welt nicht zu begründen sei. Zur gleichen Zeit beeindruckte ihn nachhaltig Max Webers Lehre, das Wesen alles politischen Handelns sei der Kampf um Interessen, um Macht; die Machtausbreitung des Staates sei sein ihm innewohnendes Gesetz, daher müsse man auch rückhaltlos eine deutsche Weltpolitik bejahen. Nicht mehr das Reich Gottes auf Erden wie 1889 und noch 1891[86], sondern die Idee der Machtnation beschäftigte Naumann nun im Anschluß an den berühmt gewordenen Satz aus Max Webers Freiburger Antrittsvorlesung von 1895, die Einigung Deutschlands sei ein Jugendstreich gewesen, »den die Nation auf ihre alten Tage beging und seiner Kostspieligkeit halber unterlassen hätte, wenn sie der Abschluß und nicht der Ausgangspunkt einer deutschen Weltmachtpolitik sein sollte.« In diesem Zusammenhang veränderte sich auch Naumanns Einstellung gegenüber der Sozialdemokratie. Mit einer innerlich zerrissenen, durch soziale Klassengegensätze gespaltenen und durch ständige innenpolitische Reibungsverluste geschwächten Nation war eine solche Weltpolitik nicht zu bewerkstelligen; Sozialpolitik als wirtschaftliche Befriedung, Zugeständnis der legitimen politischen Partizipationsansprüche der Arbeiterschaft als Beitrag zur Versöhnung der Klassen und damit zur nationalen Integration, das waren, verkürzt gesprochen, die entscheidenden inneren Voraussetzungen deutscher Welt- und Machtpolitik[87].

b) Der Nationalverein – zur Gründungsgeschichte des nationalsozialen Vereins

Nach dem Austritt der Stöcker-Gruppe Anfang Mai 1896, nach der eine weitere Klärung beschleunigenden siebten Tagung des Kongresses Ende des Monats und den danach intensiv verstärkten Aktivitäten um die Gewin-

---

[86] Vgl. oben Anm. III/41.
[87] Zum Einfluß Sohms und Webers auf Naumann vgl. vorrangig *Richard Nürnberger*, Imperialismus, Sozialismus und Christentum bei Friedrich Naumann, in: Historische Zeitschrift 170 (1950), S. 525–548.

nung von Gesinnungsfreunden, Beschaffung von Geldmitteln und Bereitstellung einer eigenen Tageszeitung, wie sie mit der allerdings nur kurzlebigen »Zeit« – neben der weiterhin wöchentlich erscheinenden »Hilfe« – gelang, vollzog sich im Herbst 1896 die Gründung der nationalsozialen Partei Friedrich Naumanns, die zunächst als »Verein« firmierte[88]. Engste personelle Bezüge zu der bisherigen evangelisch-sozialen Bewegung lassen sich nicht übersehen, doch gehört sie aufgrund ihrer Programmatik, die mit den Hinweisen auf die konzeptionelle Wende Naumanns selbst angedeutet wurde, nicht mehr in den unmittelbaren Zusammenhang unserer Thematik.

Gleichwohl verdient ihre Vorgeschichte Beachtung. Lange vor der krisenhaften Zuspitzung im Mai fand Anfang Februar 1896 in Erfurt eine Sitzung statt, die auf die Gründung eines »neuen deutschen Nationalvereins« abzielte. Wie Adolf Wagner im Vorjahr auf einem studentischen, gegen Stumms Angriffe auf die Kathedersozialisten gerichteten Kommers erklärt hatte, der sozialen Frage komme jetzt der gleiche Rang zu wie vor der Reichsgründung der nationalen Frage, so knüpfte man mit dieser Bezeichnung bewußt an den liberalen Nationalverein von 1895 an. Da das Protokoll dieser Versammlung vom 10. und 11. Februar 1896 sowie weitere darauf bezogene archivalische Dokumente bislang nicht ausgewertet wurden und wohl unbekannt waren, wie sich der wichtigen Geschichte des nationalsozialen Vereins von Dieter Düding entnehmen läßt[89], da zum anderen in dieser frühen Phase der Zusammenhang mit der christlich-sozialen Bewegung im weiteren Sinne noch nicht vollständig zerrissen war, erscheint eine intensive Berücksichtigung dieses für die Entstehungsgeschichte des nationalsozialen Vereins und damit für das Verhältnis von evangelischem Bildungsbürgertum zur möglichen und wünschenswerten sozialen Betätigung und politischen Orientierung zentralen Dokuments gerechtfertigt, das im Anhang vollständig wiedergegeben ist und nachfolgend in seinen Kernelementen vorgestellt sei:

Die Tagesordnung konzentrierte sich auf drei Themen, nämlich 1) auf die Vorgänge innerhalb der konservativen Partei, d. h. auf das einzuschlagende Verhalten gegenüber der konservativ gebundenen älteren christlich-sozialen Richtung, 2) auf die Bewertung des Oberkirchenrats-Erlasses von 1895

---

[88] *Wilhelm Happ*, Das Staatsdenken Friedrich Naumanns, Bonn 1968, S. 84.

[89] *Düding*, S. 42/43 kennt einen Aufruf zur Gründung eines Nationalvereins, während er sich für jene Sitzung vom 10./11. 2. 1896 auf Martin Wencks gedruckte Geschichte des Vereins stützt, die hier sehr blaß bleibt. In dem von *Düding* ausgewerteten Naumann-Nachlaß in Merseburg scheint sich ein Exemplar des Protokolls demnach nicht befunden zu haben. Ich konnte das nicht nachprüfen, da bei einem Aufenthalt in Merseburg im Sommer 1981 eine Benutzung der betreffenden Archivalien nicht möglich war.

sowie 3) auf die Organisationsfrage der neu zu schaffenden Gruppierung. Im ersten Punkt verfolgte man – nicht zuletzt durch die politische Spannweite der anwesenden Personen bedingt – eine flexible Haltung, insofern man die Tür zur Stöcker'schen Richtung nicht zuschlagen, sondern den Kontakt zu Vertretern jener Richtung aufrechterhalten wollte, indem man zugleich nach einem Diskussionsbeitrag Paul Göhres eine »Aufnahmestellung für die sich entwickelnden Sozialdemokraten« bereitzustellen habe, wobei man an Leute wie Schönlank, Grillenberger und Braun dachte. Im Ergebnis wurde, einem Antrag Naumanns folgend, unter Betonung der Einheit der Gruppe in politischen und sozialen Fragen ein Ausschuß gebildet, der unter ausdrücklichem Ausschluß des Namens »konservativ« Gespräche mit Vertretern der älteren Gruppe aufzunehmen habe, von denen man noch einigen Zulauf erhoffte. Im zweiten Punkt bestand zwar Einigkeit über die von dem besagten Erlaß zu befürchtenden disziplinierenden Auswirkungen, ohne daß ihm in der Sache indes von Naumann und anderen vollständige Berechtigung abgesprochen worden wäre (Trennung von geistlichem Amt und politischem Engagement). Eine klare Haltung ließ der Diskussionsverlauf nicht erkennen, als dessen Ergebnis lediglich eine von Naumann eingebrachte Resolution und ein Antrag von Rauh verworfen wurden. Mit besonderem Engagement wurde der dritte Punkt, die Organisationsfrage, diskutiert. Mit geradezu auffallender Begeisterung wurde die Anknüpfung an den von Naumann angeführten Deutschen Nationalverein von 1859 betont. In einer veränderten Situation gelte es wie damals zur Lösung der beherrschenden nationalen Aufgabe in einer eindrucksvollen Organisation beizutragen, für die etliche Namensvorschläge vorgetragen wurden, darunter auch von Gregory die Bezeichnung »Nationalsozialer Verein«.[90]

Brennpunktartig verdichteten sich in diesen Diskussionen die zentralen Probleme des sozialen deutschen Protestantismus der mittleren 1890er Jahre, insbesondere seiner jüngeren Vertreter, wurden die verschiedenen Optionen hinsichtlich der Konflikte innerhalb der christlich-sozialen Bewegung wie gegenüber der Kirchenleitung scharf herausgearbeitet; darüber hinaus darf diese Versammlung als die eigentliche Geburtsstunde des Nationalsozialen Vereins Friedrich Naumanns bezeichnet werden.

---

[90] Als »streng vertraulich« deklariertes Protokoll der Tagung vom 10. und 11. Februar 1896 in Erfurt mit einem Kopfvermerk: »Bei Mitteilung an Freunde ist Benachrichtigung an Pfr. Naumann, Frankfurt a. M., nach Beschluß der Versammlung erforderlich.« Exemplar im Bundesarchiv Koblenz (Teil-)Nachlaß Hans Delbrück, Nr. 32 (Neuer Deutscher Nationalverein 1896).

Der auf dieser Sitzung erhoffte Zugewinn aus den gebildeten Kreisen blieb indes weitgehend aus. Wohl beteiligten sich zahlreiche Gelehrte, die teilweise schon im Vorjahr die Gründung der »Hilfe« finanziell ermöglicht hatten – allen voran Delbrück und Harnack[91] – mit der Zeichnung größerer Geldbeträge an dem Zustandekommen der nationalsozialen Tageszeitung »Zeit«, die wesentlich das Werk des früheren christlich-sozialen »Volk«- Redakteurs Heinrich Oberwinder war – dem Verein selbst traten sie indes nicht bei, wofür exemplarisch auf die Begründung Hans Delbrücks hingewiesen sei, die dieser in einem den »Preußischen Jahrbüchern« und der »Zeit« mehrfach veröffentlichten Brief an Naumann am 6.11.1896 ausführlich entwickelte, die sich jedoch deutlicher bereits in einem Schreiben an Naumann vom 28. März 1896 im Anschluß an jene Tagung und die daran folgenden Verhandlungen mit Naumann findet: Die geistige Kraft solcher Männer wie Sohm und Max Weber für eine geplante Unterschriftenaktion schätze er zwar sehr hoch, aber noch fehle die Durchschlagkraft, die man sich für ein solches Unternehmen wünsche. Er zieht Vergleiche zum Nationalverein, dessen Gründer als Führer der Fraktionen doch einen großen Rückhalt in den Landtagen hatten, und betont die Wichtigkeit der Öffentlichkeitsarbeit. Weder Sohm noch Weber noch er selbst würden viel Zeit für die unmittelbare Agitation haben, deren Last dann allein auf Naumann läge. Er hält ihm vor Augen, daß es für Naumann zwar gewisse Vorteile hätte, den Verein hinter sich zu wissen, weist aber auch auf die Nachteile hin: Er wäre dann ganz auf die Vereinslinie festgelegt und in seiner individuellen Entfaltung doch sehr eingeschränkt. Seiner Meinung nach solle Naumann den Weg einer Parteigründung einschlagen, zugleich macht er ihn aber darauf aufmerksam, daß mit Sohm, Kulemann und ihm selbst nicht zu rechnen sei. Er sei nicht bereit, den Standpunkt des akademischen Beobachters aufzugeben und sich Parteizwängen unterzuordnen[92].

---

[91] Nachlaß Delbrück (ebd.), mehrere Briefe und Zeichnungslisten von und an Naumann und Oberwinder; vgl. auch einen regen Briefwechsel mit Adolf von Harnack, der sich bereits 1895 an der Finanzierung der »Hilfe« beteiligt hatte und auch jetzt wieder tausend Mark zeichnete, Deutsche Staatsbibliothek Berlin/DDR, Handschriftenabteilung, Nachlaß Adolf von Harnack, Koresp. Naumann.

[92] Schreiben Delbrücks an Naumann vom 28.3.1896, Nachlaß Delbrück, Nr. 32. Delbrück ließ den Brief, dessen prinzipielle Bedeutung ihm sehr deutlich war, noch einen Tag liegen, und fügte dann am 29.3. (Exemplar im gleichen Bestand) einen Zusatz hinzu, in dem er nochmals das Für und Wider seines eigenen Parteieintritts erörterte. Manchem Vorteil stünde entgegen, »daß ich die Forderungen, durch die allein Massen gewonnen werden können, nicht mitmachen kann.« Auf der anderen Seite stellt er Naumann genügend

Zwar hatte Delbrück selbst unter dem Eindruck der Debatten um die Umsturzvorlage 1894/95 und dann der Auseinandersetzungen mit dem Freiherrn von Stumm 1895/97 öffentlich erklärt, Besitz und Bildung müßten sich nun trennen. Zu parteipolitischer Arbeit war er nicht bereit, hierin getreues Spiegelbild des akademischen Selbstverständnisses im Kaiserreich. Vielmehr konzentrierte sich das Interesse der gelehrten Förderer von Naumanns sozialpolitischem Engagement auf eine vorwiegend finanzielle Unterstützung eines Publikationsorgans der neuen Bewegung, das für sie unverfänglicher sein mußte als zeitraubende parteipolitische Aktivitäten und zudem den gewohnten Denkmustern entsprach, richtete sich ein solches Organ doch wieder in erster Linie an das Bildungsbürgertum und nicht an die Arbeiterschaft[93]. Wie weit die Scheu vor einer parteipolitischen Einbindung auch bei solchen Gelehrten reichte, die hellsichtiger als Delbrück und Harnack radikale Konsequenzen aus den Anforderungen der modernen industriellen Massengesellschaft zogen, zeigt sich überdeutlich an Max Weber, der in seiner berühmten Freiburger Antrittsrede 1895 »die *soziale* Einigung der Nation, welche die moderne ökonomische Entwicklung sprengte, für die schweren Kämpfe der Zukunft« als vordringlichste Aufgabe der deutschen Innenpolitik bezeichnet hatte[94]. Doch auch er verhielt sich gegenüber einem Parteieintritt reserviert, wenn er auch an der Entstehung von Naumanns Verein den intensivsten Anteil nahm[95]. Nach dem Scheitern des Vereins fand sich dann der linksliberale Münchener Nationalökonom Lujo Brentano zu einem Eintritt in den Linksliberalismus nur deswegen – und höchst widerstrebend – bereit, weil Naumann dies zur Voraussetzung für seinen eigenen Übertritt zum Linksliberalismus gemacht hatte[96]. Insgesamt also fand Naumanns Experiment wohlwollende Unterstützung bei einflußreichen Vertretern der Kulturwissenschaften, doch eine eigene parteipolitische Betätigung schied für sie aus und es waren im

---

Finanzmittel in Aussicht, wobei ihm eine Verlagerung der Bestrebung nach Berlin wesentlich erscheint, wohl nicht zuletzt, um die Entwicklung der Parteigründung besser kontrollieren zu können: »In Ihrem Schreiben vom 11. Febr. haben Sie gesagt, eine neue Arbeiterbewegung politischer Art können wir allein nicht schaffen, uns fehlen Kräfte und Capital! Das wäre schlimm – aber ich glaube, sobald Sie nur erst das richtige Programm aufgestellt haben, werden Ihnen weder Capital noch Kräfte fehlen. Das richtige Programm wird aber schwerlich in Frankfurt gefunden werden; das kann nur in Berlin getan werden.«

[93] Vgl. dazu ausführlich unten den Exkurs zum Zeitschriftenwesen.
[94] Abgedruckt in *Max Weber*, Politische Schriften, Tübingen ³1971, Zitat S. 23.
[95] Vgl. dazu ausführlich *Wolfgang J. Mommsen*, Max Weber und die deutsche Politik 1890–1920, Tübingen ²1974, S. 107–146.
[96] Vgl. dazu *Lujo Brentano*, Mein Leben im Kampf um die soziale Entwicklung Deutschlands, Jena 1931, S. 227–231.

wesentlichen jüngere Akademiker und Pfarrer, die den Verein in den wenige Jahren seines Bestehens personell trugen.

c) Naumanns Weg und das Problem einer Massenbasis

Naumann ist auf dem vorbezeichneten Wege weiter vorangeschritten und hat mit seinem nationalsozialen Verein jeden christlichen Sozialismus weit hinter sich gelassen. Seine Politik der nächsten Jahre bis zur endgültigen Niederlage des Vereins 1903 lief letztlich auf den Versuch hinaus, die im Kaiserreich existente gesellschaftliche Dreigliederung in Arbeiterschaft, Bürgertum und Junkertum auf den Antagonismus Arbeiterschaft/Bürgertum einerseits und großagrarisches Junkertum andererseits zu reduzieren. Das Scheitern seines Versuchs war angesichts der politisch-sozialen Realität dieser Gesellschaft unvermeidlich, wie Düding zutreffend festgestellt hat, und kann auch nicht auf organisatorische Mängel, finanzielle Schwächen und das Fehlen einer schlagkräftigen eigenen Presse zurückgeführt werden. Der nationalsoziale Verein scheiterte mit seiner übergreifenden liberalen Konzeption an der Unmöglichkeit, Arbeiterschaft und Bürgertum parteipolitisch auf einen gemeinsamen Nenner zu bringen[97].

In einer Studie über »Staat und Staatsräson bei Friedrich Naumann« wurde vor einigen Jahren festgestellt: »Naumann war weder ein Prophet noch ein Philosoph, weder ein Etatist noch ein Neo-Marxist, er war nur ein Kind seiner Zeit mit ihren Licht- und Schattenseiten.[98]« Das mag soweit richtig sein, hilft für eine genauere Ortsbestimmung dieser eindrucksvollen Gestalt, die aus ursprünglich christlichem Sozialismus heraus den modernen Sozialliberalismus in Deutschland programmatisch wie parteipolitisch begründete, nur sehr wenig. Es fällt aber auf, daß von dem Christlich-Sozialen in jener Charakterisierung überhaupt keine Rede mehr war, dessen Staatsideal ursprünglich einmal das Reich Gottes auf Erden gewesen war. Dieser Mangel ist in sich durchaus schlüssig, da von einem christlichen, genauer, von einem theologischen Ansatz aus für ihn keine politische Fortentwicklung möglich war. So vermag denn auch Andreas Lindt in einer kleinen vergleichenden Gegenüberstellung festzuhalten, warum Naumanns Aufruf an die Theologen ungehört blieb. Naumann hatte, in Weiterentwicklung des Begriffs vom Reich Gottes, wie ihn Ritschl gebrauchte, von einer Auseinandersetzung der Religion mit den Problemen der Gegenwart

---

[97] *Düding*, S. 196/197.
[98] *Jürgen Christ*, Staat und Staatsräson bei Friedrich Naumann, Heidelberg 1969, S. 15.

eine neue Sinngebung für die soziale Komponente des Glaubens erhofft. Was tatsächlich folgte, war ein Rückzug der Religion in die Innerlichkeit[99]. Blicken wir nun abschließend auf die neue Stoßrichtung Naumanns, so wird sein Scheitern in einem doppelten Sinn deutlich. Wie der Appell an die Theologen letztlich ungehört verhallte, von der geschilderten Aufbruchphase der 90er Jahre und der Resonanz in Teilen der jüngeren Pfarrerschaft abgesehen, so verhallte auch sein Ruf zu einer Nationalisierung der Arbeiterschaft, zu einer nationalen Integration durch die Lösung der sozialen Frage unter besonderer Mitwirkung der Bildungsschicht. Daß der national-soziale Verein eine Armee mit Offizieren ohne Mannschaften blieb, wies bereits auf das Problem einer Massenbasis hin. Naumanns Versuch mußte sich ohnehin auf die evangelischen Teile der Industriearbeiterschaft beschränken, waren doch die katholischen Arbeiter, sofern sie nicht allen Organisationen ablehnend gegenüberstanden oder sich schon der Sozialdemokratie bzw. den Freien Gewerkschaften angeschlossen hatten, bereits weitestgehend durch die katholischen Massenorganisationen, durch den Volksverein für das Katholische Deutschland, durch die nun aufblühenden Christlichen Gewerkschaften sowie die weiter sich entwickelnden katholischen Arbeitervereine integriert.

Eine entsprechende Massenbasis, auf die Naumann hätte zurückgreifen können, fehlte auf evangelischer Seite weitgehend. Auf die Gründe sind wir bereits oben eingegangen in der Analyse des evangelischen Staatskirchentums, in der Ortsbestimmung der evangelisch-sozialen Bewegung und in der Unfähigkeit der evangelischen Kirche, dem eingehend erörterten sozialen und wirtschaftlichen Wandel Rechnung zu tragen. Werfen wir nun einen Blick auf die Entwicklung der evangelisch organisierten Arbeiterschaft[100]. Die Bildung von evangelischen Arbeitervereinen hatte sich

---

[99] *Andreas Lindt,* Friedrich Naumann und Max Weber, Theologie und Soziologie im wilhelminischen Deutschland, München 1973, S. 36/37; ferner *Ingrid Engel,* Gottesverständnis und sozialpolitisches Handeln. Eine Untersuchung zu Friedrich Naumann, Göttingen 1972 (= Studien zur Theologie und Geistesgeschichte im 19. Jahrhundert 4), S. 86.

[100] Grundlegend für die Entwicklung der Vereine bleibt nach wie vor das zeitgenössische Schrifttum, insbesondere A. *Just,* Der Gesamtverband der evangelischen Arbeitervereine Deutschlands, seine Geschichte und seine Arbeiten, Gleiwitz 1904; sowie das seit 1907 von *Ludwig Weber* u. *Reinhard Mumm* jährlich hrsg. Taschenbuch für evangelische Arbeiter. Aus der Literatur sind besonders zu nennen *Ernst Faber,* Die evangelischen Arbeitervereine und ihre Stellungnahme zu sozialpolitischen Problemen, Diss. Würzburg 1927; *Herbert Dierkes,* Die evangelisch-soziale Bewegung und der sozialdemokratische Arbeiter 1896–1914, Diss. Freiburg 1949; *Fritz Einicke,* Die Stellung der evangelischen Arbeitervereine zur sozialen Frage, Diss. Köln 1950; *Bruno Feyerabend,* Die evangelischen Arbeitervereine. Eine Untersuchung über ihre religiösen, geistigen, gesellschaftlichen und politi-

zunächst ganz auf Westfalen und das Rheinland beschränkt, wo sich 1885 ein Provinzialverband bildete, dem zunächst 25 Vereine mit 11 700 Mitgliedern angeschlossen waren. Bis 1890, als der Gesamtverband Evangelischer Arbeitervereine gegründet wurde, war die Zahl auf 95 Vereine mit 28 000 Mitgliedern gestiegen, doch befanden sie sich gegenüber vergleichbaren katholischen Organisationen hoffnungslos in der Minderzahl. Nach allmählichem Aufschwung in den 90er Jahren und dann stark ansteigend im Vorkriegsjahrzehnt umfaßte der Gesamtverband 1914 1080 Vereine mit 142 000 Mitgliedern. Diese Angaben bedürfen indes der Einschränkung, sie lassen sich mit den Zahlen der katholischen Arbeitervereine kaum vergleichen, fehlte doch auf evangelischer Seite das Pendant zu den christlichen, tatsächlich weitestgehend katholischen Gewerkschaften. Wie die katholischen Fachabteilungen, die ja in einen Gegensatz zu den stärker auf die autonomen Arbeiterinteressen eingestellten Christlichen Gewerkschaften gerieten, betonten die evangelischen Vereine stark ihren kirchlichen Charakter, der sich eindrucksvoll in der biblischen Sprache der Programm-Erklärungen niederschlug. So lautete die Losung auf den Vereinsfahnen: »Tut Ehre jedermann; habt die Brüder lieb; fürchtet Gott; ehret den König.« Wie sehr die Vereine unter dem Einfluß der Theologen, also Vertretern des Bildungsbürgertums standen[101], zeigt die Zusammensetzung des Ausschusses, aber auch der Delegiertenversammlungen. Von 19 Ausschußmitgliedern waren 1908 15 Pfarrer und Lehrer; unter den 70 Delegierten in Speyer 1901 befanden sich 25 Pfarrer und nur 17 Arbeiter.

Ein ausgeprägt gewerkschaftlicher Charakter wurde weiterhin durch die enge Zusammenarbeit mit Unternehmern verhindert. In seinen »Grundlinien« trat der Gesamtverband für obligatorische Fachgenossenschaften ein,

---

schen Grundlagen und über ihre Entwicklung bis zum Ersten Weltkrieg, Diss. Frankfurt 1955; vgl. auch zur Organisationsgeschichte *Dieter Fricke*, Gesamtverband evangelischer Arbeitervereine Deutschland 1890–1933, in *ders.*, Hrsg., Die bürgerlichen Parteien, Bd. 1, S. 150–161. Eine interessante Fallstudie für die lokalen Schwierigkeiten des Protestantismus, in einem hochindustrialisierten Gebiet auf die Sozialdemokratie zu reagieren, stellt dar *Eckehart Lorenz*, Protestantische Reaktionen auf die Entwicklung der sozialistischen Arbeiterbewegung, Mannheim 1890–1933, in: Archiv für Sozialgeschichte 16 (1976), S. 371–389.

[101] Während die evangelische Pfarrerschaft durchweg dem Bildungsbürgertum zuzurechnen ist, gilt dies für die katholischen Geistlichen, die ja auch eine führende Position innerhalb der katholischen Arbeitervereine innehatten, nicht in gleichem Maße. Allein in den katholischen theologischen Fakultäten war im Kaiserreich sozialer Aufstieg auch aus den Unterschichten möglich, so daß soziale Rekrutierung wie theologisch-politische Orientierung im katholischen Klerus eine engere Verbindung zur Arbeiterschaft erlaubte.

die Arbeiter und Arbeitgeber zu einer Organisation vereinigen sollten[102]. Freilich vermochte sich diese Ansicht nicht durchzusetzen. Bereits hier zeigten sich die starken inneren Spannungen innerhalb des Gesamtverbandes, die um so aufschlußreicher sind, als sich in ihnen die uns beschäftigenden Gegensätze zwischen der Naumannschen, von Harnack verteidigten Richtung und der Seebergschen Gegenrichtung eindrucksvoll widerspiegeln. Innerhalb der Arbeitervereine zeigten sich diese Gegensätze als Kontroverse zwischen einer Bochumer und einer süddeutschen Richtung. Die von dem Fabrikanten Hermann Franken bestimmte Bochumer Richtung ging soweit, die sozialpolitischen Forderungen des Gesamtverbandes zugunsten seiner religiösen und »patriotischen« aufzugeben. Demgegenüber plädierte die von Naumann angeführte süddeutsche Richtung, die stark unter nationalsozialem Einfluß stand, für vorwiegend sozialpolitische Aufgaben des Gesamtverbandes Evangelischer Arbeitervereine. Der 1898 gewählte Vorsitzende Ludwig Weber versuchte in mehreren Kompromißformeln zwischen beiden Richtungen zu vermitteln, doch war eine Kittung der Gegensätze nicht mehr möglich, nachdem Naumann während einer Agitationsreise im Ruhrgebiet 1900/1 zu einem Eintritt in die freien Gewerkschaften aufgefordert hatte und bei der Delegiertenversammlung in Speyer 1901 die Annahme einer Resolution zur Gewerkschaftsfrage durchzusetzen vermochte, die seinen eigenen Auffassungen entsprach. Daraufhin beschloß die Bochumer Richtung ihren Austritt aus dem Gesamtverband, den sie im Herbst 1901 mit 38 Vereinen und der Gründung eines Evangelischen Arbeiterbundes vollzog. 1913 umfaßte die Organisation 13 000 Mitglieder. Diese, die Entwicklung und der Arbeitervereine zutiefst belastende Spaltung wurde erst 1916 wieder aufgehoben, zu einem Zeitpunkt freilich, als der katastrophale Verfall der Vereine nicht mehr zu übersehen war. Nach dem kurzfristigen, freilich rein äußerlichen Aufschwung in den Vorkriegsjahren sank die Zahl der Mitgliedervereine von 1914 auf 1915 schlagartig auf 673 mit nur noch knapp neunzigtausend Mitgliedern herab und mußte als »Zusammenbruch« der Bewegung gewertet werden[103]. Eine eigenständige inhaltliche Konzeption war jedoch auch zuvor nicht entwickelt worden. Insgesamt schloß man sich zunehmend den erfolgreicher operierenden Christlichen Gewerkschaften in Einzelfragen an, während man gegenüber den liberalen Hirsch-Dunckerschen Gewerkvereinen auf

---

[102] Wortlaut der Grundlinien, abgedruckt bei *Just,* S. 15–16.
[103] Von »Zusammenbruch« spricht *Alfred Grunz,* Die evangelischen Arbeitervereine, in: Handwörterbuch der Arbeitswissenschaft, hrsg. v. *Fritz Giese,* Bd. 1, Halle 1930, S. 1715.

Distanz blieb. 1906 erklärte der Verbandsvorsitzende Weber, mit den Christlichen Gewerkschaften befände man sich

> »in einem Kartell und einer Waffenbrüderschaft, wie wir mit den Hirsch-Dunckerschen nicht stehen und nie gestanden haben. Da erscheint es mir ganz selbstverständlich, daß diese beiden Organisationen sich gegenseitig ihre Mitglieder zuweisen, da sie beide ein Interesse daran haben, sich gegenseitig zu stärken.[104]«

Indem die Vereine also sich um eine stärkere Ausprägung ihres gewerkschaftlichen Charakters bemühten, ging zugleich ihr eigenständiger Charakter als *evangelische* Arbeitervereine verloren; indem sie mit dem interkonfessionellen Charakter der Christlichen Gewerkschaften Ernst machten, unterstrichen sie die Bedeutung von Organisationen, die zutiefst im sozialkatholischen Milieu verwurzelt waren. Ein eigenes Gesicht als Massenbewegung haben die evangelischen Arbeitervereine nicht gewonnen. Zum anderen hatte die Sezession von 1901 das grundsätzliche Dilemma einer evangelischen Arbeiterpolitik aufgezeigt, die sich von den Bedingungen der landeskirchlich-obrigkeitsstaatlichen Traditionen nicht zu lösen vermochte. Doch auch die weitere Entwicklung der Arbeitervereine nach 1901 weist auf einen stärkeren Einfluß der Seeberg- als der Naumann-Richtung hin. Trotz seiner Bemühungen um Neutralität stand Weber Seeberg und seiner Freien Kirchlich-Sozialen Konferenz erheblich näher als Naumann; die unbestreitbaren praktischen Verdienste der Seeberg-Richtung schlugen sich in einem fortan maßgeblichen Einfluß nieder, wie er sich etwa an den von Seeberg wesentlich mitgetragenen sozialen Kursen der Arbeitervereine seit 1904 zeigte. Wir werden daher den Seebergschen Gegenpol zu Harnacks ESK und Naumann eingehender zu betrachten haben.

4. Stöckers und Seebergs »Freie Kirchlich-Soziale Konferenz«

Während Naumann nicht zuletzt aus theologischen Gründen der christlich-sozialen Bewegung und jedweder Form eines christlichen Sozialismus eine klare Absage erteilte, sich andererseits von den politisch zu sehr kompromittierten, zu sehr an die besitzenden Klassen gebundenen Evangelischen Arbeitervereinen distanzierte, hielt die Gegenrichtung, die den Evangelisch-Sozialen Kongreß ihrerseits einer erheblich stärkeren Belastung unterwarf, an beidem fest. Bereits zwei Monate nach dem Austritt der Stöcker-Gruppe aus dem Kongreß erfolgte in den christlich-sozialen

---

[104] Zitat aus einem Artikel Webers in der Zeitung »Das Reich« vom 4.12.1906.

Organen »Volk«, »Der Reichsbote« und in der hochkonservativen »Kreuz-Zeitung« ein Aufruf zur Bildung eines kirchlich-sozialen Kongresses. Darin wurde ausgeführt, die Entwicklung des Evangelisch-Sozialen Kongresses und seine Beherrschung durch die »moderne« Theologie und eine den Klassenkampf predigende radikale soziale Richtung mache eine weitere Mitarbeit in dieser Organisation unmöglich und erfordere einen Zusammenschluß aller kirchlich und sozial Gesinnten. Die Unterzeichner Stökker, von Nathusius und Weber machten geltend, daß jedes soziale Wirken, sollte es Erfolg haben, im Evangelium seine Wurzeln haben müsse. Nur der unerschütterliche Glaube an die Heilstatsachen könne bei steter Wahrung des historisch Gewachsenen zu einer Aussöhnung der Klassengegensätze führen[105].

Vier Kommissionen wurden gebildet für Kirchenrat und Kirchenpolitik unter dem Vorsitz Stöckers, für Evangelisation und Gemeinschaftspflege unter dem Vorsitz von Dammann, für soziale Aufgaben unter dem Vorsitz von Dr. Duncker, für Presse und Literatur unter dem Vorsitz von Lic. Weber, daneben wurde eine Kommission für Apologetik vorbereitet. Als Zweck der Konferenz wurde

> »der freie Zusammenschluß aller Männer und Frauen Deutschlands, die das gesamte öffentliche Volksleben mit den lebendigen Kräften des Evangeliums durchdrungen wissen wollen, die daher eine lebendige Mitarbeit der evangelischen Kirche an allen sozialen Fragen für erforderlich halten und selber zur praktischen und wissenschaftlichen Mitarbeit bereit sind.[106]«

Das wesentliche Arbeitsgebiet der Konferenz war die Vorbereitung und Durchführung des alljährlichen Kongresses, auf dem überwiegend Theologen über soziale Fragen referierten. Geleitet wurde die Konferenz, der bis 1909 Stöcker, bis 1918 anschließend Seeberg präsidierten, im wesentlichen von den Generalsekretären, zunächst von 1897 bis 1900 von Ernst Böhme, danach bis 1918 von Reinhard Mumm, dessen Memoiren immer noch, wenn auch mit apologetisch-einseitiger Tendenz, freilich bemerkenswert offen, über die Entwicklung der Organisation informieren[107]. Seit 1898 gab die Konferenz mit den »Kirchlich-sozialen Blättern« ein eigenes Organ heraus, dessen hohe Auflage von 7000 Exemplaren erstaunt, die jedoch dadurch ihre Erklärung findet, daß ihr Bezug häufig von den Kirchenbehörden den Pfarrämtern nahegelegt wurde. Auch dieses Organ blieb also im

---

[105] *Schultheß'* Europäischer Geschichtskalender, 1896, S. 98.
[106] Zitiert nach *Erdmann*, Die christliche Arbeiterbewegung, S. 316.
[107] *Reinhard Mumm*, Der christlich-soziale Gedanke. Bericht über eine Lebensarbeit in schwerer Zeit, Berlin 1933.

wesentlichen im bildungsbürgerlichen Milieu verwurzelt. Der vielfach konfessionell kämpferische Charakter der Konferenz (ganz im Unterschied
zum Evangelisch-Sozialen Kongreß) dürfte sich wesentlich aus seinen
regionalen Schwerpunkten erklären. Am stärksten war die Freie Kirchlich-
Soziale Konferenz im Rheinland, in Westfalen und in Teilen Württembergs
verbreitet, in Regionen, in denen sich der Protestantismus insgesamt gegenüber dem Katholizismus in der Minderheit befand. Sein eigentliches Vorbild blieb der katholische Volksverein, der mit seinen Bildungs- und
Sozialkursen erhebliche Resonanz in der katholischen Arbeiterschaft erzielt
hatte.

Nach dem Vorbild das Evangelisch-Sozialen Kongresses führte man seit
1904 in Verbindung mit den evangelischen Arbeitervereinen in Berlin
Sozialkurse durch, die jedoch stärker praxisbezogen waren und auf die
fachliche Schulung von Arbeiter- und Sozialsekretären abzielten. Mit diesen und weiteren Maßnahmen suchte man den Anschluß an die große
katholische Konkurrenzorganisation zu gewinnen. Erst 1930 sahen sich
jedoch Weber und der christlich-soziale, später deutsch-nationale Politiker
Reinhard Mumm in der Lage, als Parallelgründung in Berlin eine »Soziale
Geschäftsstelle für das evangelische Deutschland« zu schaffen, die neben
der Konferenz die ihr auf das engste verbundenen evangelischen Arbeitervereine, einige Pfarrervereine und weitere Organisationen umfaßte.

Da der Evangelisch-Soziale Kongreß, seinem ursprünglichen Programm
getreu, vorwiegend die wissenschaftliche Erörterung theologischer, natio-
nalökonomischer und sozialpolitischer Probleme pflegte, während die Freie
Evangelisch-Soziale Konferenz sich mehr auf praktische Arbeitsbereiche
verlegte, erfolgte tatsächlich eine arbeitsteilige Spezialisierung, wie sie sich
auch bei der nicht-konfessionell gebundenen bürgerlichen Sozialreform an
der Entwicklung des Vereines für Sozialpolitik und der Gesellschaft für
Soziale Reform beobachten ließ; Gustav Schmoller hat die »Arbeitsteilung«
zwischen beiden Organisationen mehrfach ausdrücklich betont. Dem stand
in der evangelischen sozialreformerischen Bewegung jedoch die tiefe Kluft
zwischen beiden Organisationen entgegen, die ihre Geschichte seit dem
»Schisma« von 1896 prägte und sich in den herausragenden jeweiligen
geistig-theologischen Führern Adolf Harnack und Reinhold Seeberg ver-
dichtete. Seeberg, der die Konferenz nach Stöckers Tod 1909 leitete, hat aus
seiner tiefen Abneigung gegen Harnack nie ein Hehl gemacht, wie sich
denn auch beide Theologen im Weltkrieg als führende Repräsentanten der
großen politischen Blöcke des deutschen Bildungsbürgertums – »Vaterlandspartei« und »Volksbund für Vaterland und Freiheit« – unversöhnlich
gegenüberstanden[108].

Über die Tiefe des Gegensatzes zwischen Seeberg und Harnack informiert sehr eindringlich das unveröffentliche Lebensbild Seebergs durch seine Witwe; die darin abgedruckten Briefe sprechen eine deutliche Sprache. So heißt es in einem Brief an Bonwetsch vom 29. Dezember 1907 über die Harnack-Gruppe:

»Es gab eine Zeit, da glaubten die Besten unter uns an die Unparteilichkeit und Lauterkeit dieser Kreise. Das hat uns manchmal gelähmt. Wir sind jetzt gründlich von diesem Glauben befreit, so sehr, daß ich die Jungen mahnen muß, sich die Gegner nicht allzu schwarz vorzustellen.[109]«

Entsprechend bemühte sich Seeberg, »den immer mehr sich steigernden Einfluß der liberalen Theologie zu brechen«, deren »zersetzende Tendenzen« er öffentlich wie privat immer wieder als den Tod des Luthertums bezeichnete[110].

Im vorangegangenen Jahrzehnt war dieser Gegensatz in voller Schärfe noch nicht zu erkennen, schien hier doch noch in den Bemühungen um eine Lösung der sozialen Frage eine Art Waffenbrüderschaft zu bestehen. Nach dem Erscheinen von Seebergs Broschüre »Die Kirche und die soziale Frage« (1896) schrieb er an seinen Bruder Alfred: »Meine soziale Broschüre macht großes Aufsehen. Harnack schrieb mir sofort mit der dringlichen Bitte, in den Vorstand des Evangelisch-sozialen Congresses einzutreten.[111]«

Der Erfolg Seebergs zeigte sich auch an seiner eigenen Universität. Nicht zuletzt infolge Seebergs Tätigkeit stieg die Zahl der evangelischen Theologiestudenten in Erlangen rapide an, seine sozialpolitische Vorlesung fand Massenzulauf und als Präses des Erlanger Theologischen Vereins gelang ein engerer Kontakt zu den Studierenden, wobei soziale Probleme immer wieder in den Mittelpunkt rückten[112].

Von der Gegenseite aus beobachtete man die neue Gründung mit Aufmerksamkeit, aber nicht ohne spöttische Ironie. Naumanns Gesinnungsgenosse Kötzschke weidete sich im »Deutschen Wochenblatt« im Frühjahr 1897 zunächst an der verzögerten Gründung, die für Oktober 1896 angekündigt worden war, dann um ein halbes Jahr verschoben werden mußte, und sah ein Eingeständnis von Schwäche schon in der Wahl Kassels als

---

[108] Für Seebergs persönliche Feindschaft mit Harnack vgl. das Lebensbild Reinhold Seebergs durch seine Witwe Amanda Seeberg, *passim*; für die politischen Kontroversen zwischen von Harnack und Seeberg im Krieg *Brakelmann*, Protestantische Kriegstheologie und *Schwabe*, Wissenschaft.

[109] Nachlaß Seeberg, Lebensbild Reinhold Seebergs, Bd. 1, S. 131.

[110] Ebd., S. 130.

[111] Ebd., S. 111.

[112] Über Seebergs Erlanger Tätigkeit ebd.

Kongreßort. In Hessen nämlich war die Hausmacht von Stöckers Christlich-Sozialer Partei als fördernder Faktor eines solchen Unternehmens
wirksam. Das Kongreßziel war analog zu dem des Evangelisch-Sozialen
formuliert: »Durchdringung des sozialen Gebietes mit christlichen
Anschauungen und Durchdringung der christlichen Ethik mit sozialen
Aufgaben.[113]« Eine Konkurrenz der Kirchlich-Sozialen Konferenz fürchtete
man jedoch nicht, da seine Teilnehmerschaft von vornherein aus Konservativen bestand.

Im folgenden Jahr nahm die Freie Kirchlich-Soziale Konferenz am
19. April die Gründung des Berliner Evangelischen Arbeitervereins, der in
kürzester Zeit bereits tausend Mitglieder zählte, zum Anlaß einer großen
Versammlung, bei der Weber die sozialpolitischen Ziele klar bezeichnete
und den Anschluß an die Christlich-Soziale Partei verdeutlichte. Im Vertrauen auf den göttlichen Beistand fühle man sich der zahlenmäßig überle-
genen Sozialdemokratie gewachsen. Da man den sozialen Frieden anstrebe,
wünsche man Streiks zu vermeiden, nicht zuletzt weil diese einen fruchtbaren Boden für die Lehren der Sozialdemokratie bilden. Anschließend
wurden Vorträge über »Bibel und Naturwissenschaft«, über »Bibel und
Sozialdemokratie« (Stöcker), über »das Verhältnis der Bibel zur modernen
Bildung« und, wiederum von Weber über »Bibel und öffentliche Meinung«
gehalten, die die positiv-orthodoxe theologische Ausrichtung der Konferenz ebenso unter Beweis stellten, wie Webers Ansprache an den Arbeiterverein die konservativ-wirtschaftsfriedliche Ausrichtung unterstrichen
hatte[114].

Wie an der der Gründung des nationalsozialen Vereins vorangehenden
Erfurter Versammlung vom Februar 1896 deutlich wurde, daß der Evange-
lisch-Soziale Kongreß nicht die Ursache, sondern Katalysator der neuen
Bewegung war, so gilt dies in gewissem Sinne auch für die unmittelbar mit
dem Kongreß konkurrierende, jedoch parteipolitisch gebundene Kirchlich-
Soziale Konferenz. Der Austritt Stöckers aus dem Evangelisch-Sozialen
Kongreß war lediglich der Auslöser für die Konstituierung der Kirchlich-
Sozialen Konferenz[115]. Einen Rückzug der Mehrheit der evangelischen
Geistlichen aus sozialpolitischem Engagement, der zu einem erheblichen
Teil durch den restriktiven Erlaß des Oberkirchenrats und wohl auch durch
das Kaiser-Telegramm gegen Stöcker veranlaßt war, vermochte jedoch auch

---

[113] Deutsches Wochenblatt 10 (1897), S. 189.
[114] Bericht über die Veranstaltung in *Wippermann*, Deutscher Geschichtskalender 1898, Bd. 1,
S. 172–174.
[115] *Pollmann*, Landesherrliches Kirchenregiment, S. 269.

diese Neugründung nicht zu verhindern. Zu sehr war die Geistlichkeit verunsichert und ihre Bereitschaft, sich sozialpolitisch zu engagieren, verringert[116].

Aus der Sicht Reinhold Seebergs bestand indes kein Anlaß zur Resignation, wie das von ihm autorisierte Lebensbild durch seine Frau zeigt, aus dem nachfolgend einige Passagen wiedergegeben seien. Nach einem kurzen Rückblick auf Stöckers frühe Arbeit heißt es zunächst von diesem:

>»Allein er ruhte nicht und gründete die ›kirchlich-soziale Konferenz‹, die später ›kirchlich-sozialer Bund‹ genannt wurde. Dieser überflügelte sehr bald den evangelisch-sozialen Kongreß und Stöckers Gedanken blühten empor. Es waren besonders der Pfarrer Weber, Mönchen–Gladbach, und der Arbeiterführer der christlichen Gewerkschaften Behrens, M. d. R., die dazu beitrugen. Es bildete sich im Zusammenhang damit die christlich-soziale Arbeiterbewegung. Die Kirche und die Theologie sind ohne soziale Arbeiter nicht mehr zu denken. Die christlich-soziale Idee hatte in weiten Kreisen der Kirche gesiegt.«

Er kommt dann kurz auf die Ziele der Konferenz zu sprechen, die sich von denen des Evangelisch-Sozialen Kongresses nicht wesentlich abhöben, auf die geforderte kirchliche Einstellung der potentiellen, nicht parteigebundenen Mitglieder und auf die angestrebte Gleichberechtigung theoretischer Auseinandersetzung und praktischer Tätigkeit im Rahmen des Projekts. Die Kirchlich-Soziale Konferenz wolle der Kirche durch Präzisieren ihrer sozialen Verpflichtungen diese erfüllen helfen; ferner strebe man die Auseinandersetzung mit allgemeinen Fragen unter besonderer Berücksichtigung des christlichen Standpunktes an. Schließlich fährt er fort:

>»Der Unterschied der kirchlich-sozialen Konferenz zur I[nneren] M[ission] ist nun der: die I. M. hat es mit der gesamten Liebestätigkeit in Wort und Tat zu tun, während der kirchlich-soziale Bund besonders die sozialen Bedürfnisse und deren notwendige Befriedigung vom Standpunkt des Christentums behandeln und lösen will, wobei es zunächst um die Arbeiterfrage geht. ... Nach Stöckers Tod 1909 wurde R[einhold] zum Präsidenten des Bundes gewählt. Er hielt wesentlich dieselbe Richtung ein, wobei freilich der Horizont erweitert und später auch der Entwicklung Rechnung getragen werden mußte, die die Zeit durch den Weltkrieg und seine Folgeerscheinungen genommen hatte. Die Arbeiterfrage als Hauptsache blieb bestehen. Doch es galt vor allem die Herausarbeitung der Frontstellung gegen den drohenden, rapid um sich greifenden Marxismus zu nehmen.«

Nachfolgend werden einige wesentliche Passagen aus Seebergs Hauptvorträgen, Festpredigten und Eröffnungsreden 1908, 1911 und 1913 zitiert. Insbesondere werden Seebergs ständige Berufungen auf Stöcker betont, den er, besonders eindringlich 1929 in Greifswald, vor Anfeindungen und dem Vorwurf des Dilettantismus zu verteidigen suchte. In den Mittelpunkt stellte Seeberg Stöckers programmatischen Wahlspruch: »Autorität, aber

---

[116] Ebd., S. 272.

mit Wahrheit, Freiheit, aber mit Zucht, Ordnung, aber mit Gerechtigkeit«. Des weiteren schildert Seeberg 1929, wie Stöckers praktischer Einfluß trotz seiner zahlreichen Anhängerschaft bedeutungslos geblieben war. Politisch mißliebig geworden, konnte er von Seiten der Kirche nicht mit Solidarität rechnen, und so bekämpften seine politischen Gegner im liberalen wie im sozialdemokratischen Lager – für Seeberg zugleich Gegner von Stöckers konfessionell gebundenem Ethos – seine Sache und seine Person in wenig schöner Weise.

Die zunehmende Besserstellung der Arbeiterschaft durch die Sozialfürsorge und die Verlagerung eines Teils der Probleme auf die Klasse der landwirtschaftlichen Arbeiter haben für Seeberg das Gesamtbild zwar verändert, aber die soziale Frage nicht gelöst. Diese Lösung ist für ihn auch in weite Ferne gerückt durch zunehmende Verflachung des geistigen Lebens, Ideenarmut, Mangel an Einsatzbereitschaft. Hier fällt das Wort von der »zersetzenden Wirkung des Individualismus.[117]«

Inhaltlich knüpften solche Gedankengänge an die weitverbreiteten kulturpessimistischen Tendenzen im Vorkriegsdeutschland an; in dieser Form, zu diesem Zeitpunkt und mit diesem aktuellen politischen Hintergrund waren sie jedoch geeignet, dem protestantischen deutschen Bildungsbürgertum und kleineren Teilen der Arbeiterschaft die Einbindung in den Nationalsozialismus zu erleichtern und sind von hier aus als präfaschistische Elemente zu begreifen. Zu einem Nationalsozialisten ist der 1935 verstorbene Seeberg nicht mehr geworden, sein Sohn Erich, der das Andenken an den Vater hochhielt, eine geplante Biographie indes nicht vollenden konnte, hat ihn in diesem Sinn weiterhin stilisiert, wobei er sich auf die Logik der Entwicklung und zentralen Anschauungen des Vaters zu berufen vermochte.

---

[117] Nachlaß Seeberg, Lebensbild Reinhold Seebergs, Bd. 1, S. 357–359, 381.

Exkurs: Die soziale Frage in protestantischen Zeitschriften, vornehmlich in Rades »Christliche Welt«

In den vorangegangenen Abschnitten trat immer wieder als Träger der evangelisch-sozialen Bewegung das protestantische deutsche Bildungsbürgertum in einzelnen Vertretern in den Mittelpunkt. Den weiteren Niederschlag in der Arbeiterschaft selbst haben wir nur kurz skizziert, da eine detailliertere Beschäftigung damit die leitenden Fragestellungen dieser Arbeit verlassen würde. Nicht zufällig wurde bislang mehrfach auf die Rolle der »Christlichen Welt« Martin Rades und auf Friedrich Naumanns »Hilfe« hingewiesen. Beide Zeitschriften haben wesentlich dazu beigetragen, das soziale Bewußtsein über die christlich-soziale Bewegung hinaus in den evangelischen deutschen Bildungsschichten seit den späten 1880er und mittleren 1890er Jahren zu schärfen und zu vertiefen. Zugleich ist mit diesen Zeitschriften eine zentrale Kommunikationsinstanz des deutschen Bildungsbürgertums insgesamt angesprochen, da solche nicht fachlich, parteilich oder an Vereine gebundene Kulturzeitschriften in einer Zeit, die durch starken sozialen Wandel und durch einen Zerfall des vormals relativ homogenen Bildungsbürgertums in Einzelgruppen gekennzeichnet ist, die wohl wichtigste kommunikative Klammer darstellten und es erlaubten, an der für das Selbstverständnis dieser Schichten wesentlichen Fiktion sozialer, bildungsmäßiger und mentaler Gemeinsamkeiten festzuhalten. Auch wenn solche Kulturzeitschriften einzeln oder gruppenweise schon wiederholt von der Forschung aufgegriffen wurden, so ist auf breitester Quellengrundlage doch erst kürzlich ihre kommunikative, politische und ideologische Funktion zusammenhängend vorgeführt und gewürdigt worden[118]. Demnach deuten zahlreiche Faktoren bei diesen Zeitschriften auf ein relativ einheitliches Kommunikationssystem des zumeist akademisch gebildeten Bürgertums hin, aus dem sich die Leserschaft weitgehend rekrutierte[119]. In diesen Hintergrund sind auch die großen protestantischen Zeitschriften einzuordnen, die einen engeren Gemeinde- oder Kirchenrahmen überschritten. Auch für sie gilt wie für die anderen Kulturzeitschriften insgesamt, daß sie

---

[118] Vgl. *vom Bruch*, Wissenschaft, vorrangig das Kapitel »Die Zeitschrift im Kommunikationssystem des Bildungsbürgertums«, S. 32–56.
[119] Ebd., S. 132.

in dieser Zeit – im Unterschied zur Tagespresse – wesentlich durch herausragende Herausgeberpersönlichkeiten geprägt wurden[120].

Unter speziellen Aspekten wurden bereits evangelische Zeitschriften einzeln oder in Gruppen mehrfach gewürdigt. Neben einer oben erwähnten Untersuchung zur Publizistik der national-sozialen Bewegung[121] sei beispielhaft auf eine vorbildliche Untersuchung über »Krieg und Frieden im Spiegel führender protestantischer Presseorgane Deutschlands und der Schweiz in den Jahren 1890–1914« hingewiesen[122], in der der evangelische Beitrag zur Zeitschriftenkultur in Wilhelminischer Zeit deutlich sichtbar wird wie auch die methodische Leistungsfähigkeit einer systematischen Zeitschriftenauswertung.

Für das Verhältnis des Protestantismus zur sozialen Frage rückten Naumanns »Hilfe« und Rades »Christliche Welt« in eine führende Position, wobei der letzteren als einem durchgängig theologisch verpflichteten Organ besondere Bedeutung zukommt. Angesichts der vorzüglichen Forschungssituation zur »Christlichen Welt« – neben zwei Monographien, von denen die eine die Beziehung der Zeitschrift zur nationalsozialen Bewegung, die andere ihre Einbettung in die weitere kirchliche Publizistik dieser Zeit zum Gegenstand hat[123], erweist sich nach wie vor als hilfreich eine Martin Rade 1927 überreichte Festgabe »Vierzig Jahre ›Christliche Welt‹« – läßt sich ihre innere und äußere Entwicklung gut verfolgen.

Bereits Paul Göhre hatte richtig erkannt, daß sich Rade mit der 1887 gegründeten Zeitschrift das Ziel gesetzt hatte, den Gebildeten den Beweis zu liefern, daß »zwischen Christentum und Kultur, wahrer Religion und Wissenschaft durchaus keine Kluft besteht.[124]« Rade, der sich in den folgenden Jahrzehnten neben Baumgarten zu dem führenden Vertreter der

---

[120] Zu diesem Problemkreis siehe die neue Arbeit von *Kurt Koszyk*, dem Leiter des Instituts für Zeitungsforschung in Dortmund: Deutsche Presse im 19. Jahrhundert, Berlin 1981 (= Geschichte der deutschen Presse 2). Für den späteren Zeitraum vgl. *ders.*, Deutsche Presse 1914–1945, Berlin 1981 (= Geschichte der deutschen Presse 3).

[121] Vgl. *Schneider*, Die Publizistik, S. 9.

[122] *Brigitte Wiegand*, Krieg und Frieden im Spiegel führender protestantischer Presseorgane Deutschlands und der Schweiz in den Jahren 1890–1914, Bern u. Frankfurt a. M. 1976.

[123] *Ernst-Albert Ortmann*, Motive einer kirchlichen Publizistik, dargestellt an den Gründungsaktionen des Evangelischen Bundes, der »Christlichen Welt« und des evangelischsozialen Presseverbandes für die Provinz Sachsen (1886–1891), Diss. Hamburg 1966. Informationen zu theologischen Zeitschriften: *Mildenberger*, S. 239–252.

[124] Zitiert nach *Schick*, Kulturprotestantismus, S. 145.

»Welt des freien Protestantismus« entwickelte[125], hatte sich seit dem
Lutherjahr 1883 mit dem Gedanken eines solchen Projekts getragen, das
über den kirchlichen Bereich in weitere Schichten der Gebildeten ausstrah-
len, die Kluft zwischen Kirche und Bildung überwinden, theologische neue
Ansätze vor einem breiteren Forum diskutieren und gleichwohl seine
lutherische Ausrichtung nicht verleugnen solle – die Bezeichnung »luthe-
risch« wurde später fallengelassen; zusammen mit seinen Freunden Fr.
Loofs, W. Bornemann und P. Drews faßte er den Plan endgültig auf der
Erfurter Gründungsveranstaltung des Evangelischen Bundes vom 5. Oktober 1886. In einem kurz darauf verfaßten Rundschreiben betonten sie, daß
das Blatt sich grundsätzlich in seiner Themenwahl von herkömmlichen
Kirchenzeitungen und in seinem Bildungsanspruch vom Niveau der üblichen Sonntagsblätter unterscheiden werde. Es sollte nichts aufgenommen
werden, was nicht auch für Laien von Interesse sei, und bei aller angestrebten Volkstümlichkeit wolle man primär den geistig anspruchsvollen Leser
ansprechen. Frei von Parteilichkeit solle das Blatt sein, und man apellierte
an Interessierte aus allen Lagern; gleichzeitig wurde auf die bereits beträchtliche Zahl derer verwiesen, die ihre Mitarbeit zugesichert oder die Neugründung begrüßt hatten[126].

Rade hat seinen eigenen theologischen Ansatz, der an Ritschl anknüpfte,
in seinem Artikel über die »Ritschlianer« in der ersten Auflage des Hand-
buchs »Die Religion in Geschichte und Gegenwart« verdeutlicht[127]; demnach müsse, wer die Theologie nach der Mitte des 19. Jahrhunderts weiterführen wolle, die folgenden fünf Punkte erfüllen: 1. den Weg von der
Spekulation im Gefolge Hegels zurückfinden zur Ethik Kants, 2. die
»Vermittlungstheologie« überwinden und zum »ewigen Evangelium«
zurückkehren, wobei die Geschichtswissenschaft wichtige Dienste zu leisten habe, 3. mit der Forderung »nicht weniger, sondern mehr Luther« das
Luthertum der Neulutheraner überwinden, 4. Bibeltheologe sein und 5.
kirchlich-praktisch sein. Vor diesem Hintergrund entfaltete er sein Programm einer engen Wechselbeziehung zwischen Kultur und Christentum.
Den theologischen Kern der Neugründung bestimmte indes Harnack, der
einen tiefen Einfluß auf eine Schar junger Theologen Ende der 1880er Jahre
ausübte. Rückblickend schreibt Harnack selbst zu jener Zeit:

---

[125] Vgl. *Johannes Rathje*, Die Welt des freien Protestantismus. Ein Beitrag zur deutsch-
evangelischen Geistesgeschichte. Dargestellt an Leben und Werk von Martin Rade, Stuttgart 1952.
[126] Wiederabdruck in: Vierzig Jahre »Christliche Welt«. Festgabe für Martin Rade zum
70. Geburtstag, Gotha o. J. [1927], S. 12–15.
[127] RGG[1], Bd. 4, Sp. 2334–2338.

»Vor uns lag, wie ein gewaltiger Ozean, das große Gebiet der alten Kirchengeschichte, eng verbunden mit der Reformationsgeschichte. Sonnenbeglänzt war dieser Ozean, und wir wußten, welches Schiff wir zu besteigen und welchen Kurs wir zu nehmen hatten. Die Sonne, welche dieses Meer begglänzte, war die evangelische Botschaft...; das Schiff war die strenge geschichtliche Wissenschaft, der wir uns bedingungslos anvertrauten; der Kurs ging aus dem Verworrenen zum Einfachen, aus dem Mystischen zum Logos.[128]«

Harnacks theologische Kraft und Rades Fähigkeit, einen großen Kreis freundschaftlich um sich zu sammeln – Rathje hat ihn einmal einen »Virtuos der Männerfreundschaft wie wenige« genannt[129] – sicherten der Zeitschrift ihre rasch wachsende Bedeutung. 1887 besaß sie bereits in der Ausgangssituation 85 Mitarbeiter, 1890 waren es schon 126, 1900 gar 187; in den folgenden Jahren sank die Zahl dann etwas. Nach den regelmäßigen Hinweisen der Zeitschrift selbst verfügte sie im Gründungsjahr über gut tausend Leser, bis zum Ende des Jahrhunderts stieg diese Zahl auf 4600 an[130].

Schon in ihren ersten Jahrgängen wandte die Zeitschrift neben theologischen und allgemein kulturellen Fragen ihre Aufmerksamkeit sozialen Problemen zu. Während Kapazitäten wie Harnack, Kaftan, Kattenbusch und Troeltsch theologische Diskurse beisteuerten, behandelte Friedrich Naumann seit 1887 den Themenkreis »Innere Mission. Soziales«. Viele der späteren Nationalsozialen zählten in dieser frühen Zeit zum Kreis der Mitarbeiter, insbesondere Paul Göhre, Martin Wenck, Gottfried Traub, Hermann Kötzschke, Paul Rohrbach und Max Maurenbrecher, dann auch die Nationalökonomen Gerhart von Schulze-Gävernitz und Max Weber. Wesentlich förderte unter dem Eindruck des »Neuen Kurses« die »Christliche Welt« den neubegründeten Evangelisch-Sozialen Kongreß, der darüber hinaus publizistische Breitenwirkung mit dem 1890 geschaffenen Evangelisch-Sozialen Preßverband erzielte[131]. Die »Christliche Welt« selbst beobachtete die Entwicklung der sozialen Bewegung in den folgenden Jahren mit größter Aufmerksamkeit, doch blieb sie ihrem vorrangig theologischen Anliegen treu, drängte im Gegensatz zu Naumanns 1894 gegründeter »Hilfe« nicht zu ungestümer politischer Aktivität. Freilich führte diese abwartende Distanz zu einem deutlichen Abschwung des sozialen Engagements in den letzten Jahren des Jahrhunderts. Kritisch bemerkte Georg Wünsch in der Festschrift von 1927, daß gegen Ende der 90er Jahre die

---

[128] Grußwort *Harnacks* ebd. S. 1.
[129] *Rathje*, S. 20.
[130] Zahlenangaben nach *Wolfgang Baumert*, »Die Christliche Welt« und die Nationalsozialen 1886–1903, Diss. München 1956, S. 23, 25.
[131] Zur Gründung des Preßverbandes vgl. *Ortmann*, S. 111–141.

Beiträge Göhres und Naumanns seltener wurden, um schließlich ganz auszubleiben. Obgleich die Berichterstattung über soziale Fragen nach wie vor sehr sachkundig und mutig war, drängten sich andere, kirchliche und theologische Themen in den Vordergrund. Das sozialpolitische Engagement ließ nach, und erst mit der Revolution gewann – freilich unter anderen Vorzeichen – die soziale Frage wieder brennende Aktualität[132]. Insofern begleitete die innere Entwicklung der »Christlichen Welt« als treues Spiegelbild die Entwicklung des sozialen Protestantismus, für die sie eher repräsentativ sein dürfte als die zunehmend parteigebundene, erst nationalsoziale, dann linksliberale »Hilfe«. Daneben kam Rades Zeitschrift eine wichtige Funktion nicht nur als literarisches Diskussionsforum zu; im Umkreis des Organs bildeten sich die jährlichen Eisenacher Konferenzen der »Freunde der Christlichen Welt«, an denen vorrangig Hochschullehrer und Pfarrer sich beteiligten und die gelegentlich wie etwa 1896 und 1904 breitere öffentliche Aufmerksamkeit auf sich zogen[133]. Neben dem Hauptblatt selbst gab Pfarrer Kübel noch eine »Chronik der Christlichen Welt« heraus, die ihr Erscheinen jedoch 1914 wegen des hohen Abonnenten-Schwundes einstellen mußte, wesentlich durch den »Wettbewerb anderer, jüngerer Zeitschriften« bedingt[134].

Wir zitierten bereits die Anerkennung durch Ferdinand Avenarius' »Kunstwart«, Naumanns »Hilfe« und Rades »Christliche Welt« seien Zeitschriften geworden, »die zu unseren besten gehören.[135]« Mustert man die Zeitschriftenszene jener Jahre, so wird man dem gewiß zustimmen können. Das hochgesteckte Ziel, über Theologen und Pfarrer hinaus weit in die gebildeten Schichten vorzustoßen, Bildung und Kirche zu gegenseitigem Austausch und Befruchtung zu führen, blieb jedoch im wesentlichen unerreicht; Theologen und Pfarrer blieben überwiegend die Leser des Blattes, um so mehr, als es sich von seiner früheren sozialen Aufgabe immer mehr zurückzog.

Zu dieser bekannte sich vorbehaltlos die »Hilfe«, die den Untertitel »Gotteshilfe, Selbsthilfe, Staatshilfe, Bruderhilfe« führte und seit Ende 1894 in Frankfurt/M. von Naumann herausgegeben wurde. In seinem programmatischen Einführungsartikel »Wohin« suchte er nach einer Antwort auf die brennenden Fragen der Zeit, er artikulierte die Sehnsucht nach

---

[132] *Georg Wünsch*, Die »Christliche Welt« und die soziale Frage, in: Festgabe Rade, S. 80–86.

[133] Vgl. Berichte über diese beiden Konferenzen in *Wippermann*, Deutscher Geschichtskalender 1896/II, S. 108–115, 1904/II, S. 72/73.

[134] Eigenbeurteilung des Blattes, zitiert in Süddeutsche Monatshefte 11 (1914), S. 679–680.

[135] Kunstwart 13 (1900), S. 366.

Idealen, Vertrauen in die Zukunft, Erkenntnis des rechten Weges und Glaubenszuversicht. Wo könne das Volk Rettung aus der durch die Klassengegensätze verursachten Zwietracht und Hilfe in seiner geistigen und materiellen Not finden? Die Antwort, die einzige Hoffnung lag für ihn im Glauben an Jesus Christus, zu dem alle Suchenden und Ratlosen in ihrer Verzweiflung schließlich kommen und den sie einmütig bekennen würden[136]. An dieser christlich-sozialen Position wurde nicht einmal zwei Jahre lang festgehalten, die »Hilfe« diente dem 1896 gegründeten nationalsozialen Verein und spiegelte die Wandlung wider, die Naumann selbst durchgemacht hatte und die wir bereits charakterisierten.

Unter dem Aspekt evangelisch-sozialer Publizistik verdient die »Hilfe« indes noch Interesse. Dank großzügiger Zeichnungen von Geldbeträgen durch viele akademischen Freunde war der Start der Zeitschrift ermöglicht worden. Unter anderen hatte Harnack sich mit tausend Mark beteiligt[137]; zwei Jahre später griff dieser wieder mit dem gleichen Betrag ein, um die Bildung einer nationalsozialen Tageszeitung zu ermöglichen, die sich aus der »Hilfe« heraus entwickelte[138]. Dieses Zeitungsprojekt, dessen Entwicklung sich nach einem größeren Bestand im Nachlaß des Historikers und Harnack-Schwagers Hans Delbrück sehr genau rekonstruieren läßt[139], beleuchtet plastisch die Grenzen evangelisch-sozialer Publizistik und verweist zusätzlich auf besondere Eigentümlichkeiten bildungsbürgerlicher Kommunikationsmöglichkeiten in dieser Zeit. Während Stöckers Presse durch die Anbindung an seine Partei und durch die Förderung seitens der Konservativen eine Existenzgrundlage besaß, zeigte sich an Friedrich Naumanns Tageszeitung »Zeit«, daß man die Schwierigkeiten des Sprungs von einer Wochenzeitung zu einem täglich erscheinenden, anderen Gesetzen unterworfenen Organ bei weitem unterschätzt hatte. Über die »Christliche Welt« schien sich zunächst eine erfolgreiche Entwicklung anzubahnen; ein dort in der Nr. 17 von 1895 veröffentlichter Aufruf erbrachte 25 000 Mark

---

[136] *Naumann,* Wohin, Wiederabdruck aus dem ersten »Hilfe«-Heft in *Harry Pross,* Literatur und Politik. Geschichte und Programm der politisch-literarischen Zeitschriften im deutschen Sprachgebiet seit 1870, Olten u. Freiburg i. Br. 1963, S. 184/185. Zur »Hilfe« vgl. auch die eben erschienene sehr umfangreiche Arbeit von *Heinz-Dietrich Fischer,* Handbuch der politischen Presse in Deutschland 1480–1980. Synopse rechtlicher, struktureller und wirtschaftlicher Grundlagen der Tendenzenpublizistik im Kommunikationsfeld, Düsseldorf 1981, S. 222.

[137] Deutsche Staatsbibliothek Berlin/DDR, Handschriftenabteilung, Nachlaß Adolf von Harnack, Korrespondenz Friedrich Naumann, Brief Naumanns vom 22. 11. 1894.

[138] Ebd., Brief Naumanns vom 12. 8. 1896.

[139] Ebd. Aufrufe, Rundschreiben, Briefe von Oberwinder und an Naumann, Vertragsentwürfe, Unterzeichnerlisten 1896.

als »Geschenke, Darlehen und Anteilscheine«, doch wurde ein fünffach hoher Betrag benötigt[140]. Nach weiteren mühsamen Verhandlungen konnte schließlich das Projekt konkretisiert werden. In einem vertraulich versandten Rundschreiben bezeichnete man als »Zweck der Zeitung«:

> »1. eine sachliche und gewissenhafte Berichterstattung über alle wichtigen Vorkommnisse des politischen, socialen und kirchlichen Lebens der Gegenwart. Sorgfältige Presseübersicht. 2. Herausarbeitung der politischen, socialen, ethischen und religiösen Ideen, die jeder künftigen Reformarbeit zugrund liegen müssen. 3. Sammlung der national und social denkenden Kreise des Volkes, die durch das heutige Parteileben nicht befriedigt sind.«

Als »Leitideen« werden dann benannt: man stehe 1. auf nationalem Boden, 2. auf dem Boden der deutschen Reichsverfassung, halte 3. an der bestehenden, das Privateigentum in sich schließenden Wirtschaftsordnung fest, man verlange 4. eine tatkräftige Sozialreform, trete 5. für eine Regelung der Frauenfrage ein, wolle 6. mitarbeiten an der Stärkung der idealen Kräfte im Volksleben und 7. die gesamte Kunst und Wissenschaft beobachten[141]. Nach längerem Streit über den Namen der geplanten Zeitung trat dann die »Zeit. Organ für nationalen Sozialismus auf christlicher Grundlage« an das Licht der Öffentlichkeit. Schon nach kurzer Zeit mußte sie jedoch wieder eingestellt werden; die Kapitaldecke war zu schmal, Anzeigenaufträge flossen in zu geringem Maße, die Auflage blieb weiter hinter den Hoffnungen und dem wirtschaftlich Notwendigen zurück[142]. Auch auf dem – allerdings bereits wieder nachlassenden – Höhepunkt der sozialpolitischen Interessen im protestantischen deutschen Bildungsbürgertum vermochte dies aus eigener Kraft keine Tageszeitung zu gründen; die

---

[140] Bundesarchiv Koblenz, Nachlaß Hans Delbrück, Nr. 32, Bl. 37: gedrucktes Rundschreiben von Ende Januar 1896.

[141] Ebd., Bl. 38.

[142] Vgl. ebd. zur Gründungsgeschichte der »Zeit« Briefe Oberwinders an Delbrück vom 16. und 23. Juli, 10., 15. und 26. August und vom 2. September 1896. Diese Korrespondenz erhellt die damalige Situation innerhalb der Christlich-Sozialen. Am 10.8. z.B. schrieb Oberwinder an Delbrück: »In Heidelberg wurde beschlossen, den Buchh[ändler] Bousset-Lübeck, einen noch *sehr* jungen Herrn mit der Herausgabe des neuen Blattes zu betrauen. ... Naumann hegt großes Vertrauen zu ihm. Die geistig-redaktionellen Direktiven sollen ihm gegeben werden von Naumann, Hüpeden und Weber-Freiburg (ev. Göhre). Bousset soll dann diese Direktiven *mir* vermitteln. Im November soll die Verteilung [?] stattfinden, einzuberufen von Christlich-Sozialen *beider* Richtungen.« Am 2.9. richtete Oberwinder an Delbrück folgende Zeilen: »Pfarrer I. Werner-Beckendorf ..., der hervorragendste Redner und Publizist der älteren Christlich-Sozialen, hat mich gebeten, Ihnen das beifolgende Buch zu überreichen. ... Wenn es uns gelingt, Werner, der allen Verlockungen von Stöcker, Weber u. Nathusius Widerstand geleistet, in unserem Lager festzuhalten, so wird das für die Sache im Osten wie im Westen sehr nützlich sein.«

Marktgesetze verwiesen es allein auf den Bereich der Kulturzeitschriften. Lediglich zwei Tageszeitungen vermochten sich zu halten, die sich als Organe des Bildungsbürgertums verstanden, doch beruhten sie auf bezeichnend verschobenen Grundlagen. Die in dieser Zeit von Heinrich Rippler geleitete »Tägliche Rundschau« bezeichnete sich im Kopf als ein Organ »für die Gebildeten aller Stände«; sie vermochte sich jedoch nur durch eine zunehmend engere Anlehnung an konservativ-nationalistische Organisationen zu halten und stand kurz vor Kriegsausbruch fest im alldeutschen Lager. Daneben stellte sich nach der Jahrhundertwende der sogenannte 'rote' »Tag« bildungsbürgerlichen Artikulationsbedürfnissen zur Verfügung, doch blieb dieses Erzeugnis des mächtigen Scherl-Konzerns ein Verlust-Geschäft, das nur aus Prestigegründen gehalten und durch den Gewinn der auflagenstarken Illustrierten »Die Woche« finanziert werden konnte. Als genuine Erzeugnisse des Bildungsbürgertums selbst sind beide Zeitungen nicht anzusehen[143].

---

[143] Vgl. zu beiden Zeitungen *vom Bruch*, Wissenschaft, S. 34, 42.

B. Entwicklungslinien von der Jahrhundertwende bis zum Kriegsausbruch

1. Zur Situation um 1900

Bereits in den letzten Jahren des ausklingenden 19. Jahrhunderts hatte die sozialpolitische Erregung, die Auseinandersetzung mit dem Sozialismus in den gebildeten Schichten des protestantischen Deutschland deutlich nachgelassen, war die Pfarrerschaft durch den Erlaß des Evangelischen Oberkirchenrates von 1895 wirkungsvoll diszipliniert worden. Nach der Jahrhundertwende verstärkte sich diese Tendenz; andere Themen traten in den Vordergrund.

Die im Rahmen unserer Fragestellung entscheidenden Konstellationen hatten sich in den 1890er Jahren herausgebildet und bestimmten auch im ganzen die weitere Entwicklung bis zum Krieg, so daß auf eine eingehendere Würdigung dieses Abschnittes verzichtet werden kann. Allerdings verdienen einige Tendenzen der allgemeinen Entwicklung Erwähnung, die langfristig und zumindest mittelbar die Stellung der evangelischen Kirche und des deutschen Protestantismus in Staat und Gesellschaft berühren mußten.

Einen wesentlichen Grund für das Nachlassen der evangelisch-sozialen Bewegung als breitenwirksame Erscheinung wird man in dem nicht rückschlagfreien, insgesamt jedoch unaufhaltsamen Aufstieg der politischen und gewerkschaftlichen Arbeiterbewegung zu sehen haben. Die nach 1890 genährten Hoffnungen auf einen Einfluß christlich-bürgerlicher Vorstellungen innerhalb der Industriearbeiterschaft erwiesen sich als völlig überzogen; Gewerkschaften und Sozialdemokratie hatten sich um die Jahrhundertwende gefestigt, wie der eindrucksvolle Wahlsieg bei den Reichstagswahlen 1903 unterstrich. Ferner war es der Partei gelungen, zumindest vordergründig die scharfen Richtungskämpfe zwischen Parteimitte und rechtem Flügel abzubauen, auf die die christlichen Sozialreformer große Hoffnungen gesetzt hatten. Weder gelang es, den pragmatischen gewerkschaftlichen Reformismus in die bürgerliche Sozialreform einzubinden, noch ließen sich die Revisionisten um Eduard Bernstein, die zentralen Punkten der marxistischen Theorie eine scharfe Absage erteilt hatten, als

Spalthebel nutzen[144]. Der Dresdener SPD-Parteitag von 1903 setzte sich so eindeutig gegen diese Rechtstendenzen innerhalb der Partei durch und erteilte der bisherigen Praxis, wonach bürgerliche Autoren in der sozialdemokratischen Presse und Sozialdemokraten in der bürgerlichen Presse publizierten, eine so klare Absage, daß auch von hier aus an einen wirksamen Einbruch nicht mehr zu denken war. Die Selbstauflösung des nationalsozialen Vereins im gleichen Jahr 1903 und der Übergang seiner führenden Mitglieder zum Linksliberalismus unterstrichen deutlich diese schmerzlich gewonnene Einsicht. Ein weiteres wird man anführen müssen, um das nach heftigstem Aufflackern so rasch erlahmende Interesse insbesondere in der jüngeren Pfarrerschaft und in der akademischen Jugend an der sozialen Frage, an theoretischen Auseinandersetzungen mit dem Sozialismus sowie das Abklingen der vielfach emotionsgeladenen idealistischen Hochstimmung zu verstehen, die ein wesentlicher Träger der christlich-sozialen Bewegung zu Ende des 19. Jahrhunderts gewesen waren. Es war in erheblichem Maße eine Jugendbewegung gewesen, wie eine Durchsicht studentischer Periodika der 1890er Jahre bestätigt[145], und man wird die Sehnsucht einer jugendlichen Generation nach neuen Zielen, nach einem Aufbruch aus der Erstarrung der Bismarckzeit, ihren Protest gegen bestehende soziale, politische wie auch familiäre Verkrustungen in Rechnung zu stellen haben, um den vielfach diffusen Charakter der sozialen Begeisterungswelle würdigen zu können, wie sie im Umkreis Naumanns deutlich zu beobachten war. Um die Jahrhundertwende wurde die Jugend erstmals zu einem nennenswerten politischen Faktor eigener Art[146]. Die sozialpolitischen und sozialwissenschaftlichen Diskussionen der 1890er Jahre, in denen ein jugendlicher ethischer Rigorismus die Verbindung von wissenschaftlichem Anspruch (Nationalökonomie) und ethischer Durchdringung (Theologie) begeistert aufgegriffen hatte, versandeten angesichts der harten politischen und sozialen Realität. Schon vor der Jahrhundertwende wurde ihnen mit dem weltpolitischen Programm der Flottenkampagnen

---

[144] *Gerhard A. Ritter*, Bernsteins Revisionismus und die Flügelbildung in der Sozialdemokratischen Partei, in: *ders.*, Hrsg., Deutsche Parteien vor 1918, Köln 1973; *ders.*, Staat, Arbeiterschaft und Arbeiterbewegung in Deutschland. Zur Politisierung der katholischen Arbeitervereine vgl. *Focke*, S. 60–65.

[145] Vgl. dazu die Auswertung von Studentenzeitschriften bei *vom Bruch*, Wissenschaft, S. 164–173.

[146] Zur politischen Bedeutung der Jugend in der wilhelminischen Zeit siehe besonders *Thomas Nipperdey*, Jugend und Politik um 1900, in: *ders.*, Gesellschaft, Kultur, Theorie, Göttingen 1976, S. 338–359. Vgl. ferner *Willibald Karl*, Jugend, Gesellschaft und Politik im Zeitraum des Ersten Weltkrieges, München 1973.

1897–1900 ein neues Feld eröffnet, nach der Jahrhundertwende wandten sich viele in studentischen Vereinen organisierte Akademiker dem neuen kulturkämpferischen Konfessionalismus zu, von dem noch die Rede sein wird, betätigten sie sich in den nationalen Agitationsverbänden und bewirkten so erstmals eine politische Jugendbewegung innerhalb der etablierten bürgerlichen Parteien. Man denke nur an die schon zuvor gegründeten, nach der Jahrhundertwende indes aufblühenden Windthorst-Bünde der Zentrumspartei, an den 1906/07 sich entwickelnden Jungliberalismus, an dem frühere jugendliche Naumann-Anhänger wie Wilhelm Heile und Wilhelm Ohr[147] entscheidenden Anteil hatten, ferner einige Jahre später an den Kulturkonservatismus um Adolf Grabowsky, der sich analog zum Jungliberalismus als Jungkonservatismus verstand[148]. Dem entsprach in der Sozialdemokratie die seit 1904 sich formende Arbeiterjugendbewegung. Wie sehr sich das geistige Klima nach der Jahrhundertwende wandelte, gespeist aus der Geburt der sogenannten ›Moderne‹ nach 1890, umgeformt durch neuartige Entwicklungstendenzen in den beiden Vorkriegsjahrzehnten, ist für Fragen der Kunst, des Lebensgefühls, des Stilempfindens und der Wertvorstellungen jüngst in einer umfassenden Darstellung vorgeführt worden[149].

Es war dies eine Zeit der Organisation in allen Bereichen von Wirtschaft und Gesellschaft. Mit der Überwindung der wirtschaftlichen Depression spätestens seit 1896, kurzfristig durch Stockungen zu Beginn des Jahrhunderts unterbrochen, entwickelte sich ein neuer Industrialisierungsschub, der insbesondere die sogenannten neuen Industrien wie Elektrotechnik und Chemie begünstigte, aber auch in anderen Wirtschaftsbereichen durch Konzentrationsprozesse, durch Trusts, Konzerne, Syndikate und Kartelle zu einer gewaltigen Kräfteanspannung führte. Seit etwa 1895 machte sich dieser Aufschwung weniger in der Konsumgüterindustrie als vornehmlich in der Investitionsgüterbranche bemerkbar, mit der Folge einer einzigartigen Kapitalmobilisierung[150]. Die auch zeitgenössisch aufmerksam regi-

---

[147] Siehe hierzu *Wilhelm Ohr*, Der neue Weg. Ein Bericht über die Tätigkeit des Nationalvereins für das liberale Deutschland, München 1910; *Werner Link*, Der Nationalverein für das liberale Deutschland (1907–1918), in: Politische Vierteljahrsschrift 5 (1964), S. 422–444.

[148] Vgl. *Dietrich Mende*, Kulturkonservatismus und konservative Erneuerungsbestrebungen, in: Adolf Grabowsky, Leben und Werk, hrsg. v. *Hans Thierbach*, Köln etc. 1963, S. 87–131.

[149] *Edward R. Tannenbaum*, 1900. Die Generation vor dem großen Krieg, Frankfurt etc. 1978.

[150] Zur wirtschaftlichen Entwicklung in dieser Zeit s. *Volker Hentschel*, Wirtschaft und Wirtschaftspolitik im wilhelminischen Deutschland. Organisierter Kapitalismus oder Interventionsstaat? Stuttgart 1978, sowie ergänzend das in den Wertungen zwar einseitige,

strierte Dynamik kapitalistischer Wirtschaftsexpansion mag in den Bildungsschichten zu einem Nachlassen der zuvor vehementen Kapitalismuskritik beigetragen haben, zumal in der innenpolitisch synchronen ›Ära
Posadowsky‹ nach jahrelangem Stillstand wieder eine moderate Fortführung staatlicher Sozialpolitik betrieben wurde und Ausfälle eines Stumm-
Halberg nicht mehr zu vernehmen waren (erst seit etwa 1912 vertraten
Industrieverbände wieder eine gezielte publizistische Offensive).

Neben den Organisationstendenzen in der Wirtschaft selbst, die sich in
Durchdringung aller wirtschaftlichen Bereiche mit Fach- und Interessenverbänden fortsetzten, ließ sich auch in praktisch allen anderen Bereichen
die Zauberkraft der ›Organisation‹ beobachten. Dies betraf die Presse,
insbesondere die seit den späten 1880er Jahren sich entwickelnde Massen-
presse, ebenso wie die Landwirtschaft, die Angestellten, es betraf die
Verbandsbildungen in den zunehmend professionalisierten ›freien Berufen‹
bis hin zum Eindringen des Organisationsgedankens in die Beamten- und
Hochschullehrerschaft[151]. Vorindustrielle Einflüsse und Nachwirkungen,
wie sie durch das politische System zweifellos noch wirkungsmächtig
begünstigt wurden, überlagerten sich mit Auswirkungen der Hochindustrialisierung, wobei insbesondere die Vielfalt der selbstbewußten und
zielstrebigen Interessenorganisationen, die mit der politischen Machtlosig-
keit des Bürgertums insgesamt und der bürgerlichen politischen Parteien im
Reichstag spannungsreich kontrastierten, zu einem beherrschenden Signum
der Zeit wurde und auf eine hochaggregierte Segmentierung partikularer
Interessenverbindungen verwies, auf die Ausformung eines reich geglieder-
ten gesellschaftlichen Pluralismus, der sich im wilhelminischen Obrigkeitsstaat entfaltete und angesichts der politischen Machtbegrenzung eine eigen-
gesetzliche Intensität entwickelte[152]. Es ist in der deutschen Geschichtswis-

in der Materialfülle indes unentbehrliche Handbuch von *Dieter Baudis* u. *Helga Nuss-*
baumer, Wirtschaft und Staat in Deutschland vom Ende des 19. Jahrhunderts bis 1918/19,
Berlin (Ost) 1978; *Ewald Holthaus,* Die Entwicklung der Produktionskräfte in Deutsch-
land nach der Reichsgründung bis zur Jahrhundertwende. Ein geschichtssoziologischer
Beitrag unter besonderer Berücksichtigung der Zyklizität der Wirtschaftsexpansion und
Lage der Arbeitenden Klasse, Frankfurt a. M. 1980, S. 123–134, 262–264.

[151] Zu den Interessenorganisationen von Hochschullehrern und Beamten s. *vom Bruch,*
Wissenschaft, S. 112–130.

[152] Vgl. die Sammlung wichtiger Aufsätze zu Ausformung, Charakter und Entwicklung von
Interessenverbänden im Kaiserreich, in: *Heinz Josef Varain,* Hrsg., Interessenverbände in
Deutschland, Köln 1973; vgl. ferner *Thomas Nipperdey,* Interessenverbände und Parteien
in Deutschland vor dem Ersten Weltkrieg. Wiederabdr. in: Moderne deutsche Sozialge-
schichte, hrsg. v. *Hans Ulrich Wehler,* Köln u. Berlin 1966 (= Neue wissenschaftliche
Bibliothek 10); sowie *ders.,* Gesellschaft, Kultur, Theorie, S. 319–337; *ders.,* Verein als

senschaft eine heftige Kontroverse über die begriffliche Zuordnung dieser Phänomene entbrannt, hinter der sich heterogene Erklärungs- und Interpretationsmuster verbergen und die sich insbesondere an dem Modell des »organisierten Kapitalismus« entzündete, wie es einige jüngere Historiker 1972 auf dem Regensburger Historikertag vorgeführt haben, als elastische Gegenformel zu dem in der DDR vertretenen dogmatischen staatsmonopolistischen Kapitalismus[153]. In neueren Ansätzen wurde mit unterschiedlicher Akzentsetzung vom modernen Wohlfahrtsstaat, vom modernen Interventionsstaat oder von der »organisierten Interdependenz« gesprochen[154]. Auf diese Diskussion ist hier nicht einzugehen, festzuhalten bleibt, daß ihr im wesentlichen die oben skizzierten Phänomene und Entwicklungslinien zugrundeliegen. Wie stark *in concreto* die Verflechtungen von Staats- und Industrieinteressen gewesen sind, besonders eindrucksvoll in der Bekämpfung der Sozialdemokratie, bis hin zu den bestürzenden Erscheinungen von Klassenjustiz vornehmlich bei Arbeitsstreitigkeiten, hat Klaus Saul umfassend dokumentiert[155]. An der Geschichte einzelner Organisationen wie dem Reichsverband gegen die Sozialdemokratie konnte das Ausmaß der staatlich-industriellen Beziehungen in diesem Kampf vorgeführt werden[156]. Gleichsam als flankierende Abstützung entfaltete sich ein massenwirksames Geflecht von nationalen Agitationsverbänden, die vom Alldeutschen Verband über den Ostmarkenverein bis hin zum Deutschen Flotten- und zum Schulverein (Verein für das Deutschtum im Ausland) reichten und den imperialistischen Weltmachtanspruch propagandistisch abzustützen suchten. Eine wichtige neue Publikation hat dabei deutlich gemacht, daß es sich

soziale Struktur im späten 18. und frühen 19. Jahrhundert, in: *H. Boockmann* u. a., Hrsg., Geschichtswissenschaft und Vereinswesen im 19. Jahrhundert, Göttingen 1972, S. 1–44; und *ders.*, Organisierter Kapitalismus, Verbände und die Krise des Kaiserreichs, in: Geschichte und Gesellschaft 5 (1979), S. 418–433. Siehe auch die bibliographischen Hinweise bei *Hans-Peter Ullmann*, Bibliographie zur Geschichte der deutschen Parteien und Interessenverbände, Göttingen 1978.

[153] Zum Stamokap vgl. die Arbeit von *Baudis* und *Nussbaumer;* die Regensburger Beiträge von *Heinrich-August Winkler, Jürgen Kocka, Hans-Ulrich Wehler, Hans-Jürgen Puhle* u. a. liegen vor mit *Heinrich-August Winkler*, Hrsg., Organisierter Kapitalismus. Voraussetzungen und Anfänge. Zehn Beiträge, Göttingen 1974 (= Kritische Studien zur Geschichtswissenschaft 9).

[154] Vgl. etwa *Mommsen* u. *Mock*, Hrsg.; *Lothar Gall* 1978 in der Historischen Zeitschrift zum Problem des Interventionsstaates und *Peter Wulfs* begriffliches Angebot der »organisierten Interdependenz« 1979 in der Zeitschrift Geschichte in Wissenschaft und Unterricht.

[155] *Klaus Saul* konzentriert sich in seiner materialreichen Studie auf die Zeit nach 1903.

[156] Vgl. *Dieter Fricke*, Der Reichsverband gegen die Sozialdemokratie von seiner Gründung bis zu den Reichstagswahlen von 1907, in: Zeitschrift für Geschichtswissenschaft 7 (1959) S. 237–280.

bei diesen Organisationen keineswegs um gelenkte Marionetten industrieller und staatlicher Interessen, sondern um erstaunlich weitgehend autonome Gebilde handelte, die lebhafte Basisbedürfnisse insbesondere innerhalb des Bildungsbürgertums aufgriffen[157]. In diesem Zusammenhang ist
auch für die letzten Vorkriegsjahre auf eine innenpolitisch verankerte
Bewegung zur Initiierung einer auswärtigen Kulturpolitik des Reiches zu
verweisen, die interessanterweise eher gegen den Widerstand des zuständi-
gen Auswärtigen Amtes von Akademikern, bildungsbürgerlichen Publizisten, aber auch von Auslandsvereinen und Wirtschaftsverbänden getragen
wurde. Eine soeben erschienene Arbeit zu diesem Komplex läßt deutlich
erkennen, wie sehr diese außenkulturpolitischen Initiativen mit der im
Vorkriegsjahrzehnt neu entfachten »Kultur«-Diskussion verknüpft waren,
die, wie zuvor die Diskussion um die soziale Frage, modische Erscheinungen aufwies und eng gekoppelt war mit den Bemühungen um politische
Bildung und staatsbürgerliche Erziehung[158]. Etwas pointiert wurde gefol-
gert, an die Stelle der »sozialen Frage« (in den 1890er Jahren) sei im
Vorkriegsjahrzehnt die »kulturelle Frage« getreten[159]. In unserem Zusammenhang verdient diese Beobachtung besonderes Interesse, zumal sie an
einer Person, die der evangelisch-sozialen Bewegung entstammte, exemplarisch nachvollzogen werden kann. In den 1890er Jahren hatte der junge
Theologiestudent und Baltendeutsche Paul Rohrbach engen Kontakt zu
Adolf Harnack und Friedrich Naumann aufgenommen, denen er auch
weiterhin freunschaftlich verbunden blieb[160]. Naumann nicht unähnlich und
wohl auch unter dem Einfluß Max Webers hatte er sich von der ursprünglich theologischen Motivation seines sozialpolitischen Engagements verla-
gert zu einem Primat macht- und weltpolitischer Erwägungen, die die
Integration der Arbeiterschaft in den Nationalstaat nun vor allem unter
dem Aspekt der nationalen Effizienzsteigerung betrachteten, wobei Rohrbachs Herkunft dies sicher begünstigte. In den Vorkriegsjahren wurde er

---

[157] *Geoff Eley*, Reshaping the German Right. Radical Nationalism and Political Change after
Bismarck, New Haven u. London 1980.
[158] *Rüdiger vom Bruch*, Weltpolitik als Kulturmission. Auswärtige Kulturpolitik und Bildungsbürgertum in Deutschland am Vorabend des Ersten Weltkrieges, Paderborn etc.
1982.
[159] *vom Bruch*, Wissenschaft, S. 30.
[160] *Paul Rohrbach*, Um des Teufels Handschrift. Zwei Menschenalter erlebter Weltgeschichte,
Hamburg 1953. Für eine biographische Würdigung (bis 1912) s. *Walter Mogk*, Paul
Rohrbach und das »Größere Deutschland«. Ethischer Imperialismus im Wilhelminischen
Zeitalter. Ein Beitrag zur Geschichte des Kulturprotestantismus, München 1972 (=
Wissenschaftliches Taschenbuch, Abt. Geisteswissenschaften 8).

dann der einflußreichste publizistische Vertreter eines kulturpropagandistischen deutschen Imperialismus[161]. Als enger Vertrauter hoher Beamter, als ständiger Partner von Reichskolonialamt und Auswärtigem Amt, als Mitherausgeber der Zeitschrift »Das größere Deutschland« (seit Frühjahr 1914), als regelmäßiger Mitarbeiter einflußreicher Zeitungen und Zeitschriften, als Autor auflagenstarker Reisebücher, historischer und politischer Schriften (»Deutschland unter den Weltvölkern«, »Der deutsche Gedanke« etc.), durch seine Reisen in Afrika und Nahost sowie als Anreger und Mitglied einer Reihe entsprechender Gesellschaften setzte sich Rohrbach für eine Sicherung und Fortführung der weltpolitischen Machtstellung des Reiches ein. Dabei blieb er seiner nationalsozial-linksliberalen Herkunft verbunden und wandte sich mit größter Entschiedenheit gegen nationalistische und chauvinistische Auswüchse, wie er sie im Umkreis des Alldeutschen Verbandes vorfand, den er wesentlich für die deutsche Misere im ersten Weltkrieg verantwortlich machte und mit einer vielbeachteten Dokumentation bekämpfte[162].

Auch der Arbeit des Evangelisch-Sozialen Kongresses blieb Rohrbach weiterhin verbunden, doch stand dessen Tätigkeit nach der Jahrhundertwende nicht mehr im Mittelpunkt seines Interesses. Bei aller Problematik einer solchen exemplarischen Beschränkung auf eine Person dürfte damit indes ein weiterreichender Trend im protestantischen deutschen Bildungsbürgertum sichtbar werden. Die in den Jahren des »Neuen Kurses« und dann noch bis nach der Mitte des Jahrzehnts breit anschwellende und konfliktreiche evangelisch-soziale Bewegung hatte sich nach der Klärung 1896 und dem allgemeinen Abflauen dieser Diskussionen in ruhigeren Bahnen bewegt und verlief in einer gleichsam institutionell kanalisierten Weise weiter. An die Stellen allgemeinen Räsonnements traten konkrete Aktionen wie die sich verfestigenden sozialen Kurse, wie die von Naumann beeinflußten studentischen Arbeiterunterrichtungskurse, die zunächst von den Vereinen Deutscher Studenten an der Technischen Hochschule Charlottenburg ausgingen und rasche Verbreitung gewannen; auf katholischer Seite entsprach dem das von Carl Sonnenschein maßgeblich beeinflußte Sozialstudententum im Rahmen des katholischen Verbindungswesens. Auf

---

[161] Für die Verzahnung von (innen-)politischer Bildung-Imperialismus vgl. die beiden Broschüren von *Paul Rohrbach*, Politische Bildung, Leipzig 1908; *ders.*, Der deutsche Gedanke in der Welt, Königstein/Ts. u. Leipzig 1912. Diese Schrift wurde innerhalb weniger Monate zu einem Bestseller. Für eine Einordnung und Resonanzbestimmung der Broschüre vgl. *vom Bruch*, Weltpolitik, S. 73–75.

[162] *Paul Rohrbach*, Hrsg., Chauvinismus und Weltkrieg, 2 Bde., Berlin 1918/19.

den jährlichen ESK-Tagungen wurden weiterhin Vorträge und Diskussionen zu zentralen sozialpolitischen Problemen gepflegt, doch fanden diese eine geringere öffentliche Resonanz als im vorangegangenen Jahrzehnt. Von besonderer Bedeutung erwies sich die Gründung der bürgerlich-sozialreformerischen Gesellschaft für Soziale Reform im Jahre 1901, der sich rasch sämtliche nichtsozialdemokratischen Arbeiterorganisationen sowie die Organisationen der sich formierenden Angestelltenbewegung anschlossen[163]. Dementsprechend wurde das Aktionsfeld der Gesellschaft weit über die »Arbeiterfrage« hinaus ausgedehnt; im Vorfeld des Angestelltenversicherungsgesetzes von 1911 nahmen Fragen dieser Schicht einen herausragenden Stellenwert ein, meinte man doch mit gutem Grund, dieser »neue Mittelstand«, wie Schmoller die Angestellten auf der ESK-Tagung 1897 benannt hatte, würde sich als eine Art *cordon sanitaire* im Kampf zwischen Kapital und Arbeit erweisen. Mit dieser Organisation stand der ESK in enger Verbindung; insbesondere in den letzten Vorkriegsjahren, als es zu ersten fruchtbaren Kontakten zwischen bürgerlicher Sozialreform und sozialdemokratischen Gewerkschaftsführern gekommen war, als andererseits die verschärfte Hetze von Industrieverbänden und der vom Innenstaatssekretär Clemens von Delbrück verkündete Stillstand der staatlichen Sozialpolitik eine erneute Bedrohung des inneren Friedens erkennen ließen, arbeiteten die Gesellschaft für Soziale Reform und der ESK eng miteinander zusammen. In dem Organ des Kongresses »Evangelisch-Sozial« äußerten sich wiederholt 1913/14 prominente bürgerliche Sozialreformer in diesem Sinne[164]; im Frühjahr 1914 führten dann die Gesellschaft für Soziale Reform und der Evangelisch-Soziale Kongreß gemeinsam eine vielbeachtete Kundgebung zur Fortführung der Sozialpolitik durch, an der sich auch Sozialdemokraten und Freigewerkschaftler beteiligten[165]. Allerdings stießen diese Aktionen nicht mehr auf einen größeren Widerhall im evangelischen Bil-

---

[163] Zur Gesellschaft für soziale Reform vgl. die oben zitierte Arbeit von *Ursula Ratz* sowie die informative Skizze von *Rolf Neuhaus*, Der dritte Weg: Bürgerliche Sozialreform zwischen Reaktion und Revolution. Die Gesellschaft für Soziale Reform 1901–1914, in: Sozialer Fortschritt 1979, S. 205–212, 230–235.

[164] Vgl. etwa von dem Generalsekretär und (als Nachfolger des Freiherrn v. Berlepsch) späteren Vorsitzenden der Gesellschaft für Soziale Reform *Ernst Francke*, Nun erst recht Sozialreform, in: Evangelisch-Sozial 22 (1913), S. 135 ff., ferner programmatische Aufsätze des Nationalökonomie-Ordinarius *Karl Rathgen*, Erst recht Sozialreform!, ebd., S. 158 ff., *ders.*, Bismarck und die Sozialpolitik, ebd., S. 373 ff.; *ders.*, Neue Angriffe gegen unsere Sozialpolitik, ebd. 24 (1914), S. 97 ff.

[165] Öffentliche Kundgebung zur Fortführung der Sozialreform am 10. Mai 1914 in der »Neuen Welt« zu Berlin; das Protokoll der Kundgebung erschien als Heft 51 der Schriften der Gesellschaft für Soziale Reform 1914.

dungsbürgertum selbst. Mit der institutionalisierten Kanalisierung hatte sich dieser bedeutende Bereich der evangelisch-sozialen Bewegung sozusagen verselbständigt; im Unterschied zu den frühen und mittleren 1890er Jahren war jetzt nicht mehr das Bildungsbürgertum, sondern die organisierte Arbeiterschaft und weitere gesellschaftlich organisierte Gruppen der eigentliche Adressat der sozialreformerischen Diskussion.

Nach dem kurzfristigen, dafür um so lebhafteren und folgenreichen Flottenenthusiasmus im deutschen Bildungsbürgertum von etwa 1897 bis Sommer 1900 mangelte es an zündenden Ideen und nationalen Parolen; nach dem Wechselbad von innenpolitischem Protest und außenpolitischer Begeisterung machten sich Ermüdung, Ermattung, Unlust breit, die sich in zahlreichen Klagen über Parteien-, Parlaments- bis hin zur Staatsverdrossenheit äußerten. Die Auseinandersetzungen um den Zolltarif 1901/02, die unheilige Allianz von Junkertum und Schwerindustrie trugen ebenso zu dieser Stimmung bei wie die bedeutenden Wahlerfolge der Sozialdemokratie in der Reichstagswahl von 1903. Vorrangig machte sich indes in den protestantischen bürgerlichen Schichten ein tiefer Unmut über das katholische Zentrum breit, das seit den späten neunziger Jahren mit großem Geschick und einer erfolgreichen *do-ut-des*-Taktik zum ausschlaggebenden Zünglein an der Waage geworden war, ohne das der seit 1900 amtierende Reichskanzler Fürst Bülow seine Gesetzesvorlagen nicht mehr durchzubringen vermochte. Der Mandatszahl nach wogen Sozialdemokratie und Zentrum alle übrigen Parteien des Reichstags auf; da eine legislative Mitarbeit der Sozialdemokratie nicht in Betracht kam – weder seitens der Regierung noch seitens der Partei selbst, auch wenn von Südwestdeutschland aus seit etwa 1903 reformistische Koalitionsforderungen mit bürgerlichen Parteien laut wurden – konnte angesichts der Gegensätze und zahlenmäßigen Schwächung im liberal-konservativen Lager nur eine Heranziehung des Zentrums in Betracht kommen, die von dieser ausgiebig zur Durchsetzung eigener Interessen genutzt wurde[166].

---

[166] Zum Zentrum vgl. das monumentale Werk von *Bachem*, Vorgeschichte, Geschichte und Politik der Deutschen Zentrumspartei. Siehe ferner *Adalbert Knapp*, Das Zentrum in Bayern 1893–1912. Soziale, organisatorische und politische Struktur einer katholisch-konservativen Partei, Diss. München 1973 und *Blackbourn*, Class, Religion and Local Politics in Wilhelmine Germany. Zur Politik der letzten Jahre des 19. Jahrhunderts erschien in englischer Sprache die Untersuchung von *J. C. G. Röhl*, Germany without Bismarck. The Crisis of Government in the Second Reich, 1890–1900, London 1967. Siehe auch *Thomas Nipperdey*, Die Organisation der deutschen Parteien vor 1918, Düsseldorf 1961 (= Beiträge zur Geschichte des Parlamentarismus und der politischen Parteien 18) und einen interessanten neuen Aufsatz von *Karl Rohe*, Konfession, Klasse und lokale Gesellschaft als

2. Konfessionelle Spannungen

Antikatholische Ressentiments verstärkten sich denn auch im ersten Jahrzehnt, insbesondere in dessen erster Hälfte, im protestantischen Bürgertum und kamen in seinen gebildeten Schichten mehrfach zum Ausdruck. So kam es unter der Studentenschaft an den Hochschulen 1904–1906 zu einem neuen, einem »akademischen« Kulturkampf, in dem sich Naumanns Anhänger Wilhelm Heile, der später ein führender linksliberaler Politiker und Vorkämpfer des Europagedankens in der Weimarer Republik wurde, besonders hervortat. Diese Auseinandersetzungen, die sich dann zu hier nicht zu erörternden Forderungen nach studentischen Gesamtvertretungen als Vorläufer der späteren Allgemeinen Studentenausschüsse ausweiteten, wurzelten zunächst in der Ablehnung katholischer Studentenverbindungen und sind ungeachtet der besonderen Probleme in der Studentenschaft nicht von der eben genannten antikatholischen Stimmung zu trennen[167]. Einen ersten Höhepunkt hatte diese Frontstellung gegen den Katholizismus in dem »Fall Spahn« 1901 erreicht, der sich an der Berufung Martin Spahns, eines tüchtigen jungen katholischen Historikers, auf eine konfessionelle, neu geschaffene Geschichtsprofessur an der Reichsuniversität Straßburg entzündete. Zugrunde lag ein geheimes Abkommen zwischen preußisch-deutscher Regierung und Kurie, in dem diese Professur als Zugeständnis für die Verstaatlichung der katholischen Theologenausbildung in dem annektierten Reichsland Elsaß-Lothringen angeboten worden war[168]. Diese Ernennung rief zornige Proteste bei protestantischen Hochschullehrern hervor, vor allem mit einem von dem linksliberalen Münchener Katheder-

---

Bestimmungsfaktoren des Wahlverhaltens. Überlegungen und Problematisierungen am Beispiel des historischen Ruhrgebiets, in: *Lothar Albertin* u. *Werner Link*, Hrsg., Politische Parteien auf dem Weg zur politischen Demokratie in Deutschland. Entwicklungslinien bis zur Gegenwart. Erich Matthias zum 60. Geburtstag gewidmet, Düsseldorf 1981, S. 109–126.

[167] Vgl. dazu *Peter Stitz*, Der Akademische Kulturkampf um die Daseinsberechtigung der katholischen Studentenkorporationen in Deutschland und Österreich von 1903–1908, München 1960.

[168] Aus der reichen Literatur zum »Fall Spahn« vgl. zuletzt *Christoph Weber*, Der »Fall Spahn« (1901). Ein Beitrag zur Wissenschafts- und Kulturdiskussion im ausgehenden 19. Jahrhundert, Rom 1980. Zum »Fall Delbrück« und »Fall Arons« s. *vom Brocke* S. 95–100. Zum selben Problemkreis siehe auch die ausführlichen Studien von *Georg May*, Die Entwicklung von zwei mit Katholiken zu besetzenden Professuren in der Philosophischen Fakultät der Universität Straßburg im Jahre 1902/03, in: Festschrift für Willibald M. Plöchl, Wien 1967; und *ders.*, Mit Katholiken zu besetzende Professuren an der Universität Tübingen. Amsterdam 1975.

sozialisten Lujo Brentano initiierten Aufruf des greisen Theodor Mommsen für voraussetzungslose Forschung[169]. Auf die teilweise auf hohem Niveau geführten Diskussionen, inwieweit überhaupt voraussetzungslose Forschung möglich sei, an der sich von evangelischer Seite aus mit einem vermittelnden Artikel Harnack, von katholischer Seite aus am überzeugendsten Georg von Hertling beteiligten, ist im Rahmen unseres Themas nicht weiter einzugehen. Festgehalten zu werden verdient indes die neue Verschärfung der konfessionellen Gegensätze, während die soziale Frage weitestgehend in den Hintergrund trat. Mit der »liberal-konservativen Paarung« des sogenannten Bülowblocks in der Reichstagswahl vom Januar 1907 schweißte der Kanzler Links-, Nationalliberalismus und Konservatismus unter der Parole »Gegen Zentrum und Sozialdemokratie« zusammen[170].

In dieser Zeit vollzog sich eine im stillen schon lange vorbereitete, unter der Kanzlerschaft Bülows indes erst zum Tragen kommende Aufwertung des politisch-gouvernementalen Gewichts Adolf von Harnacks, der zu einem engen Vertrauten der preußischen und Reichsadministration wurde und das besondere Vertrauen Bülows und die Hochschätzung des Kaisers genoß. Anfang 1907 sah ihn Seeberg schon als nächsten preußischen Kultusminister. Dazu kam es zwar nicht, doch lebten solche Gerüchte immer wieder auf, die durch die sprichwörtliche Nähe Harnacks zu Hof und Reichsleitung noch verstärkt wurden[171]. Wie stark die antikatholischen Ressentiments in der protestantischen Bildungsschicht waren, zeigte sich Anfang 1907, als Harnack in engem Kontakt mit Bülow[172] versuchte, die von der Regierung aus Gründen der Wahlpropaganda bewußt eingesetzte antikatholische Stimmung wieder zu dämpfen, da der Regierung an einer dauerhaften Verprellung des Zentrums nicht gelegen sein konnte. Anläßlich der üblichen Kaisergeburtstagsfeier vom 27. Januar hielt Harnack in der

---

[169] Vgl. hierzu immer noch *Kurt Roßmann*, Wissenschaft, Ethik und Politik, Heidelberg 1949.

[170] *vom Bruch*, Wissenschaft, S. 180–184 mit weiterführender Literatur zur Wahlkampagne 1907.

[171] Nachlaß Seeberg, Lebensbild Reinhold Seebergs, Bd. 1, S. 131.

[172] Vgl. die reiche Korrespondenz zwischen Bülow und von Harnack im Bundesarchiv Koblenz, Nachlaß Fürst Bülow, Korresp. Harnack; Deutsche Staatsbibliothek Berlin/ DDR, Handschriftenabteilung, Nachlaß von Harnack, Korresp. Bülow, die weit über die in Bülows Denkwürdigkeiten und in der von Harnack-Biographie von *Agnes von Zahn-Harnack*, Adolf von Harnack, Berlin 1936, hinausführt.

Berliner Universität eine Rede über Protestantismus und Katholizismus in Deutschland[173], in der er zu Toleranz, gegenseitiger Verständigung und zu Besonnenheit mahnte. Nach Beendigung der Rede herrschte bei den überwiegend protestantischen Kollegen »eisige Kühle«[174]. In einem Kommentar vermerkte der ihm befreundete Pädagoge und Philosoph Friedrich Paulsen bei den Hörern der Rede und den Lesern nach ihrer Publikation ein »Kopfschütteln, als ob darin zu viel Nachgiebigkeit gegen die ›feindliche‹ Konfession zur Erscheinung komme«. Dem hielt er entgegen: »Ich begrüße sie mit Freuden als ein Anzeichen, daß im Protestantismus die Hoffnung auf die siegreiche Kraft des eignen Prinzips nicht erloschen ist.[175]« Einen mittleren Weg beschritt im folgenden Jahr der neue Rektor Wilhelm Kahl mit seiner Antrittsrede vom 15. Oktober 1908 »Aphorismen zur Trennung von Staat und Kirche«, in der er sich gleichfalls für Toleranz und Annäherung der Konfessionen einsetzte, freilich davor warnte, in irgendeiner Form am bestehenden Landeskirchentum zu rütteln[176].

Solche Fragen vermochten eine weit größere Unruhe in diesen Jahren auszulösen als Fragen der Sozialpolitik. Auch die Führer aus den neunziger Jahren blieben eher zurückhaltend. Naumann hatte nun endgültig den Weg zum liberalen Parteipolitiker gefunden und war der evangelisch-sozialen Bewegung nur noch lose verbunden. Rade und seine »Christliche Welt« konzentrierten sich vorrangig auf theologische Fragen; Harnack war durch seine ständig sich vermehrenden Aufgaben in Anspruch genommen. Neben dem Vorsitz im Evangelisch-Sozialen Kongreß (seit 1902) und den wissenschaftlichen Aufgaben in der Akademie der Wissenschaften, der er zu Beginn des Jahrzehnts eine umfassende Geschichte dieser Institution überreichen konnte, waren dies unter anderem die Leitung der Königlichen Bibliothek und dann der Vorsitz in der 1910 öffentlich verkündeten Kaiser-Wilhelm-Gesellschaft zur Förderung der Wissenschaften. Seeberg übernahm zwar nach Stöckers Tod die Leitung der Freien Evangelisch-Sozialen Konferenz, doch blieb diese Arbeit ohne größere Resonanz.

Für Seeberg und mehr noch für Harnack traten in der ihnen verbliebenen Zeit im neuen Jahrhundert theologische Fragen in den Vordergrund. Auf-

---

[173] Die Rede wurde 1907 im 127. Band der Preußischen Jahrbücher sowie als Sonderdruck publiziert. In den Anmerkungen betont von Harnack, die Rede bereits vor der Reichstagsauflösung Mitte Dezember 1906 geschrieben zu haben, doch sprechen die zahlreichen Briefe an Bülow eine deutliche Sprache.

[174] Nachlaß Seeberg, Lebensbild Reinhold Seebergs, Bd. 1, S. 412.

[175] *Friedrich Paulsen* in Deutsche Literatur-Zeitung 28 (1907), S. 390.

[176] Wie alle Berliner Universitätsreden wurde auch diese (Berlin 1908) als Broschüre publiziert. Vgl. auch *Wilhelm Kahl*, Bekenntnisgebundenheit und Lehrfreiheit, Berlin 1897.

schlußreich in diesem Zusammenhang ist ein Geburtstags-Gratulationsbrief Naumanns an Harnack vom 5. Mai 1911. Darin brachte er seine Freude über die gemeinsam geleistete Arbeit im Evangelisch-Sozialen Kongreß, die beide trotz vieler anderweitiger Verpflichtungen verband, zum Ausdruck, sowie darüber, daß Harnack die theologische Zeitströmung so klar und wesentlich artikuliere. Nachfolgend ging Naumann indes nur noch auf theologische Fragen ein, der Hinweis auf den Kongreß schien eher eine verbindliche Floskel zu sein[177].

Harnack selbst sah sich durch die steigenden Aufgaben überfordert. Sozialpolitische Initiativen waren von ihm nicht zu erwarten und entsprachen auch nicht der Stimmung in der Bildungsschicht. In einem Brief an seinen Freund Martin Rade vom 26. Januar 1904 klagte er:

>»Ich bin durch Akademie, Kirchenväter-Commission, Sorgen für den Aufschwung und die Stellung der Theologie in unserem geistigen Leben und in der Unterrichtsverwaltung und darüber hinaus – Sorge, daß unsere Geisteswissenschaften neben den Naturwissenschaften thatsächlich und im Ansehen des Staates und der Nation nicht den Kürzeren ziehen, dadurch durch meine Arbeiten so beschäftigt, daß *Alles Andere* dagegen zurücktritt.[178]«

Noch deutlicher heißt es sechs Jahre später, als sich die Aufgaben noch vermehrt hatten und zudem in einer Zeit, in der in der jungen studentischen Generation Vorstellungen von Führer und Gefolgschaft um sich griffen, in einem weiteren Brief an Rade:

>»Im Grunde *bin* ich nichts anderes, *kann* ich nichts anderes sein, *will* ich nichts anderes sein als Kirchenhistoriker und akademischer Lehrer, und jedes Hinausschreiten aus diesem Kreise empfinde ich als etwas mir innerlich Fremdes.«

Er könne darum Niemandem ein »Führer« sein[179].

Im Gefolge der von Harnack wesentlich mitgeprägten liberalen Theologie flackerten immer wieder in Theologie, Pfarrerschaft und Gemeinden Konflikte und Unruhen auf, die sich am Kaiserhof fortsetzten; während er sich aber in dem »Apostolikum«-Streit zu Beginn der 1890er Jahre, in dem es um seine wissenschaftliche und akademische Existenz ging, noch kämpferisch durchgesetzt hatte, verfolgte er bei den künftigen, indirekt von ihm selbst mitentbundenen Kontroversen eine eher ausgleichende Linie. So

---

[177] Naumann an von Harnack, 5. Mai 1911, Nachlaß Harnack, Korresp. Naumann.

[178] von Harnack an Rade 26. 1. 1904, Universitätsbibliothek Marburg, Nachlaß Martin Rade, Hs. 684. Zu Harnacks wissenschaftlicher Tätigkeit zu dieser Zeit vgl. etwa *Adolf von Harnack*, Kleine Schriften zur alten Kirche. Berliner Akademieschriften (1890–1930), mit Vorwort v. *Jürgen Dummer*, 2 Bde. Leipzig 1980 (= Opuscula 9).

[179] von Harnack an Rade, 30. 8. 1910, Nachlaß Martin Rade.

wirkte er vermittelnd 1903 in dem Streit zwischen Wilhelm II. und Prof. Delitzsch über moderne Theologie und Bibelgläubigkeit, der unter der Bezeichnung »Babel und Bibel« bekannt wurde, auf den Monarchen ein[180]. Angesichts der grundsätzlichen Bedeutung dieses Briefwechsels, der sowohl den theologischen Kompetenzanspruch des von Wilhelm verkörperten Gottesgnadentums der preußischen Monarchie als auch das diplomatische Geschick Harnacks als Führers der liberalen Theologie und politisch einflußreichen Gelehrten verdeutlicht, sei er nachfolgend ausführlich wiedergegeben[181]. Am 2. März richtet der König ein als »vertraulich« bezeichnetes persönliches Handschreiben an den Berliner Theologen:

»Mein verehrter Herr Professor.

Ihre Zusendung hat mich sehr interessiert und habe ich sie mit Aufmerksamkeit durchlesen. Auch die abweichenden Ansichten, welche Sie darinnen ansprechen, haben mich beschäftigt. Sehr fein und geistvoll ist die Deduktion über Faust, welche sehr amüsant und ansprechend wirkt.

Was die Person des Heilandes betrifft, so ist mein Standpunkt auch nach Durchlesen Ihrer Bemerkungen, derselbe. Christus ist Gottes Sohn – Gott in menschlicher Gestalt – der Heiland der Welt. Wie sein Erscheinen auf der Welt geschah, erzählt uns Weihnachten. Wie das Verhältniß zu Gott war – für uns voller scheinbarer Mysterien und schwer zu ›verstehenden‹ Momente – ist eben einfach Sache des *Glaubens* und nicht des *Wissens*. ... Ein Mensch – und wäre er noch so erhaben und gut, ... und gescheit – kann niemals ein Vermittler mit Gott für die Sünden anderer Mitmenschen werden. [Verweist auf manche historische Stellvertretungen durch Menschen, wo aber nur die Sündenlast eines anderen Menschen getragen wurde. Aber die Sünden der ganzen Welt könne nur Gott selbst auf sich nehmen.] Mit der Gottheit Christi steht und fällt die ganze heil. Schrift. ... Evangelium, kurz unsre gesammte Religion.

Denn diese heil. Schrift, diese Bibelwelt ist eine *Urkunden*sammlung über die Offenbarungsthätigkeit Gottes. Von Menschenhänden geschrieben ist sie natürlich ihren Irrthümern auch unterworfen. Aber an dem Offenbarungsinhalt ändert das nichts. [Dieses eigentliche Wort aber komme von oben, sei ›Mittheilung göttlichen Lebens‹! Dadurch werde der Mensch zur Tat angespornt. Der Kaiser schließt mit dem Bekenntnis des Petrus:] ›Fleisch und Blut haben dir solches nicht offenbart, sondern der Geist meines Vaters im Himmel‹.

Mit Meinem herzliche Dank

Ihr wohlaffektionierter König Wilhelm R.«

Harnack antwortete noch am gleichen Tag:

»Allerdurchlauchtigster Großmächtiger Kaiser und König!
Allergnädigster Kaiser, König und Herr!

Ew. Kaiserlichen und Königlichen Majestät allergnädigstes und huldvolles Handschreiben hat mich in tiefster Seele bewegt und zu unauslöschlichem Dank verpflichtet.

---

[180] Zur öffentlichen Resonanz dieser Kontroverse vgl. *Wippermann*, Deutscher Geschichtskalender 1903/I, S. 1–7, 78–89.

[181] Nachlaß Adolf von Harnack, Korrespondenz mit Wilhelm II., Brief des Königs vom 2. 3. 1903; Antwort Harnacks vom 2. 3. 1903.

Ew. Majestät Glaube an unseren Herrn und Heiland Jesus Christus ist auch mein Glaube, und ich würde nicht länger Theologe bleiben, wenn ich diesen Glauben verlöre. Aber die Theologie, als Wissenschaft, kann das Tiefste und Heiligste nur als Grenze erreichen… Ew. Majestät lichtvolle und warme Darstellung verstehe ich in diesem Sinn und lasse sie mir freudig gesagt sein.

Geruhen Ew. Majestät nochmals meinen aufrichtigsten und tiefstgefühlten Dank allergnädigst entgegenzunehmen, den Dank aus einem Herzen, das Ew. Majestät Freiheit und Großsinn wahrhaft beglückt haben.

Ew. Kaiserlichen und Königlichen Majestät unterthänigster und gehorsamster Adolf Harnack.«

Wie sehr Harnack es verstand, sich das Wohlwollen des Königs zu bewahren, zeigte sich kurz nach Kriegsausbruch, als der Monarch Harnack in einem Telegramm aus dem Großen Hauptquartier überaus freundlich für seinen publizistischen Einsatz insbesondere in der Auseinandersetzung mit englischen Stellungnahmen dankte[182]. In welchem Maß er daneben das Vertrauen des Reichskanzlers Fürst Bülow auch noch nach dessen Amtsniederlegung 1909 genoß, hat Agnes Zahn-Harnack in der Biographie ihres Vaters durch zahlreiche eingestreute Briefe deutlich gemacht. Die späteren Invektiven Bülows in seinen Memoiren 1930/31 (Harnack selbst ist 1930 gestorben!) haben diesen Eindruck überschattet, doch wird über die erwähnte Biographie hinaus die Bülowsche Hochschätzung durch weitere Briefe des Nachlasses unterstrichen, die in der Biographie keine Aufnahme fanden[183].

Wie gegenüber dem Monarchen, so verfolgte Harnack auch gegenüber der evangelischen Kirchenleitung eine elastische Haltung. Ohne seine Theologie zu verleugnen, suchte er jedoch Konflikte zu vermeiden, und, wenn er zu klaren Stellungnahmen gezwungen wurde, bei aller Abwägung eher der Kirchenleitung sich zuzuneigen. In den letzten großen protestantisch-theologischen Konflikten des späten Kaiserreichs, in den »Fällen« Jatho und Traub, bezog Harnack bei aller Sympathie für beide, die sich theologisch auf ihn beriefen und die disziplinarischen Maßnahmen des Oberkirchenrates, der mit jeweils verschärften Kirchenstrafen reagierte, ausgesetzt waren, eine so ausweichende Position, daß zahlreiche frühere Freunde an ihm irre wurden[184].

---

[182] Ebd., Telegramm des Kaisers vom 17. 9. 1914.

[183] Aus der Zeit 1908 – Februar 1914 finden sich neun Briefe Bülows an Harnack, die nicht in der Harnack-Biographie der Tochter zitiert oder ausgewertet wurden. Da diese jedoch allgemeinpolitische Probleme berühren, erübrigt sich ihre Auswertung im Rahmen dieser Arbeit.

[184] Den wohl besten Eindruck in die zeitgenössischen öffentlichen Auseinandersetzungen um den Fall Traub gibt *Wippermann*, Deutscher Geschichtskalender 1912/II, S. 148–177.

Insbesondere die internen Korrespondenzen zum Fall Jatho 1911 zeigen mehr noch als der etwas anders gelagerte Disziplinarfall Traub, daß die großen liberalen Theologen, die ja nach 1890 zugleich entscheidende Träger der evangelisch-sozialen Bewegung jener Zeit gewesen waren, sich mit theologischen Fortentwicklungen und Übersteigerungen schwer taten, in denen sie zu Recht, wie bei Jatho, das Vordringen eines in der jüngeren Generation lebhaft aufgenommenen neuromantischen Ideals individueller religiöser Vertiefung und Verinnerlichung erkannten. Da eine genauere Dokumentation dieses Falles, der sich archivalisch weiter als bisher bekannt belegen läßt, den Rahmen unserer Fragestellung sprengen würde, sei daher hier nur auf die Problematik als solche hingewiesen[185].

Die großen Führer des sozialen Protestantismus aus der Zeit vor der Jahrhundertwende vermochten keine neuen Beiträge mehr beizusteuern. Sie wandten sich, wie Naumann, auf dem linken Rand des Spektrums der praktischen Parteipolitik zu oder wurden, wie Seeberg auf dem rechten Rand des Spektrums, zu maßgeblichen Vertretern des konservativen und nationalistischen Lagers, sie zogen sich mit Rade in die engere Welt des freien Protestantismus zurück oder stiegen mit Harnack zu Repräsentanten der bürokratisch-konstitutionellen Monarchie auf. In den Auseinandersetzungen mit Staat und Kirchenleitung behielten diese die Oberhand; die Arbeiterbewegung formte sich aus eigener Kraft weiter aus, während sich die mit ihr in der späteren Zeit zusammenwirkenden bürgerlichen Sozialreformer auf die Gesellschaft für Soziale Reform konzentrierten, die nicht mehr Ausdruck einer breiteren Bewegung im protestantischen Bildungsbürgertum war. Der Oberkirchenrat konzentrierte sich seinerseits nach der Jahrhundertwende auf die theologischen Aspekte der sogenannten Professorenfrage und wies die moderne Theologie in enge Schranken. Zu sozialpolitischen Fragen hat er nicht mehr Stellung genommen[186].

Überblicken wir anschließend die den Katholizismus und Protestantismus im Kaiserreich prägenden Grundhaltungen, so zeigt sich, daß – wie bei W. Besson sehr zutreffend dargestellt – beide Bekenntnisse eine besondere

---

[185] Ein Briefwechsel zum Fall Jatho von mehreren Theologieprofessoren und dezidiert protestantischen Historikern im Umkreis eines öffentlichen Protests gegen die Haltung der Kirchenleitung zu Jatho findet sich im Bundesarchiv, Nachlaß Delbrück, Nr. 73 und Nr. 74.

[186] Vgl. hierzu Die Evangelische Kirche der Union. Ihre Vorgeschichte und ihre Geschichte. Unter Mitarbeit von *Walter Delius* und *Oskar Söhngen* hrsg. v. *Walter Elliger*, Witten 1967, S. 110–112.

historische Konstellation, bezeichnenderweise eine der Blüte und des Aufschwungs, mystisch überhöht hatten. Die katholische Theologie erklärte im Neothomismus zu einer zeitlos gültigen Ordnung, was letztlich eine geschönte mittelalterliche Sozialordnung war. Parallel dazu überhöhte der Protestantismus die aus der Reformationszeit stammende Bindung der Kirche an den Landesfürsten zum Idealbild einer Obrigkeit von Gottes Gnaden[187].

---

[187] *Waldemar Besson,* Die christlichen Kirchen und die moderne Demokratie, in: *Walther Peter Fuchs,* Hrsg., Staat und Kirche im Wandel der Jahrhunderte, Stuttgart etc. 1966, S. 201–216, bes. S. 204.

C. Der deutsche Protestantismus im ersten Weltkrieg

1. Grundzüge

In einer als Taschenbuch wohl recht verbreiteten jüngeren »Kirchengeschichte Deutschlands von der Reformation bis zur Gegenwart« fand der
Zeitraum des ersten Weltkriegs keinerlei Beachtung[188]. Dieser Befund mag
zunächst überraschen, erscheint aber verständlich, da die vier Kriegsjahre
selbst kirchengeschichtlich keinen Einschnitt und keine Fortentwicklung
brachten. Auch zur sozialen Frage hat der deutsche Protestantismus in
diesen Jahren keine neuen Positionen bezogen; wenn Hochschullehrer der
Theologie zu politischen Fragen das Wort ergriffen – und das taten sie nun
häufig –, so geschah dies vorwiegend innerhalb der akademisch-politischen
Kriegspublizistik, nicht als spezifisch theologisch-religiöser oder kirchlicher Beitrag[189].

---

[188] *Johannes Wallmann*, Kirchengeschichte Deutschlands Bd. 2, Frankfurt a. M. 1973 (=
Deutsche Geschichte, hrsg. v. *Walther Hubatsch* 12).

[189] Zur Professorenpublizistik im ersten Weltkrieg vgl. die Arbeiten von *Klaus Schwabe* sowie
Herbert Döring, Der »Weimarer Kreis«. Untersuchungen zum politischen Bewußtsein
deutscher Hochschullehrer in der Weimarer Republik, Meisenheim 1973. Die Rolle der
Intellektuellen im Weltkrieg, der als »Krieg der Geister« bezeichnet worden ist, wurde
vielfach untersucht und nicht allein auf die – allerdings tonangebenden Hochschullehrer –
beschränkt. Vgl. etwa zum Kriegseinsatz von Schriftstellern *Eckart Koester*, Literatur und
Weltkriegsideologie. Positionen und Begründungszusammenhänge des publizistischen
Engagements deutscher Schriftsteller im Ersten Weltkrieg, Kronberg/Ts. 1977. Bislang
mangelt es allerdings noch an einer Einbettung – und damit auch genaueren Ortsbestimmung – der Professorenpublizistik in die vergleichende Einbeziehung anderer kriegsbetei-
ligter Staaten. Wie sehr etwa auch in den bis 1917 nominell neutralen Vereinigten Staaten
Hochschullehrer sich in den Dienst der aktuellen Politik stellten, haben zwei US-Dissertat-
ionen sichtbar gemacht: *George Thomas Blakey*, Historians on the Homefront. Propagandists for the Great War, Diss. Indiana University 1970; *Carl S. Gruber*, Mars and Minerva.
World War I and the Uses of the Higher Learning in America, Baton Rouge 1975. Für
Parallelen und Unterschiede im verbündeten Österreich–Ungarn vgl. *Günther Ramhardter*, Geschichtswissenschaft und Patriotismus. Österreichische Historiker im Weltkrieg
1914–18, München–Wien 1977. Erste Ansätze international vergleichender Studien liegen
vor mit *Alice Goldfarb Marquis*, Words as Weapons: Propaganda in Britain and Germany
during the First World War, in: Journal of Contemporary History 58 (1978), S. 467–498,
sowie mit *Klaus Vondung*, Hrsg., Kriegserlebnis. Der Erste Weltkrieg in der literarischen
Gestaltung und symbolischen Deutung der Nationen, Göttingen 1980. Vergleichbar

Bereits in den Jahren nach der Jahrhundertwende ließen sich neue Entwicklungen im Rahmen unserer Thematik nicht beobachten; die institutionell verfestigten Richtungen innerhalb der evangelisch-sozialen Bewegung führten ihre Arbeit ohne besondere Herausforderungen und Umbrüche fort. In der von Stöcker herkommenden Kirchlich-Sozialen Konferenz entwickelte sich neben Seeberg Lic. Weber zur führenden Persönlichkeit, doch schloß die vorwiegend praktische Tätigkeit an die bereits 1896/97 geschaffene Konstellation an. Harnack als Vorsitzender des Evangelisch-Sozialen Kongresses bewahrte eher Zurückhaltung; bezeichnenderweise wurden die dezidiert sozialpolitischen Erklärungen 1913/14 in der Kongreß-Zeitschrift »Evangelisch-Sozial«, wie wir sahen, von Nationalökonomen wie Karl Rathgen und Sozialpolitikern wie Ernst Francke getragen.

Ein neuartiges Element trug nach der Jahrhundertwende lediglich Christoph Blumhardt in die christlich-soziale Bewegung, freilich zunächst weitgehend als Einzelgänger und folgenlos. Geprägt vom schwäbischen Pietismus bekannt er sich zu einer realistischen Reich-Gottes-Erwartung und bejahte die sozialistische Arbeiterbewegung, die das Reich Gottes herbeizuführen vermöge. 1900 wurde er als sozialdemokratischer Abgeordneter in den württembergischen Landtag gewählt[190]. Im Anschluß an Blumhardt entwickelten Hermann Kutter und Leonhard Ragaz kurz nach der Jahrhundertwende in der Schweiz die religiös-soziale Bewegung, die sich in krassem Gegensatz zu den älteren wie auch jüngeren Christlich-Sozialen in Deutschland zum Sozialismus bekannte. Sie beeinflußte nach verschiedenen

---

intensive Monographien und Quellensammlungen zur Rolle der evangelischen Theologie im Weltkrieg, wie sie für Deutschland unten aufgeführt sind, sind für andere Länder nicht bekannt.

[190] Zu Blumhardt siehe *Christoph Blumhardt*, Hrsg., Vertrauliche Blätter für Freunde von Bad Boll, Bad Boll 1888–1895; *ders.*, Ansprachen, Predigten, Reden, Briefe (1865–1917), hrsg. v. *Joh. Harder*, Neukirchen 1978. Aus der reichhaltigen Literatur über ihn vgl. bes. *Eugen Jäckh*, Christoph Blumhardt, Stuttgart 1950; *Gerhard Sauter*, Die Theologie des Reiches Gottes beim älteren und jüngeren Blumhardt, Zürich u. Stuttgart 1962; *Georges Casalis*, Solidarität mit dem Proletarier: Christoph Blumhardt d.J., in: Glaube und Ideologie, hrsg. v. *Klaus von Bismarck* u. *Walter Dirks*, Berlin 1964, S. 82–85; *Markus Mattmüller*, Der Einfluß Christoph Blumhardts auf schweizerische Theologen des 20. Jahrhunderts, in: Zeitschrift für evangelische Ethik 12 (1968), S. 223–246; *Karl Barth*, Vergangenheit und Zukunft (Friedrich Naumann und Christoph Blumhardt), in: Anfänge der dialektischen Theologie, hrsg. v. *Jürgen Moltmann*, T. 1, München ⁴1977, S. 37–49; *Klaus-Jürgen Meier*, Christoph Blumhardt. Christ, Sozialist, Theologe, Bern 1979 (= Basler und Berner Studien zur historischen und systematischen Theologie 40); *Eberhard Kerlen*, Zu den Füßen Gottes. Untersuchungen zur Predigt Christoph Blumhardts, München 1981. Zum religiösen Sozialismus der Weimarer Zeit vgl. *Hans Beyer*, Der »religiöse Sozialismus« in der Weimarer Republik, in: Deutsche Zeitschrift für Philosophie 8 (1960), S. 1464–1482.

Brechungen während des Weltkrieges entscheidend die religiösen Sozialisten während der Zeit der Weimarer Republik, die ihrerseits durch das
Erlebnis von Kriegsniederlage und Revolution geformt worden waren, von
denen jedoch keine direkte Linie zu den Entwicklungssträngen im Vorkriegsdeutschland führte[191].

Der erste Weltkrieg bewirkte auch im deutschen Protestantismus eine
gewaltige publizistisch-politische Regsamkeit, die sich vorwiegend an den
Aufbruchserwartungen der »Ideen von 1914« entzündete und von nationalem Pathos getragen war. Die Forschung hat sich dieser Jahre in erfreulichem Umfang angenommen; Quellensammlungen und Darstellungen
haben typische Merkmale der protestantischen Kriegspredigt herausgestellt[192]; der Niederschlag des Krieges in protestantischen Zeitschriften
wurde ebenso gewürdigt wie in einem umfassenderen Rahmen die deutsche
Kriegstheologie dieser Jahre[193]. Insbesondere die beiden politisch herausragenden Repräsentanten des liberalen und des konservativen Flügels, Adolf
von Harnack[194] und Reinhold Seeberg erregten die Aufmerksamkeit, wie
auch beider Wirken im Rahmen deutscher Professorenpolitik in diesen
Jahren eingehend vorgestellt und eingebettet wurde[195].

[191] *Thomas Ulrich*, Ontologie, Theologie, gesellschaftliche Praxis. Studien zum religiösen
Sozialismus Paul Tillichs und Carl Mennickes, Zürich 1971; *Renate Breipohl*, Hrsg.,
Dokumente zum religiösen Sozialismus in Deutschland, München 1972; *Antje Vollmer*,
Die Neuwerkbewegung 1919–1935. Ein Beitrag zur Geschichte der Jugendbewegung, des
religiösen Sozialismus und der Arbeiterbewegung, Diss. Berlin 1973; *Stephan Wehowsky*,
Religiöse Interpretation politischer Erfahrung. Eberhard Arnold und die Neuwerkbewegung als Exponenten des religiösen Sozialismus zur Zeit der Weimarer Republik, Göttingen 1980 (= Göttinger theologische Arbeiten 16).
[192] Vgl. u. a. *Wilhelm Pressel*, Die evangelische Kriegspredigt im Ersten Weltkrieg, Göttingen
1968; *Wolf-Dieter Marsch*, Politische Predigt zum Kriegsbeginn 1914/15, in: Evangelische
Theologie 1964, S. 513–520; *Jochen Fähler*, Der Ausbruch des Ersten Weltkrieges in Karl
Barths Predigten 1913–1915, Bern etc. 1979 (= Basler und Berner Studien zur historischen
und systematischen Theologie 37).
[193] Als guten Überblick über »Evangelische Theologie und Kirche beim Ausbruch des Ersten
Weltkriegs« vgl. das gleichnamige 3. Kapitel in *Wolgang Huber*, Kirche und Öffentlichkeit,
Stuttgart 1973, S. 135–219. Siehe ferner *Robert Hepp*, Politische Theologie und theologische Politik. Studien zur Säkularisierung des Protestantismus im Weltkrieg und in der
Weimarer Republik, Diss. Erlangen-Nürnberg 1967; *Karl Hammer*, Deutsche Kriegstheologie 1890–1918, München 1971; *Wolfgang Huber* u. *Johannes Schwerdtfeger*, Hrsg.
Interessante Einblicke gewährt auch die neue Edition *Karl Barth/Martin Rade*, Ein
Briefwechsel. Mit einer Einleitung hrsg. v. *Christoph Schwöbel*, Gütersloh 1981.
[194] *Karl Hammer*, Adolf von Harnack und der Erste Weltkrieg, in: Zeitschrift für evangelische
Ethik 16 (1972), S. 85–101.
[195] Hierzu besonders *Schwabe*, Wissenschaft, und *Döring*, zum mit einem umfangreichen
Kapital zum Weltkrieg.

Wie wenig die Theologen noch einen eigenständigen Beitrag zu liefern vermochten, hat bereits Karl Kupisch eindringlich dargelegt. Er hebt die patriotische Begeisterung und die Siegeszuversicht hervor, die sich auch in martialischen Predigten und anderen kirchlichen Kundgebungen äußerte. Der deutsche Protestantismus war durchdrungen von der festen Überzeugung, der Erste Weltkrieg sei nicht nur ein nationales, sondern vielmehr ein religiöses Anliegen. In der Verteidigung des Krieges als eines »gerechten Krieges« durch die Theologen sieht er den Kriegsbeitrag der Kirche – der freilich seine Entsprechung bei allen Kriegsteilnehmern hatte – und für den sie verantwortlich ist[196]. Nun traten weniger theologische als politische Unterschiede in den Vordergrund, gleichzeitig trennten sich nun deutlicher als noch Mitte der 1890er Jahre theologisch wie politisch Liberale und Konservative/Orthodoxe. Zwar hatte Harnack einige Jahre vor Kriegsausbruch verkündet, insgesamt seien die neuartigen theologischen Ansätze zum Durchbruch gelangt:

> »Die Preußische Landeskirche stand noch um 1866 bei Hengstenberg, um 1890 bei Kögel, 1900 bei von der Goltz, und jetzt steht sie bei Dryander, Kahl und Kaftan. Das ist ein gewaltiger Fortschritt, und schneller kann das Rad der Geschichte nicht getrieben werden.[197]«

In die gleiche Richtung schien es zu weisen, wenn sich Seeberg als »modern-positiv« bezeichnete, doch ließ er keinen Zweifel an seiner politisch wie religiös dezidiert konservativen Grundhaltung, wie ein Aufsatz von ihm Ende 1911 in der »Konservativen Monatsschrift« über »Die konservative Weltanschauung und das konfessionelle Problem« deutlich zeigt[198]. Die Unterschiede waren allenfalls überlagert, doch blieben die grundlegenden Auseinandersetzungen zwischen diesen Richtungen unvermeidlich. Unter dem Eindruck des August-Erlebnisses 1914 traten sie indes zunächst ganz zurück; Bekundungen der nationalen Stärke und Empörung über die Feindmächte beherrschten die öffentlichen Stellungnahmen Harnacks wie Seebergs.

Unbeschadet der unterschiedlichen theologischen Richtungen und der unbezweifelbaren kirchenpolitischen Spannungen im deutschen Protestantismus, auf die wir wiederholt hingewiesen haben, bestand doch im großen und ganzen Einmütigkeit nach den Kriegserklärungen Anfang August

---

[196] *Karl Kupisch*, Der Protestantismus im Epochenjahr 1917, in: Zeitgeist im Wandel, Bd. 2: Zeitgeist der Weimarer Republik, hrsg. v. *Hans-Joachim Schoeps*, Stuttgart 1968, S. 33–51.

[197] Ebd., S. 35.

[198] Konservative Monatsschrift 69/I (1911), Dezemberheft, S. 250–253, bislang in der Literatur nicht beachtet.

1914. Herausragende Mahner oder gar prophetische Persönlichkeiten erwuchsen der evangelischen Kirche nicht, ihre Theologen und Pfarrer gliederten sich in die allgemeinpolitischen Frontlinien ein. Wenn der Historiker Friedrich Meinecke in einem klugen Rückblick 1922 auf drei Generationen deutscher Gelehrtenpolitik meinte, man habe im Krieg mehr in der Front als vor der Front gestanden[199], so gilt dies für die theologischen Hochschullehrer in besonderem Maße. Adolf Harnack entwarf am 4. August 1914 den kaiserlichen Aufruf »An das deutsche Volk«, dessen endgültige Fassung dann von dem Historiker Reinhold Koser redigiert wurde; auf der anderen Seite veranlaßte und verfaßte der Nationalist Reinhold Seeberg die bekannte »Erklärung der Hochschullehrer des deutschen Reiches«, die sich zu einer prinzipiellen Verwandtschaft zwischen dem in der deutschen Wissenschaft vorwaltenden Geist und dem militärischen Geist des preußischen Staates bekannte. »Beide sind eins, und wir gehören auch dazu. ... Dieser Geist lebt nicht nur in Preußen, sondern ist derselbe in allen Landen des Deutschen Reiches. Er ist der gleiche in Krieg und Frieden.[200]« Unterschrieben wurde dieser Aufruf neben Vertretern anderer Disziplinen unterschiedslos von den prominentesten Vertretern der divergierenden protestantischen Lehrrichtungen. Eine Reihe weiterer, vergleichbarer Kundgebungen schloß sich an. Damit ist es nur sinnvoll, die Beiträge der Hochschultheologen in die übergreifenden Frontlinien einzubeziehen, da für spätere Polarisierungen nicht Scheidelinien wie liberale und orthodoxe Theologen, sondern wie Gemäßigte und Annexionisten, Reformgegner und Reformbefürworter maßgebend wurden, mochten sich auch im Lager der Gemäßigten eher liberale, im Lager der Annexionisten und Reformgegner eher orthodoxe Hochschultheologen wiederfinden[201]. Allein in dem – wiederholt untersuchten – politischen Beitrag evangelischer Kriegspredigten ließe sich eine spezifische Einbringung des deutschen Protestantismus im ersten Weltkrieg belegen, doch entzieht sich diese unseren Betrachtungen, da hier politische Fortentwicklungen der vormali-

---

[199] *Friedrich Meinecke*, Drei Generationen deutscher Gelehrtenpolitik, in: Historische Zeitschrift 1922, Wiederabdr. in: *ders.*, Staat und Persönlichkeit, Berlin 1933, S. 136–164, bes. S. 139. Zum »August-Erlebnis« der nationalen Einheit vgl. bes. *Friedhelm Boll*, Frieden ohne Revolution? Friedensstrategien der deutschen Sozialdemokratie vom Erfurter Programm 1891 bis zur Revolution 1918, Bonn 1980 (= Forschungsinstitut der Friedrich-Ebert-Stiftung, Reihe Politik und Gesellschaftsgeschichte 8), S. 94–100.

[200] Der Text der Erklärung vom 16. 10. 1914 findet sich abgedruckt bei *Klaus Böhme*, Hrsg., Aufrufe und Reden deutscher Professoren im Ersten Weltkrieg, Stuttgart 1975, S. 49/50, Zitate S. 49.

[201] Vgl. hierzu *Schwabe, Düring, Kupisch* sowie *Hepp*.

gen Widerlager der christlich-sozialen Bewegung im Vordergrund stehen, wie wir sie im wesentlichen an Harnack und Seeberg personalisierten.

2. Der Niederlage entgegen: Politische Polarisierungen

Bereits ein halbes Jahr später zeichnete sich ein in der Folgezeit zunehmend breiter werdender Riß unter den Hochschullehrern, in weiteren Schichten der Gebildeten unter Einschluß der Theologen ab, der im Jahre 1917 dann auch seinen organisatorischen Niederschlag fand. Nicht mehr als Theologe, sondern als konservativ-nationalistischer Politiker in enger Verbindung mit Industriellenorganisationen verfaßte Seeberg eine als »Seeberg-Adresse« am 20. Juni 1915 bekannt gewordene Eingabe, die in der deutschen akademischen Welt eine Fülle von Unterschriften fand und ein umfassendes annexionistisches Kriegszielprogramm aufstellte[202]. Dem stellte Hans Delbrück in enger Abstimmung mit seinem Schwager Adolf Harnack eine die Position der politischen Reichsleitung abstützende, freilich erheblich resonanzschwächere Gegenadresse entgegen[203]. Von nun an waren die Gräben vorgezeichnet, die sich 1917 unheilvoll vertieften und mit der Gründung der »Deutschen Vaterlandspartei« einerseits, des »Volksbund für Freiheit und Vaterland« andererseits aus dem gleichen Jahr, verfestigten. In ihnen versammelte sich das politisch einflußreichere, finanziell und organisatorisch mächtigere chauvinistisch-annexionistische, innenpolitisch reaktionäre Lager und das auf einen »Verständigungsfrieden« und innenpolitische Reformen abzielende gemäßigte Lager. Die Mehrheit des deutschen Protestantismus neigte Seeberg, dem Mitglied der Vaterlandspartei zu, während die den Volksbund unterstützenden prominenten Theologen Troeltsch, Harnack, Rade und Baumgarten eine weit unterlegene Minorität repräsentierten[204].

---

[202] Abdruck der »Seeberg-Adresse« bei *Böhme*, Hrsg., Aufrufe und Reden, S. 125–135.

[203] Abdr. ebd., S. 135–137.

[204] Ausführlich zur Vaterlandspartei sowie zum Volksbund vgl. *Robert Ullrich*, Die deutsche Vaterlandspartei 1917/18, Diss. Jena 1971. Zur Rolle von Ernst Troeltsch s. besonders *Gustav Schmidt*, Der deutsche Historismus und sein Übergang zur parlamentarischen Demokratie, Lübeck u. Hamburg 1964; für Harnack s. den Aufsatz von *Hammer*, Adolf von Harnack; für Seeberg *Brakelmann*, Kriegstheologie, zu Rade und Baumgarten s. unten Anm. 206 u. 207.

Von hier aus rechtfertigt sich die starke Betonung des Jahres 1917 in mehreren kirchengeschichtlichen Arbeiten[205]. Diese durchweg politisch bestimmte Zäsur erhellt bereits, in welchem Maße die Haltung des deutschen Protestantismus im Weltkrieg von allgemeinpolitischen Fragen und Einstellungen bestimmt wurde, wobei hier nur auf die herausragenden theologischen Führer hingewiesen werden konnte. Insofern ist es berechtigt, wenn Johannes Wallmann in seiner bereits genannten Kirchengeschichte auf eine Behandlung dieser Jahre verzichtet. Wie sie schon zu Kriegsbeginn mit vorwiegend politischen Erklärungen hervortraten, so hat sich in den letzten Kriegsjahren bei Harnack und Seeberg der politische Bezug allenfalls noch verstärkt, traten sie als gelehrte Politiker, kaum als gelehrte Theologen hervor. Bezeichnenderweise zeichnet eine umfangreiche Studie über »Protestantische Kriegstheologie im ersten Weltkrieg«, die sich durchweg »Reinhold Seeberg als Theologe des deutschen Imperialismus« zuwendet, eingehend seine politischen Ziele nach, während sein theologischer Standpunkt verhältnismäßig kurz abgehandelt wird. Aber auch dabei sind die Zeitbezüge schier überwältigend; so erscheint seine Gottesvorstellung geradezu als eine Projektion imperialistischer und nationalistischer Gesinnung[206]. Diese Betrachtungsweise legt die Frage nahe, ob es bei einem derartigen Befund, seine Gültigkeit vorausgesetzt, nicht sinnvoller ist, mit Klaus Schwabe und Herbert Döring das Wirken Seebergs im Weltkrieg einer politischen Perspektive einzugliedern, ob der Aufwand eines eigenständigen Buches über seine Kriegs*theologie* hingegen erforderlich ist.

Eine intensivere theologische Verankerung weisen die politischen Stellungnahmen eines Martin Rade[207] und vornehmlich eines Otto Baumgar-

---

[205] *Günter Brakelmann*, Hrsg., Der deutsche Protestantismus im Epochenjahr 1917, Witten 1974 (= Studienbücher zur kirchlichen Zeitgeschichte 1); auch bei *Karl Hammer*, Der deutsche Protestantismus und der erste Weltkrieg, in: Francia 2 (1974), S. 398–414 liegt das Schwergewicht auf dem Jahr 1917. Zur politischen Entwicklung siehe besonders *Dirk Stegmann*, Wirtschaft und Politik nach Bismarcks Sturz. Zur Genesis der Miquelschen Sammlungspolitik 1890–1897, in: *I. Geiss* u. *B. J. Wendt*, Hrsg., Deutschland in der Weltpolitik des 19. und 20. Jahrhunderts. Fritz Fischer zum 65. Geburtstag, Düsseldorf 1973, S. 161–184. Zur Kriegszieldiskussion vgl. *Ernst Heinen*, Zentrumspresse und Kriegszieldiskussion unter besonderer Berücksichtigung der »Kölnischen Volkszeitung« und der »Germania«, Diss. Köln 1962.

[206] *Brakelmann*, Kriegstheologie, S. 137.

[207] Zu Rade ausführlich *Rathje*, Die Welt des freien Protestantismus; neuerdings als wichtige ergänzende Quelle: *Karl Barth/Martin Rade*, Ein Briefwechsel.

ten[208] im Weltkrieg auf, doch auch ihr politischer Anteil wäre vorrangig in einer Geschichte pazifistischer und liberal-demokratischer Strömungen im Krieg zu würdigen, deren Fehlen Brakelmann in seiner Quellensammlung zum deutschen Protestantismus im Epochenjahr 1917 zu Recht beklagte[209], doch wird auch diese Lücke in den letzten Jahren durch die Forschungen Karl Holls zunehmend geschlossen[210].

Zu einer Überprüfung theologischer Positionen hat der erste Weltkrieg im deutschen Protestantismus nicht geführt, zugleich rückte die von ihm im 19. Jahrhundert entwickelte und in ihren praktisch-politischen Erscheinungsformen von uns in großen Zügen nachgezeichnete Sozialethik in jenen Jahren durchweg in den Hintergrund. Politische Forderungen nach einer stärkeren Heranziehung der Sozialdemokratie auf der Grundlage politisch-sozialer Zugeständnisse entsprangen politischen, nicht theologischen Erwägungen. Mehrheitlich hat sich der deutsche Protestantismus jedoch in naiver Machtverherrlichung auf die Seite der politischen Scharfmacher gestellt. In seinem glänzenden kleinen Beitrag über den deutschen Protestantismus im Krieg traf Karl Kupisch wohl das Richtige, wenn er zusammenfaßt, daß der deutsche Protestantismus bis zum Ende des Weltkriegs mit den führenden politischen und militärischen Gruppierungen solidarisierte, die einen Verständigungsfrieden entschieden ablehnten. Er bescheinigt der Evangelischen Kirche auch später noch einen gänzlich unreflektierten Nationalismus, der verhindert habe, daß die Kirche ihre Vergangenheit bewältigen konnte. Von daher müsse verstanden werden, daß die Kirche so gut wie keine konstruktive Mitarbeit beim Aufbau des neuen demokratischen Staates zwischen 1919 und 1930 geleistet habe[211].

Damit klingt bereits das uns im folgenden abschließenden Kapitel beschäftigende Thema der Auswirkungen von Revolution und Neuord-

---

[208] Hierzu eingehend die informative Selbstdarstellung: *Otto Baumgarten*, Meine Lebensgeschichte, Tübingen 1929.

[209] *Brakelmann*, Hrsg., Epochenjahr, S. 21, bedauert die Aussparung der pazifistischen Gruppe im Umkreis von Pfarrer Umgrid, diese Lücke werde in einer Dokumentation der pazifistisch-christlichen Bewegung in der Weimarer Republik geschlossen werden.

[210] Vgl. vorrangig *Karl Holl*, Die deutsche Friedensbewegung im Wilhelminischen Reich, in: *Wolfgang Huber* u. *Johannes Schwerdtfeger*, Hrsg., S. 321; *ders.*, Hrsg., *Ludwig Quidde*, Der deutsche Pazifismus während des Weltkrieges 1914–1918, Boppard/Rh. 1979 (= Schriften des Bundesarchivs 23). Siehe ferner *Ludwig Quidde*, Caligula. Schriften über Militarismus und Pazifismus, Hrsg. u. eingel. v. *Hans-Ulrich Wehler*, Frankfurt a. M. 1977. Zur katholischen Friedensbewegung vgl. *Beate Höfling*, Katholische Friedensbewegung zwischen zwei Kriegen. Der »Friedensbund Deutscher Katholiken« 1917–1933, Waldkirch 1979 (= Tübinger Beiträge zur Friedensforschung und Friedenserziehung 5).

[211] *Kupisch*, Der Protestantismus, S. 42.

nung auf den deutschen Protestantismus an, die vorrangig um das Erbe des in seinen Grundfesten erschütterten landesherrlichen Kirchenregiments, um die Trennung von Staat und Kirche und um die Stellung der evangelischen Kirchen zur demokratischen Republik kreisten.

Freilich warf die Novemberrevolution von 1918 diese Fragen gar so unvorbereitet nicht auf. Bereits die unter politischem Druck erfolgte und bis Ende des Krieges nicht eingelöste Osterbotschaft Wilhelms II. zur Demokratisierung des preußischen Wahlrechts hatte auch in der evangelischen Kirche Preußens Unruhe ausgelöst, da davon ganz erhebliche Auswirkungen auf die Landeskirche befürchtet wurden und die bereits im Vorkriegsjahrzehnt schwelende, von Friedrich Naumann seit 1904 belebte Diskussion um eine erforderliche Trennung von Kirche und Staat akut genährt wurde. Mitte März 1918 warnte der konservative »Reichsbote«, da die evangelische Kirche keine starke parlamentarische Vertretung besitze wie die katholische Kirche mit der Zentrumspartei, sei die Demokratisierung des preußischen Abgeordnetenhauses bei der verfassungsmäßigen und finanziellen Abhängigkeit dieser Kirche vom Landtag für die evangelischkirchlichen Interessen von weit bedrohlicherer Bedeutung als für die der katholischen Kirche[212]. Auch den Oberkirchenrat erfaßte angesichts der angekündigten Wahlrechtsreform Unruhe, die sich in Forderungen nach gesetzlichen »Sicherungen« vorwiegend finanz- und schulpolitischer Art niederschlugen. Kurz nach den entscheidenden Beratungen im Oberkirchenrat legte sein geistliches Mitglied Julius Kaftan seine entsprechenden Sorgen in einem Brief an seinen Bruder, den Generalsuperintendenten Theodor Kaftan, im Juni 1918 nieder, ohne die Entwicklung wenige Monate später voraussehen zu können. Er wies auf ihre divergierenden Standpunkte in der Kirchenfrage hin und äußerte seine Zweifel an der Lebensfähigkeit einer staatsfreien Volkskirche. Diese Kirche sah er zum Scheitern verurteilt, und fürchtete, mit ihr würde zugleich die christliche Kultur untergehen[213].

---

[212] Reichsbote vom 11.3.1918: Die kirchlichen Interessen und die Demokratisierung Preußens.

[213] Kirche, Recht und Theologie in vier Jahrzehnten. Der Briefwechsel der Brüder *Theodor* und *Julius Kaftan* (1891–1926), hrsg. v. *W. Goebell*, München 1967, S. 666.

IV. REVOLUTION UND STAATLICHE NEUORDNUNG

A. Revolution und evangelische Kirche

1. Landeskirchentum und staatliche Umwälzung

Um die von der politischen Umwälzung 1918/19 ausgehende Erschütterung des evangelischen Landeskirchentums ermessen zu können, ist zunächst ein kurzer zusammenfassender Blick auf die zentralen Elemente der staatskirchlichen Einbindung zu werfen.

Wohl hatten sich im 19. Jahrhundert erste Ansätze einer Ablösung der Kirche vom Staat herausgebildet, standen der Kirchenbürokratie verfaßte Körperschaften entgegen, doch wurde faktisch die enge Anbindung an den Staat dadurch nicht geschmälert. Seit 1850 war das Kirchenregiment nicht mehr formell Teil der königlichen Staatsgewalt, doch bestand in der »Personalunion« von Summus Episcopus und Landesherr die personelle Verklammerung von Kirche und Staat fort, war die in der Person des Königs verlaufende Trennung eine Fiktion. Ebenso vermochten die presbyterialen und synodalen Körperschaften keine Eigenständigkeit zu entwickeln, in den verschiedenen kirchlichen Verwaltungsebenen (Kreisen, Provinzen, Land) beschränkte sich ihre Mitwirkung auf eine ergänzende und beratende Funktion. Die kirchlichen Behörden blieben Beauftragte des Landesherrn und waren den Synoden gegenüber nicht verantwortlich; insofern spiegelte sich das politische System des bürokratisch-monarchischen Konstitutionalismus auch in der Verfassung der evangelischen preußischen Landeskirchen[1]. Bereits 1909 wies Erich Foerster sehr deutlich auf diese Situation hin:

---

[1] Zur Kirchenverfassung in Revolution und Weimarer Republik vgl. *Karl Kupisch*, Die deutschen Landeskirchen im 19. und 20. Jahrhundert, Göttingen 1966 (= Die Kirche in ihrer Geschichte 4), S. 50–176; hier auch zum Kaiserreich. Ergänzend den Quellenband von *Ernst Rudolf Huber* und *Wolfgang Huber* sowie *Jochen Jacke*. Siehe ferner *Wilhelm Bousset*, Die Stellung der evangelischen Kirchen im öffentlichen Leben bei Ausbruch der Revolution, in: *Friedrich Thimme* u. *Ernst Rolffs*, Hrsg., Revolution und Kirche. Zur Neuordnung des Kirchenwesens im deutschen Volksstaat, Berlin 1919; *Günter Köhler*, Die Auswirkungen der Novemberrevolution von 1918 auf die altpreußische evangelische Landeskirche, Diss. Berlin 1967. Zur Revolution im allgemeinen vgl. *Wolfgang J. Mommsen*, Die deutsche Revolution 1918–1920. Politische Revolution und soziale Protestbewegung, in: Geschichte

»In Wahrheit ist auch das Kirchenregiment eine staatliche Funktion, nur eine solche, die unter stillschweigender Zustimmung des Landtags vom Fürsten persönlich und durch eine eigene, dem Einfluß des Landtags nicht oder nur indirekt unterstellte Behördenorganisation geführt wird"[2]

Treffender ließ sich die Lage kaum charakterisieren.

Neben der institutionellen Verschränkung von Staat und Kirche bestand eine Reihe von Abhängigkeiten insbesondere in finanzieller Hinsicht. Mochte man auch immerhin eine gewisse rechtliche und organisatorische Unabhängigkeit der Kirche unterstellen, die von der allgemeinen Staatsverwaltung losgelöst worden war und gesonderten landesherrlichen Konsistorialbehörden unterstand, so wirkte dem der zunehmende Verlust wirtschaftlicher Autarkie entgegen. Einerseits gewährte die Steuerhoheit des Staates diesem einen maßgeblichen Einfluß auf die Höhe der kirchlichen Umlage, andererseits sicherte er sich einen ständigen Einfluß durch die jährliche Festsetzung des staatlichen Zuschusses an die Kirche; bezeichnenderweise verwahrte sich der Staat nachdrücklich und erfolgreich gegen wiederholte kirchliche Bemühungen, die jährlichen Staatszuschüsse durch eine dauernde Staatsrente zu ersetzen. Auch hier liegen Parallelen zu vergleichbaren Körperschaften auf der Hand. So war zwar im Zuge der Humboldtschen Universitätsreform mit der Gründung der Berliner Universität 1910 die Hochschulautonomie unter dem Postulat der Freiheit von Lehre und Forschung weitgehend verankert, doch mit dem zunehmenden Finanzbedarf der Universitäten vermehrte sich die Abhängigkeit vom Staat als überwiegendem Finanzier – dies traf vergleichbar für die Kirche zu, deren Finanzbedarf nicht zuletzt durch die Besoldungsangleichung der Pfarrer an die akademisch gebildeten, höheren Beamten stieg[3].

---

und Gesellschaft 4 (1978), S. 362–391; *Karl A. Otto*, Die Revolution in Deutschland 1918/19, München 1979; *Weissbecker* 1979. Siehe auch den Quellenband von *Gerhard A. Ritter* u. *Susanne Miller*, Hrsg., Die deutsche Revolution 1918–1919. Dokumente, Frankfurt a. M. [2]1975.

[2] *Erich Foerster*, in: RGG [1]III, Sp. 1161.

[3] Vgl. zu diesem Komplex *Alexander Kluge*, Die Universitäts-Selbstverwaltung, Frankfurt a. M. 1958; *Klemens Pleyer*, Die Vermögens- und Personalverwaltung der deutschen Universitäten, Marburg 1955; zur beamtenrechtlichen Stellung der Hochschullehrer sowie der evangelischen Geistlichen *Ernst Rudolf Huber*, Deutsche Verfassungsgeschichte seit 1789, die jeweiligen Abschnitte in den auf das Kaiserreich bezogenen Bänden III und IV; wichtige Hinweise für die Umgestaltung 1918/19 enthalten die 1978 bzw. 1981 vorgelegte Anschlußbände V und VI zu Weltkrieg, Revolution und Weimarer Republik. – Zur Finanzpolitik der Zeit im allgemeinen vgl. *Peter Christian Witt*, Die Finanzpolitik des Deutschen Reiches von 1903 bis 1913. Eine Studie zur Innenpolitik des Wilhelminischen Reiches, Lübeck u. Hamburg 1970.

So sehr diese Abhängigkeiten oft als Bevormundung angesehen wurden, insgesamt empfand man sie als das kleinere Übel, da der Staat den kirchlichen Bereich weitgehend von gesellschaftlichen Kontroll- und Mitwirkungsansprüchen abschirmte. Auch hier bietet sich der Vergleich mit dem Hochschulwesen an, über das Walter Hallstein einmal sehr zutreffend bemerkt hat, daß gerade auf diesem Gebiet die staatliche Bevormundung nicht durchwegs als Last und Einschränkung empfunden wurde. Die vorgesetzte Behörde vertrat die Hochschule nach außen, das heißt vor allem im Parlament und in der Öffentlichkeit und bot ihr auf diesem Gebiet einen gewissen Schutz. Die Folge davon war freilich, daß die Fähigkeit, sich gegenüber der Legislative zu behaupten, verkümmerte, als die Notwendigkeit dazu fortfiel[4]. Ändert man den Bezug von den Hochschulen auf die evangelischen Kirchen hin, so dürfte die Wirklichkeit im Vorkriegsdeutschland recht treffend umschrieben sein; zugleich deutet die Analyse bereits auf die in der Revolutionszeit und der frühen Republik gelegentlich hektisch-hilflos anmutenden Aktivitäten von Kirchenbehörden und Theologen im Umgang mit dem neuen Parteienstaat hin, wohingegen sich die katholische Kirche, über Jahrzehnte hinweg darin geschult, kirchenpolitische Forderungen auf parlamentarischem Wege über die Zentrumspartei vorzutragen, wesentlich souveräner und erfolgreicher zu behaupten vermochte[5].

Die so bestehenden Bindungen zwischen Staat und Kirche wurden noch durch eine Reihe von sozialen und politischen Faktoren vertieft. Die vorwiegend an das vorindustriell-agrarische Milieu des ostelbischen Preußens gebundene Landeskirche dieses nach wie vor ausschlaggebenden Staates vermochte sich hieraus kaum zu lösen und setzte einem Wandel, der den neuen Entwicklungen angemessen war, beträchtliche Beharrungskräfte entgegen, die sich vornehmlich in der Schwerfälligkeit der tradierten kirchlichen Institutionen ausdrückten. Diese Zurückhaltung wurde noch geför-

---

[4] *Walter Hallstein*, Hochschule und Staat, in: Die Wandlung 2 (1947), S. 711.
[5] Zur Leistungsfähigkeit des parlamentarischen Taktierens der Zentrumspartei ist beispielhaft die Entwicklung des Schulgesetzes heranzuziehen, vgl. dazu ausführlich *Günter Grünthal*, Reichsschulgesetz und Zentrumspartei in der Weimarer Republik, Düsseldorf 1980. Den nach wie vor besten Überblick über die Entwicklung der Partei insgesamt und ihr Verhältnis zum Weimarter Staat gab *Rudolf Morsey*, Die Deutsche Zentrumspartei 1917–1923, Düsseldorf 1966 (= Beiträge zur Geschichte des Parlamentarismus und der politischen Parteien 32); siehe ferner *Wolfgang Stump*, Geschichte und Organisation der Zentrumspartei in Düsseldorf 1917–1933, Düsseldorf 1971; für die Umbruchsphase vgl. ergänzend *Hans Müller*, Der deutsche Katholizismus 1918/19, in: Geschichte in Wissenschaft und Unterricht 17 (1966), S. 521–536. Vgl. auch *Albrecht Langner*, Politischer Katholizismus im Urteil des Weimarer Protestantismus, in: Civitas 6 (1967), S. 84–116.

dert durch die zutreffende Einsicht, daß die evangelische Kirche weit weniger als die römisch-katholische Kirche auf einen festen Rückhalt in breiteren Bevölkerungsschichten rechnen durfte und daher bei einer strikten Trennung von Staat und Kirche einem Schrumpfungsprozeß ausgesetzt sein würde, der den Bestand der bisherigen Kirche grundlegend gefährdete. Man suchte also an der nicht mehr zeitgemäßen Form der staatskirchlichen Verfassung festzuhalten, um insbesondere die finanzielle Sicherheit der Kirche zu gewährleisten. Damit aber mußten für die weiterhin vom Staat besoldeten kirchlichen Beamten – vom einfachen Gemeindepfarrer bis hin zu den bisherigen Oberhofpredigern – die gleichen Maßstäbe wie für alle übrigen Beamten gelten, insbesondere die Pflicht zur Loyalität gegenüber der offiziellen Regierungspolitik, mußten sie auf öffentliche Kritik an den Weisungen und Entscheidungen des Staates verzichten[6].

Wenige Jahre nach dem Krieg beschrieb Theodor Kaftan sehr scharfsichtig und prägnant die Problematik des Staatskirchentums. Diese habe in Wahrheit die evangelische Kirche zu einer nachgeordneten Behörde, und zwar einer von minderer Bedeutung, degradiert[7]. Angesichts dieser Situation war das Landeskirchentum durch einen erheblichen Immobilismus bestimmt, der seine weitgehende Unfähigkeit, einen eigenständigen Beitrag zur Lösung der sozialen Frage zu leisten, ebenso beeinflußte wie sein Verhalten Ende 1918. Es wäre sicher aber voreilig, hier den maßgeblichen Kirchenpolitikern ausschließlich die Schuld an dieser Unbeweglichkeit zu geben. Wie wir sahen, war die Landeskirche in so starkem Maße institutionell und finanziell, aber auch politisch und infolge ihrer sozialen Gebundenheit von dem politisch-gesellschaftlichen System des untergegangenen Kaiserreichs abhängig, daß von ihr eine eigenständige Lösung der anstehenden Probleme, insbesondere der sozialen Polarisierung, nicht erwartet werden konnte. Um den Terrainverlust in breiteren Bevölkerungskreisen auszugleichen, hätte sich wohl nur ein verstärktes Bemühen um die sozialen Probleme angeboten. Daß eine solche Möglichkeit indes kaum gegeben war, lag nicht etwa in dem Mangel an einer kirchlichen Sozialethik begründet, sondern in dem Zwang zu Zurückhaltung und »Überparteilichkeit«, wie

---

[6] Zur kirchenrechtlichen Problematik dieser Zeit vgl. neben *Huber*, Bde. V, VI u. *Jacke*, bes. S. 29, ausführlich bereits zeitgenössisch *Joachim Niedner*, Die rechtliche Stellung und finanzielle Lage der evangelischen Landeskirche nach ihrer Trennung vom Staat, in: *Friedrich Thimme* u. *Ernst Rolffs*, Hrsg., S. 162–187; sowie aus der neueren Literatur *Jürgen Schleichert*, Staat und evangelische Kirche seit der Staatsumwälzung 1918, dargestellt am staatlich-kirchlichen Vertragsrecht, Diss. Köln 1962.

[7] *Theodor Kaftan*, Erlebnisse und Beobachtungen des ehemaligen Generalsuperintendenten von Schleswig, D. Theodor Kaftan, von ihm selbst erzählt, Kiel 1924, S. 213–215.

er durch die bestehenden Verhältnisse im kirchlichen und staatlichen Bereich vorgegeben war[8].

2. Innerkirchliche Differenzen

Innerhalb dieser staatskirchlichen Einbindungen entluden sich tiefgreifende theologische Richtungskämpfe, die tiefe Gräben zogen, während des Krieges vornehmlich in politische Frontenbildungen einmündeten, um mit der Niederlage und der ausbrechenden Revolution sich um so heftiger in den Fragen des künftigen Verhältnisses der eigenverantwortlichen Kirche zum neuen demokratisch-republikanischen Staat zu verschärfen.

Daß mit dem Ende der Monarchie und der damit verbundenen Beendigung des landesherrlichen Summepiskopats eine Trennung von Staat und Kirche unausweichlich sein würde, war unzweifelhaft; unklar blieb indes, wie und in welchen Bereichen diese Trennung sich vollziehen würde. Die Trennungsmaxime bedeutete für die beiden Gewalten Staat und Kirche, daß keine von beiden mehr mit den ihr vorzüglich zu Gebote stehenden Mitteln auf Entscheidungen, die dem Zuständigkeitsbereich der jeweils anderen angehörten, Einfluß nehmen dürfe. Daneben würde mit der beabsichtigten Entfernung aller religiösen Elemente aus den staatlichen Einrichtungen vor allem die kirchliche Schulaufsicht fallen, und schließlich sollten alle institutionellen Verflechtungen beider Bereiche einer scharfen Abgrenzung weichen[9].

---

[8] Zu diesem hier nur knapp angedeuteten Grundproblem der evangelischen Kirche in der Umbruchphase vgl. ausführlich *Gottfried Mehnert*, Evangelische Kirche und Politik 1917–1919. Die politischen Strömungen im deutschen Protestantismus von der Julikrise 1917 bis zum Herbst 1919, Düsseldorf 1959; *Jacke; Klaus Scholder*, Die Kirchen und das Dritte Reich, Bd. 1: Vorgeschichte und Zeit der Illusionen 1918–1934, Frankfurt a. M. etc. 1977, S. 3–25; *Kurt Nowak*, Evangelische Kirche und Weimarer Republik. Zum politischen Weg des deutschen Protestantismus zwischen 1918 und 1932, Göttingen 1981, Kap. I; *Jonathan R. C. Wright*, ›Above Parties‹. The political attitudes of the German Protestant Church Leadership 1918–1933, Oxford 1974, erweiterte dt. Fassung: ›Über den Parteien‹. Die politische Haltung der evangelischen Kirchenführer 1918–1933, Göttingen 1977 (= Arbeiten zur kirchlichen Zeitgeschichte, Reihe B, 2). Vgl. demgegenüber *Claus Motschmann*, Evangelische Kirche und preußischer Staat in den Anfängen der Weimarer Republik, Lübeck 1969, der Kooperationsmöglichkeiten zwischen Staat und Kirche und eine Herauslösung der Kirche aus dem Immobilismus höher veranschlagt als die zuvor zitierten Autoren, denen sich diese Darstellung in der Tendenz anschließt.

[9] *Huber*, Deutsche Verfassungsgeschichte IV, S. 873. Vgl. auch *Friedrich Giese*, Staat und Kirche im neuen Deutschland. Systematische Übersicht über die quellengeschichtliche

Überlagert wurde die Problematik durch die der Trennungsmaxime entgegenstehenden Tendenzen zu Beginn der Revolution unter den Kultusministern Hoffmann und – abgemildert – Haenisch, die indirekt eine verschärfte Abhängigkeit der Kirchen vom Staat herbeizuführen suchten, um radikale sozialdemokratische Positionen gegenüber den Kirchen durchsetzen zu können.

In der Kirche selbst herrschten nach Ausbruch der Revolution sehr unterschiedliche, vielfach auch gegensätzliche Vorstellungen. Der Evangelische Oberkirchenrat erklärte bereits am 10. November 1918:

> »Deutschland ist nicht verloren, und das Evangelium ist nicht gebunden. Das Reich Jesu Christi trägt die erhaltenden und rettenden Kräfte für das Leben unseres Volkes in sich, und seine Bürger sind verpflichtet und bereit, im irdischen Vaterland zu dienen und jetzt da mitzuarbeiten, wo es gilt die bestehende Ordnung zu stützen, neuen Aufgaben gerecht zu werden. So will unsere evangelische Kirche als Volkskirche mitten im Leben der Jetztzeit stehen, auch wenn äußere Stützen hinfallen sollten. Sie ist und bleibt eine Macht, der unser Volk zuversichtlich vertrauen kann.«

Mit dem Satz: »Das Reich muß uns doch bleiben«, der über die theologische Aussage hinaus versteckt einen politischen Anspruch enthielt, schloß die Erklärung[10], deren moderat-abwartender Tenor gleichwohl keinen Zweifel an der politischen Orientierung der Behörde ließ. Demgegenüber erblickte Otto Baumgarten, den wir hier als herausragenden Repräsentanten des liberaldemokratischen Flügels des damaligen Spektrums heranziehen, nun die Chance eines durchgreifenden Neubeginns. In einer Predigt vom 17. November 1918 rief er:

> »Wir sehen voraus einen Massenabfall von Kirche und Evangelium, die ja ihre Unfähigkeit, die Welt zu überwinden, bewiesen haben sollen. Aber wir sind überzeugt, daß gerade daraus eine neue reinere Sammlung wirklich gläubiger, religiös tief bedürftiger Seelen erwachsen wird. Die laue, träge Mitte, die Mitgeschleppten, bloß Hineingeborenen werden abfallen. Aber die dann bleiben, die suchen auch den Herrn mit ganzer Seele, denen ist der Glaube Mittelpunkt und Urkraft des Lebens, keine bloße Verzierung hoher Tage ... Und dies Häuflein klein wird dann der wahre Sauerteig des ganzen Volkes.[11]«

Schärfer als in diesen beiden Äußerungen des Oberkirchenrates und des umstrittenen Theologen ließ sich der unüberbrückbare Gegensatz kaum

---

Entwicklung des Verhältnisses zwischen Staat und Kirche in Reich und Ländern seit dem Umsturz im November 1918, in: Jahrbuch des öffentlichen Rechts 13 (1925), S. 249–257.

[10] Verlautbarung des Evangelischen Oberkirchenrats vom 10. 11. 1918, abgedruckt in der Quellensammlung von *Martin Greschat*, Hrsg., Der deutsche Protestantismus im Revolutionsjahr 1918–19, Witten 1974 (= Politik und Kirche. Studienbücher zur kirchlichen Zeitgeschichte 2), S. 26/27. Eine Reihe weiterer vergleichbarer Aussagen findet sich mitgeteilt in den zitierten Darstellungen von *Jacke, Mehnert* und *Nowak*.

[11] *Otto Baumgarten*, Predigten aus der Revolutionszeit, Tübingen 1919, S. 58.

mehr ausdrücken: Während in dem Bekenntnis der Kirchenbehörde – »das Reich muß uns doch bleiben« – unübersehbar die traditionelle Anknüpfung an das zerbrechende Landeskirchentum des früheren dynastisch-christlichen Obrigkeitsstaats mitschwingt, zeichnet sich in Baumgartens Beschwörung des Glaubens als alleiniger Urkraft und in der Betonung des wahren Sauerteigs das Zentralmotiv aller evangelischen Erneuerungsbestrebungen der Weimarer Zeit ab, die aus jenen Erstarrungen herauszuführen suchten und ihrerseits an die bereits seit der Jahrhundertwende spürbare neuromantische Strömung im Protestantismus anknüpften, die sich später bei den religiösen Sozialisten in einer oft kaum entwirrbaren Weise mit marxistischen Theorien verbinden sollten[12].

In den folgenden Wochen verschärften sich die Beziehungen zwischen der führerlos gewordenen und durch das verfassungsmäßige Vakuum verunsicherten Landeskirche und der Revolutionsregierung, da der als »Zehn-Gebote-Hoffmann« berüchtigte neue radikale Kultusminister mit einer Reihe von Maßnahmen massiv in das Kirchenregiment eingriff und mit der Bestellung des Pfarrer Wessel – dem Vater des später von den Nationalsozialisten heroisierten Horst Wessel – zum Regierungsvertreter unmittelbaren Einfluß auf die oberste Kirchenbehörde in einem Maße zu nehmen suchte, wie dies sogar in der extremen Phase des Staatskirchentums in den frühen 1880er Jahren undenkbar gewesen wäre[13].

Auch innerhalb der Kirche verschärften sich die Positionen. Mit harten Worten geißelte am 30. November der bekannte Theologe Adolf Deißmann die bisherige obrigkeitsstaatliche Orientierung der Kirche und forderte Demokratie in Staat und Kirche. Für letztere hielt er zu ihrer Neubelebung mehr als nur oberflächliche demokratische Bestrebungen für notwendig. Auf politischem Gebiet dürfe man nicht erneut in den alten Fehler des Liberalismus verfallen, der der Kirche entweder gleichgültig oder sogar ablehnend gegenübergestanden sei. Es würde für Kirche und Staat gleichermaßen nachteilige Folgen haben, wenn Wählern, die bewußt eine kirchliche und christliche Haltung einnähmen, keine andere Möglichkeit bleibe als die

---

[12] Vgl. hierzu besonders *Renate Breipohl*, Religiöser Sozialismus und bürgerliches Geschichtsbewußtsein zur Zeit der Weimarer Republik, Zürich 1971, deren Kernthese, die religiösen Sozialisten seien in viel stärkerem Maße bürgerlichen Vorstellungen verpflichtet gewesen, als ihnen selbst bewußt war, sicher der Differenzierung bedarf und für viele Vertreter dieser Richtung kaum zutrifft, die aber in den Einzelnachweisen jene Amalgamierung von bürgerlich-neuromantischer Frömmigkeit und sozialistischem Bekenntnis bestätigt.

[13] Zu den kirchenpolitischen Auseinandersetzungen Ende 1918 vgl. im einzelnen neben *Jacke* u. *Huber* besonders *Mehnert*, Evangelische Kirche und Politik 1917–1919.

Ableger der alten konservativen Parteien zu sein[14]. Damit klang bereits das die folgenden Wochen bestimmende Thema der künftigen parteipolitischen Orientierung an, die mit dem nach harten Auseinandersetzungen erfolgten Entschluß, Wahlen für eine Nationalversammlung auszurufen, konkrete Bedeutung erhielt. Deißmann repräsentierte jedoch nicht die Mehrheitsmeinung des deutschen Protestantismus, am wenigsten die Haltung des Oberkirchenrates. Dieser publizierte am gleichen 30. November eine mit einem einleitenden Kommentar versehene »Rechtsverwahrung« »gegen willkürliche Übergriffe der Staatsgewalt in das Recht der Kirche«, die zugleich als Absage an die demokratischen Tendenzen auch in den bürgerlichen Parteien verstanden werden konnte[15].

In den scharfen, hier nicht im einzelnen nachzuzeichnenden Auseinandersetzungen zwischen Staat und evangelischer Kirche vermochte sich diese in der eigentlichen Revolutionszeit durchaus zu behaupten. In einer ersten, bis etwa Anfang Dezember reichenden Phase war sie noch weitgehend auf Abwehr gegen die verschiedenen einzelnen staatlichen Offensiven bedacht, doch trat sie nicht geschlossen auf, beherrschten Unsicherheit und Ratlosigkeit die Kirchenleitung ebenso wie die Pfarrerschaft und die Gemeinden. Danach konnte man in die Offensive übergehen, war die sozialdemokratische Regierung gezwungen, schrittweise hinter das eigene Programm zurückzugehen. Wenn der Oberkirchenrat freilich ab Anfang Dezember Siegesmeldungen veröffentlichte und die Erfolge in der Kirchen- und Schulpolitik auf die eigene Tatkraft und Entschlossenheit zurückführte, so trat darin eine illusionäre Überschätzung zutage. Vielmehr waren es die Übersteigerungen und Fehler der Revolutionsregierung selbst, die einen breiten Strom von Gegenkräften mobilisierte, scheiterte sie doch an ihren eigenen Fehleinschätzungen und Maßlosigkeiten. Zum anderen vollzog sich die Politik der evangelischen Kräfte im Windschatten der geschlossen und erfolgreich operierenden katholischen Kirche und der sie flankierenden Zentrumspartei[16].

Otto Dibelius, der in diesen Monaten zu einer zentralen kirchenpolitischen Persönlichkeit auf konservativer Grundlage aufstieg, mußte selbst einräumen, daß es doch »immer wieder dieselben verhältnismäßig kleinen

---

[14] *Adolf Deißmann*, Evangelischer Wochenbrief N. F. 93/94 (1918).
[15] Verlautbarung vom 30. 11. 1918 in Kirchliches Gesetz- und Verordnungsblatt Nr. 18, Berlin 1918, S. 55–57.
[16] *Günter Grünthal*, »Zusammenschluß« oder »Evangelisches Zentrum«. Ein Beitrag zur Geschichte der deutschen Zentrumspartei in der Weimarer Republik, in: *Werner Pöls*, Hrsg., Staat und Gesellschaft im politischen Wandel, Beiträge zur Geschichte der modernen Welt. Festschrift Walter Bußmann, Stuttgart 1979, S. 301–330.

Kreise« der evangelischen Kirche gewesen seien, die sich an den von der
Kirchenleitung und den freien Verbänden inszenierten Protest- und Auf-
klärungskampagnen beteiligten[17]. Wenn die Kirche ungeachtet aller Unruhe
und Erschütterungen die Revolutionsphase verhältnismäßig ungeschoren
überstand, so hatte sie dies also zum geringsten Teil ihrer eigenen Wirksamkeit zuzuschreiben. Der mangelnde Rückhalt in breiteren Volksschichten
und die tiefgreifenden innerkirchlichen Differenzen ließen verbindliche
Stellungnahmen der zersplitterten und um Neuordnung und Sammlung
bemühten evangelischen Landeskirchen zu den zentralen aktuellen Problemen nicht zu; zu tief wurzelten die rückwärts blickenden Sehnsüchte nach
dem verlorenen obrigkeitsstaatlichen Landeskirchentum bei den einen, die
Hoffnungen auf eine grundlegende Erneuerung im Rahmen der neuen
Ordnung bei den anderen. Dabei blieb es erstaunlich, daß die Monarchie
selbst, die mit jenem Landeskirchentum so untrennbar verknüpft gewesen
war, praktisch keine Verteidiger in der Revolutionszeit fand. Die zentralen
Aufgaben in der Revolutionsphase ließen dazu auch kaum einen Raum, galt
es doch, »einen Beitrag zum Weiterfunktionieren der ›Organisation‹ zu
leisten, um Deutschland nicht der ›Anarchie‹ und wirtschaftlichem Elend
auszuliefern«[18]. Zum anderen stand die Aufgabe einer Sammlung aller
Christen im Vordergrund, um so einer Stärkung der Kirche von innen
heraus den Boden zu bereiten. Angesichts der dargelegten Vorbelastungen
mußte dieser Versuch indessen scheitern. Bemühungen um eine interkon-
fessionelle Kooperation, wie sie etwa innerhalb der katholischen Zentrums-
spartei durch Tendenzen zu einer konfessionellen Öffnung bestanden,
scheiterten sehr rasch[19]; in der evangelischen Kirche selbst erwiesen sich die
Traditionsblockaden, wie sie in dem Begriff der an einem christlichen Staat
orientierten ›Volkskirche‹ impliziert waren, als übermächtig. Zwar hatte
Kaftan in dem einflußreichsten evangelischen Presseorgan Mitte November
erklärt: »Christentum und Kirche stehen der Frage Monarchie oder Republik indifferent gegenüber«[20], doch traf wohl Theodor Heuss in seiner
Naumann-Biographie rückblickend das Richtige, wenn er feststellte, daß in
Deutschland pazifistische und internationalistische Bestrebungen mit revolutionären Tendenzen an einer gewissen Autoritätsgläubigkeit scheiterten.
Zu sehr sei der Glaube an die gottgewollte Obrigkeit, zumal wie sie von
dem traditionsreichen und populären Haus der Hohenzollern verkörpert

---

[17] Otto Dibelius am 30. 12. 1918, *Jacke*, S. 77.
[18] *Nowak*, S. 19.
[19] Vgl. dazu *Grünthal*, »Zusammenschluß« oder »Evangelisches Zentrum«?, S. 301–330.
[20] Allgemeine Evangelisch-Lutherische Kirchenzeitung 51 (1918), Sp. 1043–1044.

wurde, verwurzelt gewesen[21]. Mag man auch mit Recht diese sehr euphorische Würdigung der sozialen Verdienste der Hohenzollern bezweifeln[22], so traf Heuss damit sicher die subjektive Einschätzung eines Großteils der führenden Kirchenpolitiker und Theologen, die dann allerdings aus der neuen Situation unterschiedliche Schlußfolgerungen ableiteten.

Diese reichten von einer nationalkonservativen Position, die aus der Verklärung jener Sozialreform von oben heraus die politische Eigenverantwortlichkeit der proletarischen Massen entschieden zurückwiesen, über den vernunftrepublikanisch-pragmatischen Standpunkt eines Adolf von Harnack, der für eine behutsame Anpassung an die gegebenen Bedingungen plädierte, bis hin zu dem gemäßigt-demokratischen Ernst Troeltsch und weiter links von ihm zu Otto Baumgarten.

In direkter Anknüpfung an bildungsbürgerlich-gouvernementale Vorstellungen der 1890er Jahre wies Professor Schian 1920 den Führungsanspruch der Arbeiterschaft unter Hinweis auf ihre »politische Unreife« zurück. Er gestand den Gegnern der Regierung zwar zu, daß diese eine Anzahl von Fehlern sowohl was die Einschätzung der Lage als auch die Wahl der Mittel betraf, gemacht habe. Aber für ihn lag die Hauptschuld an den Zuständen bei der Arbeiterschaft. Er betonte zwar seine soziale Einstellung, macht aber dem Großteil der sozial Denkenden den Vorwurf, die politische Unmündigkeit der Arbeiterschaft nicht erkannt zu haben. Ein Beweis für ihre Unreife auf diesem Gebiet sei die Tatsache, daß sie »in dem Augenblick deutscher Geschichte, in dem die elementarste Klugheit eine Revolution unter allen Umständen verbieten mußte, Revolution machte.[23]« In dieser resignativen Bekundung schlug sich gleichermaßen das sozialpolitische Credo der maßgeblichen bürgerlichen Sozialreformer im Kaiserreich nieder, wie sie im Verein für Socialpolitik und im Evangelisch-Sozialen Kongreß repräsentiert war. Daß aus solcher Einsicht nicht allein der Weg in eine nationalkonservative Protesthaltung wie bei Professor Schian offen blieb, belegt die weitere Entwicklung von Harnacks, dessen sozialreformerisches Wirken 1890 von den gleichen Prämissen ihren Ausgang genommen hatte. In einem rückblickenden Brief aus dem Jahre 1925 begründete von Harnack, der schon im Weltkrieg zu den nachdrücklichsten Befürwortern innerer Reformen gehört hatte, sein »Vernunftrepublikanertum«:

> »Ich stellte mich auf den Boden der Verfassung, weil ich wirken und versuchen mußte, im Vereine mit Anderen soviel Güter der Vergangenheit in den neuen Boden zu verpflanzen

---

[21] *Heuß*, Friedrich Naumann, S. 513.
[22] Vgl. oben unsere Kritik des sozialen Königtums der Hohenzollern (Anm. I/22).
[23] Zitiert nach Kirchliches Jahrbuch 47 (1920), S. 307.

als irgend möglich... Hätte ich abwarten sollen, bis eine bessere Demokratie sie bildete, hätte ich mich auf eine ideologische Kritik zurückziehen sollen?[24]«

In verschobener Perspektive findet sich diese evolutionär-reformpolitische Konzeption bei dem Harnack nahestehenden Theologen, Philosoph und Historiker Ernst Troeltsch wieder, der in seinen Spektator-Briefen die revolutionäre Entwicklung kritisch kommentierte. Ähnlich wie Harnack vertrat Troeltsch die These einer Überleitung von den sozialen Reformen des Kaiserreichs zur neuen bürgerlich-parlamentarischen Demokratie, die er als »praktische Notwendigkeit« bezeichnete. Aber ohne die blutigen Erschütterungen der Revolution sei von dem bereits parlamentarischen Kabinett des letzten kaiserlichen Kanzlers Prinz Max von Baden ein Übergang zur Demokratie erfolgt.

> »Da geschah das Furchtbare. Eine zweite, eine sozialistische Revolution zerriß über Nacht diese Überleitung und schuf in der bedrängtesten, durch entsetzliche Waffenstillstandsbedingungen gefährdeten Weltlage des Reiches an Stelle einer durchgebildeten und den Übergang besonnen vollziehenden Demokratie das vollkommene Chaos.[25]«

Wie weit die Ablehnung der Revolution auch bei den auf dem linken Flügel angesiedelten bürgerlich-evangelischen Sozialreformern des Kaiserreichs reichte, wird an Otto Baumgarten deutlich, der Troeltschs Überleitungsthese aufgriff, wenn er die Entfaltung der wahren Revolution durch den November-Umsturz beeinträchtigt sah:

> »Hätte die Volksregierung des Prinzen Max von Baden, in der die Vertreter der revolutionären Arbeiterschaft als gleichberechtigt aufgenommen worden waren, ruhig ihr Programm fortführen können, so hätten wir sofort nach den beabsichtigten freien Volkswahlen eine Mehrheit der Sozialisten bekommen, die viel einheitlicher und in sich geschlossener, als es nun geschehen ist, die völlige Neuordnung aller Beziehungen und Einrichtungen durchgesetzt hätte.[26]«

In dieser einhelligen Ablehnung der Revolution von 1918 bei so unterschiedlich gerichteten Repräsentanten des deutschen Protestantismus schlug sich ein grundlegendes Unverständnis für jene Erschütterung nieder, das weit in die Grundlagen der evangelisch-sozialen Bewegung des ausgehenden 19. Jahrhunderts zurückweist.

---

[24] Abgedruckt in *von Zahn-Harnack*, Adolf von Harnack, S. 483–484.

[25] *Ernst Troeltsch*, Die deutsche Demokratie. Aufsatz vom 29. 12. 1918, in: *ders.*, Spektator-Briefe. Aufsätze über die deutsche Revolution und die Weltpolitik 1918/22, Tübingen 1924, Neudr. Aalen 1966, S. 303–313. Vgl. dazu auch *E. C. Kollmann*, Eine Diagnose der Weimarer Republik. Ernst Troeltschs politische Anschauung, in: Historische Zeitschrift 182 (1956), S. 291–319.

[26] *Otto Baumgarten*, Der Aufbau der Volkskirche, Tübingen 1920, S. 2–3.

B. Landeskirchentum und Parteienstaat

1. Zum Verhältnis von Staat und Kirche in der frühen Republik

Von den gärenden Aufbruchsbewegungen Ende 1918 wurden auch weite Kreise des deutschen Protestantismus erfaßt; der Konservatismus in seinen unterschiedlichen Schattierungen erschien durch Kriegsniederlage und Revolution desavouiert, weite bürgerliche Kreise scharten sich um den in der Deutschen Demokratischen Partei organisierten Linksliberalismus, der bei den Wahlen zur verfassunggebenden Nationalversammlung im Januar 1919 einen erstaunlichen, jedoch nur vorübergehenden Erfolg erzielte. Teils aus ehrlicher Überzeugung, vielfach aus Opportunismus und der Einsicht heraus, daß angesichts der Diskreditierung der bisherigen staatstragenden Kräfte Zugeständnisse an die neue Zeit unerläßlich seien, erlebte die bürgerliche Demokratie eine kurze Scheinblüte, unter deren Oberfläche sich bereits die traditionellen Bataillone sammelten, auch wenn sie erst zögernd Flagge zu zeigen wagten[27].

Auf der kirchlichen Linken hoffte man hingegen, nun jene soziale Integration erreichen zu können, die bislang an den politisch-sozialen Realitäten gescheitert war und für die die christlich-soziale Bewegung nur sehr beschränkt hatte eintreten können. »Christlicher Sozialismus« hieß hier die Losung und im Zuge der allgemeinen Rätebewegung entstanden in den Bildungsschichten Räte »geistiger Arbeiter«, formierten sich innerhalb der Kirche Volkskirchenräte, die sich als einzige Alternative zu dem überlebten obrigkeitsstaatlichem Landeskirchentum betrachteten. Als publizistische Plattform stellte sich vorrangig die »Christliche Welt« Martin

---

[27] Zur politischen Situation im allgemeinen siehe *Gerhard A. Ritter,* Deutscher und britischer Parlamentarismus. Ein verfassungsgeschichtlicher Vergleich, Tübingen 1962, überarb. in *ders.,* Arbeiterbewegung, Parteien und Parlamentarismus. Aufsätze zur deutschen Sozial- und Verfassungsgesschichte des 19. und 20. Jahrhunderts, Göttingen 1976 (= Kritische Studien zur Geschichtswissenschaft 23), S. 206–215; *ders,* Kontinuität und Umformung des deutschen Parteiensystems 1918–1920, ebd., S. 116–157. Zum Linksliberalismus vgl. *Horst Stephan,* Aufstieg und Verfall des Linksliberalismus 1918–1933. Geschichte der Deutschen Demokratischen Partei, Göttingen 1973; *Lothar Albertin,* Liberalismus und Demokratie am Anfang der Weimarer Republik. Eine vergleichende Analyse der Deutschen Demokratischen Partei und der Deutschen Volkspartei, Düsseldorf 1972.

Rades diesen Strömungen zur Verfügung. Forderungen nach einem christlichen Sozialismus, nach demokratischen Volkskirchenräten und nach einem neuen »Jesusmenschen« beherrschten die Ausgaben Ende 1918[28].

Mit einem überschwenglichen, im nachhinein kaum noch erträglichen und nur aus der Zeit heraus verständlichen Pathos forderte eine Gruppe, die sich die »Werkleute Gottes« nannte, »überall Ausgestaltung des reinen Jesussozialismus.[29]« Im Ton moderater setzte sich Rade selbst für »Volkskirchen-Rat, Volkskirchen-Bund, Volkskirchen-Dienst« ein. Man könne nicht auf Berlin warten und habe auch nicht das volle Zutrauen zu Berlin, der Kirchenleitung also; vielmehr müßten die aus den Gemeinden selbst erwachsenen volkskirchlichen Anregungen gefördert werden, die er mit »Richtlinien für die Volkskirchen-Räte« zu kanalisieren suchte[30].

All diesen Bestrebungen war indes nur eine kurze Lebensdauer beschieden, massiv wehrte sich die Amtskirche gegen Tendenzen, von denen sie eine existentielle Unterminierung ihrer eigenen, ohnehin geschwächten und uneinheitlichen Position in der Auseinandersetzung mit den staatlichen Eingriffen befürchtete. Ende 1918 setzte sich die »Allgemeine Evangelisch-Lutherische Kirchenzeitung« mit den neuen politischen wie theologischen Bestrebungen auseinander. Mit drei Dingen vor allem ging sie streng ins Gericht, nämlich mit den Bestrebungen, eine Basisdemokratie zu schaffen, dem Wunsch nach einer evangelischen Reichskirche und der angeblichen Vermeidung jeder theologischen Richtungsdiskussion[31]. Insbesondere der liberalen Theologie, in der man bereits seit Jahrzehnten die Quellen des gegenwärtigen Unheils sah, galt entschiedene Gegnerschaft. Mit der strikten Verfechtung der lutherischen Orthodoxie einher ging eine Anlehnung an den sich neu formierenden parteipolitischen Konservatismus[32]. Wie dieser im Spätherbst 1918 in einem neuen, zeitgemäß sozialen Gewand auftrat, ohne indes seine prinzipielle Liberalismus-, Sozialismus- und Demokratiefeindschaft zu revidieren, so verwandten auch kirchliche Organe ein modisches Vokabular, das über die politischen Optionen nicht

---

[28] *Karl Kupisch,* Strömungen der evangelischen Kirche in der Weimarer Republik, in: Archiv für Sozialgeschichte 11 (1971), S. 391–395.

[29] Abdruck bei *Greschat,* S. 151–154; vgl. ferner *Ernst August Suck,* Der religiöse Sozialismus in der Weimarer Republik, Diss. Marburg/L. 1954.

[30] *Greschat,* S. 154/155.

[31] Allgemeine Evangelisch-Lutherische Kirchenzeitung 51 (1918), S. 1044–1045.

[32] *Armin Mohler,* Die konservative Revolution in Deutschland 1918–1932, Darmstadt ²1972; *Manfred Weissbecker,* Konservative Politik und Ideologie in der Konterrevolution 1918/1919, in: Zeitschrift für Geschichtswissenschaft 27 (1979), S. 707–720; *Eley,* Reshaping the German Right, 1980.

hinwegtäuschen konnte, wie sich etwa an der christlich-sozialen Zeitschrift »Die Reformation« zeigen läßt. Zwar verkündete sie kurz nach der Jahreswende, daß von einem sozialistischen Zukunftsstaat nichts Gutes zu erwarten sei, wohl aber könne der christliche Sozialismus, wenn es ihm gelänge, sich durchzusetzen, versöhnlich und konstruktiv einen neuen Aufschwung einleiten[33]. In der folgenden Nummer warb sie für die Deutsch-nationale Volkspartei, die wie keine andere für Deutschtum und evangelisches Christentum einträte[34].

Der Ausgang der Wahlen zur Nationalversammlung offenbarte einen tiefen Riß zwischen der politischen Orientierung der Mehrheit der evangelischen Bevölkerung und der politischen Einstellung der Amtskirche. Die Mehrheit der Bevölkerung entschied sich gegen den von der Kirche favorisierten Konservatismus. So klagte denn auch die »Allgemeine Evangelisch-Lutherische Kirchenzeitung« darüber, daß die Kirche die Fühlung mit dem Volk, ja sein Vertrauen verloren habe. Der Ausgang der Wahlen zeige das aufs deutlichste. Im Gegensatz zu den katholischen Wählern, bei denen das Zentrum keine größeren Verluste zu verzeichnen hatte, seien die evangelischen überwiegend zu den Sozialdemokraten abgewandert. Diese Entscheidung für eine kirchenfremde, geradezu kirchenfeindliche Partei rief Bestürzung hervor[35]. Zwar war nun eine gegenüber früher unverhältnismäßig große Zahl von Theologen und Kirchenvertretern in der Nationalversammlung vertreten, überwiegend jedoch als Mitglieder der deutschnationalen Fraktion. Vorwiegend von einer parteipolitisch konservativen Position aus ging man denn auch in die nun folgenden Verhandlungen über den Ort der Kirche in der Reichsverfassung im Frühjahr 1919, doch wurde damit nicht die Mehrheit des deutschen Protestantismus vertreten.

Der von der Nationalversammlung im Frühjahr ausgearbeitete »staatskirchenrechtliche Kompromiß«[36] war das Werk der Weimarer Koalition von Sozialdemokratie[37], Zentrum und Linksliberalismus, die die von den

---

[33] Die Reformation 18 (1919), Nr. 2, S. 13.

[34] Die Reformation 18 (1919), Nr. 3, S. 21/22. Zur Deutschnationalen Volkspartei s. *Anneliese Thimme*, Flucht in den Mythos. Die Deutschnationale Volkspartei und die Niederlage von 1918, Göttingen 1969.

[35] *Jacke*, S. 117.

[36] *Huber*, Deutsche Verfassungsgeschichte, S. 1200/1201.

[37] Zur Sozialdemokratie s. *Susanne Miller*, Die Bürde der Macht. Die deutsche Sozialdemokratie 1918–1920, Düsseldorf 1978; *Gerhard A. Ritter*, Die sozialistischen Parteien in Deutschland zwischen Kaiserreich und Republik, in: *Werner Pöls*, Hrsg., Staat und Gesellschaft im politischen Wandel. Beiträge zur Geschichte der modernen Welt. Festschrift für Walter Bußmann, Stuttgart 1979, S. 100–155 sowie *Heinrich August Winkler*,

Unabhängigen Sozialisten geforderten radikalen Trennungsbestimmungen im Verhältnis von Staat und Kirche weitgehend verwarf, den deutschnationalen Zusatz auf Fortführung der bisherigen Staatsleistungen aufnahm und im ganzen den staatskirchenrechtlichen Charakter festschrieb. Dank der unermüdlichen Initiativen der Zentrumspartei wurde in den folgenden Jahren auch die Schulfrage weitgehend zur kirchlichen Zufriedenheit geregelt[38]. Mit diesen Kompromissen konnte das sozialistisch-bürgerliche Parteienbündnis gerettet werden, wurden die Wünsche der Kirche in einem um die Jahreswende 1918/19 noch nicht vorhersehbaren Maße berücksichtigt, obschon die Kirchenvertreter selbst an der die Verfassung tragenden Koalition praktisch keinen Anteil hatten und ihre deutschnationalen Fraktionsmitglieder mit dieser zwar für den Kirchenkompromiß, insgesamt aber gegen den Verfassungsentwurf stimmten. Wenn der liberale Hochschullehrer Wilhelm Kahl die gefundene Lösung in der Trennungsfrage begrüßte und insbesondere der Sozialdemokratie »Dank und Anerkennung« dafür aussprach, »daß ihre Vertretung in der Nationalversammlung verständnisvoll diesem Bedürfnis organischer Entwicklung Rechnung getragen hat«, so blieb er mit dieser realistischen Einschätzung isoliert[39]. Eher traf die überwiegende Meinung der Amtskirche Otto Dibelius, der 1919 in einer Broschüre »Die Trennung von Kirche und Staat« klagte: »Man will unserem Volk seine inneren Kräfte zerstören, man will unserem Vaterland seine heiligen Werte rauben, man will es dem Materialismus ausliefern.[40]«

Klassenbewegung oder Volkspartei? Zur sozialdemokratischen Programmdebatte 1920–1925, in: *ders.*, Hrsg., Die Arbeiterbewegung im gesellschaftlichen System der Weimarer Republik, Göttingen 1982 (= Geschichte und Gesellschaft 8, 1).

[38] *Hildegard Milberg*, Schulpolitik in der pluralistischen Gesellschaft. Die politischen und sozialen Aspekte der Schulreform in Hamburg 1890–1935, Hamburg 1970, S. 85.

[39] *Wilhelm Kahl*, Die deutsche Kirche im deutschen Staat, Berlin 1919.

[40] Otto-Dibelius-Broschüre, Abdr. bei Greschat, Zitat. S. 112/113. Die Flut von Broschüren zu diesem Komplex ist kaum mehr übersehbar. Vgl. als weitere repräsentative Stellungnahmen etwa *Alfred Fischer* u. *Wilhelm Kraemer*, Die Trennung von Kirche und Staat in ihren kulturellen und rechtlichen Folgen, Berlin 1919; *Albert Hauck*, Die Trennung von Kirche und Staat. Ein Vortrag. Leipzig ⁶1919; *Johannes Niedner*, Die rechtliche Stellung und finanzielle Lage der evangelischen Landeskirche nach ihrer Trennung vom Staat, in: *Friedrich Thimme* u. *Ernst Rolfss*, Hrsg., Revolution und Kirche. Zur Neuordnung des Kirchenwesens im deutschen Volksstaat, Berlin 1919, S. 162–187; *L. Zscharnack*, Trennung von Staat und Kirche, Berlin 1919 (= Volksschriften zum Aufbau 1); *Friedrich Giese*, Staat und Kirche, S. 249–357; *Georg Schreiber*, Deutsche Kirchenpolitik nach dem Ersten Weltkrieg. Gestalten und Geschehnisse der Novemberrevolution 1918 und der Weimarer Zeit, in: Historisches Jahrbuch 70 (1951), S. 296–333; *Jürgen Schleichert*, Staat und Evangelische Kirche seit der Staatsumwälzung 1918, dargestellt am staatlich-kirchlichen Vertragsrecht, Diss. Köln 1962; *Günter Köhler*, die Auswirkungen der Novemberrevolution von 1918 auf

In einem erstaunlichen Umfang waren die Interessen der evangelischen Kirche von eben jenen Parteien des Sozialismus, Liberalismus und Katholizismus berücksichtigt worden, gegen die sich die Amtskirche in Verbindung mit dem kaiserlich-königlichen Obrigkeitsstaat seit Jahrzehnten mit größter Schärfe gewandt hatten, doch blieb sie ihnen gegenüber weiterhin reserviert, wie sie sich als Fremdkörper in dem innerlich nicht angenommenen neuen Parteienstaat von Weimar betrachtete.

Brennpunktartig spiegelte sich diese Situation auf den ersten beiden Kirchentagen in der Weimarer Republik wider. Auf dem ersten Kirchentag Anfang September 1919 in Dresden stand neben anderen Fragen die Einheit und organisatorische Fortentwicklung der Landeskirchen im Vordergrund, hatte man sich mit der Gründung eines Bundes der Landeskirchen zu befassen. Kirchenorganisatorische Fragen ließen das Verhältnis von Staat und Kirche eher in den Hintergrund treten; die wesentlichen Entscheidungen auf diesem Gebiete waren indes bereits gefallen. Insbesondere Martin Rades Forderung nach Volkskirchenräten, die im Verein mit vergleichbaren Tendenzen auf einen Sieg des Presbyterialismus über den Konsistorialismus, auf »mehr Demokratie in der Kirche« abzielten, hatte sich nicht durchsetzen lassen. In den meisten Landeskirchen wurde der neu entfachte synodal-presbyteriale Gedanke in die konsistorial-episkopale Verfassung eingebunden, fand man sich zu einer Anpassung der Kirchenverfassungen an das politisch siegreiche Muster der parlamentarischen Demokratie nicht bereit; lediglich in der anhaltischen Kirche kam es nach dessen Vorbild zu einem »reinrassigen Synodalismus«[41]. Aber auch dort, wo demokratische Wege in die Kirchenverfassungen eingebaut wurden, wirkten sich diese entgegen ihren Initiatoren aus. Hatten liberale Reformer in einigen Kirchen gegen den Widerstand kirchlich Konservativer Urwahlen durchzusetzen vermocht, so zeigte sich bereits im Frühsommer 1919, daß die Wahlen vielfach zugunsten der »positiven Sache« ausfielen. Dementsprechend kehrten sich die Fronten um und begrüßten die Konservativen die Urwahlen als geeigneten Wahlmodus, wie es ihnen denn auch gelang, in kurzer Zeit die Vorherrschaft in den kirchlichen Körperschaften wiederzuerlangen[42].

die altpreußische evangelische Landeskirche, Diss. Berlin 1967; *Claus Motschmann*, Evangelische Kirche und preußischer Staat in den Anfängen der Weimarer Republik, Lübeck u. Hamburg 1969; *Walter Hubatsch*, Die Teilung der evangelischen Kirchenprovinz Westpreußen und deren Folgen, in: Beiträge zur Geschichte Westpreußens 3 (1970), S. 49–71; *Franz H. Müller*, Kirche und Industrialisierung, Osnabrück 1971.

[41] *Wright*, S. 36.
[42] Vgl. *Nowak*, S. 67.

Auf dem zweiten Kirchentag Mitte September 1921 in Stuttgart trat dann die Stellung der Kirche im Staat in den Vordergrund, freilich unter dem kennzeichnenden Signum von der Kirche als »Gegenmacht« im religionslosen Staat. Das programmatische Hauptreferat hielt Professor Julius Kaftan: »Die neue Aufgabe, die der evangelischen Kirche aus der von der Revolution proklamierten Religionslosigkeit des Staates erwächst«[43]. Nach Kaftan bedeutete die Negation einer transstaatlichen Autorität letztlich die Negation der selbstgesetzten Autorität; damit komme diesem Staat nur vorübergehende, ja gar eine gefährdende Funktion zu, der die Kirche entgegenzuwirken habe. Die Bezugsgrößen blieben weiterhin die Volkskirche des »christlichen Staates«, blieb das Landeskirchentum des Obrigkeitsstaates.

Die Kirche selbst schuf mit ihrer verfassunggebenden Kirchenversammlung 1921/22 eine neue Kirchenverfassung, die nach längeren Verhandlungen den preußischen Landtag passierte und am 1. Oktober 1924 in Kraft trat. Hatte ursprünglich die Absicht bestanden, die landeskirchliche Verfassung, »dem Wesen der Kirche entsprechend neuzugestalten«[44], so erwies sich das Ergebnis als ein Kompromiß, der von rivalisierenden Interessen beherrscht und als eine komplizierte Verfassungskonstruktion konzipiert war, die eher einen innerkirchlichen Kräfteausgleich wiedergab als daß sich die zu Beginn der Verhandlungen angestrebte Grundsatzdiskussion theologischer und ekklesiologischer Probleme sichtbar niedergeschlagen hätte. Von einer wirklichen Reform der landeskirchlichen Verfassung konnte hingegen kaum die Rede sein, da man sich auf einen Minimalkonsens zwischen den Rechten und Kompetenzen der Gesamtkirche, Kirchenprovinzen und Gemeinden, zwischen ständigen Behörden und gewählten Synoden, zwischen synodalem, konsistorialem und episkopalem Element beschränkte[45]. Die bis zum Immobilismus reichende Schwerfälligkeit des früheren landesherrlichen Kirchenregiments und der bisherigen Kirchenverfassung setzte sich auch in der Weimarer Republik fort und schaltete die Kirche als Träger gesellschaftlicher Neuanstöße durchweg aus. Daß auch in dieser Zeit ein Beitrag zu sozialen Problemen von ihr aus nicht erfolgte, kann unter diesen Umständen kaum verwundern. Zudem befand sie sich,

---

[43] Verhandlungen des Deutschen Evangelischen Kirchentages, Stuttgart 1921, S. 121–124.
[44] Aus der Begründung zum amtlichen Kirchenverfassungsentwurf von 1921, zitiert nach *Jacke*, S. 299. Siehe ferner *Reinhard Frieling*, Die Bewegung für Glaube und Kirchenverfassung 1920–1937 unter besonderer Berücksichtigung des Beitrages der deutschen evangelischen Theologie und der evangelischen Kirche in Deutschland, Göttingen 1970.
[45] *Jacke*, S. 299.

nicht zuletzt durch ihre starken inneren Vorbehalte gegen das neue Staats-
gebilde bedingt, in einer durchgängigen Defensivhaltung[46].

2. Ausblick: Der deutsche Protestantismus und die soziale Frage in der Weimarer Republik

Eine grundsätzliche Neuorientierung der sozialpolitischen Reformkon-
zeptionen des deutschen Protestantismus war unter diesen Voraussetzungen kaum zu erwarten. Wohl gab es zahlreiche neue Gründungen und
Aktivitäten, die den Bedingungen des parlamentarischen Parteienstaates
Rechnung zu tragen suchten, doch überwog institutionell wie konzeptio-
nell die Orientierung an den im Kaiserreich ausgebildeten Grundmustern.
Insofern blieb auch die evangelische Sozialreform dem größeren Umfeld
einer vorwiegend bildungsbürgerlich geprägten bürgerlichen Sozialreform
verhaftet, wie wir sie für das ausgehende 19. Jahrhundert kennengelernt
hatten. Grundlage der kirchenamtlichen Erklärungen sowie der Tagungen
des ESK blieb die Überzeugung von der anzustrebenden »sozialen Versöhnung« im Kampf zwischen Kapital und Arbeit, blieb die Hoffnung auf
einen »dritten Weg«, wie er unter den Bedingungen des bürokratischen
Obrigkeitsstaates mit seiner Hoffnung auf die überparteilich-ausgleichende
Gerechtigkeit eines interessenpolitisch neutralen Staates nicht ohne Erfolg
beschritten worden war. In dieser Auffassung berührten sich evangelische
Sozialpolitiker und Sozialreformer mit anderen überkommenen Institutionen der bürgerlichen Sozialreform, insbesondere dem Verein für Socialpolitik und der Gesellschaft für Soziale Reform. Auch deren Führer, der
Freiherr von Berlepsch, die Professoren Herkner und Ernst Francke hatten
analog zu Harnack, Troeltsch und Baumgarten die Hoffnung auf eine
Demokratisierung ohne revolutionären Umsturz gehegt, hatten geglaubt,
in überleitender Kontinuität an ihre Vorkriegs- und Kriegsarbeit anknüpfen
und deren theoretische Prämissen in den Parteienstaat übernehmen zu

---

[46] Zu diesem Problemkreis siehe *Karl-Wilhelm Dahm*, Pfarrer und Politik. Soziale Position
und politische Mentalität des deutschen evangelischen Pfarrerstandes zwischen 1918 und
1933, Köln u. Opladen 1965 (= Dortmunder Schriften zur Sozialforschung 29); *ders.*,
German Protestantism and Politics 1918–1939, in: Journal of Contemporary History 3
(1968), S. 29–49; *Herbert Christ*, Der politische Protestantismus in der Weimarer Republik.
Eine Studie über die politische Meinungsbildung durch die evangelischen Kirchen im
Spiegel der Literatur und Presse, Diss. Bonn 1967; *Wolfgang Stribrny*, Evangelische Kirche
und Staat in der Weimarer Republik, in: Zeitgeist im Wandel, Bd. 2: Zeitgeist in der
Weimarer Republik, hrsg. v. *Hans Joachim Schoeps*, Stuttgart 1968.

können. Damit ordnet sich auch in dieser Phase der evangelische Beitrag in die übergreifende (bürgerliche) freie Sozialreform ein, die über und zwischen den Parteien eine Befestigung des sozialen Friedens und damit eine Konsolidierung des Nationalstaates in seiner veränderten Gestalt zu erreichen suchte[47].

Es ist bezeichnend, daß ein verstärktes evangelisches Bemühen um die sozialen Fragen erst in der Stabilisierungsphase der Republik, also zwischen 1924 und 1929 zum Tragen kam. Zwar waren auch in den unmittelbaren Nachkriegsjahren die alten Institutionen nicht untätig gewesen, hatten sie sich zu behaupten vermocht, doch verwehrten die politischen und sozialen Umwälzungen und Unruhen der frühen Jahre einer Konzeption, die auf soziale *Versöhnung* abzielte, reale Betätigungschancen, war die Kirche zu sehr mit der Sicherung ihrer eigenen Existenz und der Neuordnung des kirchlichen Lebens beschäftigt, ließ sich die neue Ordnung noch zu wenig in ihren dauerhaften Umrissen erkennen[48]. Wesentlich gefördert wurde die anfängliche sozialpolitische Passivität der Kirche durch die Prämisse der Überparteilichkeit jenes Versöhnungskurses. Solange die prominentesten Vertreter eines sozialen Protestantismus um parlamentarische Präferenzen rangen – vor allem um Optionen zugunsten der Deutschen Demokratischen Partei als Sammlung des Linksliberalismus bzw. zugunsten der konservativen Deutschnationalen Volkspartei[49], konnte sich eine genuin kirchliche Sozialreform nicht entfalten. Dies galt auch für die folgenden Jahre 1920–1923, in denen sich der deutsche Protestantismus mehrheitlich an die DNVP anlehnte. Erst mit der allmählichen Ablösung von dieser konservativ-aggressiv operierenden Formation, die durch die allgemeine Rechtstendenz der Republik und dann 1925 durch die Wahl des protestantisch-konservativen Generals Paul von Hindenburg zum Präsidenten der Republik begünstigt wurde, öffnete sich die Kirche einem behutsam loyalen Gouvernementalismus, der eine Anknüpfung an ihre Traditionen überparteilicher Sozialreform erlaubte.

Einen wesentlichen Markierungspunkt bildete in diesem Zusammenhang die »Soziale Kundgebung« des Evangelischen Kirchentages in Bethel 1924, die zwar über Mahnungen an die Arbeiter und Unternehmer nicht hinausging und sich auf konkrete Programmpunkte nicht festlegen mochte, aber den Willen zu einer eigenständigen Mitverantwortung der Kirche in der neuen Ordnung bekräftigte. Zugleich wurde Anschluß gewonnen an den

---

[47] *Ludwig Preller*, Sozialpolitik in der Weimarer Republik, Düsseldorf 1978, S. 204–225.
[48] Zu diesem Komplex *Nowak*, S. 126–143.
[49] Zur Entwicklung der DNVP s. *Thimme*, zur bürgerlichen Linken *Albertin*.

Stuttgarter Kirchentag von 1921, der in Kaftans Referat die Stellung der Kirche im religionslosen Staat zu definieren gesucht hatte, wenn auch die sozialpolitischen Fragen unter dem Aspekt verfolgt wurden, das gesamte öffentliche Leben »mit wahrhaft christlichem Geist« zu durchdringen[50]. In diesem Sinn sprach Ludwig Ihmels in Namen des Sozialen Ausschusses mit Bezug auf die Soziale Kundgebung dem Kirchentag das Recht ab, sich in rein wirtschaftspolitische Fragen einzumischen. Je gewissenhafter die Kirche sich auf Fragen der Religion und Ethik beschränke, desto wichtiger sei ihr Urteil auf dem Gebiet des sozialen Lebens[51].

In Fortführung der Vorkriegstendenzen, freilich mit stärkerer Akzentuierung, brachte die »Soziale Kundgebung« »volles Verständnis« für die Not der Arbeiter auf und verwahrte sich gegen kapitalistische Auswüchse in den Arbeitsbeziehungen[52]. Wie vor der Jahrhundertwende standen hinter diesen Forderungen ethisch motivierte Kritik und Unbehagen vorwiegend gebildeter bürgerlicher Kreise am modernen Kapitalismus, nicht hingegen eine Option zugunsten der politisch organisierten Arbeiterschaft. Dementsprechend kommentierte Emil Fuchs die Kundgebung in der »Christlichen Welt«:

> »Diese Ausführungen über die soziale Frage wären eine Großtat gewesen – vor 20 Jahren. Heute – gerade weil der Sozialismus in Deutschland eine Niederlage erlitten hat – ist es unmöglich, so selbstverständlich aus der Voraussetzung zu sprechen, daß die Versöhnung von Arbeitgebern und Arbeitnehmern durch stärkere Menschlichkeit der Gesinnung auf dem Boden der kapitalistischen Weltordnung geschehen müsse.[53]«

Noch deutlicher betonte der evangelische Arbeitersekretär August Springer das Festhalten an den Positionen aus der Zeit des Kaiserreichs, da bei den meisten Pfarrern und Kirchenbehörden auch sozialpolitisch »auf uralt festgelegtem Geleise« gedacht würde und die Kundgebung »keine brennende These in das Gebäude der alten Wirtschaftsethik« geworfen habe[54].

Solche nur vorsichtig modifizierte Traditionsverbundenheit kennzeichnete auch die weitere Entwicklung des Evangelisch-Sozialen Kongresses. In der Evolutionsphase war er starken Zerreißproben ausgesetzt gewesen, hatte sich insbesondere eine Öffnung nach links abgezeichnet. Professor Deißmann hatte Mitte Juni 1919 engeren Kontakt mit dem Proletariat gefordert, Otto Baumgarten gar gemeint, man sollte die weitere Arbeit des

---

[50] Verhandlungen des Deutschen Evangelischen Kirchentages in Bethel 1924, S. 108.
[51] Ebd., S. 219.
[52] Ebd., S. 215–217.
[53] Christliche Welt 38 (1924), Nr. 29/30.
[54] *August Springer*, Der andere, das bist du. Lebenserinnerungen eines armen reichen Mannes, Tübingen 1954, S. 278.

ESK den religiösen Sozialisten überlassen. Die früheren Vertreter der bürgerlichen Mitte und Rechten hielten sich zurück; parteipolitische Bindungen einzelner Mitglieder verstärkten die Spannungen bis hin zu ernstlichen Auflösungsbestrebungen[55].

Abgeschlossen wurde die Klärungsphase 1921 unter der Thematik »Alte und neue Aufgaben des Kongresses«. Als Ziele wurden Kampf gegen »soziale Unkultur« und »schrankenlosen individualistischen Kapitalismus«, die Stärkung des sozialen Gemeinschaftsgefühls und das Eingehen auf die religiöse Sehnsucht des Proletariats formuliert[56]. Diesem gemäßigt linksbürgerlichen Reformkurs blieb der Kongreß weiterhin verbunden. Er lehnte sich an die Gesellschaft für Soziale Reform an und stieß zugleich den marxistisch orientierten Flügel der religiösen Sozialisten ab. Deren Kritik an dem ESK als »bourgeoiser Debattierklub« (Erwin Wickert) war sicher überzogen. Gerade die Anlehnung an sozialreformerisch wirksame Institutionen verlieh dem Kongreß Gewicht, wie wir es bereits für die unmittelbaren Vorkriegsjahre 1913/14 beobachtet hatten. Den Kern der Sache traf der mit der sozialistischen Bewegung sympathisierende Theologe Lic. Piper aus Göttingen, der die Arbeit des ESK in einem Brief an Martin Rade vom 31. 7. 1924 mit den Worten charakterisierte: hier wurde »einfach das Alte ein wenig modifiziert«[57].

Neben dem ESK bestanden eine Reihe weiterer Einrichtungen, die sich wirtschafts- und sozialpolitischen Problemen keineswegs rein religiösethisch zuwandten. Hinzuweisen wäre vornehmlich auf die Evangelischsoziale Schule in Bethel (seit 1921 in Berlin-Spandau), landeskirchliche Lehrgänge, kirchlich-soziale Beratungsstellen, Sozialpfarrämter und die Ausschüsse für soziale Fragen bei den Kirchenbehörden. Insbesondere das reich aufblühende Schulungswesen war eng an die Arbeit des Kirchlich-Sozialen Bundes unter dem Präsidium Reinhold Seebergs gebunden. Im Unterschied zu dem bürgerlich-sozialreformerischen Liberalismus des ESK hielt dieser an der seit Stöcker vorgezeichneten Verbindung von sozialethischer und kirchlich-missionarischer Arbeit fest und suchte zum einen auf eine kirchliche Erneuerung, zum anderen auf eine Beeinflussung der »christlich-nationalen Arbeiterbewegung« hinzuwirken. Der DNVP blieb er weiterhin eng verbunden, seine eigentliche Stärke lag indes in den engen Beziehungen zu Pfarrern und Kirchenleitungen, die ihn dem ESK an Einfluß weit überlegen sein ließen. Auch die Kontakte zu den evangelischen

---

[55] Dazu ausführlich *Nowak*, S. 139–150, der sich auf das ESK-Archiv stützt.
[56] *Nowak*, S. 140, nach dem ESK-Archiv.
[57] *Nowak*, S. 141, nach dem ESK-Archiv.

Arbeitervereinen wurden vorrangig von dem Kirchlich-Sozialen Bund getragen, der sich für eine engere Verbindung der Vereine zum Christlichen Gewerkschaftsbund einsetzte. Wesentlich neue Impulse vermochte er indes nicht zu entwickeln[58].

Dies blieb im wesentlichen den religiösen Sozialisten vorbehalten, die sich nach längerem Zögern 1926 im Bund Religiöser Sozialisten institutionalisiert hatten. Hier schien unter Aufnahme marxistischer Theorien eine Fundamentalkritik des Kapitalismus und eine Öffnung gegenüber der Arbeiterbewegung sich anzubahnen, die eine neue Etappe in der Geschichte der evangelisch-sozialen Bewegung einleitete. Das Ziel dieser Formierung, die man – mit den gebotenen Einschränkungen – als heterogene Gruppe ansprechen kann, lief auf eine Synthese von Religion und praktischem Sozialismus hinaus und war dabei von weltabgewandter Frömmigkeit ebenso weit entfernt wie von praktisch-dirigistischen Utopien. Diese Haltung, die in gleichem Maße Gläubigkeit und einen vorurteilsfreien Blick für gesellschaftliche Wirklichkeit voraussetzte, war weder einer bestimmten Richtung innerhalb der evangelischen Kirche zuzuordnen, noch war sie konfessionell gebunden. In seinem Versuch, das »Jenseits von Sein und Freiheit« zur Wirklichkeit und ihren Forderungen in unmittelbaren Bezug zu setzen, fühlte sich der religiöse Sozialismus allein dem protestantischen Geist verpflichtet. Aus dieser Auffassung heraus wollte man es hier zum ersten Mal unternehmen, sich auf die Seite der Schwachen und Ausgebeuteten zu stellen und deren Ansprüche und Bedürfnisse anzuerkennen und vorzutragen, statt, wie das bisher geschehen war, zwar den Leidtragenden der gesellschaftlichen Umwälzungen durch karitative Bestrebungen zu helfen, ohne dabei die Ursachen ihrer Not auch nur zu erkennen, geschweige denn, sie beseitigen zu wollen. Der religiöse Sozialismus sah es dabei auch als seine Aufgabe an, die Kirche, die bisher vielfach durch Beschränkung ihrer Zuständigkeit auf religiöse Fragen die bestehenden Zustände verfestigt und das System wo nicht gestützt, so doch gebilligt hatte, zu einer eindeutigen Stellungnahme zu zwingen[59].

Ansätze zu der jetzt vom religiösen Sozialismus eingeschlagenen und formulierten Richtung waren bereits in den frühen 1890er Jahren beim jungen Friedrich Naumann zu erkennen, der – noch vor der Wendung zum

---

[58] Im Rahmen dieses Augenblicks kann die Entwicklung des Bundes nicht ausführlich nachgezeichnet werden; vgl. dazu Seebergs Lebensbild im Nachlaß Seebergs, sowie *Mumm*, Der christlich-soziale Gedanke.

[59] *Paul Tillich*, Religiöse Verwirklichung, 1929, auszugsweise abgedruckt in *Kupisch*, Quellen zur Geschichte des deutschen Protestantismus, S. 214–221, bes. S. 220/221.

nationalen Machtstaat – eine tief empfundene Jesusfrömmigkeit mit einer marxistisch geprägten Kapitalismuskritik zu verknüpfen und von hier aus Ansatzpunkte zu einer evangelisch bestimmten Lösung der sozialen Frage zu finden suchte. Ohne den sicher problematischen Vergleich vertiefen zu wollen, ist umgekehrt zu betonen, daß die religiösen Sozialisten weitgehend durch ihre bürgerliche Herkunft und Denkmuster geprägt waren. Aber durch sie wurde in dem Stafettenlauf evangelischer Sozialreform eine neue Etappe erreicht, die sich von dem Erbe des monarchischen christlichen Obrigkeitsstaates ablöste, damit aber auch zugleich sich einer institutionalisierten Kirche entfremden mußte, die dem Volkskirchenideal jener Epoche verhaftet blieb.

PROTESTANTISMUS UND SOZIALE FRAGE

Die historische Forschung zur Stellung der evangelischen Kirche in Staat und Gesellschaft in den letzten hundertfünfzig Jahren hat sich, wenn ich richtig sehe, im wesentlichen auf zwei große Komplexe konzentriert, welche als *die* beiden großen Herausforderungen für den deutschen Protestantismus in diesem Zeitraum betrachtet wurden: Zum einen auf das Verhältnis von Staat und Kirche, wobei naturgemäß der Schwerpunkt dieser Arbeiten auf der Staatsumwälzung nach 1918 und der Reaktion der obrigkeitsstaatlich gebundenen Landeskirchen auf den republikanischen Parteienstaat sowie auf dem Spannungsverhältnis zwischen Kirche und Nationalsozialismus mit vorrangigem Gewicht auf dem Problem der Bekennenden Kirche lag. Aus der Fülle der entsprechenden Studien sei in jüngster Zeit vornehmlich auf Klaus Scholders monumentale, vorerst bis 1934 reichende Gesamtwürdigung »Die Kirchen und das Dritte Reich« sowie auf die kürzlich in der DDR und in der Bundesrepublik gleichzeitig vorgelegte Untersuchung von Kurt Nowak über »Evangelische Kirche und Weimarer Republik« verwiesen. Vornehmlich die zweite Arbeit läßt die starken Verunsicherungen in Kirche, kirchlichen Organisationen und Gemeinden in der Weimarer Zeit erkennen, deren politische Ordnung den traditionalen Orientierungen des Staatskirchentums zuwiderlief und zu neuen theologischen Antworten zwang, die freilich nur für eine Minderheit des Protestantismus Gültigkeit erlangten.

Mit einer weniger spektakulären, gleichwohl nicht minder bedrohlichen Herausforderung war die Kirche spätestens seit der Mitte des 19. Jahrhunderts konfrontiert worden. Die durch die verspätete, dafür um so hitziger einsetzende Industrialisierung ausgelösten sozialen Folgewirkungen, gleichsam die sozialen Kosten der Modernisierung, zwangen die Kirche in eine neue Verantwortung, der sie sich kaum gewachsen zeigte, war sie in ihrer rechtlichen Verfassung doch eng mit einem politischen Ordnungsgefüge verknüpft, das diese Aufgabe halbherzig anging bzw. in verhängnisvoller Weise die politischen und die sozialen Dimensionen der Problematik auseinander zu spalten suchte. Dennoch darf man von einer eigenständigen evangelischen christlich-sozialen Bewegung sprechen, doch deuten die skizzierten Rahmenbedingungen auf Spannungen und Belastungen gegenüber der kirchlichen wie staatlichen Obrigkeit, aber auch gegenüber der im

Mittelpunkt der Bemühungen stehenden neu aufkommenden Industriearbeiterschaft hin, die dieser Bewegung einen nachhaltigen Erfolg verwehren
mußten. Wohl erst im Vergleich zu parallelen Bestrebungen des deutschen
Katholizismus kann das Ausmaß dieser spezifischen Belastungen des deutschen Protestantismus sichtbar werden. Auch dieser Komplex, der schon
früh zutreffend als zentrales Problem der evangelischen Kirche vornehmlich im Kaiserreich erkannt wurde, hat sich lebhafter Forschungsanstren-
gungen erfreut. Gerade in den letzten Jahren häufen sich Quellensammlungen, wie sie von Günter Brakelmann und anderen vorgelegt wurden, ebenso
wie Monographien zu einzelnen Aspekten der christlich-sozialen Bewegung, biographische Würdigungen von Wichern und Todt, Stöcker und
Seeberg, Naumann und Harnack, sind Studien zu einzelnen freien Organisationen wie zu politischen und verfassungsrechtlichen Aspekten vorgelegt
worden, die die Amtskirche in ihrem Verhältnis zum Staat betreffen.
Evangelische Kirche und soziale Frage – eine solche Formulierung würde
denn auch, analog zu Nowaks Buch für die Weimarer Zeit, für die
vorangegangenen Jahrzehnte wenig angebracht sein, zumal wenn damit die
Amtskirche im Vordergrund steht. Hat sich diese doch, wie wir sahen, eher
abwartend verhalten und den Konflikt mit der staatlicherseits eingeschlagenen Haltung gegenüber sozialer Not und politisch-gewerkschaftlicher
Organisation der Arbeiterschaft gescheut. Insbesondere Klaus Erich Poll-
manns »Landesherrliches Kirchenregiment und soziale Frage« hat für die
erste Dekade der wilhelminischen Zeit diese Problematik eindrucksvoll
unterstrichen. Als Gegenpol erscheint die »Welt des freien Protestantismus« wie sie seit Rathjes Rade-Biographie zu einem festen Begriff geworden ist; nach der Jahrhundertwende und insbesondere für die Zeit der
Weimarer Republik hätte sich dann das Interesse auf die von der Schweiz
aus um sich greifende Bewegung des »religiösen Sozialismus« zu konzentrieren. Innerhalb derart gezogener Markierungslinien entfaltet sich ein
reiches Spektrum von Einzelinitiativen, publizistischen und institutionali-
sierten Artikulationsversuchen, die sich seit der Mitte des Jahrhunderts
zunehmend von konkreten Antworten auf soziale Mißstände und Notlagen
zu prinzipiellen Auseinandersetzungen mit Sozialismus *und* Kapitalismus
verlagern und die die im einzelnen höchst unterschiedlichen Begründungszusammenhänge auf eine Einbeziehung sozialwissenschaftlicher Erkenntnisse und Deutungsmuster hin erweitern.

Auch diese Fragenbereiche haben in den letzten Jahren eine erfreulich
zunehmende Beachtung erfahren, die sich mit der Untersuchung von
W. R. Ward über »The German Protestant Social Conscience 1890–1933«
auch auf die angelsächsische Forschung erstreckt, hier freilich mit einer

verknappenden Reduktion auf einige herausragende Theologen, was indes mit Rücksicht auf eine Leserschaft vertretbar erscheint, die die reiche deutschsprachige Literatur kaum zur Kenntnis genommen haben dürfte. Angesichts des umfangreichen, aus den Anmerkungen und dem Literaturverzeichnis ersichtlichen Forschungsstandes erhebt sich die Frage nach Leistung und Stellenwert der hier vorgelegten Arbeit. Ihr Ziel ist ein zweifaches: Zum einen strebt sie – wegen der kaum mehr überschaubaren Literaturfülle – eine Zwischenbilanz an, die wesentliche Ergebnisse der bisherigen Forschung zusammenfaßt, wobei über die engere evangelisch-soziale Bewegung hinaus Ergebnisse der allgemeinen historischen Forschung zu dieser Zeit und insbesondere die sehr weit ausufernde sozialgeschichtliche Literatur Berücksichtigung fanden. Die zahlreichen Hinweise auf entsprechende Literatur vornehmlich der letzten Jahre verstehen sich in diesem Sinn als Résumé und Anregung. Zum anderen wurden neue Forschungen zum sozialen Engagement des deutschen Protestantismus überwiegend im Wilhelminischen Reich eingearbeitet, da diese Bewegung nach 1890 einen Höhepunkt an Breitenwirkung und Intensität erreichte, der Leistung und Begrenzung zugleich schlaglichtartig zu erhellen vermag. Indem die Untersuchung den Zeitraum von der Mitte des vorigen Jahrhunderts bis zur frühen Weimarer Republik umfaßt, wurde es möglich, die Haltung des Protestantismus zur sozialen Frage mit dem Beziehungsgeflecht Kirche in Staat und Gesellschaft zu verbinden und damit die Interdependenz zwischen sozialem Engagement und zugrunde liegender Kirchenverfassung aufzuzeigen.

Denn erst die tiefgreifenden Verunsicherungen nach 1918 lassen die Problematik des Staatskirchentums als vorgegebener Konstante der sozialpolitischen Bewegung im Kaiserreich, erst die kräftezehrenden Auseinandersetzungen um das Verhältnis von Staat und Kirche in der Weimarer Republik lassen den jeweiligen Stellenwert der theologisch fundierten Auseinandersetzungen mit den zentralen gesellschaftlichen Problemen und des Standorts der Kirche in dieser Gesellschaft erkennen.

Von hier aus ergaben sich methodisches Vorgehen und Gewichtungen der Untersuchung. Einleitend wurde der radikal gesellschaftsbezogene Entwurf des jungen Theologen Naumann mit den taktisch gebundenen sozialpolitischen Stellungnahmen eines obrigkeitsstaatlich orientierten Evangelischen Oberkirchenrats konfrontiert und so die Spannweite der Thematik skizziert. Damit wurde das strukturelle Problem der politischen, sozialen und ökonomischen Bedingungen und des kirchenpolitisch möglichen Spielraums dieser Positionen aufgeworfen, die zudem von Wichern bis

Naumann Veränderungen unterworfen waren, in denen sich die beschleunigte soziale Modernisierung einer rasch industrialisierenden Gesellschaft widerspiegelte, die durch starke konjunkturelle Schwankungen, Verlagerung der wirtschafts- und sozialpolitischen Ordnungsmuster und die Ausformung einer massengesellschaftlich formierten Arbeiterbewegung in einem politischen System gekennzeichnet war, in dem die traditionellen politischen Eliten ihre Machtposition zu bewahren vermochten. In den Abschnitten über Grundzüge der sozialen Schichtung, »Feudalisierung« des Bürgertums, Ausformung der neuen Schicht der Angestellten und über die »konservative Wende« von 1878/79 wurde dieser Prozeß vorgeführt, freilich auch der allzu plakativen Gegenübersetzung von autoritär verkrustetem Obrigkeitsstaat versus sozialer und wirtschaftlicher Dynamik (Wehler) unter Hinweis auf Bedeutung und Auswirkungen etwa der Sozialversicherung im internationalen Vergleich begegnet. Zum anderen trat das Arbeiter-»Milieu« über die politische Arbeiterbewegung hinaus als Subkultur in Erscheinung, was die geringe Resonanz evangelischer Sozialreform in der Arbeiterschaft wesentlich erklärt.

Mit dem Abschied vom politischen und wirtschaftlichen Liberalismus seit 1878/79, markiert durch den Übergang zum Schutzzoll und das Sozialistengesetz ließ sich die Bedeutung des theoretisch bereits zuvor ausgebildeten Sozialkonservatismus bestimmen, der fortan zur entscheidenden Triebkraft für den Großteil konfessionell-sozialreformerischer Tendenzen wurde und mit der Idee des »sozialen Königtums« eng an das politische System des bürokratischen Konstitutionalismus gekoppelt war.

Erst vor diesem sozial- und wirtschaftsgeschichtlichen Hintergrund wird es möglich, das bildungsbürgerlich geprägte Sozialmilieu evangelischer Sozialreform näher zu bestimmen, das sich in enger Verbindung mit der hohen Bürokratie in einem dichtgeschlossenen Kommunikationssystem behutsam von Obrigkeit und Amtskirche absetzte, ohne indes über seine Schicht hinaus wirksam in die Arbeiterschaft ausgreifen zu können. Um diese Zwischenstellung bildungsbürgerlicher evangelischer Sozialreform zutreffend zu verorten, erwies es sich als erforderlich, zum einen die kirchenrechtlichen, politischen und theologischen Hemmnisse für eine arbeiterwirksame und zugleich geschlossene evangelisch-soziale Bewegung zu bestimmen, wie dies in Kapitel I B versucht wurde. Zum anderen war ein Vergleich mit parallelen, wenngleich aus anderen theologischen Wurzeln gespeisten und in ein hierarchisch geschlossenes Sozialmilieu eingebundenen Bestrebungen des deutschen Sozialkatholizismus erforderlich, um die spezifischen Eigenarten der bildungsbürgerlich dominierten evangelischen Sozialbewegung zutreffend einzuordnen. Bei durchaus unterschiedlichen Akzentsetzungen von Adam Müller über Bischof Ketteler und Freiherr von Hertling bis zu Franz Hitze, August Pieper oder Gewerkschaftsführern wie Brauns und Stegerwald zeigte sich die verbindliche Orientierung an der fortentwickelten, im einzelnen kontrovers diskutierten, insgesamt jedoch verbindlichen katholischen Sozialethik, die durch päpstliche Verlautbarungen normativ überhöht und in Handbüchern wie dem »Staatslexikon« der Görresgesellschaft breitenwirksam gedeutet wurde. Darüber hinaus war die sozialkatholische Bewegung, so sehr der politische Katholizismus auch unter den Auswirkungen der kleindeutsch-protestantischen Reichsgründung zu leiden hatte, von der symbiotischen Verkettung von »Thron und Altar« befreit, konnten die sozialreformerischen Kleriker im Volksverein und in den katholischen Arbeitervereinen leichter Zugang zur Arbeiterschaft finden. Zum einen waren sie selbst weit geringer als die evangelische Pfarrerschaft in sozialer Rekrutierung und akademischer Sozialisation dem Bildungsbürgertum verhaftet, zum anderen wurden kirchliche Entfremdungstendenzen wohl auch hier als Alarmsignal gewertet, sie besaßen aber eine geringere Erosionskraft als in den nominell evangelischen Arbeiterschichten und wurden zudem teilweise durch massenwirksame Organisationen wie den Volksverein und das reiche lokale Vereinswesen sowie durch die katholisch dominierten Christlichen Gewerkschaften aufgefangen.

Gegenüber dieser eindrucksvollen Breitenwirkung des Sozialkatholizismus, auch wenn zahlreiche Brechungen im Selbstverständnis der herausragenden Protagonisten, in der Spannung zwischen regionalen Bestrebungen, Episkopat und Papsttum, zwischen klerikal beeinflußten Arbeitervereinen und den am Prinzip der autonomen Eigenverantwortlichkeit orientierten Christlichen Gewerkschaften nicht zu übersehen sind, treten die Hemmnisse der evangelisch-sozialen Bewegung von Wichern bis Naumann und Harnack, bis Todt und Seeberg klar zutage: Nicht bestritten werden kann die Ernsthaftigkeit der Bemühungen um eine angemessene kirchlich-theologische Antwort zunächst auf den Pauperismus und die in den Weberaufständen aufscheinende soziale Not vornehmlich der Hausindustrie, wie sie in Wicherns Konzept der Assoziation und der inneren Kolonisation um 1850 zum Tragen kam und im 1844 gegründeten Centralverein für das Wohl der arbeitenden Klassen breitere Resonanz erfuhr, und wie sie in Todts theologisch verankerter Auseinandersetzung mit dem individualliberalistischen Kapitalismus und seinem staatssozialistischen Centralverein für Sozialreform neuen Auftrieb erlebte. Gleichermaßen gilt dies für Stöckers christlich-soziale Partei und ein Jahrzehnt später für die nach 1890 anschwellende evangelisch-soziale Bewegung in Pastorenkreisen und an den deut-

schen Universitäten. Darüber können indes die drei grundsätzlichen Belastungen dieser Bestrebungen nicht vernachlässigt werden, die zum einen in
der aufreibenden Auseinandersetzung mit den sozialpolitisch restriktiven
Verlautbarungen der kirchlichen Aufsichtsbehörden beruhten, zum anderen in der Aussichtslosigkeit, in der Arbeiterschaft selbst Fuß zu fassen – an
Stöckers parteipolitischen Ambitionen vor 1880 war dies deutlich zu
erkennen. Drittens wurden diese Bestrebungen durch ihre soziale wie
mentale Begrenzung auf eine Bildungsschicht belastet, deren Kirchenverständnis sich an der im Landeskirchentum historisch entfalteten lutherischen Theologie orientierte, deren Staatsverständnis engstens mit dem
Reformanspruch einer überparteilich-neutralen staatlichen Bürokratie
gekoppelt war; sie schien seit den preußischen Reformen zu Beginn des
Jahrhunderts ihre Fähigkeit zu ausgleichend-stabilisierenden Reformen
»von oben« unter Beweis gestellt zu haben, und sie erlaubte in sozialer
Rekrutierung und kurzschlüssiger Binnenkommunikation kaum ein Ausgreifen über den eigenen Stand hinaus. Wohl wurden eine Reihe von
Organisationen gegründet, entfaltete sich ein reiches Schrifttum von evangelischen Theologen zur sozialen Frage nach 1870, doch gelang es nicht, in
der Arbeiterschaft selbst Resonanz zu finden, wie dies die Geschichte des
Centralvereins als auch die symptomatische Namensänderung von Stöckers
Parteigründung belegen. Bis zum Ende der Bismarckzeit haben etwa die
evangelischen Arbeitervereine nur eine marginale Bedeutung erlangt.

Eine gänzlich neue Situation ergab sich 1890. Mit dem Ende der zuletzt
als innenpolitische Stagnation empfundenen Ära Bismarcks, mit dem Aus-
laufen des Sozialistengesetzes, dem sozialdemokratischen Reichstagswahl-
erfolg und dem von Wilhelm II. und seinem Handelsminister von Berlepsch
verkündeten »Neuen Kurs« wurde innerhalb des akademisch gebildeten
deutschen Protestantismus eine soziale Bewegung entfacht, die wir als
Sozialismus der Gebildeten apostrophierten und die sich in einer ungemein
regen einschlägigen Publizistik sowie in der Gründung des Evangelisch-
Sozialen Kongresses, in den kurzfristigen, sozialpolitisch aufgeschlossenen
Direktiven des Evangelischen Oberkirchenrats sowie in sozialpolitischen
Kursen, in resonanzstarken sozialpolitischen Vorlesungen von Nationalökonomen und Theologen, in zahlreichen sozialpolitischen ad-hoc-Verei-
nen und in einem erstaunlichen sozialen Engagement innerhalb der jüngeren Pfarrerschaft niederschlug. Die Schwankungen der staatlichen wie der
amtskirchlichen Politik vom »Neuen Kurs« 1890–1892 bis zur sozialen
Restriktion der Ära Stumm-Halberg, der eine vergleichbare Kursschwen-
kung des Oberkirchenrats entsprach, haben ihrerseits zu einer Verschärfung dieser Bewegung beigetragen. Diese Verschärfung erlaubt es von einer

»Jugendbewegung« innerhalb der evangelischen Bildungsschicht zu sprechen; sie wurde noch kräftig genährt durch die Auseinandersetzung mit der
sozialen Frage und den theoretischen Prämissen des Sozialismus. Erstmals
fanden sich auf breiter Front Sozialwissenschaft und akademische Theologie in der Auseinandersetzung mit einem Sozialismus zusammen, der,
abgelöst von dem Arbeitermilieu selbst, gleichsam zu einer Zauberformel
innerhalb der Studentenschaft aufgewertet wurde. Über die *civitas acade-
mica* hinaus suchten vornehmlich Universitätsgelehrte zu einer Klärung
innerhalb der zunehmend sozialdemokratisch optierenden Industriearbeiterschaft beizutragen, wie Vortragsreisen in den Industriegebieten und die
sozialpolitischen Kurse des Vereins für Socialpolitik und des Evangelisch-
Sozialen Kongresses zeigen. Auch im Sozialkatholizismus erwiesen sich
diese Jahre als einschneidende Zäsur, wie die Gründung des Volksvereins
für das katholische Deutschland und, wenige Jahre später, die zunächst
lokal begrenzte, dann rasch ausgreifende Bildung von Christlichen
Gewerkschaften sowie der Stellenwert sozialpolitischer Resolutionen auf
den Katholikentagen belegen.

Angesichts dieser zwar kurzfristigen, aber hektisch aufblühenden sozialen Bewegung im deutschen Protestantismus – von Sozialprotestantismus
ist (im Unterschied zu Sozialkatholizismus) auch in der Literatur bezeichnenderweise bislang nie die Rede gewesen – erschien es sinnvoll, den
Schwerpunkt der Untersuchung auf diese Zeit der 90er Jahre zu legen und
über den Evangelisch-Sozialen Kongreß, über die Kontroversen zwischen
älteren und jüngeren Christlich-Sozialen, über die Gründung des kaum
mehr kirchlich verhafteten Nationalsozialen Vereins Friedrich Naumanns
und Reinhold Seebergs orthodox-konservative Gegengründung in der
Freien Evangelisch-Sozialen Konferenz hinaus ausgreifend die Breitenwirkung in der theologisch-akademischen Publizistik aufzuzeigen, wie sie in
den zeitgenössischen Kulturzeitschriften deutlich zutage tritt. In dem ernst-
haften Bemühen, Eingang in die Welt der Arbeiterschaft zu finden, wozu
die Erlebnisberichte von Paul Göhre und anderen über ihre Erfahrungen als
zeitweilige Fabrikarbeiter beitrugen, wurden die unüberschreitbaren Grenzen solcher Bestrebungen offenkundig: Neben dem Konflikt mit der Kirchenleitung und staatlichen Organen (EOK-Erlasse, Umsturz- und Zuchthausvorlage, Unterstützung streikender Hamburger Hafenarbeiter) zeigte
sich die Zerrissenheit innerhalb der evangelisch-sozialen Bewegung selbst,
die seit 1896 sowohl in ihren akademischen Organisationen als auch in den
evangelischen Arbeitervereinen in divergierende Richtungen gespalten
blieb, wurden die im Milieu des Bildungsbürgertums angelegten Begrenzungen sichtbar, insofern sozialpolitisch engagierte Hochschullehrer wie

Delbrück und Harnack wohl zu einer finanziellen und ideellen, keineswegs jedoch zu einer persönlich-aktiven Unterstützung der Naumannschen Vereinsgründung bereit waren und die Programmatik und Publizistik dieser Bewegung auf das bildungsbürgerliche Kommunikationssystem begrenzt blieb. Bei aller Konfliktbereitschaft gegenüber staatlichen und kirchlichen Organen, wie sie sich in den 1890er Jahren mehrfach beobachten läßt – die Grundüberzeugung der zumeist akademischen Befürworter einer wirkungsvollen Integration der Arbeiterschaft in den Nationalstaat und in den landeskirchlichen Staatsverband blieb, von wenigen Ausnahmen wie Naumann und Max Weber abgesehen, an die Annahme einer Funktionsaffinität von hoher Bürokratie und Wissenschaft gebunden, die oberhalb und über den Parteien einen Ausgleich der sozialen Gegensätze zu bewirken hätten, blieb damit gebunden an das soziale wie politische Bedingungsgefüge der Verfassungswirklichkeit im Kaiserreich.

Aus Gelehrten- und Theologennachlässen sowie aus der umfangreichen zeitgenössischen Broschüren- und Zeitschriftenliteratur ließ sich ein Eindruck von der Vielfalt solcher Bestrebungen vermitteln, denen sehr ernst zu nehmende theologische Konzeptionen zugrunde lagen, die in ihrer Breitenwirkung indes auf einen eher modischen Trend innerhalb der Bildungsschicht verweisen und über diese kaum nennenswert hinauszugelangen vermochten, wie unser Blick auf die Entwicklung der Evangelischen Arbeitervereine zeigte. Die Kirche selbst als eine dem staatlichen Interesse eng verbundene Institution hatte sich ohnehin frühzeitig aus ihrer sozialen Verantwortung zurückgezogen und ihre Stellung in Staat und Gesellschaft auf formale Aufsichtsentscheidungen und dogmatische Kontrolle reduziert. Demgegenüber fanden die sozialkatholischen Bestrebungen Rückhalt in kirchenamtlichen Grundsatzerklärungen, die im Geiste der katholischen Sozialethik und der sozialen Subsidiaritätslehre zwar allzu enge Berührungen mit sozialistischen Tendenzen verhinderten, wie sie auf evangelischer Seite vielerorts zu beobachten waren, die jedoch eine ruhige Weiterentwicklung und eine Akzeptierung der gesellschaftlichen Realität erlaubten, ohne daß damit die grundsätzlichen Kontroversen im sogenannten Zentrums- und Gewerkschaftsstreit nach der Jahrhundertwende herabgespielt werden sollen.

Im evangelischen Bildungsbürgertum, das nach wie vor der eigentliche Träger der evangelisch-sozialen Bewegung blieb, richtete sich das Augenmerk kurz vor der Jahrhundertwende auf außenpolitische Fragen. Mit der Flotten- und der daran geknüpften Weltpolitik verlagerte sich das Interesse vom Komplex der innenpolitischen, und das hieß vorwiegend sozialpolitischen, Integration auf das Phänomen der Weltstellung des Reiches, auf

Fragen der politischen Bildung und der inneren wie auswärtigen Kulturpolitik. An der Persönlichkeit Paul Rohrbachs, eines früheren Anhängers des sozialpolitischen und theologisch motivierten Integrationskurses Friedrich Naumanns, der in der Vorkriegszeit sich zu einem führenden Kulturpropagandisten entwickelte, wurde dieser Weg symptomatisch aufgezeigt. Damit wurde erkennbar, daß die Aufbruchsstimmung der 1890er Jahre weniger von einem theologisch motivierten Verantwortungsethos als von einem jugendlichen Aufbegehren getragen worden war, in dem sich eine neuromantische Individualfrömmigkeit mit einem grundsätzlichen Unbehagen an der etablierten Selbstsicherheit der Vätergeneration verband, das nach neuen Zielen strebte und diese nach dem vorübergehenden sozialpolitischen Zwischenspiel in der weltpolitischen Kulturmission erreicht zu haben schien. Aus der sozialen Frage war eine Kulturfrage geworden.

Überblickt man die wesentlichen Streitpunkte von der Jahrhundertwende bis zum ersten Weltkrieg, so treten sozialpolitischen Fragen deutlich zurück. Im Vordergrund stehen vielmehr konfessionspolitische Auseinandersetzungen, wie sie der Fall Spahn und die Polarisierung anläßlich der Reichstagswahl Januar 1907 belegen, stehen lehramtliche Grundsatzentscheidungen, wie sie in den Fällen Jatho und Traub öffentlichkeitswirksam diskutiert wurden. Während des ersten Weltkrieges nahm der deutsche Protestantismus an sozialpolitischen Fragen keinen wesentlichen Anteil mehr. Betrachtet man die publizistischen Beiträge von Theologen, ob Pastoren oder Hochschullehrern, so wird man sie in die gängigen Polarisierungen zwischen Annexionisten und Gemäßigten, Reformgegnern und Reformisten einordnen müssen – einen eigenständigen Beitrag vermochte der deutsche Protestantismus nicht mehr zu leisten, wie neuere Analysen und Quellensammlungen deutlich erkennen lassen. Die eigentliche Zäsur bedeutete vielmehr die Staatsumwälzung vom November 1918. Während der in der Zentrumspartei und in den Christlichen Gewerkschaften organisierte politische Katholizismus verhältnismäßig nahtlos den Übergang vom Kaiserreich zum republikanischen Parteienstaat zu vollziehen vermochte, wurde hier der Kern des protestantischen Staats- und Kirchenverständnisses berührt. In der einseitigen Begrenzung auf das neu zu ordnende Verhältnis von Staat und Kirche zeigte sich gleichermaßen die Problematik der früheren Sozialorientierung der Kirche wie ihre nunmehrige Desorientierung, die nur begrenzten Raum ließ für verbindliche Stellungnahmen zur sozialen und wirtschaftlichen Neuordnung. Die bislang tonangebenden Bildungsschichten mußten nun schmerzlich ihre Abdrängung erfahren. Es galt, Stellung der Kirche in Staat und Gesellschaft neu zu definieren. Mit den religiösen Sozialisten trat nun eine Richtung in den Vordergrund, die von den tradierten Organisations- und Denkmustern weit entfernt war, und neben der zunächst wenig wirkungsmächtigen Barth'schen Theologie Antworten formulierte, die eine Kontinuität zu der bildungsbürgerlichen Zwischenstellung zwischen Amtskirche, Staat und sozialer Herausforderung im ausgehenden 19. Jahrhundert nicht mehr zuließen. Nicht allein die Amtskirche – der deutsche Protestantismus mußte seine Stellung in Staat und Gesellschaft einer grundsätzlichen Revision unterziehen.

ANHANG

Protokoll der Versammlung der jüngeren Christlich-Sozialen (Naumann-Kreis) in Erfurt am 10./11. 2. 1896
Bundesarchiv Koblenz, Nachlaß Hans Delbrück, Nr. 32: Neuer Deutscher Nationalverein (vgl. oben S. 132/133)

(Bei Mitteilung an Freunde ist Benachrichtigung an Pfr. Naumann, Frankfurt a. M. nach Beschluß der Versammlung erforderlich)

Erfurt, 10. u. 11. Februar 1896.

PROTOKOLL.

Beginn: 10. Febr. 3 Uhr Nachmittags.
Anwesend: Aus Frankfurt a. M.: Pf. Naumann, Pf. Battenberg, Graveur Haag; aus Hamburg: Pf. Mahling, Pf. Ebert; aus Berlin: Sekr. Völter, Geschäftsführer Tischendörfer; aus Leipzig: Prof. Gregory, Pf. Schultze, Diac. Liebster, Kand. Klumker, ferner Pf. Lorenz – Erfurt, Pf. Lehmann – Hornberg (Baden), Pf. Göhre – Frankfurt a. O., Pf. Wenck – Darmstadt, Pf. Kötzschke – Sangerhausen, Pf. Nordbeck – Ditzumer-Verlaat (Ostfriesland), Dr. Scheven – Dresden, Pf. Coerper – Dudweiler, Dr. Ruprecht – Göttingen, Reg.-Baumeister Wegele – Homburg, Prof. Hüpeden – Kassel, Pf. Rauh – Cladow, Pf. Arndt – Volmarstein, Pf. Naumann – Hubertusberg; zeitweilig noch: Frau Pf. Arndt, Prof. Rein – Jena, Kand. Bodenstein – Erfurt. Vorsitz: Naumann.
1. Die Vorgänge innerhalb der konservativen Partei. Ref. Rauh: Die Scheidung von den Kons. ist auch im Osten endgültig erfolgt. Auch von Stöcker müssen wir uns trennen, weil er noch mit dem östlichen Großgrundbesitz zusammenzugehen hofft. Wir dürfen im Osten die Arbeiter nicht unvermittelt in die Agitation werfen um sie nicht den Sozialdemokraten zuzutreiben, sondern müssen uns auf die Bauern stützen. Dann aber wird der Großgrundbesitz unser grimmigster Feind sein. Deshalb Scheidung von St., doch muß sich friedlich ein modus vivendi finden. Hüpeden will als linker Flügel der Stöcker'schen Konservativen

bleiben, da sich eine Trennung von Konservativen im Osten und im Westen anbahne. Deshalb will er die Beziehungen zu den jüngeren Christlich-Sozialen erhalten. N. teilt mit, daß Burckhart ähnlich wie Hüpeden eine christliche Volkspartei gründen wolle und er eine Ausschußberatung zwischen den Jüngeren und Ältern vorschlage. Sämtliche Redner wünschen eine friedliche Scheidung von St., nicht alle eine scharfe von den Konservativen; doch rät auch H ü p e d e n : Hängen Sie Ihr Schiff nicht an das der Konservativen. G ö h r e : Wir müssen eine Aufnahmestellung nach links bilden für die sich entwickelnden Sozialdemokraten z. B. Schönlank, Grillenberger, Braun u. a. – und den ersten Gedanken St's. von 1878 aufnehmen, den St. im konservativen Lager verloren hat. Wie St. sind auch seine Führer Burkhart, Weber anzusehen. R a u h , T i s c h e n d ö r f e r u. a. betonen, daß noch viele Anhänger St's. besonders jüngere, zu gewinnen seien. Angenommen ein A n t r a g N a u m a n n mit Zusätzen von Göhre, Battenberg, Kötzschke: Unsere Gruppe erklärt in politischen und sozialen Dingen als Einheit auftreten zu wollen und wählt zu diesem Zweck einen Ausschuß. Dieser Ausschuß hat die Aufgabe zunächst mit geordneten Vertretern der älteren christlich-sozialen Richtung zu verhandeln und mit ihr einen modus vivendi zu suchen. Keinesfalls hat sie das Recht dabei den Namen »konservativ« zu acceptieren. Sie soll bei nächster Gelegenheit über das Ergebnis berichten. Gewählt werden: Traub, Kulemann (und für ihn als Vertreter: Lehmann), Naumann, Schulze-Gävernitz, M. Weber, Göhre, Dr. Scheven, Rauh. Am 2. Tage teilt N a u m a n n aus einem Briefe Burckharts mit, daß dieser jetzt Ausschußverhandlungen ablehne.

2. D e r O b e r k i r c h e n r a t s e r l a ß . Ref. L o r e n z schreibt dem Erlaß keine böse Wirkung zu (so auch Rauh, Lehmann, dagegen Arndt, Schultze, Tischendörfer), wünscht aber die Notwendigkeit sozialer Thätigkeit ausführlich in einer Schrift begründet. N a u m a n n : Eine Partei kann nur eine Schicht von Leuten dienen. Wie weit kann dies der Geistliche mit seiner Amtsthätigkeit gut vereinbaren? A r n d t : Für den Geistlichen ist es zugleich eine Existenzfrage. Der Erlaß hindert die freie Verkündigung des Evangeliums. S c h u l t z e : 1. Die Kirche treibt jetzt thatsächlich Politik. 2. Sie gestattet dem Geistlichen konservative und liberale Vereine und Kampf gegen die Sozialdemokratie. 3. Der Geistliche ist auch Staatsbürger; mein Recht als Staatsbürger darf mir mein Staat, darf mir meine Kirche nicht nehmen. G ö h r e : Begründung des Erlasses geradezu wahnwitzig. Er enthält biblische Irrlehre und nationalökonomischen Dilettantismus ersten Ranges. Er ist stellenweise unlogisch, unwahr (Überschätzung des irdischen Gutes), ungerecht. Aber seine Folgerung ist recht. Der Geistliche von heute kann nicht Parteiführer im modernen Klassenkampf sein. Denn

1. die Scheidung vom Geistlichen und Politiker ist nicht durchführbar. 2. In der Landeskirche hat jeder – welcher Partei auch – ein Anrecht an den Geistlichen. Er muß auf jeden Parteimann von sittlich-religiösem Gesichtspunkt aus eingehen. Er soll im Klassenkampf eine sozial versöhnende Instanz sein, ein Punkt lebendiger Ruhe. 3. Die Forderungen keiner Partei sind als christlich zu etikettieren. Man kann von den sittlich religiösen Forderungen der Schrift aus nicht zu wirtschaftlichen Aufstellungen gelangen. 4. Politische und geistliche Thätigkeit ist praktisch aus Mangel an Zeit und Kraft nicht durchführbar. 5. Die Existenzfrage. – Der Geistliche kann Durchschnittsglied einer Partei sein, aber nicht Führer einer werdenden Klassenkampfspartei.

K ö t z s c h k e : Recht und Pflicht sozialer Thätigkeit; doch der Führer muß sich entscheiden, ob Politiker, ob Geistlicher. E b e r t : steht wie Göhre, doch entschlossen im Amte zu bleiben. Durch Geselligkeit innerhalb der Gemeinde eine neue Organisation schaffen, die die verschiedenen Stände zusammenbringt. R a u h : Der Erlaß nur eine Attrappe. Der evangelische Geistliche soll in erster Linie christliche Persönlichkeit sein, und diese nach allen Seiten ausbilden. Auch wer politische Staatsbürgerpflichten nicht erfüllt, begeht eine Pflichtversäumnis, ihm gilt der Vorwurf, daß er keine rechte christliche Persönlichkeit sei. Die Führerstellung aber sucht man sich nicht aus, sondern sie wird uns von Gott gegeben, wir wachsen in sie hinein und müssen sie nehmen; je größer das Pfund, je größer die Verantwortung. Wer so als christliche Persönlichkeit, Parteiglied, Parteiführer wird, verliert nicht das Vertrauen der Gemeinde. N a u m a n n : Politische Berufsthätigkeit ist nicht gefährlicher an Versuchungen, wie jede andere ausgedehnte Berufsthätigkeit z. B. des Seelsorgers. Der Politiker ist in keiner besonderen Gefahrenklasse ethischer Art. R e s o l u t i o n N a u m a n n : Die Amtspflicht des Geistlichen faßt die religiöse Durcharbeitung der sozialen Pflicht der Einzelnen in sich. Des Geistliche Beteiligung an politischen und sozialen Gruppenbestrebungen verträgt sich bei wachsender Intensität nicht mit dem Amt des Gemeindpfarrers. A n t r a g R a u h : Wir bitten unsere Freunde, solange über die Principienfrage der Stellung des Geistlichen zum Klassenkampfe nicht größere Klärung geschaffen ist, das Schlagwort von der Identifizierung mit dem vierten Stande fallen zu lassen, schließen uns aber der Formel an, das [!] wir für Arbeit gegen Zins und Rente eintreten. Es sprechen noch Mahling, Tischendörfer, Hüpeden, Naumann (Hubertusburg), Battenberg, Scheven, Gregory, Klumker, Haag, Coerper, Rauh, Hüpeden, Scheven, Naumann. Resolution und Antrag werden z u r ü c k g e z o g e n .

Fortsetzung 11. Febr. 9 Uhr Morgens.

3. O r g a n i s a t i o n . N.: In unserer Bewegung verbinden sich religiöse (die Sozialdemokraten christianisieren), unmittelbar praktische (dem Arbeiterstande helfen) und politische (die Arbeiterbewegung von den nicht nationalen Elementen trennen) Momente. Diese Ziele brauchen nicht unbedingt von denselben Organisationen ausgeführt zu werden. Die Arbeitervereine sind zu politischer Arbeit untauglich, weil sie zu sehr von besitzenden Kreisen abhängig sind und ihren Verband nicht aufgeben dürfen. Ihre Aufgabe ist 1) die religiöse Arbeit und 2) die praktischen Einrichtungen zum Wohle der Arbeiter. Eine neue Arbeiterbewegung politischer Art können wir allein nicht schaffen, uns fehlen Kräfte und Kapital. – Eine Partei entsteht in dem Augenblick, wo sie bei der Entscheidung einer großen nationalen Frage das Zünglein an der Wage bildet. (Antisemiten bei der Militärvorlage.) Majoritätsparteien (bisher nur Konservative und Liberale) besitzen darüber hinaus die Fähigkeit, jahrelang mit der Regierung zu arbeiten und eigene Ziele durchzusetzen. Dazu bedarf sie des Gefühls für die vaterländische Macht, für Deutschlands Machtinteressen nach außen. Kann man aus dem Sozialismus eine solche regierungsfähige Partei, r e g i e - r u n g s f ä h i g e S o z i a l i s t e n machen? Wie entstand die nationalliberale Partei? Der Nationalverein hat, aus dem utopistischen, kosmopolitischen Liberalismus vor und in der Konfliktszeit, dann eine regierungsfähige Partei gemacht; ihn, gegen den auch von oben das Wort von der Rotte fiel, dem geordneten deutschen Staatswesen eingefügt. Wollen wir den Sozialisten nationalisieren, so brauchen wir keine Partei jetzt, sondern einen centralisierten Verein für ganz Deutschland, einen Propagandaverein im großen, einen neuen N a t i o n a l v e r e i n . Er müßte die Gebildeten ins Lager der Arbeiter ziehen und die Arbeiter dem nationalen zugänglich machen, um dann, wenn sich der praktisch gesinnte Teil der Sozialdemokraten abspaltet, die neue Partei zu bilden. Also zweierlei in diesem Nationalverein: strengste Nationalität und unbezweifelte extreme Arbeiterfreundlichkeit. Ähnliche Gedanken in den Preußischen Jahrbüchern; ebenso in der letzten Nummer (6) der »Hilfe« das Referat über Martin: Mehr Lohn und mehr Geschütze. Wir wollen kein Programm aufstellen; wenn dieser Kreis zustimmt, will N. mit Grenzboten und Preußischen Jahrbüchern verhandeln. Unsere Sonderorganisationen müssen davon unberührt bleiben. – Außer dem Namen Nationalverein schlägt Gregory vor: National-sozialer Verein, Scheven: Sozialverein, Tischendörfer: Deutscher Sozialistenbund, Arndt: Evangelischer Volksverein.

   Die Idee und der Name »Nationalverein« werden mit Begeisterung angenommen. Naumann und Göhre berichten Einzelheiten über die beiden Richtungen in der Sozialdemokratie. An der Debatte beteiligten sich fast alle Anwesenden. Mehr ablehnend äußern sich: Ebert, Tischendörfer und Arndt. Einstimmig wurde beschlossen: Naumann zu beauftragen, vorläufige Verhandlungen, mit jedem, den er für nötig hält, anzuknüpfen und auf der nächsten Versammlung beim Kongreß in Stuttgart zu berichten.

Rauh beantragt einen Dreimännerausschuß zu wählen, dem alle Erklärungen, die im Namen der Gruppe gehen (»Wir«-Stücke) vorgelegt werden müssen. Außerdem sollen sich die Freunde der »Hilfe« in den einzelnen Gegenden nach Gelegenheit gruppieren. Gewählt in den Ausschuß: Battenberg und Wenck mit der Weisung, einen dritten, aber nicht von ganz rechts, zu kooptieren. Ihre Namen sollen nicht weiter bekannt werden. Zu prüfende Schriftstücke gehen durch die Redaktion der »Hilfe«. Angenommen Antrag Göhre (Zusätze, Rauh, Gregory, Battenberg). Die Angehörigen unserer Gruppe werden versuchen, um eine zukünftige Organisation unserer zu erhoffenden Partei aus den Arbeitern vorzubereiten, für Ideen der »Hilfe« zu arbeiten: a. in bestehenden oder noch zu gründenden christlich-sozialen Vereinen, b. in den ihnen zugänglichen Hirsch-Duncker'schen Gewerkvereinen, c. in den Gewerkschaften, d. in den sozialdemokratischen Organisationen und e. in den sonstigen Vereinen. Angenommen Antrag Mahling: Unsere Gruppe beschließt eine Organisation auf der Basis der Vertrauensmänner anzubahnen. Mahling wird aufgefordert, darüber in der »Hilfe« zu schreiben. Ferner angenommen: Antrag Göhre: Der Ausschuß von 8 Männern bekommt den Auftrag, Mittel und Wege zur Vorbereitung eines Programms zu finden. – Das Schlagwort: »Das Land der Masse« wird von Göhre und Rauh als mißverständlich und deshalb gefährlich, von Lehman und Ebert auch als innerlich unwahr bekämpft. Ferner sprechen dazu Scheven, Gregory, Ruprecht, Mahling. Der Plan, es durch eine Broschüre in der Arbeiterbibliothek zu erklären, findet nicht genügenden Anklang. Nach eingehender, mehrmaliger Verteidigung Naumanns wird das Schlagwort mit 12 gegen 5 Stimmen abgelehnt. Naumann erklärt, es nicht mehr gebrauchen zu wollen. Die Erörterung des Wortes »Klassenkampf« hat sich durch die frühere Erklärung Naumanns erledigt, er rechne zur 4. Klasse alle, die vorwiegend von Arbeit leben, also Arbeiter, Handwerker, Kleinbauern u. a. Naumann berichtet über die Tageszeitung. Sodann werden Ausstellungen und Wünsche über die »Hilfe« vorgebracht. Auf Eberts Wunsch wird über das bürgerliche Gesetzbuch debattiert, doch nach kurzer Erörterung kein Beschluß gefaßt. Die Stellung zur Monarchie wird von der Tagesordnung abgesetzt. Schluß 10 Uhr.

Vorwärts mit Gott!

Chr. Kasper Klumker
Protokollführer

QUELLEN- UND LITERATURVERZEICHNIS

1. Unveröffentlichte Quellen

Bundesarchiv Koblenz
Nachlaß Fürst Bernhard von Bülow
Nachlaß Reinhold Seeberg
Nachlaß Hans Delbrück

Universitätsbibliothek Bonn
– Handschriftenabteilung –
Nachlaß Karl Lamprecht

Universitätsbibliothek Marburg
– Handschriftenabteilung –
Nachlaß Martin Rade

Deutsche Staatsbibliothek Ostberlin
– Handschriftenabteilung –
Nachlaß Adolf von Harnack

2. Gedruckte Quellen

Quellensammlungen, Protokolle, Rundschreiben und dergleichen, sowie zeitgenössische Beiträge in Sammelwerken, Zeitungen, Zeitschriften, Jahrbüchern etc. und selbständige Veröffentlichungen, soweit sie unmittelbar zu Tagesfragen Stellung nehmen.

Akademische Blätter 10 (1895/96).
Allgemeine Evangelisch-Lutherische Kirchenzeitung 51 (1918).
Aufruf »An das katholische deutsche Volk« vom 22.11.1890, nach einem Exemplar im Deutschen Zentralarchiv Merseburg zitiert bei Herbert Gottwald, Volksverein für das katholische Deutschland (VkD) 1890–1933, in: Dieter Fricke, Hrsg., Die bürgerlichen Parteien in Deutschland. Bd. 2. Leipzig 1970.

Barth, Karl u. Martin Rade: Ein Briefwechsel. Mit einer Einleitung hrsg. v. Christoph Schwöbel. Gütersloh 1981.
Baumgarten, Otto: Predigten aus der Revolutionszeit. Tübingen 1919.
–, Der Aufbau der Volkskirche. Tübingen 1920.
–, Meine Lebensgeschichte. Tübingen 1929.
–, Ansprache, in: Johannes Herz, Hrsg., Adolf Harnack und der Evangelisch-Soziale Kongreß. Göttingen 1929.

Becker, W.: Stellung und Aufgabe der lutherischen Kirche gegenüber der sozialen Frage. Hannover 1890.

Bericht über die Verhandlungen des Siebenten Evangelisch-Sozialen Kongresses zu Stuttgart am 28. und 29. Mai 1896. Berlin 1896.

Berlepsch, Hans Hermann Freiherr von: Sozialpolitische Erfahrungen und Erinnerungen. Mönchen-Gladbach 1925.

Bers, Günter, Hrsg.: Arbeiterjugend im Rheinland. Erinnerungen von Wilhelm Reimes und Peter Trimborn. Wentorf 1978.

Besier, Gerhard, Hrsg.: Preußischer Staat und Evangelische Kirche in der Bismarckära. Gütersloh 1980 (= Texte zur Kirchen- und Theologiegeschichte 25).

Beyschlag, Willibald: Aus meinem Leben. 2 Bde. Halle 1897–1899.

Bismarck, Otto Fürst von: Die politischen Reden des Fürsten Bismarck. Historisch-kritische Gesammtausgabe besorgt von Horst Kohl. Bd. 9: 1881–1883. Stuttgart 1894.

–, Bismarcks Briefe an seinen Sohn Wilhelm. Hrsg. v. Wolfgang Windelband. Berlin 1922.

Blumhardt, Christoph, Hrsg.: Vertrauliche Blätter für Freunde von Bad Boll. Bad Boll 1888–1895.

–, Ansprachen, Predigten, Reden, Briefe (1865–1917). Hrsg. v. Johannes Harder. Neukirchen 1978.

Boehlich, Walter, Hrsg.: Der Berliner Antisemitismusstreit. Frankfurt a. M. ²1965 (= Sammlung Insel 6).

Böhme, Klaus, Hrsg.: Aufrufe und Reden deutscher Professoren im Ersten Weltkrieg. Stuttgart 1975.

Bousset, Wilhelm: Die Stellung der Evangelischen Kirchen im öffentlichen Leben bei Ausbruch der Revolution, in: Friedrich Thimme u. Ernst Rolffs, Hrsg., Revolution und Kirche. Zur Neuordnung des Kirchenwesens im deutschen Volksstaat. Berlin 1919.

Brakelmann, Günter, Hrsg.: Der deutsche Protestantismus im Epochenjahr 1917. Witten 1974 (= Studienbücher zur kirchlichen Zeitgeschichte 1).

–, Hrsg.: Quellensammlung Kirche, soziale Frage und Sozialismus. Bd. 1: Kirchenleitungen und Synoden über soziale Frage und Sozialismus 1871–1964. Gütersloh 1977.

Brauns, Heinrich: Katholische Sozialpolitik im 20. Jahrhundert. Ausgewählte Aufsätze und Reden. Bearb. v. Hubert Mockenhaupt. Mainz 1976 (= Veröffentlichungen der Kommission für Zeitgeschichte, Reihe A 19).

Breipohl, Renate, Hrsg.: Dokumente zum religiösen Sozialismus in Deutschland. München 1972 (= Theologische Bücherei 46).

Brentano, Lujo: Mein Leben im Kampf um die soziale Entwicklung Deutschlands. Jena 1931.

Christliche Welt 38 (1924).

Cohn, Gustav: Die Nachlaßsteuer und die Wissenschaft, in: Der Tag 19. 3. 1909.

Deißmann, Adolf: Evangelischer Wochenbrief, N. F. 93/94 (1918).

Delbrück, Hans, in: Preußische Jahrbücher 100 (1900).

–, Die Beseitigung der lex Heinze als Verdienst der Sozialdemokratie, in: Preußische Jahrbücher 100 (1900).

Deutsches Wochenblatt 10 (1897).

Dresbach, E.: Was läßt sich im Rahmen unserer Kirchenordnung zur Lösung der sozialen Frage tun? Dresden 1890.

Evangelisch-Sozial 22 (1913).

Fenske, Hans, Hrsg.: Im Bismarckschen Reich 1871–1880. Darmstadt 1978 (= Quellen zum politischen Denken der Deutschen im 19. und 20. Jahrhundert. Freiherr vom Stein-Gedächtnisausgabe 6).

Fischer, Alfred u. Wilhelm Kraemer: Die Trennung von Kirche und Staat in ihren kulturellen und rechtlichen Folgen. Berlin 1919.

Foerster, Erich, in: RGG ¹III.

Francke, Ernst: Nun erst recht Sozialreform, in: Evangelisch-Sozial 22 (1913).

Göhre, Paul: Der 7. Evangelisch-Soziale Kongreß, in: Soziale Praxis 5 (1895/96).

–, Die evangelisch-soziale Bewegung. Ihre Geschichte und ihre Ziele. Leipzig 1896.

Die Grenzboten 52,1 (1893); 55,2 (1896).

Greschat, Martin, Hrsg.: Der deutsche Protestantismus im Revolutionsjahr 1918/19. Witten 1974 (= Politik und Kirche. Studienbücher zur kirchlichen Zeitgeschichte 2).

Harnack, Adolf von, in: RGG ¹I.

–, Der evangelisch sociale Congreß in Berlin, zuerst in Preußische Jahrbücher 1890, abgedr. in Adolf Harnack u. Hans Delbrück: Evangelisch-Sozial. Berlin 1896.

–, Rede vom 27. 1. 1907, in: Preußische Jahrbücher 127 (1907).

–, Kleine Schriften zur alten Kirche. Berliner Akademieschriften (1890–1930). Mit Vorw. v. Jürgen Dummer. 2 Bde. Leipzig 1980 (= Opuscula 9).

Hauck, Albert: Die Trennung von Kirche und Staat. Ein Vortrag. 5. u. 6., unveränd. Aufl. Leipzig 1919.

Heinen, Ernst: Staatliche Macht und Katholizismus in Deutschland. Bd. 2: Dokumente des politischen Katholizismus von 1867–1914. Paderborn 1979.

Herkner, Heinrich: Die Arbeiterfrage. Berlin 1898; 8. Aufl. in 2 Bdn. Berlin u. Leipzig 1922.

Hertling, Georg Freiherr von: Aufsätze und Reden socialpolitischen Inhalts. Freiburg i. Br. 1884.

–, Recht, Staat und Gesellschaft. Kempten 1906.

–, Erinnerungen aus meinem Leben. Hrsg. v. Karl Graf von Hertling. Bd. 1. München 1919.

Herz, Johannes, Hrsg.: Adolf von Harnack und der Evangelisch-Soziale Kongreß. Göttingen 1930.

–, Hrsg.: Evangelisches Ringen um soziale Gemeinschaft. Fünfzig Jahre Evangelisch-Sozialer Kongreß 1890–1914. Leipzig 1940.

Die Hilfe 1 (1895).

Hitze, Franz: Kapital und Arbeit und die Reorganisation der Gesellschaft. Paderborn 1880.

–, Arbeiterfrage, in: Staatslexikon, Bd. 1. Freiburg ²1901.

Huber, Ernst Rudolf u. Wolfgang Huber, Hrsg.: Staat und Kirche im 19. und 20. Jahrhundert. Dokumente zur Geschichte des deutschen Staatskirchenrechts. Bd. 2: Staat und Kirche im Zeitalter des Hochkonstitutionalismus und des Kulturkampfs 1848–1890. Berlin 1976.

Huldermann, Friedrich: Politisches in und aus der evangelischen Kirche, in: Die Nation 14 (1896/97).

Jasper, Chr.: Evangelisch-sozial, in: Die Grenzboten 3 (1896).

Jastrow, J.: Der Liberalismus und die Wissenschaft. Historische Betrachtungen, in: Vierteljahrsschrift für Volkswirtschaft, Politik und Kulturgeschichte 26 (1889).

Kaftan, Julius: Der evangelisch-soziale Kongreß und seine Gegner, in: Deutsches Wochenblatt 10 (1897).

Kaftan, Theodor: Erlebnisse und Beobachtungen des ehemaligen Generalsuperintendenten von Schleswig, D. Theodor Kaftan, von ihm selbst erzählt. Kiel 1924.

–, u. Julius Kaftan: Kirche, Recht und Theologie in vier Jahrzehnten. Der Briefwechsel der Brüder Theodor und Julius Kaftan (1891–1926), hrsg. v. W. Goebel. München 1967.

Kahl, Wilhelm: Bekenntnisgebundenheit und Lehrfreiheit. Berlin 1897.

– Aphorismen zur Trennung von Staat und Kirche. Antrittsrede vom 15. 10. 1908. Berlin 1908.

Ketteler, Wilhelm Emmanuel von: Schriften. Hrsg. v. J. Mumbauer. Bd. 3: Soziale Schriften und Persönliches. Kempten ²1924.

–, Bischof Ketteler in seinen Schriften. Hrsg. v. Erwin Iserloh u. Christoph Stoll. Mainz 1977.

Kirchliches Gesetz- und Verordnungsblatt 18. Berlin 1918.

Kirchliches Jahrbuch 47 (1920).

Kögel, Rudolf: Die Aufgabe des evangelischen Geistlichen an der socialen Frage. Vortrag im evangelischen Verein für kirchliche Zwecke. Bremen 1878.

Konservative Monatschrift 69,1 (1911).

Kötzschke, H.: Der erste evangelisch-soziale Kursus, in: Deutsches Wochenblatt 6 (1893).

Kundgebung für Fortführung der Sozialreform am 10. Mai 1914; Protokoll in: Schriften der Gesellschaft für soziale Reform 51. Berlin 1914.

Der Kunstwart 13 (1900).

Kuntze, Johann Emil: Die soziale Frage und die innere Mission. 2 Betrachtungen. Leipzig 1873.

Kupisch, Karl, Hrsg.: Quellen zur Geschichte des deutschen Protestantismus (1871–1945). Göttingen etc. 1960 (= Quellensammlung zur Kulturgeschichte 11).

Lahusen, Friedrich: Die christliche Gemeinde und die soziale Frage. Bremen 1890.

Leuthner, Karl: Einst und jetzt, in: Sozialistische Monatshefte 14,1 (1910).

Luthardt, E.: Die soziale Frage in der Vergangenheit und in der Gegenwart. Leipzig 1877.

Marcks, Erich: Neue Horizonte, in: Internationale Monatsschrift für Wissenschaft, Kunst und Technik 9 (1914/15).

Mehnert, Gottfried, Hrsg.: Programme evangelischer Kirchenzeitungen im 19. Jahrhundert. Witten 1972 (= Evangelische Presseforschung 2).

Meinecke, Friedrich: Drei Generationen deutscher Gelehrtenpolitik, in: Historische Zeitschrift 1922, wieder in: ders., Staat und Persönlichkeit. Berlin 1933.

Menger, Anton: Über die sozialen Aufgaben der Rechtswissenschaft. Wiener Inaugurationsrede am 24. 10. 1895. Wien 1895.

Mittheilungen des Centralvereins für das Wohl der arbeitenden Klassen (1848–58), 5 Bde., neu hrsg. v. Wolfgang Köllmann u. Jürgen Reulecke. Repr. Hagen 1980.

Mumm, Reinhard: Der christlich-soziale Gedanke. Bericht über eine Lebensarbeit in schwerer Zeit. Berlin 1933.

Nathusius, Martin von: Die Mitarbeit der Kirche an der Lösung der sozialen Frage. Aufgrund einer kurzgefaßten Volkswirtschaftslehre und eines Systems der christlichen Gesellschaftslehre (Sozialethik). Leipzig ³1904.

Naumann, Friedrich: Debattenrede auf dem 4. Evangelisch-Sozialen Kongreß in Berlin 1893, in: Bericht über die Verhandlungen des 4. Evangelisch-Sozialen Kongresses. Berlin 1893, zitiert nach dem Abdruck in: Naumann, Ausgewählte Schriften, eingel. u. m. Anmerkungen versehen v. Hannah Vogt. Frankfurt a. M. 1949.

–, Die politische Mattigkeit der Gebildeten, in: Süddeutsche Monatshefte 1 (1904).

–, Die Stellung der Gebildeten in der Politik, in: Patria. Jahrbuch der »Hilfe« 1907.

–, Wohin? Wiederabdr. aus dem ersten »Hilfe«-Heft, bei: Harry Pross, Literatur und Politik. Geschichte und Programm der politisch-literarischen Zeitschriften im deutschen Sprachgebiet seit 1870. Olten u. Freiburg i. Br. 1963.

–, Werke. Hrsg. v. Theodor Schieder u. a. Bd. 1. Köln u. Opladen 1964.

Neue Evangelische Kirchenzeitung 7. 1. 1871.

Niedner, Joachim: Die rechtliche Stellung und finanzielle Lage der evangelischen Landeskirche nach ihrer Trennung vom Staat, in: Friedrich Thimme u. Ernst Rolffs, Hrsg., Revolution und Kirche. Zur Neuordnung des Kirchenwesens im deutschen Volksstaat. Berlin 1919.

Nobbe, M. A.: Der evangelisch-soziale Kongreß und seine Gegner. Göttingen 1897.

Ohr, Wilhelm: Der neue Weg. Ein Bericht über die Tätigkeit des Nationalvereins für das liberale Deutschland. München 1910.

Oertzen, Dietrich von: Landeskirchentum und soziale Frage. Vortrag, gehalten auf der kirchlich-sozialen Konferenz in Barmen am 10. 11. 1897. Berlin 1897.

Paulsen, Friedrich, in: Deutsche Literatur-Zeitung 28 (1907).

Preußische Statistik 236 (1913).

Quidde, Ludwig: Caligula. Schriften über Militarismus und Pazifismus. Hrsg. u. eingel. v. Hans-Ulrich Wehler. Frankfurt a. M. 1977.

–, Der deutsche Pazifismus während des Weltkrieges 1914–1918. Aus dem Nachlaß hrsg. v. Karl Holl unter Mitwirkung v. Helmut Donat. Boppard 1979.

Rade, Martin, in: RGG ¹IV.

–, Mehr Idealismus in der Politik. Jena 1911.

–, u. a.: Rundschreiben, abgedr. in: Vierzig Jahre »Christliche Welt«. Festgabe für Martin Rade zum 70. Geburtstag. Gotha 1927.

Rassow, Peter u. Karl Erich Born, Hrsg.: Akten zur staatlichen Sozialpolitik in Deutschland 1890–1914. Wiesbaden 1959 (= Historische Forschungen im Auftrag der Historischen Kommission der Akademie der Wissenschaften und der Literatur Mainz 3).

Rathgen, Karl: Bismarck und die Sozialpolitik, in: Evangelisch-Sozial 22 (1913).

–, Erst recht Sozialreform!, ebd.

–, Neue Angriffe gegen unsere Sozialpolitik, ebd. 24 (1914).

Das Reich 4. 12. 1906.

Der Reichsbote 10 (1918).

Rein, Wilhelm: Die zukünftigen Parteien, in: Die Grenzboten 1 (1890), abgedr. in: ders., Kunst, Politik und Pädagogik. Bd. 2. Langensalza 1911.

Riehl, Wilhelm Heinrich: Die bürgerliche Gesellschaft. Stuttgart 1866.

Rietschel, G.: Welche Stellung nimmt die evangelische Kirche zu der sozialen Frage der Gegenwart ein, und wie haben infolgedessen die Geistlichen als die Diener der Kirche auf dem Gebiete des sozialen, des wirtschaftlichen Lebens sich zu verhalten? Leipzig 1904.

Ritter, Gerhard A., Hrsg.: Das Deutsche Kaiserreich 1871–1914. Ein historisches Lesebuch. Göttingen 1975.

–, u. Susanne Miller, Hrsg.: Die deutsche Revolution 1918–1919. Dokumente. Frankfurt a. M. ²1975.

–, u. Jürgen Kocka, Hrsg.: Deutsche Sozialgeschichte. Dokumente und Skizzen. Bd. 2: 1870–1914. München ²1977.

–, unter Mitarb. v. Merith Niehuss, Hrsg.: Wahlgeschichtliches Arbeitsbuch. Materialien zur Statistik des Kaiserreichs 1871–1918. München 1980.

Rohrbach, Paul: Politische Bildung. Leipzig 1908.

–, Der deutsche Gedanke in der Welt. Königstein/Ts. u. Leipzig 1912.

–, Chauvinismus und Weltkrieg. 2 Bde. Berlin 1918/19.

–, Um des Teufels Handschrift. Zwei Menschenalter erlebter Weltgeschichte. Hamburg 1953.

Rostocker Zeitung Nr. 75 (1895).

Rubner, Heinrich, Hrsg.: Adolf Wagner. Briefe, Dokumente, Augenzeugenberichte 1851–1917. Berlin 1978.

Schmoller, Gustav: Zur Geschichte der deutschen Kleingewerbe im 19. Jahrhundert. Halle 1870.

–, Wechselnde Theorien und feststehende Wahrheiten im Gebiete der Staats- und Socialwissenschaften und die heutige deutsche Volkswirtschaftslehre. Berlin 1897.

–, Rede auf der Nürnberger Tagung des Vereins für Socialpolitik 1911, in: Schriften des Vereins für Socialpolitik 138 (1912).

–, Briefe über Bismarcks sozialpolitische und volkswirtschaftliche Stellung und Bedeutung, in: ders., Charakterbilder. Berlin 1913.

–, Die soziale Frage. München u. Leipzig 1918.

Scholz, H.: Zum evangelisch-sozialen Kongreß, in: Deutsches Wochenblatt 4 (1891).

Schultheß' Europäischer Geschichtskalender 1892; 1896.

Seeberg, Reinhold: Die Kirche und die soziale Frage. Leipzig 1896.

Sombart, Werner: Warum interessiert sich heute jedermann für Fragen der Nationalökonomie und Sozialpolitik? Leipzig 1904.

–, Der Bourgeois. München 1913.

Der sozialistische Akademiker 1 (1896).

Spahn, Martin: Die christlich-soziale Bewegung, in: Hochland 26 (1928/29).

Springer, August: Der andere, das bist du. Lebenserinnerungen eines armen reichen Mannes. Tübingen 1954.

Der Staats-Socialist 20.12.1877; 15.1.1878.

Stein, Lorenz von: Geschichte der sozialen Bewegung in Frankreich von 1789 bis auf unsere Tage (1850), hrsg. v. G. Salomon. 3 Bde. München 1921.

Stenographische Berichte der Verhandlungen des Deutschen Reichstags. 9. Legislaturperiode, 3. Session, Bd. 138 (1895).

Stoecker, Adolf: Sozialdemokratisch, sozialistisch und christlich-sozial. Vortrag vom 30.3.1880, in: ders., Christliche-sozial. Reden und Aufsätze. Berlin [2]1890.

Süddeutsche Monatshefte 11 (1914).

Sulze, E.: Über die Aufgaben der Evangelischen Kirche gegenüber den sozialen Fragen der Gegenwart. Dresden 1884.

Toury, Jacob, Hrsg.: Der Eintritt der Juden ins deutsche Bürgertum. Eine Dokumentation. Tel Aviv 1972 (= Veröffentlichungen des Diaspora Research Institute 2).

Traub, Gottfried: Ethik und Kapitalismus. Heilbronn 1904.

–, Der Pfarrer und die soziale Frage. Göttingen 1907.

Troeltsch, Ernst: Protestantisches Christentum und Kirche in der Neuzeit, in: Paul Hinneberg, Hrsg., Die Kultur der Gegenwart. Bd. 1, 4. Berlin u. Leipzig [2]1909.

–, Die deutsche Demokratie. Aufsatz vom 29.12.1918, in: ders., Spektator-Briefe. Aufsätze über die deutsche Revolution und die Weltpolitik 1918/22. Tübingen 1924, Repr. Aalen 1966.

Verhandlungen der XXXII. General-Versammlung der Katholiken Deutschlands zu Münster 1885. Münster 1885.

Verhandlungen des neunten Evangelisch-Sozialen Kongresses in Berlin am 2./3. Juni 1898. Berlin 1898.

Verhandlungen des Deutschen Evangelischen Kirchentages in Stuttgart. Stuttgart 1921.

Wach, A.: Die Stellung der Geistlichen zur sozialen Frage. Dresden 1896.

Wagener, H.: Die Lösung der sozialen Frage vom Standpunkte der Wirklichkeit und Praxis. Bielefeld u. Leipzig 1878.

Wagner, Adolf: Schlußworte einer akademischen Vorlesung über Sozialpolitik v. 3. März 1897, in: Preußische Jahrbücher 88 (1897).

–, Rede über die soziale Frage, gehalten auf der freien kirchlichen Versammlung evangelischer Männer zu Berlin am 12. Oktober 1871, in: Hans Fenske, Hrsg., Im Bismarckschen Reich. 1871–1890. Darmstadt 1978 (= Quellen zum politischen Denken der Deutschen im 19. und 20. Jahrhundert. Freiherr vom Stein-Gedächtnisausgabe. 6).

Weber, Ludwig u. Reinhard Mumm, Hrsg.: Taschenbuch für evangelische Arbeiter. 8 Bde. Berlin 1907–1914.

Weber, Max [mutmaßlicher Verfasser]: Die evangelisch-sozialen Kurse in Berlin im Herbst dieses Jahres, in: Christliche Welt 8 (1893).

–, Gesammelte Politische Schriften. 3., erneut verm. Aufl. hrsg. v. Johannes Winckelmann. Tübingen 1971.

Wegner, Konstanze u. Lothar Albertin, Hrsg.: Linksliberalismus in der Weimarer Republik. Die Führungsgremien der Deutschen Demokratischen Partei und der Deutschen Staatspartei 1918–1933. Düsseldorf 1980 (= Quellen zur Geschichte des Parlamentarismus und der politischen Parteien 3,5).

Wichern, Johann Hinrich: Die Innere Mission der deutschen evangelischen Kirche, eine Denkschrift an die deutsche Kirche, im Auftrage des Centralausschusses für die Innere Mission verfaßt (1849). Hrsg. v. M. Gerhardt. Hamburg 1948.

–, Ausgewählte Schriften. Bd. 1: Schriften zur sozialen Frage; Bd. 3: Die Denkschrift. Gütersloh 1956–1962.

–, Sämtliche Werke. Hrsg. v. Peter Meinhold. 7 Bde. Berlin u. Hamburg 1958–1973.

Wilhelmi, Heinrich: Strike und öffentliche Meinung. Ethische Erwägungen zur socialen Frage. Güstrow 1895.

Wippermann, Deutscher Geschichtskalender 1896,2; 1898,1; 1903,1; 1904,2; 1912,2.

Zscharnack, L.: Trennung von Staat und Kirche. Berlin 1919 (= Volksschriften zum Aufbau 1).

Zuppke, P.: Wie ist die soziale Frage in der Predigt zu behandeln? Gera 1890.

3. Literatur

Abelshauser, Werner: Staat, Infrastruktur und regionaler Wohlstandsausgleich im Preußen der Hochindustrialisierung, in: Fritz Blaich, Hrsg., Staatliche Umverteilungspolitik in historischer Perspektive. Beiträge zur Entwicklung des Staatsinterventionismus in Deutschland und Österreich. Berlin 1980.

Achenbach, Hermann: Die konfessionelle Arbeiterbewegung unter besonderer Berücksichtigung ihrer sozialen und sozialpolitischen Problematik. Diss. Gießen 1935.

Adam, Ernst: Die Stellung der deutschen Sozialdemokratie zu Religion und Kirche. Diss. Frankfurt a. M. 1930.

Albertin, Lothar: Liberalismus und Demokratie am Anfang der Weimarer Republik. Eine vergleichende Analyse der Deutschen Demokratischen Partei und der Deutschen Volkspartei. Düsseldorf 1972.

Andréas, Bert: Ferdinand Lassalle – Allgemeiner Deutscher Arbeiterverein. Bibliographie ihrer Schriften und der Literatur über sie 1840 bis 1975. Mit einer Einleitung von Cora Stephan. Bonn 1981 (= Archiv für Sozialgeschichte. Beih. 9).

Apfelbacher, K. E.: Frömmigkeit und Wissenschaft. Ernst Troeltsch und sein theologisches Programm. München 1978 (= Beiträge zur ökumenischen Theologie 18).

Aubin, Hermann u. Wolfgang Zorn, Hrsg.: Handbuch der deutschen Wirtschafts- und Sozialgeschichte. Bd. 2: Das 19. und 20. Jahrhundert, hrsg. v. Wolfgang Zorn. Stuttgart 1976.

Bacharach, Walter Zwi: Jews in Confrontation with Racist Antisemitism, 1879–1933, in: Yearbook, Leo Baeck Institute 25 (1980).

Bachem, Karl: Vorgeschichte, Geschichte und Politik der Deutschen Zentrumspartei. Zugleich ein Beitrag zur Geschichte der Katholischen Bewegung, sowie zur allgemeinen Geschichte des neueren und neuesten Deutschland, 1815–1914. 9 Bde. Köln 1927–1932.

Bacher, Isabella: Die Christlichen Gewerkschaften und ihre Stellung zum »Kapitalistischen Geist«. Köln 1927.

Bammel, Ernst: Die evangelische Kirche in der Kulturkampfära. Eine Studie zu den Folgen des Kulturkampfes für Kirchentum, Kirchenrecht und Lehre von der Kirche. Diss. Bonn 1949.

–, Die Reichsgründung und der deutsche Protestantismus. Erlangen 1973 (= Erlanger Forschungen, Reihe A 27).

Barth, Karl: Vergangenheit und Zukunft (Friedrich Naumann und Christoph Blumhardt), in: J. Moltmann, Hrsg., Anfänge der dialektischen Theologie. München 1962.

Baudis, Dieter u. Helga Nussbaumer: Wirtschaft und Staat in Deutschland vom Ende des 19. Jahrhunderts bis 1918/19. Berlin (Ost) 1978 (= Wirtschaft und Staat in Deutschland 1).

Bauer, Clemens: Wandlungen der sozialpolitischen Ideenwelt im deutschen Katholizismus des 19. Jahrhunderts, in: Die soziale Frage und der Katholizismus. Festschrift zum 40jährigen Jubiläum der Enzyklika »Rerum novarum«. Paderborn 1931.

Baumert, Wolfgang: Die »Christliche Welt« und die Nationalsozialisten 1886–1903. Diss. München 1956.

Baumgartner, Alois, Sehnsucht nach Gemeinschaft. Ideen und Strömungen im Sozialkatholizismus der Weimarer Republik. München etc. 1977.

Becher, Paul: Vergleich und Kritik der sozialpolitischen Auffassungen bei Lujo Brentano, Adolf Wagner, Georg von Hertling und Franz Hitze. Diss. München 1965.

Becker, Josef: Staat und Kirche in der Ära von Reichsgründung und Kulturkampf. Geschichte und Strukturen ihres Verhältnisses in Baden 1860–1876. Mainz 1973 (= Veröffentlichungen der Kommission für Zeitgeschichte, Reihe B 14).

Becker, Winfried: Georg von Hertling, 1843–1919. Bd. 1: Jugend und Selbstfindung zwischen Romantik und Kulturkampf. Mainz 1981 (= Veröffentlichungen der Kommission für Zeitgeschichte, Reihe B 31).

Below, Georg von (u. a.), Hrsg.: Deutscher Aufstieg. Bilder aus der Vergangenheit und Gegenwart der rechtsstehenden Parteien. Berlin 1925.

Bente, Viola: Die Christlichen Gewerkschaften in Deutschland, ihre Entstehung und Entwicklung von 1900 bis 1914. Diss. Graz 1978.

Berghahn, Volker R.: Politik und Gesellschaft im Wilhelminischen Deutschland, in: Neue politische Literatur 24 (1979).

Bergsträsser, Ludwig: Studien zur Vorgeschichte der Zentrumspartei. Tübingen 1910 (= Beiträge zur Parteigeschichte 1).

Bers, Günter: Katholische Arbeitervereine im Raum Aachen 1903–1914. Aufbau und Organisation des Aachener Bezirksverbandes im Spiegel seiner Delegiertenversammlung. Wentorf 1979 (= Die Arbeiterbewegung in den Rheinlanden 12).

Besier, Gerhard: Preußische Kirchenpolitik in der Bismarckära. Die Diskussion in Staat und Evangelischer Kirche um eine Neuordnung der kirchlichen Verhältnisse Preußens zwischen 1866 und 1872. Mit e. Vorw. v. Klaus Scholder. Berlin u. New York 1980.

Besson, Waldemar: Die christlichen Kirchen und die moderne Demokratie, in: Walther Peter Fuchs, Hrsg., Staat und Kirche im Wandel der Jahrhunderte. Stuttgart etc. 1966.

Beutin, L.: Das Bürgertum als Gesellschaftsstand im 19. Jahrhundert, in: Blätter für deutsche Landesgeschichte 90 (1953).

Beyer, Hans: Der »religiöse Sozialismus« in der Weimarer Republik, in: Deutsche Zeitschrift für Philosophie 8 (1960).

Bieber, Hans-Joachim: Anti-Semitism as a Reflection of Social, Economic and Political Tension in Germany from 1880–1933, in: David Bronsen, Hrsg., Jews and Germans from 1860 to 1933: The Problematic Symbiosis. Heidelberg 1979.

Biermann, Benno: Die soziale Struktur der Unternehmerschaft. Demographischer Aufbau, soziale Herkunft und Ausbildung. Stuttgart 1971.

Birke, Adolf M.: Bischof Kettelers Kritik am deutschen Liberalismus, in: Martin Schmidt u. Georg Schwaiger, Hrsg., Kirchen und Liberalismus im 19. Jahrhundert. Göttingen 1976.

Blackbourn, David: Class, Religion and Local Politics in Wilhelmine Germany. The Centre Party in Württemberg before 1914. Wiesbaden 1980 (= Veröffentlichungen des Instituts für Europäische Geschichte, Mainz, Abt. Universalgeschichte, Beih. 9).

–, u. Geoff Eley, Mythen deutscher Geschichtsschreibung. Die gescheiterte bürgerliche Revolution von 1848. Frankfurt etc. 1980.

Blaich, Fritz, Hrsg.: Staatliche Umverteilungspolitik in historischer Perspektive. Beiträge zur Entwicklung des Staatsinterventionismus in Deutschland und Österreich, Berlin 1980 (= Schriften des Vereins für Socialpolitik, N. F. 109).

Blakey, George Thomas: Historians on the Homefront. Propagandists for the Great War. Diss. Indiana University 1970.

Blasius, Dirk: Lorenz von Stein. Grundlagen und Struktur seiner politischen Ideenwelt. Köln 1970.

–, Lorenz von Steins Lehre vom Königtum der sozialen Reform und ihre verfassungspolitischen Grundlagen, in: Der Staat 10 (1971).

–, Konservative Sozialpolitik und Sozialreform im 19. Jahrhundert, in: G.-K. Kaltenbrunner, Hrsg., Rekonstruktion des Konservatismus. Freiburg i. Br. ²1973.

Bock, Horst: Staatliche Sozialpolitik in Deutschland von 1907–1914. Diss. Köln 1968.

Böhme, Helmut: Deutschlands Weg zur Großmacht. Studien zum Verhältnis von Wirtschaft und Staat während der Reichsgründungszeit 1848–1881. Köln u. Berlin 1966.

–, Hrsg.: Probleme der Reichsgründungszeit 1848–1879. Köln u. Berlin ²1972.

–, Bismarcks Schutzzollpolitik und die Festigung des konservativen Staates, in: ders., Hrsg., Probleme der Reichsgründungszeit 1848–1879, Köln u. Berlin ²1972.

Böhme, Theodor: Die christlich-nationalen Gewerkschaften. Ihr Werden, Wesen und Wollen. Stuttgart 1930.

Boldt, Hans: Deutscher Konstitutionalismus und Bismarckreich, in: Michael Stürmer, Hrsg., Das kaiserliche Deutschland. Politik und Gesellschaft 1870–1918. Düsseldorf 1970.

Boll, Friedhelm: Frieden ohne Revolution? Friedensstrategien der deutschen Sozialdemokratie vom Erfurter Programm bis zur Revolution 1918. Bonn 1980 (= Forschungsinstitut der Friedrich-Ebert-Stiftung, Reihe Politik und Gesellschaftsgeschichte 8).

Born, Karl Erich: Staat und Sozialpolitik seit Bismarcks Sturz. Ein Beitrag zur Geschichte der innenpolitischen Entwicklung des Deutschen Reiches 1890–1914. Wiesbaden 1957 (= Historische Forschungen im Auftrag der Historischen Kommission der Akademie der Wissenschaften und der Literatur Mainz 1).

–, Sozialpolitische Probleme und Bestrebungen in Deutschland von 1848 bis zur Bismarckschen Sozialgesetzgebung, in: Vierteljahrsschrift für Sozial- und Wirtschaftsgeschichte 46 (1959).

–, Die Motive der Bismarckschen Sozialgesetzgebung, in: Die Arbeiterversorgung 62 (1960).

–, (u. a.): Quellensammlung zur Geschichte der deutschen Sozialpolitik 1867–1914. Bd. 1: Einführungsband. Wiesbaden 1966.

–, Der wirtschaftliche und soziale Strukturwandel in Deutschland am Ende des 19. Jahrhunderts, in: Ernst-Wolfgang Böckenförde, Hrsg., Moderne deutsche Verfassungsgeschichte (1815–1918). Köln 1972.

–, Staat und Sozialpolitik im Deutschen Kaiserreich, in: Geschichte in der Gegenwart. Festschrift für Kurt Kluxen zu seinem 60. Geburtstag. Paderborn 1972.

–, Wissenschaft und politisches Werturteil im Deutschland des 19. Jahrhunderts, in: K. Ulmer, Hrsg., Die Verantwortung der Wissenschaft. Bonn 1975.

Bornkamm, Heinrich: Die Staatsidee im Kulturkampf. Mit e. Nachw. z. Neudr. Darmstadt 1969.

Boese, Franz: Geschichte des Vereins für Sozialpolitik 1872–1932. Im Auftrage des Liquidationsausschusses verfaßt vom Schriftführer. Berlin 1939 (= Schriften des Vereins für Socialpolitik 188).

Bosl, Karl u. Eberhard Weis: Die Gesellschaft in Deutschland. Bd. 1: Von der Fränkischen Zeit bis 1848. München 1976 (= Staat und Gesellschaft 2).

Bracher, Karl-Dietrich: Die Auflösung der Weimarer Republik. Eine Studie zum Problem des Machtverfalls in der Demokratie. Villingen ⁴1964.

Brack, Rudolf: Deutscher Episkopat und Gewerkschaftsstreit 1900–1914. Köln u. Wien 1976 (= Bonner Beiträge zur Kirchengeschichte 9).

Brakelmann, Günter: Die soziale Frage des 19. Jahrhunderts. Bd. 2: Die evangelisch-soziale und katholisch-soziale Bewegung. Witten 1962.

–, Kirche und Sozialismus im 19. Jahrhundert. Die Analyse des Sozialismus und Kommunismus bei Johann Hinrich Wichern und bei Rudolf Todt. Witten 1966.

–, Der deutsche Protestantismus im Epochenjahr 1917. Witten 1974.

–, Protestantische Kriegstheologie im ersten Weltkrieg. Reinhold Seeberg als Theologe des deutschen Imperialismus. Bielefeld 1974.

–, Der Krieg 1870/71 und die Reichsgründung im Urteil des Protestantismus, in: Wolfgang Huber u. Johannes Schwerdtfeger, Hrsg., Kirche zwischen Krieg und Frieden. Studien zur Geschichte des deutschen Protestantismus. Stuttgart 1976.

Brandmüller, Walter: Kirche und Arbeiterschaft im 19. Jahrhundert. Fragen und Tatsachen, in: Stimmen der Zeit 193 (1975).

–, Katholische Kirche und Arbeiterschaft im 19. Jahrhundert, in: ders., Damals geschehen, heute diskutiert. St. Ottilien 1977.

Braun, Rudolf: Zur Einwirkung sozio-kultureller Umweltbedingungen auf das Unternehmerpotential und das Unternehmerverhalten, in: Wolfram Fischer, Hrsg., Wirtschafts- und sozialgeschichtliche Probleme der frühen Industrialisierung. Berlin 1968 (= Einzelveröffentlichungen der Historischen Kommission. Friedrich-Meinecke-Institut 1).

Breipohl, Renate: Religiöser Sozialismus und bürgerliches Geschichtsbewußtsein zur Zeit der Weimarer Republik. Zürich 1971 (= Studien zur Dogmengeschichte und Systematischen Theologie 2).

Briefs, Goetz: Das Arbeiterbild bei Bischof von Ketteler und Franz Hitze, in: ders., Josef Paulus, Gustav Gundlach, Heinz Budde. Das Bild des Arbeiters in der katholischen Sozialbewegung von den Anfängen bis zur Gegenwart. Festschrift für Prälat Franz Müller. Köln 1960.

Brocke, Bernhard vom: Hochschul- und Wissenschaftspolitik in Preußen und im deutschen Kaiserreich. Das ›System Althoff‹, in: Peter Baumgart, Hrsg., Bildungspolitik in Preußen zur Zeit des Kaiserreichs. Stuttgart 1980 (= Preußen in der Geschichte 1).

–, Preußen – Land der Schulen, nicht nur der Kasernen. Preußische Bildungspolitik von Gottfried Wilhelm Leibniz und Wilhelm von Humboldt bis Friedrich Althoff und Carl Heinrich Becker (1700–1930), in: Preußen, eine Herausforderung. Karlsruhe 1981 (= Herrenalber Texte 32).

Bröker, Werner: Politische Motive naturwissenschaftlicher Argumentation gegen Religion und Kirche im 19. Jahrhundert. Dargestellt am ›Materialisten‹ Karl Vogt (1817–1895). Münster 1973 (= Münsterische Beiträge zur Theologie 35).

Bronsen, David, Hrsg.: Jews and Germans from 1860 to 1933: The Problematic Symbiosis. Heidelberg 1979.

Bruch, Rüdiger vom: Bürgerliche Sozialreform und Gewerkschaften im späten deutschen Kaiserreich. Die Gesellschaft für soziale Reform 1901–1914, in: Internationale Wissenschaftliche Korrespondenz zur Geschichte der deutschen Arbeiterbewegung 15 (1979).

–, Universität, Staat und Gesellschaft. Neuere sozial-, disziplin- und personengeschichtliche Beiträge zum deutschen Hochschulwesen im 19. und frühen 20. Jahrhundert, in: Archiv für Sozialgeschichte 20 (1980).

–, Wissenschaft, Politik und öffentliche Meinung. Gelehrtenpolitik im Wilhelminischen Deutschland (1890–1914). Husum 1980 (= Historische Studien 435).

–, Streiks und Konfliktregelung im Urteil bürgerlicher Sozialreformer 1872–1914, in: Klaus Tenfelde u. Heinrich Volkmann, Hrsg., Streik. Zur Geschichte des Arbeitskampfes in Deutschland während der Industrialisierung. München 1981.

–, Weltpolitik als Kulturmission. Auswärtige Kulturpolitik und Bildungsbürgertum in Deutschland am Vorabend des ersten Weltkrieges. Paderborn etc. 1982.

Brüls, Karlheinz: Geschichte der katholisch-sozialen Bewegung in Deutschland. Münster 1958.

Buchheim, K.: Ultramontanismus und Demokratie. Der Weg der deutschen Katholiken im 19. Jahrhundert. München 1963.

Budde, Heinz: Handbuch der christlich-sozialen Bewegung. Recklinghausen 1967.

Burchard, Ferdinand: Ideengeschichte der christlichen Gewerkschaften mit besonderer Berücksichtigung des »Gewerkschaftsstreites«. Diss. Würzburg 1922.

Buske, Thomas: Thron und Altar. Die Rolle der Berliner Hofprediger im Zeitalter des Wilhelminismus. Neustadt a. d. Aisch 1970.

Bußmann, Walter: Otto von Bismarck. Geschichte, Staat, Politik, in: Otto Büsch und Wolfgang Neugebauer, Hrsg., Moderne Preußische Geschichte 1648–1947. Bd. 3. Berlin u. New York 1981 (= Veröffentlichungen der Historischen Kommission zu Berlin 52,3).

Calleo, David P.: The German Problem Reconsidered. Germany and the World Order, 1870 to the Present. Cambridge u. London 1978.

Casalis, Georges: Solidarität mit dem Proletarier. Christoph Blumhard d. J., in: Klaus von Bismarck u. Walter Dirks, Hrsg., Glaube und Ideologie. Berlin 1964.

Censarek, Franz Maria: Die Christlichen Gewerkschaften in Deutschland. Diss. Graz 1967.

Christ, Hans: Christlich-religiöse Lösungsversuche der sozialen Frage im mittleren 19. Jahrhundert (Wichern, V. A. Huber, Wilhelm Löhe, Gustav Werner). Diss. Erlangen 1951.

Christ, Herbert: Der politische Protestantismus in der Weimarer Republik. Eine Studie über die politische Meinungsbildung durch die evangelischen Kirchen im Spiegel der Literatur und Presse. Diss. Bonn 1967.

Christ, Jürgen: Staat und Staatsräson bei Friedrich Naumann. Heidelberg 1969.

Classen, Manfred: Die staatliche Sozialpolitik von 1839–1918. Eine Betrachtung unter dem Gesichtswinkel des Subsidiaritätsprinzips. Diss. Köln 1962.

Cochlovius, Joachim: Bekenntnis und Einheit der Kirche im deutschen Protestantismus 1840–1850. Gütersloh 1980 (= Die Lutherische Kirche, Geschichte und Gestalten 3).

Conze, Werner: Religion und Kirche, in: Hermann Aubin u. Wolfgang Zorn, Hrsg., Handbuch der deutschen Wirtschafts- und Sozialgeschichte. Bd. 2: Das 19. und 20. Jahrhundert, hrsg. v. Wolfgang Zorn. Stuttgart 1976.

–, Sozialgeschichte 1850–1914, ebd.

–, u. Ulrich Engelhardt, Hrsg.: Arbeiter im Industrialisierungsprozeß. Herkunft, Lage und Verhalten. Stuttgart 1979 (= Industrielle Welt 28).

–, Das Kaiserreich von 1871 als gegenwärtige Vergangenheit im Generationswandel der deutschen Geschichtsschreibung, in: Werner Pöls, Hrsg., Staat und Gesellschaft im politischen Wandel. Festschrift Walter Bußmann. Stuttgart 1979.

Dahm, Karl-Wilhelm: Pfarrer und Politik. Soziale Position und politische Mentalität des deutschen evangelischen Pfarrerstandes zwischen 1918 und 1933. Köln u. Opladen 1965 (= Dortmunder Schriften zur Sozialforschung 29).

–, German Protestantism and Politics 1918–1939, in: Journal of Contemporary History 3 (1968).

Demeter, Karl: Die soziale Schichtung des Deutschen Parlamentes seit 1848, ein Spiegelbild der Strukturwandlung des Volkes, in: Vierteljahrsschrift für Sozial- und Wirtschaftsgeschichte 39 (1952).

Denk, Hans Dieter: Die christliche Arbeiterbewegung in Bayern bis zum Ersten Weltkrieg. Mainz 1980 (= Veröffentlichungen der Kommission für Zeitgeschichte, B 29).

Dierkes, Herbert: Die evangelisch-soziale Bewegung und der sozialdemokratische Arbeiter 1896–1914. Diss. Freiburg 1949.

Domann, Peter: Sozialdemokratie und Kaisertum unter Wilhelm II. Die Auseinandersetzung der Partei mit dem monarchischen System, seinen gesellschafts- und verfassungspolitischen Voraussetzungen. Wiesbaden 1974.

Döring, Herbert: Der »Weimarer Kreis«. Untersuchungen zum politischen Bewußtsein deutscher Hochschullehrer in der Weimarerer Republik. Meisenheim 1973.

Dreher, Wolfgang: Die Entstehung der Arbeiterwitwenversicherung in Deutschland nach zum Teil unveröffentlichten Quellen. Berlin 1978 (= Sozialpolitische Schriften 39).

Düding, Dieter: Der Nationalsoziale Verein 1896–1903. Der gescheiterte Versuch einer parteipolitischen Synthese von Nationalismus, Sozialismus und Liberalismus. München u. Wien 1972 (= Studien zur Geschichte des 19. Jahrhunderts 6).

Eger, Hans: Der Evangelisch-Soziale Kongreß. Ein Beitrag zu seiner Geschichte und Problemstellung. Diss. Heidelberg 1930.

Einicke, Fritz: Die Stellung der evangelischen Arbeitervereine zur sozialen Frage. Diss. Köln 1950.

Eley, Geoff: Reshaping the German Right. Radical Nationalism and Political Change after Bismarck. New Haven u. London 1980.

Elliger, Walter, Hrsg.: Die Evangelische Kirche der Union. Ihre Vorgeschichte und ihre Geschichte. Unter Mitarb. v. Walter Delius u. Oskar Söhngen. Witten 1967.

Emig, Brigitte: Die Veredelung des Arbeiters. Sozialdemokratie als Kulturbewegung. Frankfurt u. New York 1980.

Engel, Ingrid: Gottesverständnis und sozialpolitisches Handeln. Eine Untersuchung zu Friedrich Naumann. Göttingen 1972 (= Studien zur Theologie und Geistesgeschichte im 19. Jahrhundert 4).

Engelhardt, Ulrich: »Nur vereint sind wir stark«. Die Anfänge der deutschen Gewerkschaftsbewegung 1862/63 bis 1869/70. Stuttgart 1977 (= Industrielle Welt 23).

Erdmann, August: Die christliche Arbeiterbewegung in Deutschland. Stuttgart 1909.

–, Die Christlichen Gewerkschaften, insbesondere ihr Verhältnis zu Zentrum und Kirche. Stuttgart 1914.

Ernst, Adam: Die Stellung der deutschen Sozialdemokratie zu Religion und Kirche (bis 1914). Diss. Frankfurt a. M. 1930.

Faber, Ernst: Die evangelischen Arbeitervereine und ihre Stellungnahme zu sozialpolitischen Problemen. Diss. Würzburg 1927.

Fähler, Jochen: Der Ausbruch des 1. Weltkrieges in Karl Barths Predigten 1913–1915. Bern etc. 1979 (= Basler und Berner Studien zur historischen und systematischen Theologie 37).

Fastenrath, Elmar: Bischof Ketteler und die Kirche. Eine Studie zum Kirchenverständnis des politisch-sozialen Katholizismus. Essen 1971 (= Beiträge zur neueren Geschichte der katholischen Theologie 13).

Feix, Nereu: Werturteil, Politik und Wirtschaft. Werturteilsstreit und Wissenschaftstransfer bei Max Weber. Göttingen 1978.

Fenske, Hans: Preußische Beamtenpolitik vor 1918, in: Der Staat 12 (1973).

Feyerabend, Bruno: Die evangelischen Arbeitervereine. Eine Untersuchung über ihre religiösen, geistigen, gesellschaftlichen und politischen Grundlagen und über ihre Entwicklung bis zum ersten Weltkrieg. Diss. Frankfurt a. M. 1955.

Filthaut, E.: Deutsche Katholikentage und soziale Frage 1848–1958. Essen 1960.

Fischer, Fritz: Griff nach der Weltmacht. Die Kriegszielpolitik des kaiserlichen Deutschland 1914/18. 3., verb. Aufl. Düsseldorf 1964.

–, Der deutsche Protestantismus und die Politik im 19. Jahrhundert, zuerst in: Historische Zeitschrift 171, leicht gekürzter Wiederabdr. in: Helmut Böhme, Hrsg., Probleme der Reichsgründungszeit 1848–1879, Köln ²1972.

–, Bündnis der Eliten. Zur Kontinuität der Machtstrukturen in Deutschland 1871–1945. Düsseldorf 1978.

Fischer, Heinz-Dietrich: Handbuch der politischen Presse in Deutschland 1480–1980. Synopse rechtlicher, struktureller und wirtschaftlicher Grundlagen der Tendenzpublizistik im Kommunikationsfeld. Düsseldorf 1980.

Fischer, Wolfram: Bergbau, Industrie und Handwerk, in: Hermann Aubin u. Wolfgang Zorn, Hrsg.: Handbuch der deutschen Wirtschafts- und Sozialgeschichte. Bd. 2: Das 19. und 20. Jahrhundert, hrsg. v. Wolfgang Zorn. Stuttgart 1976.

Focke, Franz: Sozialismus aus christlicher Verantwortung. Die Idee eines christlichen Sozialismus in der katholisch-sozialen Bewegung und in der CDU. Wuppertal 1978 (²1981).

Frank, Walter: Hofprediger Adolf Stoecker und die christlich-soziale Bewegung. Berlin 1928.

Fraenkel, Ernst: Belastungen der parlamentarischen Demokratie in Deutschland, in: ders., Deutschland und die westlichen Demokratien. Stuttgart etc. ⁴1968.

Franz, Albert: Der soziale Katholizismus in Deutschland bis zum Tode Kettelers. Mönchen-Gladbach 1914 (= Apologetische Tagesfragen 15).

Frey, Ludwig: Die Stellung der christlichen Gewerkschaften zu den politischen Parteien. Diss. Würzburg 1931.

Fricke, Dieter: Der Reichsverband gegen die Sozialdemokratie von seiner Gründung bis zu den Reichstagswahlen von 1907, in: Zeitschrift für Geschichtswissenschaft 7 (1959).

–, Christlich-soziale Partei 1878–1918 (1878–1881 Christlichsoziale Arbeiterpartei), in: ders., Hrsg., Die bürgerlichen Parteien in Deutschland. Bd. 1. Leipzig 1968.

–, Gesamtverband evangelischer Arbeitervereine Deutschlands, ebd.

–, u. Herbert Gottwald: Katholische Arbeitervereine, in: ders., Hrsg., Die bürgerlichen Parteien in Deutschland, Bd. 2. Leipzig 1970.

–, Zentralverein für Sozialreform auf religiöser und konstitutionell-monarchischer Grundlage 1877–1881, ebd.

Friedberger, Walter: Die Geschichte der Sozialismuskritik im katholischen Deutschland zwischen 1830 und 1914. Frankfurt a. M. etc. 1978 (= Regensburger Studien zur Theologie 14).

Frieling, Reinhard: Die Bewegung für Glaube und Kirchenverfassung 1920–1937 unter besonderer Berücksichtigung des Beitrages der deutschen evangelischen Theologie und der evangelischen Kirche in Deutschland. Göttingen 1970.

Gaede, Reinhard: Kirche, Christen, Krieg und Frieden. Die Diskussion im deutschen Protestantismus während der Weimarer Zeit. Hamburg-Bergstedt 1975.

Geiss, Imanuel: Die Fischer-Kontroverse, in: Studien über Geschichte und Geschichtswissenschaft. Frankfurt a. M. 1972.

–, u. Bernd Jürg Wendt, Hrsg.: Deutschland in der Weltpolitik des 19. und 20. Jahrhunderts. Fritz Fischer zum 65. Geburtstag. Düsseldorf 1973.

Giese, Friedrich: Staat und Kirche im neuen Deutschland. Systematische Übersicht über die quellengeschichtliche Entwicklung des Verhältnisses zwischen Staat und Kirche in Reich und Ländern seit dem Umsturz im November 1918, in: Jahrbuch des öffentlichen Rechts 13 (1925).

Gladen, Albin: Geschichte der Sozialpolitik in Deutschland. Wiesbaden 1974.

Glick, Garland W.: The Reality of Christianity. A Study of Adolf von Harnack as Historian and Theologian. New York 1967.

Gobbin, Annemarie: Die Ideologie der christlichen Gewerkschaften. Eine soziologische Untersuchung mit besonderer Berücksichtigung von Tönnies' Gemeinschaft und Gesellschaft. Kiel 1923.

Gollwitzer, Heinz: Die Standesherren. Die politische und gesellschaftliche Stellung der Mediatisierten, 1815–1918. Ein Beitrag zur Sozialgeschichte. Stuttgart 1957.

Gorges, Irmela: Sozialforschung in Deutschland 1872–1914. Gesellschaftliche Einflüsse auf Themen- und Methodenwahl des Vereins für Socialpolitik. Meisenheim a. Gl. 1980 (= Schriften des Wissenschaftszentrums Berlin 14).

Gosebruch, Karl: Franz Hitze und die Gemeinschaftsidee. Diss. Münster 1927.

Gottwald, Herbert: Gesamtverband der christlichen Gewerkschaften 1901–1933, in: Dieter Fricke, Hrsg., Die bürgerlichen Parteien in Deutschland, Bd. 2. Leipzig 1970.

–, Der Volksverein für das katholische Deutschland, ebd.

Greiffenhagen, Martin: Das Dilemma des Konservatismus in Deutschland. München 1971 (²1977).

Grosser, Dieter: Vom monarchischen Konstitutionalismus zur parlamentarischen Demokratie. Die Verfassungspolitik der deutschen Parteien im letzten Jahrzehnt des Kaiserreiches. Den Haag 1970 (= Studien zur Regierungslehre und Internationalen Politik 1).

Grote, Heiner: Sozialdemokratie und Religion. Eine Dokumentation für die Jahre 1836–1875. Tübingen 1968.

Gruber, Carol S.: Mars and Minerva. World War I and the Uses of the Higher Learning in America. Diss. Baton Rouge 1975.

Grünberg, E.: Der Mittelstand in der kapitalistischen Gesellschaft. Leipzig 1932.

Gründer, Horst: Walter Simons, die Ökumene und der Evangelisch-Soziale Kongreß. Ein Beitrag zur Geschichte des politischen Protestantismus im 20. Jahrhundert. Soest 1974 (= Ökumenische Schriften 8).

Grünthal, Günther: Reichsschulgesetz und Zentrumspartei in der Weimarer Republik. Düsseldorf 1968.

–, »Zusammenschluß« oder »Evangelisches Zentrum«? Ein Beitrag zur Geschichte der deutschen Zentrumspartei in der Weimarer Republik, in: Werner Pöls, Hrsg., Staat und Gesellschaft im politischen Wandel. Beiträge zur Geschichte der modernen Welt. Festschrift Walter Bußmann. Stuttgart 1979.

Grunz, Alfred: Die evangelischen Arbeitervereine, in: Fritz Giese, Hrsg., Handwörterbuch der Arbeitswissenschaft, Bd. 1. Halle 1930.

Guttsman, Wilhelm Leo: The German Social Democratic Party, 1875–1933: From Ghetto to Government. London 1981.

Haase, Amine: Katholische Presse und die Judenfrage. Inhaltsanalyse katholischer Periodika am Ende des 19. Jahrhunderts. Pullach b. München 1975.

Habel, Werner: Deutsch-Jüdische Geschichte am Ausgang des 19. Jahrhunderts. Untersuchungen zur Geschichte der innerjüdischen Sammelbewegung im Deutschen Reich 1880–1900 als Beitrag zu einem wissenschafts-propädeutischen Geschichtsunterricht. Düsseldorf etc. 1977 (= Schriftenreihe zur Geschichte und politischen Bildung 23).

Habermas, Jürgen: Strukturwandel der Öffentlichkeit. Untersuchungen zu einer Kategorie der bürgerlichen Gesellschaft. Neuwied ⁵1971 (= Politica 4).

Hallstein, Walter: Hochschule und Staat, in: Die Wandlung 2 (1947).

Hamel, Iris: Völkischer Verband und nationale Gewerkschaft. Der Deutschnationale Handlungsgehilfenverband 1893–1933. Frankfurt a. M. 1966 (= Forschungsstelle für die Geschichte des Nationalsozialismus in Hamburg. Veröffentlichungen 9).

Hammer, Karl: Deutsche Kriegstheologie 1870–1918. München 1971.

–, Adolf von Harnack und der Erste Weltkrieg, in: Zeitschrift für evangelische Ethik 16 (1972).

–, Der deutsche Protestantismus und der Erste Weltkrieg, in: Francia 2 (1974).

Hanisch, Ernst: Konservatives und revolutionäres Denken. Deutsche Sozialkatholiken im 19. Jahrhundert. Wien u. Salzburg 1975 (= Veröffentlichungen. Institut für kirchliche Zeitgeschichte Salzburg, 2: Studien 2).

Happ, Wilhelm: Das Staatsdenken Friedrich Naumanns. Bonn 1968.

Hardtwig, Wolfgang: Von Preußens Aufgabe in Deutschland zu Deutschlands Aufgabe in der Welt. Liberalismus und borussisches Geschichtsbild zwischen Revolution und Imperialismus, in: Historische Zeitschrift 231 (1980).

Hartfiel, Günter: Angestellte und Angestelltengewerkschaften in Deutschland. Entwicklung und gegenwärtige Situation von beruflicher Tätigkeit, sozialer Stellung und Verbandswesen der Angestellten in der gewerblichen Wirtschaft. Berlin 1961 (= Soziologische Abhandlungen 1).

Hartmann, Albrecht: Zentrum und Christliche Gewerkschaften von 1840 bis 1914. Ein Beitrag zur Parteiengeschichte des Deutschen Zentrums und zur Geschichte der christlichen Gewerkschaften mit einem Überblick der politischen, wirtschaftlichen und sozialen Einwirkungen des 1. Weltkrieges von 1914–1918 auf die Partei und die Gewerkschaftsbewegung. Diss. Berlin 1952.

Hattenhauer, H.: Geschichte des Beamtentums. Köln 1980 (= Handbuch des öffentlichen Dienstes 1).

Heffer, H.: Bismarcks Sozialpolitik, in: Archiv für Sozialgeschichte 3 (1963).

Heilmann, Martin: Adolph Wagner, ein deutscher Nationalökonom im Urteil der Zeit. Probleme seiner biographischen und theoriegeschichtlichen Würdigung im Lichte neuer Quellen. Frankfurt a. M. u. New York 1980 (= Campus Forschung 160).

Heinen, Ernst: Zentrumspresse und Kriegszieldiskussion unter besonderer Berücksichtigung der »Kölnischen Volkszeitung« und der »Germania«. Diss. Köln 1962.

Heitzer, Horst-Walter: Der Volksverein für das katholische Deutschland im Kaiserreich 1890–1918. Mainz 1979 (= Veröffentlichungen der Kommission für Zeitgeschichte, Reihe B 26).

Henning, Friedrich-Wilhelm: Die Industrialisierung in Deutschland 1800 bis 1914. Paderborn 1973 (= UTB 145).

Henning, Hans-Joachim: Das westdeutsche Bürgertum in der Epoche der Industrialisierung 1860–1914. T. 1: Das Bildungsbürgertum in den preußischen Westprovinzen. Wiesbaden 1972.

Hentschel, Volker: Die deutschen Freihändler und der volkswirtschaftliche Kongreß 1858 bis 1885. Stuttgart 1975 (= Industrielle Welt 16).

–, Das System der sozialen Sicherung in historischer Sicht von 1880 bis 1975, in: Archiv für Sozialgeschichte 18 (1978).

–, Wirtschaft und Wirtschaftspolitik im wilhelminischen Deutschland. Organisierter Kapitalismus oder Interventionsstaat? Stuttgart 1978.

Hepp, Robert: Politische Theologie und theologische Politik. Studien zur Säkularisierung des Protestantismus im Weltkrieg und in der Weimarerer Republik. Diss. Erlangen-Nürnberg 1967.

Herder-Dorneich, Philipp: Sozialökonomischer Grundriß der gesetzlichen Krankenversicherung. Stuttgart 1966.

Hermans, Baldur H. A.: Das Problem der Sozialpolitik und Sozialreform auf den deutschen Katholikentagen von 1848–1891. Ein Beitrag zur Geschichte der katholisch-sozialen Bewegung. Diss. Bonn 1972.

Herz, Heinz, Hrsg.: Evangelisch-Sozialer Kongreß 1890–1945, in: Dieter Fricke, Hrsg., Die bürgerlichen Parteien in Deutschland. Bd. 1. Leipzig 1968.

Herz, Johannes, Hrsg.: Adolf von Harnack und der Evangelisch-Soziale Kongreß. Göttingen 1930.

–, Hrsg.: Evangelisches Ringen um soziale Gemeinschaft. Fünfzig Jahre Evangelisch-Sozialer Kongreß, 1890–1940. Leipzig 1940.

Hess, Jürgen C. u. E. Steensel van der Aa, Hrsg.: Bibliographie zum deutschen Liberalismus. Göttingen 1981 (= Arbeitsbücher zur modernen Geschichte 10).

Heuss, Theodor: Friedrich Naumann. Der Mann, das Werk, die Zeit. München u. Hamburg ³1968.

Heydt, Fritz von der: Gute Wehr. Werden, Wirken und Wollen des Evangelischen Bundes. Zu seinem 50jährigen Bestehen. Berlin 1936.

Höffner, Joseph: Die Stellung des deutschen Katholizismus in den sozialen Entscheidungen des 19. Jahrhunderts, in: Geschichte in Wissenschaft und Unterricht 4 (1953).

–, Wilhelm Emmanuel von Ketteler und die katholische Sozialbewegung im 19. Jahrhundert. Wiesbaden 1962 (= Institut für Europäische Geschichte, Mainz. Vorträge 34).

Höfling, Beate: Katholische Friedensbewegung zwischen zwei Kriegen. Der »Friedensbund Deutscher Katholiken« 1917–1933. Waldkirch 1979 (= Tübinger Beiträge zur Friedensforschung und Friedenserziehung 5).

Hofmann, Hermann: Fürst Bismarck 1890–1898. Nach persönlichen Mitteilungen des Fürsten und ergänzenden Aufzeichnungen. 2 Bde. Stuttgart 1913.

Holl, Karl: Die deutsche Friedensbewegung im Wilhelminischen Reich, in: Wolfgang Huber u. Johannes Schwerdtfeger, Hrsg., Kirche zwischen Krieg und Frieden. Studien zur Geschichte des deutschen Protestantismus. Stuttgart 1976.

Holleis, Eva: Die Sozialpolitische Partei. Sozialliberale Bestrebungen in Wien um 1900. München 1978.

Holthaus, Ewald: Die Entwicklung der Produktionskräfte in Deutschland nach der Reichsgründung bis zur Jahrhundertwende. Ein geschichtssoziologischer Beitrag unter besonderer Berücksichtigung der Zyklizität der Wirtschaftsexpansion und Lage der arbeitenden Klasse. Frankfurt a. M. 1980.

Horn, Norbert, u. Jürgen Kocka, Hrsg.: Recht und Entwicklung der Großunternehmen im 19. und im frühen 20. Jahrhundert. Wirtschafts-, sozial- und rechtshistorische Untersuchungen zur Industrialisierung in Deutschland, Frankreich, England und den USA. Göttingen 1979 (= Kritische Studien zur Geschichtswissenschaft 40).

Horstmann, Johannes: Katholizismus und moderne Welt. Katholikentage, Wirtschaft, Wissenschaft 1848–1914. Paderborn 1976.

Hubatsch, Walther: Die Teilung der evangelischen Kirchenprovinz Westpreußen 1920 und deren Folgen, in: Beiträge zur Geschichte Westpreußens 3 (1970).

Huber, Ernst Rudolf: Deutsche Verfassungsgeschichte seit 1789. Bd. 4–6. Stuttgart etc. 1969–1981.

Huber, Wolfgang: Evangelische Theologie und Kirche beim Ausbruch des Ersten Weltkriegs, in: ders., Kirche und Öffentlichkeit. Stuttgart 1973.

–, u. Johannes Schwerdtfeger, Hrsg.: Kirche zwischen Krieg und Frieden. Studien zur Geschichte des deutschen Protestantismus. Stuttgart 1976.

Iserloh, Erwin: Die soziale Aktivität der Katholiken im Übergang von caritativer Fürsorge zu Sozialreform und Sozialpolitik, dargestellt an den Schriften Wilhelm Emmanuel von Kettelers. Wiesbaden 1975 (= Abhandlungen der Akademie der Wissenschaften und der Literatur, Mainz. Geistes- und sozialwissenschaftliche Klasse 1975, 3).

Jacke, Jochen: Kirche zwischen Monarchie und Republik. Der preußische Protestantismus nach dem Zusammenbruch von 1918. Hamburg 1976.

Jäckh, Eugen: Christoph Blumhardt. Ein Zeuge des Reiches Gottes. Stuttgart 1950.

Jacob, Willibald: Eigentum und Arbeit. Evangelische Sozialethik zwischen »Industriegesellschaft« und Sozialismus. Berlin (Ost) 1977.

Just, A.: Der Gesamtverband der evangelischen Arbeitervereine Deutschlands, seine Geschichte und seine Arbeiten. Gleiwitz 1904.

Kaiser, Jochen-Christoph: Arbeiterbewegung und organisierte Religionspolitik. Proletarische Freidenkerverbände im Kaiserreich und in der Weimarer Republik. Stuttgart 1981 (= Industrielle Welt 32).

Kaelble, Hartmut: Industrielle Interessenpolitik in der Wilhelminischen Gesellschaft. Centralverband Deutscher Industrieller 1895–1914. Berlin 1967 (= Veröffentlichungen der Historischen Kommission beim Friedrich Meinecke-Institut der Freien Universität Berlin 27).

–, Sozialer Aufstieg in Deutschland 1850–1914, in: Vierteljahrsschrift für Sozial- und Wirtschaftsgeschichte 60 (1973).

Kaltenborn, Carl Jürgen: Adolf von Harnack als Lehrer Dietrich Bonhoeffers. Mainz 1973 (= Theologische Arbeiten 31).

–, Zu Fragen der gegenwärtigen Harnack-Rezeption, in: Standpunkt 8 (1980).

Kaltenbrunner, Gerd-Klaus, Hrsg.: Rekonstruktion des Konservatismus in Deutschland. Freiburg i. Br. 1972; ²1973 (= Sammlung Rombach, N. F. 18).

Kantzenbach, Friedrich Wilhelm: Der Weg der evangelischen Kirche vom 19. zum 20. Jahrhundert. Gütersloh 1968 (= Evangelische Enzyklopädie 19/20).

Karl, Willibald: Jugend, Gesellschaft und Politik im Zeitraum des Ersten Weltkrieges. Zur Geschichte der Jugendproblematik der deutschen Jugendbewegung im ersten Viertel des 20. Jahrhunderts unter besonderer Berücksichtigung ihrer gesellschaftlichen und politischen Relationen und Entwicklungen in Bayern. München 1973 (= Miscellanea Bavarica Monacensia 48 = Neue Schriftenreihe des Stadtmuseums München 66).

Karrenberg, Friedrich: Christentum, Kapitalismus und Sozialismus. Darstellung und Kritik der Soziallehren des Protestantismus und Katholizismus Deutschlands seit der Mitte des 19. Jahrhunderts. Berlin 1931.

Käsler, Dirk: Max-Weber-Bibliographie, in: Kölner Zeitschrift für Soziologie und Sozialpsychologie 27 (1975), auch in: ders., Einführung in das Studium Max Webers. München 1979.

Kehr, Eckart: Der Primat der Innenpolitik. Gesammelte Aufsätze zur preußisch-deutschen Sozialgeschichte im 19. und 20. Jahrhundert. Hrsg. u. eingel. v. Hans-Ulrich Wehler. Mit e. Vorw. v. Hans Herzfeld, Berlin ²1972 (= Veröffentlichungen der Historischen Kommission zu Berlin beim Friedrich-Meinecke Institut der Freien Universität 19).

Kempkes, Heidemarie: Der christliche Textilarbeiterverband in Krefeld 1906 bis 1914. Wentorf 1979 (= Die Arbeiterbewegung in den Rheinlanden 10).

Kerlen, Eberhard: Zu den Füßen Gottes. Untersuchungen zur Predigt Christoph Blumhardts. München 1981.

Kluge, Alexander: Die Universitäts-Selbstverwaltung. Frankfurt a. M. 1958.

Knapp, Adalbert: Das Zentrum in Bayern 1893–1912. Soziale, organisatorische und politische Struktur einer katholisch-konservativen Partei. Diss. München 1973.

Koch, R.: Politischer und sozialer Wandel in Deutschland und die Entstehung moderner sozialer Bewegungen, in: Liberal 22 (1980).

Kocka, Jürgen: Unternehmensverwaltung und Angestelltenschaft am Beispiel Siemens 1847–1914. Zum Verhältnis von Kapitalismus und Bürokratie in der deutschen Industrialisierung. Stuttgart 1969 (= Industrielle Welt 11).

–, Unternehmer in der deutschen Industrialisierung. Göttingen 1975 (= Kleine Vandenhoeck-Reihe 1422).

–, Angestellte zwischen Faschismus und Demokratie. Zur politischen Sozialgeschichte der Angestellten: USA 1890–1940 im internationalen Vergleich. Göttingen 1977 (= Kritische Studien zur Geschichtswissenschaft 25).

–, Hrsg.: Angestellte im internationalen Vergleich. Göttingen 1981 (= Geschichte und Gesellschaft. Zeitschrift für Historische Sozialwissenschaft, Sonderheft 7).

–, Die Angestellten in der deutschen Geschichte 1850–1980. Vom Privatbeamten zum angestellten Arbeitnehmer. Göttingen 1981.

Köhler, Günter: Die Auswirkungen der Novemberrevolution von 1918 auf die altpreußische evangelische Landeskirche. Diss. Berlin 1967.

Köhler, Peter A. u. Hans F. Zacher, Hrsg.: Ein Jahrhundert Sozialversicherung in der Bundesrepublik Deutschland, Frankreich, Großbritannien, Österreich und der Schweiz. Berlin 1981.

Kollmann, E.C.: Eine Diagnose der Weimarer Republik. Ernst Troeltschs politische Anschauung, in: Historische Zeitschrift 182 (1956).

Köllmann, Wolfgang: Bevölkerungsgeschichte, 1800–1910, in: Hermann Aubin u. Wolfgang Zorn, Hrsg., Handbuch der deutschen Wirtschafts- und Sozialgeschichte. Bd. 2: Das 19. und 20. Jahrhundert, hrsg. v. Wolfgang Zorn. Stuttgart 1976.

Koselleck, Reinhart: Staat und Gesellschaft in Preußen, 1815–1848, in: Hans-Ulrich Wehler, Hrsg., Moderne deutsche Sozialgeschichte. Köln ⁵1976.

Koester, Eckart: Literatur und Weltkriegsideologie. Positionen und Begründungszusammenhänge des publizistischen Engagements deutscher Schriftsteller im Ersten Weltkrieg. Kronberg/Ts. 1977.

Koszyk, Kurt: Deutsche Presse im 19. Jahrhundert. Berlin 1981 (= Geschichte der deutschen Presse 2).

–, Deutsche Presse 1914–1945. Berlin 1981 (= Geschichte der deutschen Presse 3).

Kramer, Franz Albert: Die christlichen Gewerkschaften. Diss. Münster 1924.

Kretschmar, Gottfried: Der Evangelisch-Soziale Kongreß. Der Protestantismus und die soziale Frage. Stuttgart 1972.

Kupisch, Karl: Das Jahrhundert des Sozialismus und die Kirche. Berlin 1958.

–, Zwischen Idealismus und Massendemokratie. Eine Geschichte der evangelischen Kirche in Deutschland von 1815–1945. Berlin ⁴1963.

–, Die deutschen Landeskirchen im 19. und 20. Jahrhundert. Göttingen 1966 (= Die Kirche in ihrer Geschichte 4, Lfg. R 2).

–, Der Protestantismus im Epochenjahr 1917, in: Zeitgeist im Wandel. Bd. 2: Zeitgeist der Weimarer Republik, hrsg. v. Hans-Joachim Schoeps. Stuttgart 1968.

–, Adolf Stoecker. Hofprediger und Volkstribun. Ein historisches Porträt. Berlin 1970.

–, Strömungen der evangelischen Kirche in der Weimarerer Republik, in: Archiv für Sozialgeschichte 11 (1971).

Lange, Josef: Die Stellung der überregionalen katholischen deutschen Tagespresse zum Kulturkampf in Preußen (1871–1878). Frankfurt a. M. 1974.

Langewiesche, Dieter: Das Deutsche Kaiserreich. Bemerkungen zur Diskussion über Parlamentarisierung und Demokratisierung Deutschlands, in: Archiv für Sozialgeschichte 19 (1979).

Langner, Albrecht: Politischer Katholizismus im Urteil des Weimarer Protestantismus, in: Civitas 6 (1967).

–, Grundlagen des sozialethischen Denkens bei Wilhelm Emmanuel von Ketteler, in: ders., Hrsg., Theologie und Sozialethik im Spannungsfeld der Gesellschaft. Untersuchungen zur Ideengeschichte des deutschen Katholizismus im 19. Jahrhundert. München 1974 (= Beiträge zur Katholizismusforschung 13).

–, Hrsg.: Theologie und Sozialethik im Spannungsfeld der Gesellschaft. Untersuchungen zur Ideengeschichte des deutschen Katholizismus im 19. Jahrhundert. München 1974 (= Beiträge zur Katholizismusforschung 13).

–, Hrsg.: Katholizismus, konservative Kapitalismuskritik und Frühsozialismus bis 1850. München 1975.

Lederer, Emil: Die Privatangestellten in der modernen Wirtschaftsentwicklung. Tübingen 1912.

Lepsius, M. Rainer: Parteisystem und Strukturwandel. Zum Problem der Demokratisierung der deutschen Gesellschaft, in: Gerhard A. Ritter. Hrsg., Deutsche Parteien vor 1918. Köln 1973.

Lewek, Gert: Kirche und soziale Frage um die Jahrhundertwende. Dargestellt am Wirken Ludwig Webers. Neukirchen-Vluyn 1963.

Lidtke, Vernon L.: German Social Democracy and German State Socialism 1876–1884, in: International Review of Social History 9 (1964).

Lill, Rudolf: Die deutschen Katholiken und Bismarcks Reichsgründung, in: Theodor Schieder u. Ernst Deuerlein, Hrsg., Reichsgründung. Stuttgart 1970.

–, Der deutsche Katholizismus zwischen Kulturkampf und erstem Weltkrieg, in: Hubert Jedin, Hrsg., Handbuch der Kirchengeschichte. Bd. 6,2. Freiburg i. Br. etc. 1973.

Lindenlaub, Dieter: Richtungskämpfe im Verein für Sozialpolitik. Wissenschaft und Sozialpolitik im Kaiserreich, vornehmlich vom Beginn des »Neuen Kurses« bis zum Ausbruch des Ersten Weltkrieges (1890–1914). Wiesbaden 1967 (= Vierteljahrsschrift für Sozial- und Wirtschaftsgeschichte, Beih. 52/53).

Lindt, Andreas: Deutsche Theologie und deutsche Demokratie. Ernst Troeltsch, Emanuel Hirsch und die Anfänge der Weimarer Republik, in: Humanität und Glaube. Gedenkschrift für Kurt Guggisberg. Bonn 1973.

–, Friedrich Naumann und Max Weber. Theologie und Soziologie im wilhelminischen Deutschland. München 1973.

Link, Werner: Der Nationalverein für das liberale Deutschland (1907–1918), in: Politische Vierteljahrsschrift 5 (1964).

Lorenz, Eckehart: Protestantische Reaktionen auf die Entwicklung der sozialistischen Arbeiterbewegung Mannheim 1890–1933, in: Archiv für Sozialgeschichte 16 (1976).

McClelland, Charles: State, Society and University in Germany 1700–1914. Cambridge 1980.

Manegold, Karl-Heinz: Das »Ministerium des Geistes«. Zur Organisation des ehemaligen preußischen Kultusministeriums, in: Die neue Berufs- und Fachschule 63 (1967).

Marbach, Rainer: Säkularisierung und sozialer Wandel im 19. Jahrhundert. Die Stellung von Geistlichen zur Entkirchlichung und Entchristlichung in einem Bezirk der hannoverischen Landeskirche. Göttingen 1978 (= Studien zur Kirchengeschichte Niedersachsens 22).

Marienfeld, Wolfgang: Wissenschaft und Schlachtflottenbau in Deutschland 1897–1906. Frankfurt a. M. 1957.

Maron, Gottfried: Die römisch-katholische Kirche von 1870 bis 1970. Göttingen 1972 (= Die Kirche in ihrer Geschichte 4, Lfg. N,2).

Marquis, Alice Goldfarb: Words as Weapons: Propaganda in Britain and Germany during the First World War, in: Journal of Contemporary History 13 (1978).

Marsch, Wolf-Dieter: Politische Predigt zum Kriegsbeginn 1914/15, in: Evangelische Theologie 1964.

Martin, Alfred von: Weltanschauliche Motive im altkonservativen Denken, in: Gerhard A. Ritter, Hrsg., Deutsche Parteien vor 1918. Köln 1973.

Martin, Günter: Die bürgerlichen Exzellenzen. Zur Sozialgeschichte der preußischen Generalität 1812–1918. Düsseldorf 1979.

Mattmüller, Markus: Der Einfluß Christoph Blumhardts auf schweizerische Theologen des 20. Jahrhunderts, in: Zeitschrift für Evangelische Ethik 12 (1968).

May, Georg: Die Einrichtung von zwei mit Katholiken zu besetzenden Professuren in der Philosophischen Fakultät der Universität Straßburg im Jahre 1902/3, in: Festschrift für Willibald M. Plöchl. Wien 1967.

–, Mit Katholiken zu besetzende Professuren an der Universität Tübingen. Amsterdam 1975.

Mehnert, Gottfried: Evangelische Kirche und Politik 1917–1919. Die politischen Strömungen im deutschen Protestantismus von der Julikrise 1917 bis zum Herbst 1919. Düsseldorf 1959 (= Beiträge zur Geschichte des Parlamentarismus und der politischen Parteien 16).

Meier, Klaus-Jürgen: Christoph Blumhardt. Christ, Sozialist, Theologe. Bern 1979 (= Basler und Berner Studien zur historischen und systematischen Theologie 40).

Mende, Dietrich: Kulturkonservatismus und konservative Erneuerungsbestrebungen, in: Hans Therbach, Hrsg., Adolf Grabowsky. Leben und Werk. Köln etc. 1963.

Mielke, Siegfried: Der Hansa-Bund für Gewerbe, Handel und Industrie. Der gescheiterte Versuch einer antifeudalen Sammlungspolitik. Göttingen 1976 (= Kritische Studien zur Geschichtswissenschaft 17).

Milatz, Alfred: Friedrich-Naumann-Bibliographie. Düsseldorf 1957 (= Bibliographien zur Geschichte des Parlamentarismus und der politischen Parteien 2).

–, Die linksliberalen Parteien und Gruppen in den Reichstagswahlen 1871–1912, in: Archiv für Sozialgeschichte 12 (1972).

Milberg, Hildegard: Schulpolitik in der pluralistischen Gesellschaft. Die politischen und sozialen Aspekte der Schulreform in Hamburg 1890–1935. Hamburg 1970.

Mildenberger, Friedrich: Geschichte der deutschen evangelischen Theologie im 19. und 20. Jahrhundert. Stuttgart etc. 1981 (= Theologische Wissenschaft 10).

Miller, Susanne: Die Bürde der Macht. Die deutsche Sozialdemokratie 1918–1920. Düsseldorf 1978.

Mittmann, Ursula: Fraktion und Partei. Ein Vergleich von Zentrum und Sozialdemokratie im Kaiserreich. Düsseldorf 1976 (= Beiträge zur Geschichte des Parlamentarismus und der politischen Parteien 59).

Mockenhaupt, Hubert: Franz Hitze (1852–1921), in: Rudolf Morsey, Hrsg., Zeitgeschichte in Lebensbildern. Aus dem deutschen Katholizismus des 20. Jahrhunderts. Mainz 1973.

–, Weg und Wirken des geistlichen Sozialpolitikers Heinrich Brauns. München etc. 1977 (= Beiträge zur Katholizismusforschung, Reihe B).

Mogk, Walter: Paul Rohrbach und das »Größere Deutschland«. Ethischer Imperialismus im Wilhelminischen Zeitalter. Ein Beitrag zur Geschichte des Kulturprotestantismus. München 1972 (= Wissenschaftliches Taschenbuch, Abt. Geisteswissenschaften 8).

Mohler, Armin: Die konservative Revolution in Deutschland 1918–1932. Darmstadt ²1972.

Möller, Horst: Deutscher Sonderweg – Mythos oder Realität? Ein Colloquium am 26. November 1981 im Münchener Institut für Zeitgeschichte, in: Vierteljahrshefte für Zeitgeschichte 30 (1982).

Mommsen, Hans, Hrsg., Arbeiterbewegung und industrieller Wandel. Studien zu gewerkschaftlichen Organisationsproblemen im Reich und an der Ruhr. Wuppertal 1980.

Mommsen, Wolfgang J.: Max Weber und die deutsche Politik 1890–1920. Tübingen 1959.

–, Die deutsche Revolution 1918–1920. Politische Revolution und soziale Protestbewegung, in: Geschichte und Gesellschaft 4 (1978).

–, u. Wolfgang Mock, Ed.: The Emergence of the Welfare State in Britain and Germany. London 1981.

Morsey, Rudolf: Die oberste Reichsverwaltung unter Bismarck 1867–1890. Münster 1957 (= Neue Münstersche Beiträge zur Geschichtsforschung 3).

–, Die Deutsche Zentrumspartei 1917–1923. Düsseldorf 1966 (= Beiträge zur Geschichte des Parlamentarismus und der politischen Parteien 32).

–, Die deutschen Katholiken und der Nationalstaat zwischen Kulturkampf und Erstem Weltkrieg, in: Gerhard A. Ritter, Hrsg., Deutschen Parteien vor 1918. Köln 1973 (= Neue Wissenschaftliche Bibliothek 61).

–, Einleitung zu: Der Volksverein für das katholische Deutschland 1890–1933. Eine Bibliographie, bearb. v. Georg Schoelen. Mönchen-Gladbach 1974.

–, Bischof Ketteler und der politische Katholizismus, in: Werner Pöls, Hrsg., Staat und Gesellschaft im politischen Wandel. Festschrift Walter Bußmann. Stuttgart 1979.

Mosse, Werner E. u. Arnold Paucker, Hrsg.: Juden im Wilhelminischen Deutschland 1890–1914. Tübingen 1976 (= Schriftenreihe wissenschaftlicher Abhandlungen des Leo Baeck Instituts 33).

Motschmann, Claus: Evangelische Kirche und preußischer Staat in den Anfängen der Weimarer Republik. Lübeck u. Hamburg 1969.

Mueller, Franz: Franz Hitze, Altmeister der deutschen Sozialpolitik, in: Porträts christlich-sozialer Persönlichkeiten, T. 1: Die Katholiken und die deutsche Sozialgesetzgebung, zusammengestellt von Julius Seiters. Osnabrück 1965.

–, Karl-Heinz Brüls u. Albrecht Beckel: Wer war Franz Hitze? Münster 1959.

Mueller, Franz H.: Kirche und Industrialisierung. Osnabrück 1971.

Müller, Hans: Der deutsche Katholizismus 1918/19, in: Geschichte in Wissenschaft und Unterricht 17 (1966).

Müller, Johann Baptist: Der deutsche Sozialkonservativismus, in: Hans-Gerd Schumann, Hrsg., Konservativismus. Köln 1974 (= Neue wissenschaftliche Bibliothek 68).

Muncey, L. M.: The Prussian Landräte, in: Central European History 6 (1973).

Müssiggang, Albert: Die soziale Frage in der historischen Schule der deutschen Nationalökonomie. Tübingen 1968 (= Tübinger wirtschaftswissenschaftliche Abhandlungen 2).

Naschold, Frieder: Kassenärzte und Krankenversicherungsreform. Zu einer Theorie der Statuspolitik. Freiburg 1967.

Naujoks, Eberhard: Die Grenzboten, in: Heinz-Dietrich Fischer, Hrsg., Deutsche Zeitschriften des 17. bis 20. Jahrhunderts. Pullach 1973.

Nell-Breuning, Oswald von: Solidarität und Subsidiarität im Raume von Sozialpolitik und Sozialreform, in: Erik Boettcher, Hrsg., Sozialpolitik und Sozialreform. Tübingen 1957.

Neufeld, Karl H.: Adolf von Harnack. Theologie als Suche nach der Kirche. ›Tertium Genus Ecclesiae‹. Paderborn 1977 (= Konfessionskundliche und kontroverstheologische Studien 4).

Neuhaus, Rolf: Der Dritte Weg: Bürgerliche Sozialreform zwischen Reaktion und Revolution. Die Gesellschaft für Soziale Reform 1901–1914, in: Sozialer Fortschritt 1979.

Niehaus, Ursula: Von Töchtern und Schwestern. Zur vergessenen Geschichte der weiblichen Angestellten im deutschen Kaiserreich, in: Jürgen Kocka, Hrsg., Angestellte im internationalen Vergleich. Göttingen 1981 (= Geschichte und Gesellschaft. Zeitschrift für historische Sozialwissenschaft. Sonderheft 7).

Nipperdey, Thomas: Die Organisation der deutschen Parteien vor 1918. Düsseldorf 1961 (= Beiträge zur Geschichte des Parlamentarismus und der politischen Parteien 18).

–, Interessenverbände und Parteien in Deutschland vor dem Ersten Weltkrieg, in: Hans-Ulrich Wehler, Hrsg., Moderne deutsche Sozialgeschichte. Berlin 1966 (= Neue wissenschaftliche Bibliothek 10).

–, Verein als soziale Struktur im späten 18. und frühen 19. Jahrhundert, in: H. Boockmann u. a., Hrsg., Geschichtswissenschaft und Vereinswesen im 19. Jahrhundert. Göttingen 1972.

–, Jugend und Politik um 1900, in ders., Gesellschaft, Kultur, Theorie. Gesammelte Aufsätze zur neueren Geschichte. Göttingen 1976.

–, Wehlers »Kaiserreich«, ebd.

–, 1933 und die Kontinuität der deutschen Geschichte, in: Historische Zeitschrift 227 (1978).

–, Organisierter Kapitalismus. Verbände und die Krise des Kaiserreichs, in: Geschichte und Gesellschaft 5 (1979).

Noack, Karl-Heinz: Der soziale Aspekt der Hohenzollern-Legende bei Gustav Schmoller, in: Horst Bartel u. a., Hrsg., Festschrift Ernst Engelberg. Berlin (Ost) 1976.

Noll, A.: Sozialökonomischer Strukturwandel des Handwerks in der zweiten Phase der Industrialisierung. Unter besonderer Berücksichtigung der Regierungsbezirke Arnsberg und Münster. Göttingen 1976 (= Studien zum Wandel von Gesellschaft und Bildung im 19. Jahrhundert 10).

Nowak, Kurt: Evangelische Kirche und Weimarer Republik. Zum politischen Weg des deutschen Protestantismus zwischen 1918 und 1932. Göttingen 1981.

Nürnberger, Richard: Imperialismus, Sozialismus und Christentum bei Friedrich Naumann, in: Historische Zeitschrift 170 (1950).

Ortmann, Ernst-Albert: Motive einer kirchlichen Publizistik, dargestellt an den Gründungsaktionen des Evangelischen Bundes, der »Christlichen Welt« und des evangelisch-sozialen Preßverbandes für die Provinz Sachsen (1886–1891). Diss. Hamburg 1966.

Oertzen, Dietrich von: Von Wichern bis Posadowsky. Zur Geschichte der Sozialreform und der christlichen Arbeiterbewegung. Hamburg 1908.

Oestreich, Gerhard, Die Fachhistorie und die Anfänge der sozialgeschichtlichen Forschung in Deutschland, in: Historische Zeitschrift 208 (1968).

Otto, Bernd: Gewerkschaftsbewegung in Deutschland. Entwicklung, geistige Grundlagen, aktuelle Politik. Köln 1975.

Otto, Karl A.: Die Revolution in Deutschland 1918/19. München 1979.

Pachaly, Erhard: Adolf von Harnack als Politiker und Wissenschaftsorganisator des deutschen Imperialismus in der Zeit von 1914–1920. Diss. Berlin 1964.

Paulsen, Ingwer: Victor Aimé Huber als Sozialpolitiker. Berlin ²1956.

Peschke, Paul: Geschichte der deutschen Sozialversicherung. Der Kampf der unterdrückten Klassen um soziale Sicherung. Berlin 1962.

Peters, Horst: Die Geschichte der sozialen Versicherung. Bad Godesberg ²1973. (= Fortbildung und Praxis 39).

Petzina, Dietmar u. Ger van Roon, Hrsg.: Konjunktur, Krise, Gesellschaft. Wirtschaftliche Wechsellagen und soziale Entwicklung im 19. und 20. Jahrhundert. Stuttgart 1981.

Plessen, Marie-Louise: Die Wirksamkeit des Vereins für Socialpolitik von 1873–1890. Studien zum Katheder- und Staatssozialismus. Berlin 1975 (= Beiträge zur Geschichte der Sozialwissenschaften 3).

Plessner, Helmuth: Die verspätete Nation. Stuttgart etc. 1959.

Pleyer, Klemens: Die Vermögens- und Personalverwaltung der deutschen Universitäten. Marburg 1955.

Pohl, Hans, Hrsg.: Betriebliche Sozialpolitik deutscher Unternehmen seit dem 19. Jahrhundert. Berufliche Aus- und Weiterbildung in der deutschen Wirtschaft seit dem 19. Jahrhundert. 2 Bde. Wiesbaden 1978/79 (= Zeitschrift für Unternehmensgeschichte. Beih. 12 u. 15).

–, Hrsg.: Sozialgeschichtliche Probleme in der Zeit der Hochindustrialisierung (1870–1914). Paderborn 1979 (= Quellen und Forschungen aus dem Gebiet der Geschichte, N. F. 1).

–, Wirtschafts- und sozialgeschichtliche Grundzüge der Epoche 1870–1914, in: ders., Hrsg., Sozialgeschichtliche Probleme in der Zeit der Hochindustrialisierung (1870–1914). Paderborn 1979 (= Quellen und Forschungen aus dem Gebiet der Geschichte, N. F. 1).

Pollmann, Klaus Erich: Landesherrliches Kirchenregiment und soziale Frage. Der evangelische Oberkirchenrat der altpreußischen Landeskirche und die sozialpolitische Bewegung der Geistlichen nach 1890. Berlin 1973.

–, Protestantismus und preußisch-deutscher Verfassungsstaat, in: Werner Pöls, Hrsg., Staat und Gesellschaft im politischen Wandel. Beiträge zur Geschichte der modernen Welt. Festschrift Walter Bußmann. Stuttgart 1979.

Preller, Ludwig: Sozialpolitik in der Weimarer Republik. Düsseldorf 1978.

Pressel, Wilhelm: Die Kriegspredigt 1914–1918 in der evangelischen Kirche Deutschlands. Göttingen 1967 (= Arbeiten zur Pastoraltheologie 5).

Prinz, Franz, S.J.: Kirche und Arbeiterschaft gestern, heute, morgen. München u. Wien ²1974.

Pross, Harry: Literatur und Politik. Geschichte und Programm der politisch-literarischen Zeitschriften im deutschen Sprachgebiet seit 1870. Olten u. Freiburg i. Br. 1963.

Puhle, Hans-Jürgen: Agrarische Interessenpolitik und preußischer Konservativismus im Wilhelminischen Reich, 1893–1914. Ein Beitrag zur Analyse des Nationalismus in Deutschland am Beispiel des Bundes der Landwirte und der Deutschkonservativen Partei. Bonn ²1975 (= Schriftenreihe des Forschungsinstituts der Friedrich-Ebert-Stiftung 13).

Pulzer, P.G.J.: The Rise of Political Anti-Semitism in Germany and Austria. New York 1964.

Rade, Martin: Vor 50 Jahren, in: Johannes Herz, Hrsg., Evangelisches Ringen um soziale Gemeinschaft. 50 Jahre Evangelisch-sozialer Kongreß 1890–1940. Leipzig 1940.

Ramhardter, Günther: Geschichtswissenschaft und Patriotismus. Österreichische Historiker im Weltkrieg 1914–1918. München u. Wien 1977.

Rathje, Johannes: Die Welt des freien Protestantismus. Ein Beitrag zur deutsch-evangelischen Geistesgeschichte. Dargestellt an Leben und Werk von Martin Rade. Stuttgart 1952.

Ratz, Ursula: Sozialreform und Arbeiterschaft. Die »Gesellschaft für Soziale Reform« und die Sozialdemokratische Arbeiterbewegung von der Jahrhundertwende bis zum Ausbruch des Ersten Weltkrieges. Berlin 1980 (= Einzelveröffentlichungen des Historischen Kommission zu Berlin 27: Publikationen zur Geschichte der Arbeiterbewegung).

Rauh, Manfred: Föderalismus und Parlamentarismus im Wilhelminischen Reich. Düsseldorf 1974 (= Beiträge zur Geschichte des Parlamentarismus und der politischen Parteien 47).

Rauscher, Anton u. Lothar Roos: Die soziale Verantwortung der Kirche. Wege und Erfahrungen von Ketteler bis heute. Köln 1977.

Renzsch, Wolfgang: Handwerker und Lohnarbeiter in der frühen Industrialisierung. Zur sozialen Basis von Gewerkschaften und Sozialdemokratie im Reichsgründungsjahrzehnt. Göttingen 1981.

Reulecke, Jürgen: Der Centralverein für das Wohl der arbeitenden Klassen. Zur Entstehung und frühen Entwicklung der Sozialreform in Preußen/Deutschland. Einleitungsbeitrag zum Reprint der »Mittheilungen des Centralvereins für das Wohl der arbeitenden Klassen« (1848–1858). 5 Bde. Neu hrsg. v. Wolfgang Köllmann u. Jürgen Reulecke. Hagen 1980.

Riedel, Martin: Der Begriff der »Bürgerlichen Gesellschaft« und das Problem seines geschichtlichen Ursprungs, in: ders., Studien zu Hegels Rechtsphilosophie. Frankfurt a. M. 1969 (= Edition Suhrkamp 357).

Ritter, Emil: Die katholisch-soziale Bewegung Deutschlands im 19. Jahrhundert und der Volksverein. Köln 1954.

Ritter, Gerhard A.: Deutscher und britischer Parlamentarismus. Ein verfassungsgeschichtlicher Vergleich. Tübingen 1962 (= Recht und Staat in Geschichte und Gegenwart 242/243); überarb. in: ders., Arbeiterbewegung, Parteien und Parlamentarismus. Aufsätze zur deutschen Sozial- und Verfassungsgeschichte des 19. und 20. Jahrhunderts. Göttingen 1976.

–, Die Arbeiterbewegung im Wilhelminischen Reich. Die Sozialdemokratische Partei und die Freien Gewerkschaften 1890–1900. Berlin ²1963.

–, Kontinuität und Umformung des deutschen Parteiensystems 1918–1920, in: Entstehung und Wandel der modernen Gesellschaft. Festschrift für Hans Rosenberg. Berlin 1970;

Wiederabdr. in: ders., Arbeiterbewegung, Parteien und Parlamentarismus. Aufsätze zur deutschen Sozial- und Verfassungsgeschichte des 19. und 20. Jahrhunderts. Göttingen 1976.

–, Bernsteins Revisionismus und die Flügelbildung in der Sozialdemokratischen Partei, in: ders., Hrsg., Deutsche Parteien vor 1918. Köln 1970 (= Neue wissenschaftliche Bibliothek 61).

–, Arbeiterbewegung, Parteien und Parlamentarismus. Aufsätze zur Sozial- und Verfassungsgeschichte des 19. und 20. Jahrhunderts. Göttingen 1976 (= Kritische Studien zur Geschichtswissenschaft 23).

–, u. Klaus Tenfelde: Der Durchbruch der Freien Gewerkschaften Deutschlands zur Massenbewegung im letzten Viertel des 19. Jahrhunderts, in: ders., Arbeiterbewegung, Parteien und Parlamentarismus. Aufsätze zur Sozial- und Verfassungsgeschichte des 19. und 20. Jahrhunderts. Göttingen 1976 (= Kritische Studien zur Geschichtswissenschaft 23).

–, Einleitung zu: ders., Hrsg., Arbeiterkultur. Königstein i. Ts. 1979 (= Neue wissenschaftliche Bibliothek 104).

–, Arbeiterkultur im deutschen Kaiserreich. Probleme und Forschungsansätze, ebd.

–, Die sozialistischen Parteien in Deutschland zwischen Kaiserreich und Republik, in: Werner Pöls, Hrsg., Staat und Gesellschaft im politischen Wandel. Beiträge zur Geschichte der modernen Welt. Festschrift Walter Bußmann. Stuttgart 1979.

–, Staat, Arbeiterschaft und Arbeiterbewegung in Deutschland. Vom Vormärz bis zum Ende der Weimarer Republik. Berlin u. Bonn 1980.

Rivinus, Karl Josef: Bischof Wilhelm Emanuel von Ketteler und die Infallibilität des Papstes. Ein Beitrag zur Unfehlbarkeitsdiskussion auf dem Ersten Vatikanischen Konzil. Bern 1976 (= Europäische Hochschulschriften. Reihe 23. 48).

Rohe, Karl: Konfession, Klasse und lokale Gesellschaft als Bestimmungsfaktoren des Wahlverhaltens. Überlegungen und Problematisierungen am Beispiel des historischen Ruhrgebiets, in: Lothar Albertin u. Werner Link, Hrsg., Politische Parteien auf dem Weg zur politischen Demokratie in Deutschland. Erich Matthias zum 60. Geburtstag gewidmet. Düsseldorf 1961.

Röhl, J. C. G.: Germany without Bismarck. The Crisis of Government in the Second Reich, 1890–1900. London 1967.

Rohwer-Kahlmann, Harry: Die Kaiserliche Botschaft vom 17. November 1881, in: Zeitschrift für Sozialreform 27 (1981), Sonderheft 11/12: 100 Jahre Kaiserliche Botschaft.

Rolfes, Max: Landwirtschaft 1850–1914, in: Hermann Aubin u. Wolfgang Zorn, Hrsg., Handbuch der deutschen Wirtschafts- und Sozialgeschichte. Bd. 2: Das 19. und 20. Jahrhundert, hrsg. v. Wolfgang Zorn. Stuttgart 1976.

Rosenberg, Hans: Political and Social Consequences of the Great Depression of 1873–1896 in Central Europe, in: English Historical Review 58 (1943).

–, Große Depression und Bismarckzeit. Wirtschaftsablauf, Gesellschaft und Politik in Mitteleuropa. Berlin ²1976 (= Publikationen zur Geschichte der Industrialisierung 2).

Roth, Günther: Die kulturellen Bestrebungen der Sozialdemokratie im kaiserlichen Deutschland, in: Hans-Ulrich Wehler, Hrsg., Moderne deutsche Sozialgeschichte. Köln ⁵1976.

Rothfels, Hans: Theodor Lohmann und die Kampfjahre der staatlichen Sozialpolitik (1871–1905). Nach ungedruckten Quellen bearbeitet. Berlin 1927 (= Forschungen und Darstellungen aus dem Reichsarchiv 6).

Rürup, Reinhard: Emanzipation und Antisemitismus. Studien zur »Judenfrage« der bürgerlichen Gesellschaft. Göttingen 1975 (= Kritische Studien zur Geschichtswissenschaft 15).

–, Hrsg., Antisemitismus und Judentum. Göttingen 1979 (= Geschichte und Gesellschaft 5,4).

Saul, Klaus: Staat, Industrie, Arbeiterbewegung im Kaiserreich. Zur Innen- und Außenpolitik des Wilhelminischen Deutschland 1903–1914. Düsseldorf 1974 (= Studien zur modernen Geschichte 16).

–, Zwischen Repression und Integration. Staat, Gewerkschaften und Arbeitskampf im kaiserlichen Deutschland 1884–1914, in: Klaus Tenfelde u. Heinrich Volkmann, Hrsg., Streik. Zur Geschichte des Arbeitskampfes in Deutschland während der Industrialisierung. München 1981.

Sauter, Gerhard: Die Theologie des Reiches Gottes beim älteren und jüngeren Blumhardt. Zürich u. Stuttgart 1962.

Schick, Manfred: Kulturprotestantismus und soziale Frage. Versuche zur Begründung der Sozialethik vornehmlich in der Zeit von der Gründung des Evangelisch-Sozialen Kongresses bis zum Ausbruch des 1. Weltkrieges (1890–1914). Tübingen 1970. (= Tübinger wirtschaftswissenschaftliche Arbeiten 10).

Schleichert, Jürgen: Staat und evangelische Kirche seit der Staatsumwälzung 1918, dargestellt am staatlich-kirchlichen Vertragsrecht. Diss. Köln 1962.

Schmidt, Gustav: Der deutsche Historismus und sein Übergang zur parlamentarischen Demokratie. Lübeck u. Hamburg 1964.

Schmidt-Volkmar, Erich: Der Kulturkampf in Deutschland 1871–1890. Göttingen etc. 1962.

Schneider, Carl: Die Publizistik der nationalsozialen Bewegung 1895–1903. Diss. Berlin 1934.

Schneider, Michael: Kirche und soziale Frage im 19. und 20. Jahrhundert unter besonderer Berücksichtigung des Katholizismus, in: Archiv für Sozialgeschichte 21 (1981).

–, Die christlichen Gewerkschaften. Bonn 1982 (= Politik- und Gesellschaftsgeschichte 10).

Scholder, Klaus: Die Kirchen und das Dritte Reich. Bd. 1: Vorgeschichte und Zeit der Illusionen, 1918–1934. Frankfurt a. M. etc. 1977.

Schoelen, Georg: Der Volksverein für das katholische Deutschland, 1890–1933. Eine Bibliographie. Mönchen-Gladbach 1974.

Schoeps, Hans Joachim: Rudolf Meyer und der Ausgang der Sozialkonservativen, in: ders., Studien zur unbekannten Religions- und Geistesgeschichte. Göttingen 1963.

Schreiber, Georg: Deutsche Kirchenpolitik nach dem Ersten Weltkrieg. Gestalten und Geschehnisse der Novemberrevolution 1918 und der Weimarer Zeit, in: Historisches Jahrbuch 70 (1951).

Schreiner, Heinrich: Das sozialpolitische Verständnis der frühen katholischen Sozialschriftsteller im neunzehnten Jahrhundert. Eine kritische und vergleichende Würdigung des sozialkritischen und sozialpolitischen Gedankengutes von Baader, Buß, Reichensperger und Ketteler. Diss. München 1955.

Schremmer, Eckart: Die Wirtschaftsordnungen 1800–1970, in: Hermann Aubin und Wolfgang Zorn, Hrsg., Handbuch der deutschen Wirtschafts- und Sozialgeschichte. Bd. 2: Das 19. und 20. Jahrhundert, hrsg. v. Wolfgang Zorn. Stuttgart 1976.

Schulz, Günther: Die industriellen Angestellten. Zum Wandel einer sozialen Gruppe im Industrialisierungsprozeß, in: Hans Pohl, Hrsg., Sozialgeschichtliche Probleme in der Zeit der Hochindustrialisierung (1879–1914). Paderborn 1979 (= Quellen und Forschungen aus dem Gebiet der Geschichte. N. F. 1).

Schüssler, Wilhelm: Die politischen und sozialen Entscheidungen des Protestantismus im 19. Jahrhundert, in: Geschichte in Wissenschaft und Unterricht 4 (1953).

Schwabe, Klaus: Wissenschaft und Kriegsmoral. Die deutschen Hochschullehrer und die politischen Grundfragen des Ersten Weltkrieges. Göttingen u. Frankfurt 1969.

Schwaiger, Georg, Hrsg.: Aufbruch ins 20. Jahrhundert. Zum Streit um Reformkatholizismus und Modernismus. Göttingen 1977 (= Studien zur Theologie und Geistesgeschichte im 19. Jahrhundert 23).

Shanahan, William O.: Der deutsche Protetantismus vor der sozialen Frage 1815–1871. München 1962.

Sheehan, James: The Career of Lujo Brentano. A Study of Liberalism and Social Reform in Imperial Germany. Chicago 1966.

Siegrist, Hannes: Vom Familienbetrieb zum Manager-Unternehmen. Angestellte und industrielle Organisation am Beispiel der Georg Fischer AG in Schaffhausen 1797–1930. Göttingen 1981 (= Kritische Studien zur Geschichtswissenschaft 44).

Smend, Friedrich: Adolf von Harnack. Verzeichnis seiner Schriften. Unter Benutzung der Harnack-Bibliographie von Max Christlieb. Mit Einführung und bibliographischen Nachträgen bis 1978 von Jürgen Dummer. 2 Teile in 1 Bd. Leipzig 1980.

Sorg, Richard: Marxismus und Protestantismus in Deutschland. Eine religionssoziologisch-sozialgeschichtliche Studie zur Marxismus-Rezeption in der evangelischen Kirche 1848–1948. Köln 1974 (= Kleine Bibliothek Politik, Wissenschaft, Zukunft 48).

Sorgenfrei, Helmut: Die geistesgeschichtlichen Hintergründe der Sozialenzyklika »Rerum novarum«. Heidelberg 1970.

Spree, Reinhard: Soziale Ungleichheit vor Krankheit und Tod. Zur Sozialgeschichte des Gesundheitsbereichs im Deutschen Kaiserreich. Göttingen 1981 (= Kleine Vandenhoeck-Reihe 1471).

Staats, Reinhart: Das Kaiserreich 1871–1918 und die Kirchengeschichtsschreibung. Versuch einer theologischen Auseinandersetzung mit Hans-Ulrich Wehlers »problemorientierter historischer Strukturanalyse«, in: Zeitschrift für Kirchengeschichte 92 (1981).

Stache, Christa: Bürgerlicher Liberalismus und katholischer Konservativismus in Bayern 1867–1871. Kulturkämpferische Auseinandersetzungen vor dem Hintergrund von nationaler Einigung und wirtschaftlich-sozialem Wandel. Frankfurt a. M. u. Bern 1981 (= Europäische Hochschulschriften, Reihe 3, Bd. 148).

Steglich, Wolfgang: Beitrag zur Problematik des Bündnisses zwischen Junkern und Bourgeoisie in Deutschland 1870–1880, in: Wissenschaftliche Zeitschrift der Humboldt-Universität Berlin, Gesellschafts- und Sprachwissenschaftliche Reihe 9 (1959/60).

Stegmann, Dirk: Die Erben Bismarcks. Parteien und Verbände in der Spätphase des Wilhelminischen Deutschlands. Sammlungspolitik 1879–1918. Köln 1970.

–, Zwischen Repression und Manipulation. Konservative Machteliten und Arbeiter- und Angestelltenbewegung 1910–1918, in: Archiv für Sozialgeschichte 12 (1972).

–, Wirtschaft und Politik nach Bismarcks Sturz. Zur Genesis der Miquelschen Sammlungspolitik 1890–1897, in: Imanuel Geiss u. Bernd Jürgen Wendt, Hrsg., Deutschland in der Weltpolitik des 19. und 20. Jahrhunderts. Fritz Fischer zum 65. Geburtstag. Düsseldorf 1973.

Stegmann, Franz Josef: Von der ständischen Sozialreform zur staatlichen Sozialpolitik. Der Beitrag der Historisch-politischen Blätter zur Lösung der sozialen Frage. München u. Wien 1965.

–, Geschichte der sozialen Ideen im deutschen Katholizismus, in: Helga Grebing, Hrsg., Geschichte der sozialen Ideen in Deutschland. München 1974.

–, Der soziale Katholizismus und die Mitbestimmung in Deutschland. Vom Beginn der Industrialisierung bis zum Jahre 1933. München etc. 1974 (= Beiträge zur Katholizismusforschung, Reihe B).

Stephan, Horst: Aufstieg und Verfall des Linksliberalismus 1918–1933. Geschichte der Deutschen Demokratischen Partei. Göttingen 1973.

Stieglitz, H.: Der soziale Auftrag der freien Berufe. Köln 1960 (= Beiträge zur Soziologie und Sozialphilosophie 8).

Stitz, Peter: Der akademische Kulturkampf um die Daseinsberechtigung der katholischen Studentenkorporationen in Deutschland und Österreich von 1903 bis 1908. München 1980.

Stolberg-Wernigerode, Otto Graf zu: Die unentschlossene Generation. Deutschlands konservative Führungsschichten am Vorabend des Ersten Weltkrieges. München u. Wien 1968.

Stribrny, Wolfgang: Evangelische Kirche und Staat in der Weimarerer Republik, in: Zeitgeist im Wandel. Bd. 2: Zeitgeist in der Weimarer Republik, hrsg. v. Hans Joachim Schoeps. Stuttgart 1968.

Strohm, Theodor: Kirche und demokratischer Sozialismus. Studien zu Theorie und Praxis politischer Kommunikation. München 1968.

Stump, Wolfgang: Geschichte und Organisation der Zentrumspartei in Düsseldorf 1917–1933. Düsseldorf 1971.

Sturm, Eckart: Die Entwicklung des öffentlichen Dienstes in Deutschland, in: Carl Hermann Ule, Hrsg., Die Entwicklung des öffentlichen Dienstes. Berichte, Vorträge, Diskussionsbeiträge. Köln etc. 1961.

Suck, Ernst-August: Der religiöse Sozialismus in der Weimarer Republik. Diss. Marburg/L. 1954.

Syrup, Friedrich: Hundert Jahre Staatliche Sozialpolitik, 1839–1939. Aus dem Nachlaß hrsg. v. Julius Scheuble, bearb. v. Otto Neuloh. Stuttgart 1957.

Tal, Uriel: Christians and Jews in Germany. Religion, Politics and Ideology in the Second Reich 1870–1914. Ithaca u. London 1975.

Tampke, Jürgen: Bismarck's Social Legislation: A Genuine Breakthrough?, in: Wolfgang J. Mommsen, Ed., The Emergence of the Welfare State in Britain and Germany 1850–1950, London 1981.

Tannenbaum, Edward R.: 1900. Die Generation vor dem großen Krieg. Frankfurt etc. 1978.

Tenfelde, Klaus: Sozialgeschichte der Bergarbeiterschaft an der Ruhr im 19. Jahrhundert. Bonn etc. 1977 (= Schriftenreihe des Forschungsinstituts der Friedrich-Ebert-Stiftung 125).

–, Wege zur Sozialgeschichte der Arbeiterschaft und Arbeiterbewegung. Regional- und lokalgeschichtliche Forschungen (1945–1975) zur deutschen Arbeiterbewegung 1914, in: Hans Ulrich Wehler, Hrsg., Die moderne deutsche Geschichte in der internationalen Forschung 1945–1975. Göttingen 1980.

–, u. Gerhard A. Ritter, Hrsg.: Bibliographie zur Geschichte der deutschen Arbeiterschaft und Arbeiterbewegung 1863–1914. Berichtszeitraum 1945–1975. Bonn 1981.

Tennstedt, Florian: Berufsunfähigkeit im Sozialrecht. Ein soziologischer Beitrag zur Entwicklung der Berufsunfähigkeitsrenten in Deutschland. Frankfurt a. M. 1972.

–, Geschichte der Selbstverwaltung in der sozialen Krankenversicherung. Stuttgart 1975 (= Soziale Selbstverwaltung 2).

–, Sozialgeschichte der Sozialversicherung, in: C. V. Ferber u. a., Hrsg., Handbuch der Sozialmedizin, Stuttgart 1975.

–, Hundert Jahre Sozialversicherung in Deutschland. Jubiläumsaktivitäten und Forschungsergebnisse, in: Archiv für Sozialgeschichte 21 (1981).

–, Sozialgeschichte der Sozialpolitik in Deutschland. Vom 18. Jahrhundert bis zum Ersten Weltkrieg. Göttingen 1981 (= Kleine Vandenhoeck-Reihe 1472).

–, Vorgeschichte und Entstehung der Kaiserlichen Botschaft vom 17. November 1881, in: Zeitschrift für Sozialreform 27 (1982), Sonderheft 11/12: 100 Jahre Kaiserliche Botschaft.

Thier, Erich: Die Kirche und die soziale Frage. Von Wichern bis Friedrich Naumann. Gütersloh 1950.

Thimme, Anneliese: Flucht in den Mythos. Die Deutschnationale Volkspartei und die Niederlage von 1918. Göttingen 1969.

Tiefelstorf, Otto: Die sozialpolitischen Vorstellungen Lujo Brentanos. Diss. Köln 1973.

Tilly, Richard: Verkehrs- und Nachrichtenwesen, Handel, Geld-, Kredit- und Versicherungs-
wesen 1850–1914, in: Hermann Aubin u. Wolfgang Zorn, Hrsg., Handbuch der deutschen
Sozial- und Wirtschaftsgeschichte. Bd. 2: Das 19. und 20. Jahrhundert, hrsg. v. Wolfgang
Zorn. Stuttgart 1976.
–, Kapital, Staat und sozialer Protest in der deutschen Industrialisierung. Gesammelte Auf-
sätze. Göttingen 1980 (= Kritische Studien zur Geschichtswissenschaft 41).
Timm, Hermann: Theorie und Praxis der Theologie Albrecht Ritschls und Wilhelm Herr-
manns. Ein Beitrag zur Entwicklungsgeschichte des Kulturprotestantismus. Gütersloh 1967
(= Studien zur evangelischen Ethik 1).
Toury, Jacob: Soziale und politische Geschichte der Juden in Deutschland 1847–1871.
Zwischen Revolution, Reaktion und Emanzipation. Düsseldorf 1977 (= Schriftenreihe des
Instituts für Deutsche Geschichte, Universität Tel Aviv 2; Veröffentlichungen des Diaspora
Research Institute 20).
Treue, Wilhelm: Die Technik in Wirtschaft und Gesellschaft 1800–1970, in: Hermann Aubin
und Wolfgang Zorn, Hrsg., Handbuch der deutschen Wirtschafts- und Sozialgeschichte.
Bd. 2: Das 19. und 20. Jahrhundert, hrsg. v. Wolfgang Zorn. Stuttgart 1976.

Ullmann, Hans-Peter: Der Bund der Industriellen. Organisation, Einfluß und Politik klein-
und mittelbetrieblicher Industrieller im Deutschen Kaiserreich 1895–1915. Göttingen 1976
(= Kritische Studien zur Geschichtswissenschaft 21).
–, Bibliographie zur Geschichte der deutschen Parteien und Interessenverbände. Göttingen
1978 (= Arbeitsbücher zur modernen Geschichte).
–, German Industry and Bismarck's Social Security System, in: Wolfgang J. Mommsen, Ed.,
The Emergence of the Welfare State in Britain and Germany 1850–1950. London 1981.
Ullrich, Robert: Die deutsche Vaterlandspartei 1917/18. Diss. Jena 1971.
Ulrich, Thomas: Ontologie, Theologie, gesellschaftliche Praxis. Studien zum religiösen
Sozialismus Paul Tillichs und Carl Mennickes. Zürich 1971.

Varain, Heinz Josef, Hrsg.: Interessenverbände in Deutschland. Köln 1973 (= Neue wissen-
schaftliche Bibliothek 60).
Vesper, Roman: Arbeiterwohl-Verband, in: Dieter Fricke, Hrsg., Die bürgerlichen Parteien
in Deutschland. Bd. 1. Leipzig 1968.
Vierhaus, Rudolf: Der gescheiterte Kompromiß. Zur politischen und sozialen Verfassung des
deutschen Kaiserreichs 1871–1918. Vortrag, gehalten am 20. Oktober 1969 anläßlich der
»Goslaer Kulturtage«, als Ms. gedruckt. Goslar 1969.
Vogel, Walter: Bismarcks Arbeiterversicherung. Ihre Entstehung im Kräftespiel der Zeit.
Braunschweig 1951.
Völkerling, Fritz: Der deutsche Kathedersozialismus. Berlin 1959.
Volkmann, Heinrich: Zur Entwicklung von Streik und Aussperrung in Deutschland
1899–1975, in: Gewerkschaftliche Monatshefte 30 (1979).
Vollmer, Antje: Die Neuwerkbewegung 1919–1935. Ein Beitrag zur Geschichte der Jugendbe-
wegung, des Religiösen Sozialismus und der Arbeiterbildung. Diss. Berlin 1973.
Voelter, Imanuel: Die Geschichte des Evangelisch-Sozialen Kongresses 1890–1902, in: Johan-
nes Herz, Hrsg., Evangelisches Ringen um soziale Gemeinschaft. Fünfzig Jahre Evange-
lisch-Sozialer Kongreß, 1890–1940. Leipzig 1940.
Vondung, Klaus, Hrsg.: Das Wilhelminische Bildungsbürgertum. Zur Sozialgeschichte seiner
Ideen. Göttingen 1976 (= Kleine Vandenhoeck-Reihe 1420).
–, Hrsg., Kriegserlebnis. Der Erste Weltkrieg in der literarischen Gestaltung und symboli-
schen Deutung der Nationen. Göttingen 1980.

Vorländer, Herwart: Evangelische Kirche und soziale Frage in der werdenden Industriegroßstadt Elberfeld. Eine Untersuchung aufgrund kirchlicher Unterlagen aus der zweiten Hälfte des 19. Jahrhunderts. Düsseldorf 1963.

Wahl, Rainer: Der preußische Verfassungskonflikt und das konstitutionelle System des Kaiserreichs, in: Ernst-Wolfgang Böckenförde, Hrsg., Moderne deutsche Verfassungsgeschichte (1815–1918). Köln 1972.

Wallmann, Johannes: Kirchengeschichte Deutschlands. 2. Frankfurt a. M. etc. 1973 (= Deutsche Geschichte 12).

Ward, W. R.: Theology, Sociology and Politics. The German Protestant Social Conscience 1890–1933. Bern etc. 1979.

Wattler, Theo: Sozialpolitik der Zentrumsfraktion zwischen 1877 und 1889 unter besonderer Berücksichtigung interner Auseinandersetzungen und Entwicklungsprozesse. Diss. Köln 1978.

Weber, Christoph: Kirchliche Politik zwischen Rom, Berlin und Trier 1876–1888. Die Beilegung des preußischen Kulturkampfes. Mainz 1970 (= Katholische Akademie in Bayern. Veröffentlichungen der Kommission für Zeitgeschichte, Reihe B 7).

–, Der »Fall Spahn« (1901). Ein Beitrag zur Wissenschafts- und Kulturdiskussion im ausgehenden 19. Jahrhundert. Rom 1980.

Wegner, Konstanze: Linksliberalismus im Wilhelminischen Deutschland und in der Weimarer Republik, in: Geschichte und Gesellschaft 4 (1978).

Wehler, Hans-Ulrich: Das deutsche Kaiserreich 1871–1918. Göttingen 1973 (= Deutsche Geschichte 9; = Kleine Vandenhoeck-Reihe 1380).

Wehowsky, Stephan: Religiöse Interpretation politischer Erfahrung. Eberhard Arnold und die Neuwerkbewegung als Exponenten des religiösen Sozialismus zur Zeit der Weimarer Republik. Göttingen 1980 (= Göttinger theologische Arbeiten 16).

Weissbecker, Manfred: Konservative Politik und Ideologie in der Konterrevolution 1918/19, in: Zeitschrift für Geschichtswissenschaft 27 (1979).

Wendland, Heinz-Dietrich: Der Begriff Christlich-sozial. Eine geschichtliche und theologische Problematik. Köln u. Opladen 1962.

Westphalen, Raban Graf von: Akademisches Privileg und demokratischer Staat. Ein Beitrag zur Geschichte und bildungspolitischen Problematik des Laufbahnwesens in Deutschland. Stuttgart 1979.

Wichelhaus, Manfred: Kirchengeschichtsschreibung und Soziologie im neunzehnten Jahrhundert und bei Ernst Troeltsch. Heidelberg 1975.

Wiegand, Brigitte: Krieg und Frieden im Spiegel führender protestantischer Presseorgane Deutschlands und der Schweiz in den Jahren 1890–1914. Bern u. Frankfurt a. M. 1976.

Winkel, Harald, Hrsg.: Vom Kleingewerbe zur Großindustrie. Quantitativ-regionale und politisch-rechtliche Aspekte zur Erforschung der Wirtschafts- und Gesellschaftsstruktur im 19. Jahrhundert. Berlin 1975 (= Schriften des Vereins für Socialpolitik. N. F. 83).

–, Die deutsche Nationalökonomie im 19. Jahrhundert. Darmstadt 1977.

–, Der Umschwung der wirtschaftswissenschaftlichen Auffassungen um die Mitte des 19. Jahrhunderts, in: Helmut Coing u. Walter Wilhelm, Hrsg., Wissenschaft und Kodifikation des Privatrechts im 19. Jahrhundert. Bd. 4. Frankfurt a. M. 1979.

Winkler, Heinrich August, Hrsg.: Organisierter Kapitalismus. Voraussetzungen und Anfänge. 10 Beiträge. Göttingen 1974 (= Kritische Studien zur Geschichtswissenschaft 9).

–, Klassenbewegung oder Volkspartei? Zur sozialdemokratischen Programmdebatte 1920–1925, in: ders., Hrsg., Die Arbeiterbewegung im gesellschaftlichen System der Weimarer Republik. Göttingen 1982 (= Geschichte und Gesellschaft 8, 1).

Witt, Peter Christian: Die Finanzpolitik des Deutschen Reiches von 1903 bis 1913. Eine Studie zur Innenpolitik des Wilhelminischen Reiches. Lübeck u. Hamburg 1970.

Witte, Klaus: Bismarcks Sozialversicherungen und die Entwicklung eines marxistischen Reformverständnisses in der deutschen Sozialdemokratie. Köln 1980 (= Pahl-Rugenstein Hochschulschriften Gesellschafts- und Naturwissenschaften 45).

Wolf, Günter: Rudolf Kögels Kirchenpolitik und sein Einfluß auf den Kulturkampf. Bonn 1968.

Wright, Jonathan R. C.: ›Above Parties‹. The Political Attitudes of the German Protestant Church Leadership 1918–1933. Oxford 1974; dt. erw. m. d. Tit.: ›Über den Parteien‹. Die politische Haltung der evangelischen Kirchenführer 1918–1933. Göttingen 1977 (= Arbeiten zur kirchlichen Zeitgeschichte 2).

Wunder, Bernd: Die Rekrutierung der Beamtenschaft in Deutschland. Eine historische Betrachtung, in: Leviathan 5 (1977).

–, Privilegierung und Disziplinierung. Die Entstehung des Berufsbeamtentums in Bayern und Württemberg (1780–1825). München 1978 (= Studien zur modernen Geschichte 21).

Wünsch, Georg: Die »christliche Welt« und die soziale Frage, in: Vierzig Jahre »Christliche Welt«. Festgabe für Martin Rade zum 70. Geburtstag. Gotha 1927.

Zacher, Hans F., Hrsg.: Bedingungen für die Entstehung und Entwicklung von Sozialversicherung. Colloquium der Projektgruppe für Internationales und Vergleichendes Sozialrecht der Max-Planck-Gesellschaft. Berlin 1979 (= Schriftenreihe für Internationales und Vergleichendes Sozialrecht 3).

Zahn-Harnack, Agnes von: Adolf von Harnack. Berlin 1936.

Zeck, Hans Felix: Christliche Gewerkschaften und Fachabteilungen. Ihre Entstehung und eine kritische Würdigung ihres gegenseitigen Verhältnisses seit Gründung der christlichen Gewerkschaften im Jahre 1894. Diss. Köln 1921.

Zorn, Wolfgang: Typen und Entwicklungskräfte deutschen Unternehmertums im 19. Jahrhundert, in: Vierteljahrsschrift für Sozial- und Wirtschaftsgeschichte 44 (1957).

–, Unternehmer und Aristokratie in Deutschland, in: Tradition 8 (1963).

–, Wirtschafts- und sozialgeschichtliche Zusammenhänge der deutschen Reichsgründungszeit (1850–1879), in: Helmut Böhme, Hrsg., Probleme der Reichsgründungszeit. Köln ²1972.

–, Staatliche Wirtschafts- und Sozialpolitik und öffentliche Finanzen 1800–1970, in: Hermann Aubin u. Wolfgang Zorn, Hrsg., Handbuch der deutschen Wirtschafts- und Sozialgeschichte. Bd. 2: Das 19. und 20. Jahrhundert, hrsg. v. Wolfgang Zorn. Stuttgart 1976.

PERSONENREGISTER

Verfassernamen der Sekundärliteratur sind kursiv gesetzt.

ARBEITEN ZUR KIRCHENGESCHICHTE

MARTIN STUPPERICH

Osiander in Preussen 1549–1552

Groß-Oktav. XVI, 402 Seiten, 3 Karten. 1973. Ganzleinen DM 73,–
ISBN 3 11 004221 5 (Band 44)

HANS HERMANN HOLFELDER

Tentatio et consolatio

Studien zu Bugenhagens „Interpretation in Librum Psalmorum"
Groß-Oktav. XII, 233 Seiten. 1974. Ganzleinen DM 85,–
ISBN 3 11 004327 0 (Band 45)

REINHARD SCHLIEBEN

Christliche Theologie und Philologie
in der Spätantike

Die schulwissenschaftlichen Methoden der Psalmenexegese Cassiodors
Groß-Oktav. X, 132 Seiten. 1974. Ganzleinen DM 45,–
ISBN 3 11 004634 2 (Band 46)

HANS SCHNEIDER

Der Konziliarismus als Problem der Neueren
Katholischen Theologie

Die Geschichte der Auslegung der Konstanzer Dekrete von
Frebonius bis zur Gegenwart
Groß-Oktav. VIII, 378 Seiten. 1976. Ganzleinen DM 121,–
ISBN 3 11 005744 1 (Band 47)

GERHARD MAY

Schöpfung aus dem Nichts

Die Entstehung der Lehre von der creatio ex nihilo
Groß-Oktav. XII, 196 Seiten. 1978. Ganzleinen DM 82,–
ISBN 3 11 007204 1 (Band 48)

Preisänderungen vorbehalten

Walter de Gruyter Berlin · New York

ARBEITEN ZUR KIRCHENGESCHICHTE

Text – Wort – Glaube
Studien zur Überlieferung, Interpretation und Autorisierung
biblischer Texte – Kurt Aland gewidmet
Herausgegeben von Martin Brecht
Groß-Oktav. VIII, 397 Seiten, Frontispiz. 1980. Ganzleinen DM 128,-
ISBN 3 11 007318 8 (Band 50)

MARTIN SCHNEIDER
Europäisches Waldensertum
im 13. und 14. Jahrhundert
Gemeinschaftsform – Frömmigkeit – Sozialer Hintergrund
Groß-Oktav. XII, 157 Seiten. 1981. Ganzleinen DM 64,-
ISBN 3 11 007898 8 (Band 51)

DIETRICH WÜNSCH
Evangelienharmonien im Reformationszeitalter
Ein Beitrag zur Geschichte der Leben-Jesu-Darstellungen
Groß-Oktav. XII, 282 Seiten, 11 Grafiken und 1 Falttabelle. 1983.
Ganzleinen DM 142,- ISBN 3 11 008600 X (Band 52)

DIETMAR WYRWA
Die christliche Platonaneignung in den
Stromata des Clemens von Alexandrien
Groß-Oktav. X, 364 Seiten. 1983. Ganzleinen DM 84,- ISBN 3 11 008903 3 (Band 53)

KARL CHRISTIAN FELMY
Die Deutung der göttlichen Liturgie
in der russischen Theologie
Wege und Wandlungen russischer Liturgie-Auslegung
Groß-Oktav. Ca. 495 Seiten, 17 Abbildungen. 1984. Ganzleinen ca. DM 132,-
ISBN 3 11 008960 2 (Band 54)

Preisänderungen vorbehalten

Walter de Gruyter · Berlin · New York